U0748075

灾害风险管理与巨灾保险系列丛书

城市公共安全与保险

——天津市典型灾害风险评估与风险管理体系建构

刘 玮 魏 钢 王东明 ◎ 著

Urban Public Safety and Insurance

中国金融出版社

责任编辑：贾　真
责任校对：李俊英
责任印制：陈晓川

图书在版编目（CIP）数据

城市公共安全与保险：天津市典型灾害风险评估与风险管理体系
建构/刘玮，魏钢，王东明著. —北京：中国金融出版社，2022.10
（灾害风险管理与巨灾保险系列丛书）
ISBN 978 – 7 – 5220 – 1538 – 5

Ⅰ.①城… Ⅱ.①刘…②魏…③王… Ⅲ.①城市公共安全—安全管理—研究—天津②城市—灾害保险—风险管理—研究—天津 Ⅳ.①D630.8②F842.64

中国版本图书馆 CIP 数据核字（2022）第 053684 号

城市公共安全与保险：天津市典型灾害风险评估与风险管理体系建构
CHENGSHI GONGGONG ANQUAN YU BAOXIAN：TIANJIN SHI DIANXING
ZAIHAI FENGXIAN PINGGU YU FENGXIAN GUANLI TIXI JIANGOU

出版
发行　**中国金融出版社**

社址　北京市丰台区益泽路 2 号
市场开发部　（010）66024766，63805472，63439533（传真）
网 上 书 店　www.cfph.cn
　　　　　　（010）66024766，63372837（传真）
读者服务部　（010）66070833，62568380
邮编　100071
经销　新华书店
印刷　河北松源印刷有限公司
尺寸　169 毫米×239 毫米
印张　25.75
字数　380 千
版次　2022 年 10 月第 1 版
印次　2022 年 10 月第 1 次印刷
定价　68.00 元
ISBN 978 – 7 – 5220 – 1538 – 5
如出现印装错误本社负责调换　联系电话（010）63263947

灾害风险管理与巨灾保险系列丛书
编委会成员

（按姓氏笔画排序）

总　序

当前，在气候变化和快速城镇化背景下，新型灾害风险不断涌现，各类突发重大事件频发，其灾害强度、损失程度和损失影响加剧，对我国防范化解重大灾害风险的综合治理能力和应急管理带来严峻考验。特别是新冠肺炎疫情的暴发，暴露出既往体制在防范化解突发重大事件方面的短板，重大灾害发生频度、强度及损失的提升，凸显出巨大的救灾和恢复重建资金缺口，以及国家层面应对重大灾害风险的综合治理和应急管理体系中非工程性灾害风险管理与多层次的巨灾保险保障机制的缺位，这些都成为国家治理体系与治理能力现代化建设和国家为保障经济稳定发展、防范化解重大风险及小康社会因灾返贫过程中需要解决的关键问题。大量科学证据表明，地球已进入被科学界称为人类世时代的新的地质时代。在要素呈现出以大加速趋势、复杂性和互联性增加、不可逆过程增多为特征的人类世时代，涌现出系统性风险等新型风险。如何更精准地识别和科学评估各类风险；如何完善灾害风险管理体系，提升灾害治理和防灾减灾能力；如何构建适合中国国情灾情特征的巨灾保险保障体系、创新发展巨灾保险，使其科学化、制度化融入国家防灾减灾和应急管理体系，以弥补我国应急管理体系现代化建设中的缺陷和短板等一系列重大问题，迫切需要研究。

1

党的十八届三中全会通过的《中共中央关于全面深化改革若干重大问题的决定》和国务院发布的《关于加快发展现代化保险服务业的若干意见》（简称"新国十条"），明确提出了"保险业服务于国家治理体系和治理能力现代化"及"完善保险经济补偿机制，建立巨灾保险制度"战略部署。《中共中央　国务院关于推进防灾减灾救灾体制机制改革的意见》和《国务院办公厅关于印发国家综合防灾减灾规划（2016—2020 年）的通知》进一步提出发挥市场和社会力量在防灾减灾救灾中的作用，建立完善灾害保险制度，强化保险等市场机制在风险防范、损失补偿、恢复重建等方面的积极作用，不断扩大保险覆盖面，完善应对灾害的金融支持体系。

党的十九届五中全会通过的"十四五"规划纲要，提出了包括"国家治理效能得到新提升"在内的"十四五"时期经济社会发展六大"新"目标。"新"目标既是对提升社会治理能力提出的"新"要求，也明确了国家有序建立健全防范化解重大风险体制机制的战略方向。其中，"统筹发展和安全，建设更高水平的平安中国，加强国家安全体系和能力建设，确保国家经济安全，保障人民生命安全，完善国家应急管理体系，发展巨灾保险，提高防灾、减灾、抗灾、救灾能力"等远景目标和任务的设定表明，灾害风险管理与巨灾保险制度建设已成为国家战略的重要组成部分，巨灾保险制度作为国家发展的一项基本国策，已成为支撑国家体现国富民强的基础制度。

实践表明，中国需要加快发展与新时期新科技时代国家经济社会发展需求相适应的商业保险与巨灾保险机制有机结合的巨灾风险保障体系——巨灾保险，使全新的巨灾风险管理机制成为政府改进公共服务、创新政府管理、提升治理体系和能力的重要支撑，使多层次的巨灾保险机制成为政府、企业、居民等各层面有效管理风险和财富的基础。近年来的巨灾保险试点实践问题凸显，亟待通过相关研究，在系统梳理和深入剖析的基础上进行理论与技术创新，突破巨灾保险理论研究与试点实践中的瓶颈，构建灾害风险管理与巨灾保险理论和制度创新体系。

南开大学联合政府、业界、学界、相关社会组织和机构，搭建颇具前瞻性的智库发展平台，以创新的学术思想、研究理念和服务国家战略的初心，基于跨学科研究资源，围绕自然规律与社会经济、公共治理规则如何耦合这一国际可持续发展和风险防范与应对领域中的热点问题，组织开展灾害风险管理与巨灾保险理论创新研究，探索灾害风险管理与巨灾保险全新的理论体系和制度框架，开拓以创新发展灾害风险管理与巨灾保险机制，充分发挥商业保险在灾害风险防范、综合治理、灾后重建与损失补偿、提升城市韧性能力中的重要作用，使保险根植于国家治理体系与治理能力现代化为核心的跨学科综合研究。

为深化灾害风险管理与巨灾保险的理论与实践创新研究，加快建设和发展服务于中国的灾害治理与应急管理体系和能力现代化建设的巨灾保险制度，在中国银保监会、中国应急管理学会、中国保险学会及中国保险行业协会的大力支持下，南开大学灾害风险管理与巨灾保险研究中心联合云南财经大学云南省巨灾风险管理研究中心、复旦大学中国保险与社会安全研究中心、西南财经大学中国农业与农村保险研究中心等智库发起灾害风险管理与巨灾保险系列丛书研究项目，各相关领域专家学者及中国人保财险、平安财险、太平财险、渤海财险、恒安标准人寿、中国人寿再保险、瑞士再保险、慕尼黑再保险、劳合社保险（中国）、民太安保险公估、海豚大数据网络科技、海豚保险经纪、联合融汇投资、四创科技等南开大学灾害风险管理与巨灾保险研究中心理事单位专业团队共同参与研究。

本系列丛书立足中国面临的巨灾风险挑战，针对气候变化和社会经济技术快速演变的时代背景，聚焦包括公共卫生灾难、自然灾害、人为事故灾难在内的巨灾风险系统的构成和发展及如何关联和影响社会生活、经济运行、全球化产业链等关键问题，内容涉及灾害与巨灾风险管理理论与实践创新研究、巨灾保险与重大灾害综合治理研究、巨灾风险及其对经济和社会及公共财政影响研究、巨灾风险与公共财政韧性研究、公共财政涉灾预算机制及财政巨灾指数保险研究、保险机制融入应急管理体系和国家治理体系及政府管理的机制与技术路径和科学方法研究等领域，探索促进保险同社会其他力量的结合，实现灾害风险管理与应急机制的功能性及科学化、市场化、社会化、现代化发展，体现与巨灾保险机制的有效衔接和新兴科学技术的高效应用，提升应急管理体系和能力现代化水平的研究路径。本系列丛书成果将创新和丰富灾害风险管理与巨灾保险理论与实践研究，为建设和发展适合中国国情和灾情特点的巨灾风险管理与巨灾保险体系提供有价值的理论依据和实践指引。

本系列丛书成果来自不同学科、不同专业、不同行业专家学者的专项研究和合作研究，各相关领域专家学者从各自擅长的领域和学术思想出发，针对日益变化的各种复杂化因素，通过多学科知识、理论的交融和碰撞，在科学分析、建模和评估的基础上，更准确辨识、判断和界定事物，不但在研究思路和内容上具有开拓性，而且通过多方面、多角度的交叉性、综合性研究，对研究对象的特征和内容性质也有了更准确的把握，对问题求解的考虑和对策研究更趋于合理和可行。

　　我们希望，本系列丛书的出版可以为业界和学界提供一个思想园地，每一项成果研究的内容都会是问题与破解、守旧与前瞻、传统与创新、挑战与机遇的思想撞击，期望能为灾害风险管理与巨灾保险及相关领域的研究与实践，以及为政府机构及相关部门制定政策和制度建设提供具有突破性和原创性的学术思想、理论建树和建议，为在我们持续经历的风险系统、迭代技术、供求业态、经营模式的巨灾动态环境下，能够准确定位，找到改革和发展模式，端正发展的方向贡献绵薄之力。

灾害风险管理与巨灾保险系列丛书编委会

2021 年 1 月

前 言

城市公共安全关乎城市政治、经济、文化及生态发展，甚至关乎国家安全，城市公共安全风险治理是城市发展的基础要务。随着气候变化和人类社会的发展，大型自然灾害和人为灾害频发，伴随着城镇化进程中人口、资源和财富快速向城市集中，城市公共安全风险管理问题引起各级政府的高度重视和社会各界的关注。特别在我国全面建成小康社会，实现第一个百年奋斗目标，开启全面建设社会主义现代化国家新征程、向第二个百年奋斗目标进军的新发展阶段，城市灾害风险管理工作面临新局面、新挑战和新机遇。然而，在城市灾害治理实践中，由于治理主体的局限性、治理客体的动态性和多样性及治理环境变化的复杂性等，城市公共安全风险治理制度建设有待创新和突破，城市公共安全治理的能力有待提高。

提升城市公共安全治理的能力，需要对城市公共安全面临的主要矛盾进行重点突破和解决：一是城市在各种传统和新型灾害耦合叠加的情况下，暴露度和脆弱性显著加大；二是以单一工程性防御策略为主的传统公共安全风险应对体系的作用在面对极端事件时显得捉襟见肘。在城市公共安全风险的负面影响更多地呈现出系统性循环危害的当下，必须创新城市公共安全风险管理体系，利用风险

1

管理和金融保险思维与方法对城市公共安全风险相关问题进行重新评估，并以市场化的保险机制、金融支持体系与工程性措施相结合，构筑旨在全面防范化解足以危害城市安全的系统性风险的长效策略、形成增强城市韧性的风险分担机制和创新型巨灾保险体系，有效在事前降低各方主体的风险，并能够加快城市在受到灾害冲击后的各功能链条的恢复。

天津市作为直辖市及京津冀协同发展战略的核心城市，在统筹发展与安全的问题上具有重要的战略地位。同时，天津市拥有大量重要基础设施、重大项目和科技研究设施装备等，灾害事故可能造成难以估量的损失，进行城市公共安全风险管理具有重要意义。但是，从天津市地理、自然角度和经济工业角度来看，影响城市公共安全的风险源较多，天津市的自然条件和工业基础本身存在较复杂的安全风险，加上几年来城镇化的推进、城市快速扩张及城市风险暴露度的增加，承灾体的脆弱性更加显著，这在一定程度上放大了固有的风险因素。2015 年天津港"8·12"特大火灾爆炸事故发生后，天津市各级政府的职能部门和相关研究机构重新审视实际中的城市公共安全风险管理体系和能力。从问题导向出发，天津市城市安全风险管理的机制、体制和法治建设都需要进行革新。如果沿用传统思路，提升城市公共安全水平的过程，可能给政府带来包括公共财政、制度运行等方面在内的一系列压力。如何帮助政府创新管理职能以充分调动社会各界资源，通过市场化、社会化的机制与制度安排，改进和创新城市公共安全风险管理体系和配套的保险保障体系，是本书重点研究和解决的问题。

本书从分析研究影响天津城市公共安全的重大灾害风险入手，从灾害学、环境科学及风险管理与保险学等多学科角度，对影响天津市城市公共安全问题及突发重大环境灾害事件的风险源及风险状况，基于跨学科理论支撑和交叉运用，通过科学有效的度量和评估方法，多维度、多视角进行更为科学的度量和评估；基于天津的地理位置和结构、气候、人口和建筑群、工业分布、港口的布局等方面分析，在现有的天津市安全风险防治及应急管理体系的基础上，借鉴国际先进经验，研究提出全新的城市灾害风险管理理念和学术思想，研究设计了将原有的工程性灾害防御和应急机制、工程性财务性风险管理和巨灾保险机制有机衔接，引入市场化、社会化巨灾风险管理机制的灾害风险管理新体系及相配套的巨灾保险保障新机制和制度方案。

　　本书基于天津市社会科学规划项目"天津市城市公共安全与突发重大环境灾害风险评价与保险制度创新设计"（TJYY16—005）研究而产生，由南开大学灾害风险管理与巨灾保险研究中心（以下简称中心）牵头组织研究和本书的写作，凝聚了中心跨学科科研团队专家学者基于各自擅长的领域和理论，对研究对象和求解的问题通过充分的思想认识和理论的交融、碰撞及多维度、交叉性和综合性研究形成的前瞻性、创新性的学术思想。本书研究成果完稿于2021年，书中各部分相关研究涉及的有关数据、政策文件、资料等信息多为此时间之前收集整理，参考文献和大部分数据更新到2021年。自2022年以来，我国在灾害风险治理、应急管理、城市韧性建设等方面的政策制度、相关理论研究和实践都有新的发展，编者将持续跟踪和深化研究，相关研究成果将在该系列丛书后续出版物中体现。

　　南开大学金融学院保险专业部分硕博研究生、中国地震灾害防御中心和天津市地震局有关科研人员参与了本书内容的研究和写作，按本书章节内容顺序，具体分工如下：沈雨欣参与了第一章和第二章的写作，李真参与了第三章第三节、第六章第一节和第二节的写作，何青华参与了第三章第一节的写作，郭静参与了第三章第四节的写作，高武平参与了第四章第一节的写作，姚新强参与了第四章第二节和第四节部分内容的写作，安立强参与了第四章第三节和第四节部分内容的写作，孙丽兵参与了第五章和第六章第三节的写作，李强参与了第三章第二节、第七章第三节和第四节、第八章第一节至第三节的写作，孙双琳参与了第六章第四节、第七章第一节和第二节、第八章第四节的写作，朱芷昕负责书稿后期数据和信息的更新及相关配图设计，李子轩参与了本书出版前的文字校对等。

得益于在灾害学与灾害治理、应急管理、巨灾保险及相关学科多领域专家学者前瞻性的学术思想和观点的启发，本书研究能够守正创新，传承和创新发展关于城市公共安全风险管理和巨灾保险研究的理论思想和学术成果；研究期间，在与国内外相关领域学界、业界专家开展的多种形式的研讨和交流中，得到了很多有价值的研究建议和学术指导；在开展相关调研、论证和研讨工作中，也得到了天津市原安监局（现并入应急管理局）、天津市地震局、天津银保监局（原天津保监局）、中国保险学会、中国人民财产保险股份有限公司等机构的大力支持与协助，为本书研究贡献良多；本书的顺利出版更得益于中国金融出版社编辑和相关部门的大力支持、帮助和辛苦付出，在此一并表示诚挚感谢！

城市公共安全风险管理与保险研究会涉及自然科学与社会科学的交叉学科领域，相关研究具有综合性和复杂性。因相关研究缺乏

且受有关资料和数据信息的获取及编者水平所限，本书内容难免存
在局限、疏漏或不妥之处，期待各界相关领域专家、学者和广大读
者的不吝赐教和批评指正。

编者

2022 年 9 月

| 目　录 |

| 第一章 |

绪　论

第一节　研究背景和意义

一、　研究背景

城市公共安全关乎城市政治、经济、文化及生态发展，甚至关乎国家安全，城市公共安全的治理是城市发展的基础要务。随着气候变化和人类社会的发展，大型自然灾害和人为灾害频发，城市公共安全问题引起各级政府的高度重视和社会各界的关注。然而，在城市治理实践中，由于治理主体的局限性、治理客体的动态性和多样性及治理环境变化的复杂性等，城市公共安全治理的机制与制度建设有待创新和突破，城市公共安全治理的能力和水平都有待提高。

应急管理部统计数据显示，2021 年，我国约有 1.07 亿人次受灾，紧急转移安置 73.8 万人次，倒塌房屋近 16.2 万间，直接经济损失达 3340.2 亿元[①]。而这些损失主要集中在城市地区，因此可以看出目前我国城市安全及风险管理问题存在的严峻形势，这也从侧面反映了我国城市安全与风险管理的机构

---

① 中华人民共和国应急管理部. 应急管理部发布 2021 年全国自然灾害基本情况［EB/OL］. https://www. mem. gov. cn/xw/yjglbgzdt/202201/t20220123 _407204. shtml.

设置不完善，缺乏专业的风险评估技术人才。与此同时，人为灾害危害严重。2015 年 8 月 12 日，位于天津市滨海新区天津港的瑞海公司危险品仓库发生特大火灾爆炸事故，造成 165 人遇难、8 人失踪、798 人受伤，304 幢建筑物、12428 辆商品汽车、7533 个集装箱受损，已核定的直接经济损失达 68.66 亿元[①]。2019 年 3 月 21 日 14 时 48 分，位于江苏省盐城市响水县生态化工园区的天嘉宜化工有限公司发生特别重大爆炸事故，造成 78 人死亡、76 人重伤、640 人住院治疗，直接经济损失达 19.86 亿元[②]。2019 年 7 月 19 日，河南三门峡义马市气化厂发生爆炸事故，事故造成 15 人死亡、15 人重伤，部分群众受轻微伤[③]。这些重大的安全生产责任事故反映了地方部门的城市安全意识不强，对特殊化工产品的管理、存放、监管等机制不完善，对重大灾害事故的风险评估不到位，对危险化学品事故的应急处置能力不足等问题。

随着社会改革的深入，截至 2019 年末，我国的城镇化率已经达 60.6%，大城市及特大城市的数量也在不断上升。城镇化的快速发展，一方面，提高了人们的生活水平和质量，激发了社会的创造活力；另一方面，与城镇化发展并行的，是越来越突出的城市公共安全问题，城市面临的灾害风险呈日益加大的趋势，对此，从中央到各级地方政府都高度重视城市安全与灾害的风险治理与应急管理，将其纳入各级战略部署。进入 21 世纪以来，城市公共安全治理产生了多中心治理理论、整体治理理论、协同治理理论、新区域主义治理理论等，理论的发展也推动了现代城市公共安全治理实践的研究，城市公共安全的治理虽然以政府为主导，但需要与非营利性组织、私营部门甚至个人进行合作，只有通过战略谋划，城市公共安全治理的各方主体才能在复杂的安全环境挑战下充分整合，进而保持足够的能力来面对未来的严峻挑战。

---

① 本刊编辑部. 天津港 "8·12" 瑞海公司危险品仓库特别重大火灾爆炸事故原因调查及防范措施 [J]. 中国应急管理, 2016 (2)：44 - 57.

② 新华社. 江苏响水天嘉宜化工有限公司 "3·21" 特别重大爆炸事故调查报告公布 [EB/OL]. http：//www. gov. cn/xinwen/2019 - 11/15/content _5452468. htm.

③ 危险化学品安全监督管理司. 应急管理部办公厅关于河南省三门峡市河南煤气集团义马气化厂 "7·19" 重大爆炸事故的通报 [EB/OL]. https：//www. mem. gov. cn/gk/tzgg/tb/201907/t20190726 _325359. shtml.

从地理上的自然条件和经济及工业发展来看，天津市存在复杂的安全风险，加之近年来城镇化的推进及城市快速扩张，在一定程度上放大了固有的风险因素。自 2015 年天津港"8·12"特大火灾爆炸事故后，政府和研究机构开始重新审视天津市的城市安全与灾害因素。从实际发展来看，天津市城市安全与风险管理的机制与体系建设都需要进行创新性发展。然而，凭借政府一己之力来维护城市的公共安全会承担重压，包括公共财政巨大压力，如何帮助政府从创新管理职能到能够调动社会各界资源，通过市场化、社会化机制与制度安排，改进和创新城市公共安全风险管理体系和配套的保险保障体系，是本项目组重点研究解决的问题。

基于此，本书从研究影响天津城市公共安全的重大灾害风险入手，基于跨自然科学、社会科学理论，从灾害学、环境科学及风险管理与保险学等多学科角度，重点进行影响天津市城市公共安全的自然灾害与可能导致突发重大环境灾害的风险源及风险的度量和评价；通过分析借鉴国外城市公共安全应急管理与突发重大环境灾害风险治理方面的经验，以及国外关于地震、洪水和环境灾害与责任等巨灾保险制度融入应急管理和风险治理的方式、路径和经验，基于天津市的地理位置和结构、气候、人口和建筑群、工业分布、港口布局等方面的实际情况，研究提出城市灾害风险管理全新的理念和学术思想，在天津市现有灾害防治及应急管理体系的基础上，研究设计了基于政府主导作用，将原有工程性灾害防御和应急机制与非工程性财务性风险管理与巨灾保险机制有机衔接的、引入市场化和社会化巨灾风险管理机制的灾害风险管理新体系及相配套的巨灾保险保障新机制和制度方案。

二、 研究意义

本书研究在推动理论创新和指导实践应用中均具有重要意义。

（一）理论意义与学术价值

本书厘清了当前研究对巨灾风险管理、巨灾保险等关键问题的模糊认知和理论思想。根据国内现有研究，理论界对于灾害风险管理、巨灾保险的概念、内涵和外延、巨灾保险的特征属性、巨灾保险各参与主体在体系中的角色与定位等关键性问题在认识上存在分歧，部分认识有偏差，本书厘清了这些关键问题，准确界定了巨灾风险管理与巨灾保险的概念及其内涵和外延，阐明了其特征与属性，明晰了巨灾风险管理体系与巨灾保险制度运行各相关主体的角色和定位。这些问题的解决对于推动我国巨灾保险制度建设、相关理论研究及开展全国范围的巨灾保险实践，提供了坚实的理论基础和支撑，体现了学术思想、观点及相关研究的创新与突破。

理论界学者普遍认为，随着全球化的推进和我国城镇化速度的加快，以及灾害发生的不确定性因素的增加，城市公共安全与突发重大环境灾害风险事故管理应该受到重视，但是我国在城市公共安全风险评估和测算及相关法律法规的研究，特别是城市公共安全风险管理体系的构建和管理等方面与发达国家还有较大差距，相关的研究理论大多是采用国外的研究，缺乏本土化的研究。天津是一个无论从地理自然角度还是从经济工业角度来看，都较容易发生灾害风险的城市，当前也缺乏针对城市公共安全事件与突发重大环境灾害风险事故的系统性研究。基于此，本书专门针对天津市城市自然、经济、社会发展特征，找出引发天津市城市公共安全的风险源，针对不同类型的风险因素，提出不同的风险识别与评价方案，以及数据采集方法，并通过对相关理论的梳理，提出针对天津市的城市公共安全和突发重大环境灾害风险管理分析框架，运用定性分析方法，在精确阐释概念及其内涵和外延的基础上，应用最新的国际化研究范式、模型方法，为中国巨灾保险制度的构建提供了技术支撑，丰富了我国对于城市公共安全与城市公共安全风险管理的系统性、全面性理论与实证研究，填补了我国针对特定城市公共安全事件与突发重大环境灾害风险评价及综合风险管理方案系统性研究的空白。

国内城市公共安全管理的提法及相关研究主要为被动型的危机管理，不能全面提升风险的预防能力和处置效率。目前较为流行的风险管理方法为美国和日本的主动型风险管理，但也正处在探索的初级阶段。本书将先进的主动型风险管理理念引入天津市城市公共安全风险管理体系中，根据天津市城市公共安全风险现状，率先提出将财务性风险转移与损失补偿机制下的灾害保险制度有机融入单一化的工程性、控制型、被动型防灾减灾管理手段和措施为主导的城市风险管理体系中，构建融入保险的风险管理与保险保障机制的新型天津市城市公共安全和突发重大环境灾害风险管理体系，将传统灾害学中工程性风险管理措施与财务性风险管理工具——巨灾保险机制有机结合，使原有被动型灾害风险管理过程向前端延伸至灾害风险发生前的识别和防控，向后端延伸至灾后救助与恢复重建，丰富了灾害治理与应急管理的理论内涵，延长了灾害治理和应急管理体系的生命周期，创新和丰富了关于灾害风险管理的理论与实践研究。基于此，本书进一步提出新型城市公共安全风险管理体系建设是韧性城市建设是帮助和增强城市抵御重大灾害风险能力和灾后恢复能力的重要支撑的核心观点，具有学术引领性。

本书针对天津市地震和洪水自然灾害及突发重大环境灾害事件特定领域风险特点，在梳理已有的商业性巨灾保险产品的基础上，全新构建商业性巨灾保险与政府主导的专项巨灾保险有机衔接的巨灾保险保障体系，特别为天津市政府设计覆盖以上两大类巨灾风险的政府财政巨灾指数保险，有效平滑巨灾风险给政府公共财政带来的巨大压力风险，提出建立由政府主导、多元化的风险管理主体协作机制、各类承灾体及风险损失全覆盖的巨灾风险管理体系、巨灾保险方案和韧性城市建设思路，填补当前国内研究不足，具有很强的学术价值。

（二）实践意义与应用价值

本书将传统工程性的灾害风险防御治理与非工程性灾害风险管理机制和制度有机结合，引入市场化、社会化巨灾风险管理机制的灾害风险管理新体系及其相配套的巨灾保险新机制，提出的城市公共安全风险管理新方案和与之配套的巨灾保险制度，不仅可以使商业灾害保险与专项巨灾保险在城市公共安全风险管理中充分释放其风险管理与保险保障职能，更能有效地推动政府管理职能的创新，还可以促进针对城市公共安全风险管理的多产业融合，推动城市安全的科学管理，降低风险管理成本。

本书基于灾害风险管理新理念搭建的城市公共安全风险管理体系，改变了传统被动型的危机管理模式。良好的灾害与巨灾保险制度的设计，可以使保险在城市公共安全管理体系中充分释放其特有的功能和作用，形成更为科学的主动型安全风险管理模式，有效降低公共安全风险的发生概率，减轻政府公共财政压力，从根本上提升城市公共安全风险管理的效率。

本书基于城市公共安全风险管理新体系，提出巨灾保险方案，包括防范化解居民、企业等广大社会层面面临的地震及洪水风险，并与普通商业灾害保险产品有机衔接的专项巨灾保险基础保障和帮助解决政府面临的救灾与恢复重建巨额财政支出风险的"保险＋金融"财政巨灾风险融资支持体系，形成多元机制、风险分层、综合性保障的巨灾保险制度体系，可以全面化解重大灾害给民众、社会和政府财政带来的巨大损失风险，有效提升天津市城市防灾、抗灾、减灾、救灾能力和韧性。

本书成果可以为政府制定应对城市公共安全与突发重大环境灾害风险相关政策和制度提供决策依据，为保险与再保险机构创新开发巨灾保险产品提供理论支撑。本书提出的城市公共安全风险管理新体系及与之配套的巨灾保险方案的落地，可以帮助提高天津市的城市公共安全风险治理能力和城市韧性。

本书针对影响天津市城市公共安全和突发重大环境灾害风险研究提出的城市灾害风险管理体系及相应的巨灾保险制度设计理念和方案建议，具有先进性，对向全国范围推广具有示范性。

第二节　研究追踪

一、　城市公共安全管理

本书关注的焦点在于城市灾害风险管理，但在现有的研究与实践中，大多采用"城市公共安全管理"这一名词。上文中提到，影响城市公共安全的灾害包括自然灾害、事故灾难、公共卫生事件、社会安全事件，涉及城市公共安全的方方面面。因此，在一定程度上，城市灾害风险管理也就是城市公共安全管理。本书将对国内外城市公共安全管理的研究成果进行梳理。

（一）国外研究与发展

西方国家学者对城市公共安全管理问题的研究较早，研究的领域涉及社会学、政治学、管理学等学科，并取得了较丰富的研究成果。城市公共安全管理问题是在公共安全管理的研究上发展起来的，主要是以公共管理理论为基础。

美国学者 Laughed W. L. 首次提出公共安全的概念，即一切与拯救居民生命财产安全有关的灾难防范与化解，由此建立了美国公共安全理论的研究范式。在此基础上，催生出公共安全的生命周期理论，美国州长协会提出的全危险方法、综合紧急事态管理系统，以及澳大利亚的"有准备的社区"理论等，这些构成了现代西方国家公共安全管理的核心——全面紧急事态管理原则（Comprehensive Emergency Management），并成为西方国家城市公共安全管理理论基本框架（见表 1-1），应用于城市公共安全管理①。

表 1-1　城市公共安全管理理论基本框架

理论名称	基本内容
全危险方法	利用同一套公共安全管理安排，处理和反映所有种类的应急事态、灾难和民防需求
综合紧急事态管理系统	当突发事件发生时，需要来自不同机构、部门、各级政府的代表一起工作、相互配合，且必须迅速作出决策；如果缺乏一套具有计划性，以及协调和统一的领导，势必影响政府反应速度和应变能力，就无法实施有效管理
生命周期"四阶段理论"（PPRR 理论）	应急管理主要分为四个阶段的工作：危机前预防（Prevention）、危机前准备（Preparation）、危机爆发期反应（Response）和危机结束期恢复（Recovery）
生命周期"五阶段理论"	应急管理主要分为五个阶段的工作：灾害减除（Mitigation）、预防（Prevention）、准备（Preparation）、应对（Response）、恢复（Recovery）

---

① US National Governors' Association. Comprehensive Emergency Management: A Governor's Guide [M]. Defense Civil Preparedness Agency, 1979.

续表

理论名称	基本内容
生命周期"六阶段模型"	危机管理分为六个阶段：危机的避免（Avoid）、危机管理的准备（Prepare）、危机确认（Confirm）、危机控制（Control）、危机的解决（Resolve）、从危机中获利（Gain）
"有准备的社区"理论	"有准备的社区"要求：一个警惕的、消息灵通的和积极的社区支持着它的志愿者组织；一个积极的包括地方政府的，以及用来预防、准备、应对和恢复的一致的和协调的安排

由于各国国情的差异，各国对城市公共安全的研究关注点各不相同。

日本由于特殊的地理条件，经常受到自然灾害的威胁，因此在开展城市公共安全风险管理的研究方面起步较早，重点是防灾减灾。日本早期关于城市公共安全风险管理的研究较为分散，主要是由各大学院和研究机构独立进行，在1995年1月17日阪神大地震发生后，对于该方面的研究开始转向各研究单位系统的、合作的研究。

欧美等国家城市公共安全风险管理研究的重点在于较为严重的社会问题，欧美等国家更重视人身安全防卫设计方面的研究，因此，城市公共安全风险管理的内涵也偏向于防卫。英国早在1988年实施的"安全城市计划"[①] 和2003年由加拿大皇家骑警队和英国哥伦比亚保险公司合作发起的"安全城市计划"[②]，旨在为城市生存和发展创造安全的公共环境。

21世纪初，城市公共安全风险事件在世界范围内频繁发生：美国"9·11"恐怖事件，2005年伦敦地铁连环爆炸事件，同年"卡特里娜"飓风袭击了美国的路易斯安那、密西西比和亚拉巴马三个州，2003年暴发的"非典"疫情致使中国遭受传染疾病的严重威胁，以及致使东南亚地区大量家禽死亡、经济损失严重的禽流感等，都促使非传统的城市公共安全问题受到社会各界的高度重视。这一阶段的研究扩充了传统安全城市的内涵，使城市公共安全风

---

① 张翰卿，戴慎志. 城市安全规划研究综述 [J]. 城市规划学刊，2005（2）：38－44.

② CAROLYN WHITZMAN，严宁. 为多伦多创造更安全的空间 [J]. 国外城市规划，2005（2）：58－61＋1.

险管理上升到更高的层面。

（二）国内研究与发展

与发达国家相比，我国对于城市公共安全管理的理论和实践研究均起步较晚。美国"9·11"恐怖事件之后，城市公共安全管理才引起了政府与学者的重视，但直到 2003 年"非典"疫情暴发之后，该领域才开始得到国家和民众的广泛重视。我国学者纷纷借鉴学习西方成熟的理论与实践经验，开始对我国城市公共安全管理方面展开研究。

自然科学领域的学者从技术手段、科学方法等角度研究如何应对城市突发事件，从而实现公共安全。例如，刘浪、何寿奎（2008）在《城市建设中的公共安全规划问题探讨》一文中从事故防御和事故应急诸方面讨论了城市规划建设时应注意的问题及应采取的措施，分析了公共安全规划理论对我国城市规划建设的基本要求，提出基础设施建设中进行公共安全规划的方法①。刘茂等（2005）在《建立城市公共安全系统的研究》一文中强调，必须对城市公共安全预警系统进行深入研究，健全预警机制，利用数字多媒体等手段开发新型预警技术，从而建立完善的城市公共安全预警系统②。

人文社会科学领域的学者则从制度建设、应急机制选择、政府在城市公共安全管理中的作用等方面对城市公共安全管理进行研究。例如，全国干部培训教材编审指导委员会组织编写的《公共危机管理》重点研究了如何建立健全公共危机管理的法治、体制、机制、预案，以及具体制度的建议和应对措施；郭济主编的《政府应急管理实务》全面阐述了政府应急管理的整体框架、主要经验、措施方法和工作流程，提出"应急管理中政府与社会的合作互助"概念。

---

① 刘浪，何寿奎. 城市建设中的公共安全规划问题探讨 [J]. 生态经济，2008（8）：134 – 137.
② 刘茂，赵国敏，陈庚. 建立城市公共安全系统的研究 [J]. 中国公共安全（学术卷），2005（1）：10 – 18.

二、 城市公共安全风险评价

（一） 国外研究与发展

公共安全风险评估是编制减灾规划的前提和基础，国外很多国家的政府及学者对城市公共安全风险的评价格外重视，特别是在一些发达国家，相关研究成果已经运用到实践中，并且以风险评估为基础编制预案和规划。

2010 年，伦敦开展了城市风险评估工作，编制完成了《社区风险登记册》，列出了伦敦主要面临的极高风险；而美国为编制减灾规划，一直在进行自然灾害风险评估的工作。风险评估是编制减灾规划的前提和基础；自 1975 年以来，东京建立了一套基于社区的地震灾害危险度评估体系，以各町丁目为评估对象，通过对建筑物危险度、火灾危险度和应急避难危险度进行分类评估，得出各地的综合危险度，为防灾减灾工作提供科学依据。

此外，国际上还有很多机构与组织提出了相应的城市公共安全风险评价体系：经济合作与发展组织（OECD）提出"压力—状态—响应"（P‐S‐R）评价体系；联合国可持续发展委员会（UNCSD）提出"驱动力—状态—响应"（D‐S‐R）评价体系；欧洲环境署提出了"驱动力—压力—状态—影响—响应"（D‐P‐S‐I‐R）评价体系。

（二） 国内研究与发展

近年来，国内已有部分学者开始注重对城市公共安全评价进行系统研究，其在理论探讨和实验模拟方面取得了一定进展。国内学者大多数从多角度构建指标体系，并使用层次分析法及模糊综合评价模型对城市公共安全水平进行评价，具有一定的理论与现实意义。此外，《公共安全蓝皮书：中国城市公共安全发展报告（2016—2017）》建立了一套科学完整的城市公共安全评价方案，并对我国 35 个城市的公共安全情况进行了评价。国家安全监管总局研究中心联合北京图安世纪科技股份有限公司开发了城市公共安全风险一张图管控平台，利用 3S（GIS、RS、GPS）、三维虚拟现实、大数据、云计算、物联网、移动互联等最新信息技术，建立统一的公共安全风险监管数据库，全面实现城市公共安全风险的感知、辨识、展示、预警、管控动态及可视化管理，支撑风险管控和隐患排查治理双重预防机制的运行。

通过对国内外相关文献的梳理和总结，我们可以发现对于城市公共安全风险管理的研究越来越受到学者的广泛关注，他们从不同的视角对相关问题进行了研究，这为我们的研究提供了一定的理论基础。国外学者对于城市公共安全风险管理的研究有较丰富的理论成果，很多研究成果已用于指导城市公共安全管理实践。

基于当前国内外同类的研究现状来看，我国现有的研究存在一定的局限性。第一，相关的研究大多是从我国整体的城市公共安全视角来思考，缺乏一定的针对性；第二，研究多集中在理论层面，即探讨应该怎么做，对于现实情况的实地调研和具体政策的实施情况缺乏相应的关注。

三、 巨灾保险

（一）国外研究与发展

从全球范围来看，巨灾保险在发达国家有较久的历史，部分国家已建立起较完善的巨灾保险体系。总体来看，国外巨灾保险制度的运作模式分为三种：政府主导模式、市场主导模式及政府与市场合作模式。

1. 政府主导模式

在政府主导模式中，政府在巨灾保险运作中发挥主要作用，通常通过建立相关法律法规强制或半强制居民及企业购买巨灾保险，并为保险公司提供再保险等支持。

例如，美国最早提出实施国家洪水保险计划，并且率先通过立法来保障该计划的实施。这一计划由政府参与强制实行，由指定的专门部门负责实施，政府作为保险人，承担赔付责任，商业保险公司只是出售洪水保险保单的代理人，其不向投保人承担保险责任。并且当发生重大洪水灾害时，国家洪水保险计划可以向财政部临时借款，同时国会也可以酌情拨款资助。

法国巨灾保险的运作也采用政府主导模式。法国政府将自然灾害风险分为两类：一类是商业性保险公司能够承担的风险，另一类是商业性保险公司无法承担的风险，法国巨灾保险制度主要是针对后者。法国巨灾保险制度承保的自然灾害风险主要包括洪水、地震、泥石流、下沉、干旱、潮汐、雪崩等。法国《自然灾害保险补偿制度》规定，凡是投保了火险和其他形式财产险的动产和不动产（包括机动车辆），在每张财产险保单中自动地、无选择地附加自然灾害风险，并加收财产险保费的特定比例作为自然灾害风险部分的保费，同时自然灾害保险的保费由政府统一厘定，全国实行统一的费率标准。法国中央再保险公司（CCR）在政府的授权下，为自然灾害风险提供由政府担保的再保险。保险公司可以自愿向法国中央再保险公司进行分保，当中央再保险公司无法承担灾害损失时，则由政府来承担。因此，法国政府作为最后的再保险人，承担无限赔偿责任。

2. 市场主导模式

在市场主导模式中，政府不负责制定巨灾保险方案，不参与经营管理，也不承担巨灾风险，主要依靠市场力量主导巨灾保险的运作。该模式最具代表性的为英国的洪水保险。

在英国洪水保险中，商业性保险公司起主导作用。各保险公司根据其经营积累的数据，自主确定费率，市场上并没有统一的费率及免赔额标准。保险公司需要将包括洪水灾害在内的自然灾害风险纳入标准家庭及小企业财产保单的责任范围内，相当于将洪水保险"捆绑"到财产保险保单中，按照商业化经营模式，投保人可以自主选择保险公司及产品进行投保。当房屋所有人投保时，需要购买所有险种，否则无法获得抵押担保。同时，保险公司可以通过再保险手段，将风险进一步分散。在运作过程中，政府不负责洪水保险的经营活动，也不接受保险业转移巨灾风险，但是政府承诺建立有效的洪水防御设施及设备，通过建立完善的防洪工程体系，将保险风险控制在合理范围内，政府还需主动向保险公司提供洪水风险评估、灾害预警、气象研究资料等数据与资料。而保险公司负责通过市场化的运作方式，将洪水保险捆绑在家庭财产保险、企业财产保险及农业保险中进行销售。

3. 政府与市场合作模式

在政府与市场合作模式中，两者共同参与巨灾保险的运营，政府通过制定相关法律法规引导巨灾保险制度的建设，并由保险公司通过市场化运作方式经营巨灾保险，政府在必要时也会提供相应的支持。

日本地震保险是该模式的典型代表。1966 年 5 月，日本出台《地震保险法》，建立起政府和保险公司共同经营的家庭财产地震保险制度，在该制度中，国家承担超额损害再保险、限制保险金给付额、强制附加于火灾保险，保费由专门的费率厘定机构确定。该地震保险不能单独投保，必须与家庭财产保险配套投保。其中，政府承担主要风险，保险公司承担次要风险。

（二）国内研究与发展

近年来，国内专家学者也逐渐开始关注巨灾保险领域的相关研究，对巨灾保险需求、巨灾保险市场、监管与制度设计、国际经验等领域进行了研究，也取得了一定的成果。在此基础上，我国多个巨灾保险试点也纷纷落地，从灾种及保险保障形式等方面来看，基本分为以下三类：

1. 以深圳、宁波巨灾保险为代表的多灾种巨灾保险

2014 年 5 月，深圳市民政局与中国人民财产保险股份有限公司深圳市分公司签订了《深圳市巨灾救助保险协议书》，深圳市巨灾保险正式进入实施阶段。深圳市巨灾救助保险的投保人为深圳市人民政府，首期保单保险期间为 2014 年 6 月 1 日至 2015 年 5 月 30 日，深圳市人民政府出资 3600 万元向中国人民财产保险股份有限公司深圳市分公司购买巨灾保险。该保单保障对象是当灾害发生时处于深圳市行政区域范围内的所有人口。深圳市巨灾救助保险产品共对 15 种灾害进行保障，包括暴风、暴雨、崖崩、雷

击、洪水、龙卷风、飑线、台风、海啸、泥石流、滑坡、地陷、冰雹、内涝、主震震级 4.5 级及以上的地震及地震次生灾害，以及由上述 15 种灾害引发的核事故风险，并且以灾害发生时对受灾居民的人身伤亡救助和核应急救助为主要保障内容。自 2016 年起，保障责任又增加了住房损失补偿（见表 1-2）。

表 1-2 深圳巨灾保险保障责任

类别	保障责任	责任限额	
		每人每次灾害事故责任限额	每次灾害事故责任限额
人身伤亡救助费用	医疗费用 + 残疾伤亡抚恤	10 万元	20 亿元
核应急救助费用	被服、食品、饮用水、帐篷、交通等费用	2500 元	5 亿元
住房损失补偿	自然灾害导致住房全部或部分倒塌，或出现危及正常使用的房屋建筑或构建物结构安全隐患	2 万元	2 亿元

资料来源：深圳市民政局门户网站。

宁波的巨灾保险试点从 2014 年 11 月开始，由宁波市民政局与中国人民财产保险股份有限公司宁波市分公司签署了公共巨灾保险合同，首年由宁波市人民政府出资 3800 万元向商业保险公司购买 6 亿元的巨灾风险保障。宁波市巨灾保险与深圳市巨灾保险类似，投保人也是当地政府，具体由民政部签署相关合同，保障对象即被保险人为灾害发生时处于行政区域范围内的所有人口。宁波市巨灾保险的试点方案如表 1-3 所示。

表 1-3 宁波市公共巨灾保险方案

保障范围	1. 自然灾害保险的保障范围增加了暴雪责任险种 2. 雷击保险责任扩大到居民家庭财产损失救助
理赔触发条件	1. 从试点方案的 10 人及以上死亡或者 50 人及以上重伤，降低为 3 人及以上死亡或者 10 人及以上重伤 2. 见义勇为理赔条件中增加了被评为烈士者

续表

保额 （总保额 7 亿元）	居民人身伤亡抚恤费	20 万元/人
	居民家庭财产损失救助费 （限额 3000 元）	1. 20 厘米≤水位线≤50 厘米，赔偿救助费用金额 500 元/户 2. 50 厘米≤水位线≤100 厘米，赔偿救助费用金额 1000 元/户 3. 100 厘米≤水位线≤150 厘米，赔偿救助费用金额 2000 元/户 4. 水位线≥150 厘米，赔偿救助费用金额 3000 元/户 5. 按照房屋受损情况进行赔偿
	公共安全保障救灾安置费	150 元/人/天
总保费		4080 万元

2. 以广东省、黑龙江省为代表的巨灾指数保险

2015 年，广东省财政厅、民政厅、水利厅和中国保监会广东监管局联合印发了《广东省巨灾保险试点工作实施方案》，并确定率先在汕头、韶关、梅州、湛江、清远 5 市试点开展巨灾保险工作。到 2017 年，试点已拓展到 14 个地市。广东省巨灾保险试点采用指数保险模式，以省政府作为投保人，地级市政府作为被保险人，以台风、洪涝和地震灾害为主要保障范围。巨灾指数保险赔付触发机制基于气象、地震等部门发布的连续降雨量、台风等级、地震震级等参数，当上述灾害达到触发级别时，保险公司按照事先约定的理赔结构直接向各地市财政局进行赔付。

2016 年，黑龙江省启动农业财政巨灾指数保险试点。黑龙江省财政厅代表政府进行投保，被保险人是黑龙江省财政厅，总保费为 1 亿元，合计保险金额达 23.24 亿元。该巨灾保险承保 4 个灾因，包括干旱灾因、降水过多灾因、低温灾因三种气象灾因指数保险，以及卫星监测流域洪水灾因指数保险。

3. 以云南大理白族自治州、四川省为代表的地震保险

2015 年 8 月，云南省大理白族自治州政策性农房地震保险试点启动。该

巨灾保险承保地震中农村房屋的损失与人身死亡，在 3 年的试点期限内，为大理州所辖 12 县（市）82.43 万户农村房屋及 356.92 万名大理州居民提供风险保障。其中，政府作为投保人，全额承担全州保费 3215 万元，按照省级财政承担 60%、州县级财政承担 40% 的比例进行分配，由大理州民政局统一办理投保和索赔事宜。诚泰保险公司是主承保人，人保财险、平安财险、大地财险、中华联合和诚泰财险组成共保体，共同承担风险，中国的再保险公司作为再保险人。该保险采用震级触发指数，将地震指数保险启动赔付震级设置为 5.0 级，并以每 0.5 级为一档，进行差异化赔付。

2015 年 11 月，四川省城乡居民住宅地震巨灾保险试点正式启动。四川省共保体机制下的地震巨灾保险是由商业保险公司基于自愿参与的原则共同形成的地震共保体提供保险商品，投保人根据自愿原则购买的一种商业保险。试点期间，中国人民财产保险股份有限公司四川省分公司为首席承保人，与中华联合财产保险股份有限公司四川分公司和中航安盟财产保险有限公司四川分公司等公司共同经营，中国财产再保险公司等公司为再保险人。与上述中国各巨灾保险试点不同的是，在四川省城乡居民住宅地震巨灾保险中，政府不是投保人，而是制度框架的顶层设计者，是整个保险机制协调运行的组织领导者和推动者，同时为试点城市投保居民进行部分保费补贴。

在四川城乡居民住宅地震巨灾保险试点运行了一年以后，2016 年 5 月，国家将城乡居民住宅地震巨灾保险制度推广至全国，建立了全国层面的中国城乡居民住宅地震巨灾保险制度。在全国城乡居民住宅地震巨灾保险的基础上，各地可以根据当地灾情及社会经济发展状况选择差异化的财政保费补贴、风险分散机制和省级统筹的地震巨灾基金构建方案。

综上所述，国外特别是发达国家在巨灾保险领域的研究与实践开展较早，运行也较为成熟，给我国巨灾保险的研究与发展提供了宝贵经验。但同时也要注意到，因为各国国情不同，中国国内各地的灾害情况、财政状况、经济发展程度也各不相同，在对巨灾保险进行研究与推广时，不能完全照搬照抄现有经验，需要因地制宜地进行发展。本书也将在现有研究与实践的基础上，提出适合天津市的城市公共安全和突发重大环境灾害保险制度。

第三节　研究内容和逻辑

一、　研究内容

本书的研究内容分为五个部分。

第一部分主要对本书研究所涉及的相关概念的界定和相关理论分析，主要涉及对城市公共安全、影响城市公共安全的风险及突发重大环境灾害事件等基本概念的界定，分析城市公共安全风险管理与城市发展、韧性城市建设之间的关联；跟踪国内外同领域研究，梳理总结关于城市公共安全管理、城市公共安全风险评估、巨灾风险等研究成果及学术发展；指出本书研究重点和研究思路、研究方法的运用、主要突破与创新等。

第二部分主要为考察天津市城市公共安全的状况。包括对天津市城市基本情况的概要总结，具体涉及天津市的地理位置、水文气象、人口状况、工业布局等方面；从历史和现状两个角度梳理天津市发生过的重大自然灾害及突发重大人为灾害事件等情况；结合上述分析总结天津市城市公共安全基本现状。

第三部分重点对影响天津城市公共安全的主要重大自然灾害和突发重大环境灾害风险源的分析和评价。首先，梳理天津市的重大自然灾害风险源、重大人为事故灾害风险源及天津市突发重大环境灾害风险源基本状况，针对天津市主要面临的地震灾害和洪涝灾害，对天津市各地区地震脆弱性和洪涝灾害风险进行了定量分析、分级和区划；其次，选取公共卫生、交通安全、食品安全、网络安全及社会安全等领域对天津市重大人为事故风险进行定性分析和评价，对突发重大环境灾害风险进行界定和风险评价；最后，从城市和企业角度，分析天津市化工行业突发重大环境灾害风险源，并以具体的化工园区为案例进行风险分析。

第四部分主要研究构建天津市城市公共安全与突发重大环境灾害风险管

理新体系。首先，客观总结天津市针对城市公共安全和突发重大环境灾害风险的管理现实状况；其次，在比较分析和借鉴国外典型城市在城市风险治理方面的发展实践和经验的基础上，将先进的主动型风险管理理念引入天津市城市公共安全风险管理体系的构建中，根据天津市城市公共安全风险现状，率先提出将财务性的风险转移与损失补偿机制——灾害保险制度科学化、制度化地融入单一化的以工程性、控制型、被动型防灾减灾管理手段和措施为主导的城市风险管理工作体系中，设计提出天津市城市公共安全和突发重大环境灾害风险管理新体系，并倡导政府、企业和社会公众形成合力建设城市公共安全风险管理新体系，同时，加强新科技在城市安全风险管理中的应用，构建一个高度科学的、社会各方参与的、有理论有模型的、综合运用前沿科学技术的、可以量化降低安全风险的全新的风险管理模式。

第五部分主要针对天津市可能面临的地震和洪水自然灾害及特定领域突发重大环境灾害风险特征及风险状况，研究构建商业性灾害保险与专项巨灾保险机制有机结合的巨灾保险保障综合体系。首先，研究总结国外典型的地震、洪水巨灾保险发展实践及经验借鉴；其次，根据天津市洪涝灾害和地震灾害风险特点，研究设计保障各相关巨灾承灾体面临的各种不同类型的巨灾风险损失的专项巨灾保险产品、计划和制度，包括为天津市政府设计的覆盖洪涝、地震重大自然灾害风险的财政巨灾指数保险计划等；最后，根据天津市的实际情况，与环境污染责任险制度和安全生产责任险制度有机衔接，创新设计天津市突发重大环境灾害特定领域风险保险方案，包括提出配套政策与法律支持及相关建议，并进一步提出建立由政府主导，多元主体协调协作，拥有高效风险管理体系的安全和韧性城市建设思路。

二、 研究逻辑

基于相关的概念和理论依据，本书从天津市本土所处地理环境、城市发展沿革、经济发展特征、产业结构特征与支柱型产业布局、城市居民分布、公共设施、道路交通、生活娱乐设施及重大灾害历史记录等方面出发，运用先进的风险理论、灾害风险管理、城市公共安全、巨灾保险创新理论及创新研究方法，全面考察影响天津市城市公共安全与可能导致突发重大环境灾害事件的自然和人为灾害风险源，具体从风险因素与风险事故、风险隐患等方面规范分析。在此基础上，重点识别和分析评价天津市城市公共安全与突发重大环境灾害风险的实际状况；基于对影响天津市城市公共安全的自然灾害与突发重大环境灾害风险分析，研究搭建全新的灾害风险管理体系，并针对影响天津城市公共安全的重大自然灾害与突发重大环境灾害风险提出商业灾害保险与专项巨灾保险机制相结合的巨灾保险设计方案，并进一步提出相关建议。

本书重点突破和主要创新包括以下六个方面。

第一，提出了融入保险机制的城市公共安全风险管理理念。根据前期研究，国内关于城市公共安全的管理主要为被动型的危机管理，风险的预防能力和处置效率有待转型和提高。虽然一些发达国家对公共安全风险的管理已向主动型转变，如美国和日本，但也处于探索的初级阶段。本书力图将主动型风险管理理念引入城市公共安全管理体系中，同时指出加强建设韧性城市的紧迫性，及其对增强城市抵御自然灾害能力和灾后恢复能力的重要意义。

第二，系统分析影响天津市城市公共安全的风险源、评估风险状况。从风险管理的角度有效解决城市公共安全风险的预防和处置等问题，需要对影响城市公共安全的风险有科学的认知。本书基于通常的风险因素分类，对影响天津市城市公共安全的自然灾害风险因素和人为风险因素进行系统分析，针对不同类型的风险因素，提出不同的风险识别与评价方案和数据采集方法。

第三，进行跨学科、多角度综合研究。本书关于城市公共安全风险管理与巨灾保险制度建设的相关研究涉及多学科、多领域、多视角或角度的综合性应用研究，综合灾害学、风险管理与保险学、公共管理学等多学科理论对相关概念进行梳理和界定；在对天津市地震和洪水自然灾害风险的认识和分析评价中，既从传统灾害学角度对承灾体、致灾因子、孕灾环境进行分析，又结合风险管理与保险学及公共管理等学科视角综合评估风险，并进一步分析灾害风险的可保性、承保机制、风险保障程度等。由此，将传统灾害学中工程性风险管理措施与非工程性的风险管理手段有机结合，弥补了原灾害风险管理工作及管理过程中的缺陷和短板。

第四，提出新型灾害风险管理体系工作框架。基于我国现有的灾害风险管理基本手段和工作体系，本书结合跨学科和多角度相关研究，提出由政府主导，市场和社会多元主体参与，有效利用和调配政府与市场的各种资源，工程性与非工程性灾害风险管理手段相结合，实现对灾害风险的全过程、多层次、多渠道、多手段管理的新型灾害风险管理体系工作框架。

第五，重构天津市城市公共安全和突发重大环境灾害风险管理体系。本书根据天津市城市公共安全风险状况，基于现有工程性、控制型的防灾减灾手段和措施为主导的城市公共安全风险管理工作体系提出，将财务性的风险转移与损失补偿机制——灾害保险制度科学化、制度化地融入其中，构建融入保险的风险管理与保险保障机制的天津市城市公共安全和突发重大环境灾害风险管理新体系。

第六，提出了天津市城市公共安全和突发重大环境灾害保险制度创新方案。针对天津市面临的地震和洪水自然灾害风险，构建能够化解个人、企业及政府等各方面巨灾风险承灾体可能遭受的各类型巨灾损失风险的保险保障体系，以拓展和创新商业性灾害保险为基础，以针对不同承灾体面临的巨灾风险损失的专项巨灾保险产品或计划为支柱，确保天津市的经济和社会活动及人们的日常生活在遭遇地震、洪水或突发重大环境灾害后能够迅速恢复如常。

第四节　研究重点与方法运用

一、研究重点

（一）概念梳理

基于灾害学、风险管理与保险学、公共管理等多学科理论，本书梳理和界定了城市公共安全管理、突发事件和重大环境灾害事件的基本概念与内涵，分析了它们与城市发展之间的逻辑关联；结合灾害风险管理与巨灾保险的相关理论与实践，提出巨灾、巨灾风险管理、巨灾保险的新理念和范畴。

（二）天津市自然灾害和突发重大环境灾害的风险源分析

根据天津市的地理位置、水文气象、人口状况、工业布局等现状，本书从自然灾害和突发重大环境灾害事件两个方面进行风险源分析。包括梳理天津市的自然风险源、人为事故灾害风险源及突发重大环境灾害风险源及风险基本状况，对天津市各区的地震脆弱性和洪涝灾害风险进行定量分析、分级和区划；选取公共卫生、交通安全、食品安全、网络安全及社会安全等领域对天津市人为事故风险进行了定性分析和评价；基于对突发重大环境灾害风险的评价，从城市和企业角度分析天津市化工行业突发重大环境灾害风险源，并以具体的化工园区为案例进行分析。

（三）天津市城市公共安全和突发重大环境灾害风险管理体系构建

首先，提出构建公共安全为核心的城市风险管理体系，在现有的日常安全管理体系和应急管理体系基础上，将保险机制嵌入其中，对原有的风险管理工作体系进行优化，使其成为一个能够做到事前科学地"防"、事中有效地"控"、事后把影响降到最低和损失降到最少地"救"；其次，倡导政府、企业和社会公众在灾害风险管理中的配合，加强科技在城市安全风险管理中的应用，构建一个高度科学的、社会各方参与的、有理论有模型的、综合运用前沿技术的、可以量化降低安全风险的全新的风险管理模式。

（四）天津市城市公共安全和突发重大环境灾害保险制度设计

针对天津市地震和洪水自然灾害及突发重大环境灾害事件特定领域风险，提出相关领域巨灾保险方案。包括根据天津市洪涝灾害和地震灾害风险及突发重大环境灾害风险的特点，研究提出保障天津市民众、企业和政府可能面临的不同各类型的巨灾损失的巨灾保险方案；提出建立由政府主导的，多元主体协调配合，拥有高效风险管理体系的安全韧性城市建设思路和相关建议。

二、 研究方法

基于以上研究思路，本书针对以下研究内容采用相应的研究方法。

1. 概念梳理

本书采用文献研究、定性分析等方法，对城市公共安全管理、突发事件和重大环境灾害事件、巨灾、巨灾保险等概念进行研究与梳理。在研究过程中，还通过对比，对国内外有代表性的城市公共安全管理理论进行比较研究。

2. 天津市风险源分析

首先，对天津市的基本情况进行总结归纳，从历史和现状两个角度梳理天津市发生过的突发重大环境灾害事件；其次，采用定性、定量相结合的方法对天津市的风险源进行分析。在对天津市风险源进行定量评价时采用了以下方法。

一是针对地震灾害，由于天津市地震灾害发生频率较低，本书仅就天津市各区地震灾害的脆弱性进行评价，并通过脆弱性指数反映各区在遭遇地震灾害后的恢复能力。

二是针对洪水灾害，本书应用自然灾害风险指数法、层次分析法、加权综合评分法及 GIS 技术等方法，对天津市洪水灾害孕灾环境敏感性、致灾因子危险性、承灾体易损性及防灾抗灾能力分别进行了风险评价和区划，在此基础上，对洪水灾害综合风险进行了评价和区划。

三是本书除了针对天津市地震和洪涝单一灾害进行风险评价，还应用灰色关联投影法对天津市的整体防灾减灾能力进行了评价和分析。

四是针对突发重大环境灾害，本书首先采用危险指数评价法分别针对石油化工和炼焦业、金属采矿业及道路运输业进行了环境风险评价。其次选取某一制碱企业基于 LCA 方法对其生产过程中可能对人体健康和环境产生的危害风险进行了分析。

3. 体系构建与保险机制设计

本书采用归纳演绎等研究方法，针对天津市风险源状况重构城市公共安全和突发重大环境灾害风险管理体系，并进行相应的保险制度设计。

第二章

概念界定及理论基础

第一节　相关概念界定

一、城市公共安全

（一）城市的概念与特征

城市是一个现代用语，在中国古代"城"与"市"有着不同的含义："城"是指四周围的城墙，主要是为了防卫并且用城墙等围起来的地域，是为社会的政治、军事等目的而兴建的；"市"是指商品交易的场所，是生产活动、经济活动所需要的，其形态是开放的、外向的。这两种初始的空间形态，随着社会经济的发展变得丰富和扩大，并相互渗透、相互影响，"城"与"市"逐渐成为一个统一的聚合体——城市。

《中国大百科全书》对城市的界定：大量异质性居民聚居，以非农职业为主，具有综合功能的社会共同体。《中外城市知识辞典》中对城市所下的定义：区别于乡村的一种相对永久性的大型聚落，是以工业活动为主体，人口、经济、政治、文化高度集聚的社会物质系统。由于研究者的视野和角度不同，给城市下定义较为困难。但是，城市通常是指一个规模巨大、人口密集、经济发达、文化多元化的地方，通常是周边地区的人口聚集中心，是一个动态复杂的有机系统。城市从经济角度可以理解为一定地域范围内，人口和经济活动不同规模和程度的集中。尽管世界各国国情千差万别，但在划分城市规模方面，却都是以城市人口为主要依据的。目前，根据人口规模状况，我国城市可以划分为超大型城市（1000万人以上）、特大城市（500万~1000万人）、大城市（100万~500万人）、中等城市（50万~100万人）和小城市（50万人以下）①。城市是社会不断发展而产生的事物，同时也推动着社会的不断发展。现代城市具有人口、建筑物、生产、财富、公共服务及其诸种灾害集中的特点，包括以下几个方面：第一，城市是一个具有相当高人口密度的人类聚集体；第二，它运用自身的优势聚集了不同文化、不同职业、不同语言背景的居民，这些居民有着一定的异质性，在上海、北京等大城市，人们可以看到各种不同的饮食习惯，听到各种语言，接触到不同的价值观念和风俗习惯；第三，城市作为文化载体和传播体，是一个区域的经济、政治、文化、服务中心，与农村相比，拥有更好的基础设施，提供更好的公共服务，城市拥有更好的教育、医疗、交通等服务设施，市民享有更好的公共服务和福利保障；第四，城市聚集了各种社团、企业和机构的社会组织，人们的活动趋于专业化，居民的知识水平和专业技能较乡村居民高，它也是知识、技术和信息的生产基地，是教育、科学和文化最为发达的地方；第五，城市的社会契约基础主要是法律、法规；第六，城市生活方式多样化，时间观念强，相互间竞争激烈。

（二）公共安全的概念

公共安全的概念可以从广义和狭义两个角度来理解。从广义上来说，公共安全是公众的生命、健康、财产、生产和生活的安全，大到全球、国家、国防、社会层面的稳定，小到个体免受侵害的安全。从狭义上来说，公共安全是指公民免受灾害和犯罪的侵害，以及社会治安得到保障。

目前，我国的安全科学界认为公共安全所针对的问题包括自然灾害、事

---

① 国务院. 国务院关于调整城市规模划分标准的通知［EB/OL］. http：//www. gov. cn/zhengce/content/2014 - 11/20/content _ 9225. htm.

故灾难、公共卫生事件及社会安全事件四个部分。公共安全作为概念其出处难以详细考证，但公共安全作为学科历史不长，且采用我国自主命名的学科名称。国务院于 2004 年委托中国工程院将公共安全列入学科分类中，中国工程院重新规划学科分类，将所有学科重新整合为二十类，第九类为公共安全，主要研究防止恐怖主义、自然灾害、事故灾难、保护基础设施、社会安全和公共卫生安全。2006 年 2 月，国务院发布《国家中长期科学和技术发展规划纲要（2006—2020 年）》，公共安全被列为重点领域与优先主题。公共安全研究的切入点比较广泛，既可以按照研究区域划分，也可以按照技术路线、事件应对划分。本书聚焦城市公共安全，对危害城市公共安全的自然灾害与突发重大环境污染事件的防治策略和管理体系进行研究，是在当前我国城镇化快速推进的背景下解决公共安全重点问题的积极探索。

（三）城市公共安全概念与研究范畴

1. 城市公共安全的概念

城市公共安全是基于城市范围内的公共安全。在城市发展的早期阶段，城市公共安全主要是指城市治安安全。随着物质文化水平的提高，人们对安全的要求也越来越高，现阶段城市公共安全通常是指基于城市管理组织机构、志愿者群体及全体城市社会成员共同的意志和努力所建立起的一种安全机制，其基本内涵已超出了原本狭义上的城市治安安全的范畴，而是涵盖了政治、经济、社会、环境等众多因素。现代城市公共安全问题呈现出新的态势，在原有的基础上衍生出了危害人民身体健康的生态环境污染、对公民隐私造成威胁的互联网安全问题、对社会秩序产生负面影响的金融市场不稳定问题等新的表现形式。

从已有研究来看，国外学者将城市公共安全归纳为四类，包括犯罪治安类安全问题、自然灾害类安全问题、技术灾害类安全问题和恐怖袭击类安全问题。而国内学者尝试对城市公共安全概念进行定义，表 2-1 列举了一些具有代表性的观点。

表 2 - 1　国内学者对城市公共安全的定义

学者	城市公共安全的定义
马德峰[1]	城市公共安全是指对自然灾害、社会突发事件等具有有效的抵御能力，能在环境、社会、人身健康等方面保持一种动态均衡和协调发展，能为城市居民提供良好生活秩序、舒适生活空间和人身安全的地域社会共同体
林雄弟[2]	广义的城市公共安全是指不特定多数人的生命、健康、重大公私财产，以及社会生产、工作生活安全。狭义的城市公共安全主要包括对城市自然灾害、城市治安事故的处置
潘加军，张晓丹[3]	城市公共安全主要是指社会公众的生命、健康、重大公私财产，以及城市公共生产、生活的安全，也就是城市公民从事和进行正常的生活、学习、工作、娱乐、交往所必需的、稳定的外部环境和秩序，它包括经济安全、环境安全、卫生安全、政治安全、社会安全和信息安全
董晓峰等[4]	城市公共安全就是一个城市在政治、经济、文化、社会、生态环境、市民人身健康及资源供给等方面保持一种动态稳定的和谐状态

　　本书在已有研究的基础上提出城市公共安全是满足公民生产生活所需的城市内部与外部环境的和谐与稳定，而为了维持这种稳定，需要采用体系化策略对潜在的灾害及其他事件风险加以应对。

　　2. 城市公共安全的研究范畴

　　为了保障城市公共安全，不得不关注在城市范围内由于自然因素和人为因素导致的自然灾害、事故灾难、公共卫生事件和社会安全事件的潜在风险，这些风险存在于生产、生活、生存范围的各个方面，包括衣食住行、休闲娱乐等各个领域及环节。城市公共安全问题是城市问题和安全问题的耦合，由于城市和安全问题本身的复杂性，使城市公共安全问题变成更为复杂的系统问题。同时，城市公共安全问题随着经济的发展、社会的进步和城市化进程

---

　　[1]　马德峰. 安全城市：基于多维视野的考察 [J]. 城市规划学刊，2005（1）：95 - 98.

　　[2]　林雄弟. 公共安全问题界定、影响发展趋势和应对策略 [J]. 中国公共安全（学术版），2008（1）：18 - 22.

　　[3]　潘加军，张晓丹. 转型期我国城市公共安全体系的缺陷与重构 [J]. 社会科学家，2004（6）：44 - 47.

　　[4]　董晓峰，王莉，游志远，高峰. 城市公共安全研究综述 [J]. 城市问题，2007（11）：71 - 75.

城市公共安全与保险

日益加快而愈加突出和复杂，其研究范围也越来越广。

一般而言，城市公共安全研究的范畴除了包括城市生产安全、公共卫生安全、食品安全、交通安全、生态安全、金融安全等传统安全的诸多方面，也包括如能源安全、生态环境安全、水资源安全、恐怖主义袭击和其他暴力活动、信息系统安全、流行疾病安全、人口安全及城市建设安全等方面。由于城市公共安全范围十分广泛，因此可以从多角度、多侧面进行分析研究，对城市公共安全范围进行分类，为应对这类安全事件提供科学的指导，有利于政府根据不同的类型，及时有效地采取科学的应对策略。对于城市公共安全的研究范围，不同学者的侧重点不同，划分的方法也不同。例如，从影响范围的角度出发，分为国际城市公共安全、国内城市公共安全、地域性城市公共安全。

具体而言，对城市公共安全的划分方法有以下五种。

一是2006年1月国务院发布的《国家突发公共事件总体应急预案》将城市公共安全分为自然灾害、事故灾难、公共卫生事件和社会安全事件四类。

二是薛澜等学者从城市公共安全诱因的角度，将我国城市公共安全的范围分为自然灾害型、权力失衡型、权力异化型、意识冲突型、国际关系型[①]。

三是从公共管理的角度，有学者认为城市公共安全主要有经济安全、政治安全、社会安全、环境安全、生产安全、文化安全、科技安全。也有学者认为，城市公共安全可以划分为政治性危机事件、宏观经济性危机事件、社会性危机事件、生产性危机事件、自然性危机事件。

四是从对城市公共安全不同的影响因素角度将城市公共安全的范围分为自然因素、卫生因素、社会因素、生态因素、环境因素、经济因素、信息因素、技术因素、文化因素、政治因素。

五是从研究内容的不同，有学者将城市公共安全划分为自然灾害、事故灾害、反恐防恐、基础设施保护、公共卫生、社会安全。

因此，城市公共安全的具体问题囊括了以下几个方面。

---

① 薛澜，周玲，朱琴. 风险治理：完善与提升国家公共安全管理的基石［J］. 江苏社会科学，2008（6）.

一是城市自然灾害。例如，洪水、地震、干旱、冰雹、海啸、泥石流等。对我国历年发生的各种灾害进行统计分析，可以发现导致城市人身和财产损失最大的灾害为洪水和地震。

二是城市工业隐患。城市工业隐患主要是指城市范围内容易产生危险的工业设施与设备，如化工厂、核电站安全等。

三是城市公共场所事故灾难。城市中由于人群高度聚集、流动性强，并存在火灾、拥挤等许多潜在的事故隐患，从而易于发生群死群伤事故。按照城市公共场所的类型，其事故灾难分为两大类：封闭类公共场所灾难和开放类公共场所灾难。

四是城市公共基础设施事故灾难。城市公共基础设施是人们生产生活的基础，包括城市地铁、轻轨等交通设施，城市居民必须用的电、水、煤气、通信设备和信息网络等设施。

五是城市道路交通事故灾难。城市道路交通安全是指城市所有线路，包括交叉口、各路段交通设施安全、人与车的安全、交通管理水平及有无交通事故的发生。

六是城市卫生危险源。城市卫生危险源是指如食物、水源的污染，以及传染病等各种可能对公众健康造成危险的事件。

七是城市暴力恐怖袭击。城市暴力恐怖袭击是指城市中恐怖暴力主义分子蓄意制造的纵火、爆炸等极端恐怖事件。

综上所述，城市公共安全需要聚焦城市工业危险源、城市公共场所、城市公共基础设施、城市自然灾害、城市道路交通、恐怖袭击与破坏和城市突发公共卫生事件七个方面给城市经济和社会发展带来的风险。这些风险存在于人们生产劳动之外的生活、生存范围的各个方面，包括衣、食、住、行、休闲娱乐等各个领域及环节。若城市公共安全作为一个系统，它的风险由于人群的聚集而被放大；由于系统的脆弱性而易受攻击和破坏；由于系统的社会敏感性而被激化及猝变。城市公共安全应急救援系统是由若干中心组成的工作机构，负责城市公共风险预测和评价、应急计划的制订、应急救援行动的开展、事故应急培训和演习等事务。城市公共安全应急救援系统研究的重点是针对城市公共安全研究范围的七个方面建立应急救援子系统及制订应急专项计划。本书从影响天津市城市公共安全的重大自然灾害风险和突发重大环境灾害事件入手，重点对该两类风险进行分析和评估。在此基础上，创新构建应对该两类巨灾风险的城市公共安全风险管理和巨灾保险制度体系。

二、　城市公共安全风险

（一）灾害风险

1. 灾害风险的概念

在灾害学研究中，风险的概念有所不同。灾害风险的认识代表了灾害风险研究不同阶段对灾害风险的理解。总体来看，灾害风险的定义可以归纳为三个方面：一是从风险自身角度将灾害风险定义为一定概率的损失；二是从致灾因子的角度，认为灾害风险是致灾因子出现的概率；三是从灾害系统理论定义灾害风险，通过对致灾因子的研究，并开始更多地重视人类社会经济自身的脆弱性在灾害形成中的作用，认识到人类自身活动会对灾害形成放大或者减缓的效果，将灾害风险定义为致灾因子和脆弱性的结合。以上的灾害风险理论大多是针对自然灾害，研究区域也主要以大范围的全球、国家和地区为主，对于人为技术灾害和小范围区域的研究还略显不足。因此，本书从灾害系统和风险管理的角度出发，将灾害风险定义为各种致灾因子和人类系统自身脆弱性共同作用导致损失和破坏的可能性。

2. 影响城市公共安全的灾害

影响城市公共安全的灾害种类很多，各类灾害事件均会对城市公共安全造成影响。2006年，国务院发布的《国家突发公共事件总体应急预案》将影响公共安全的紧急事件表述为突发公共事件，根据突发公共事件的发生过程、性质和机理，突发公共事件主要分为自然灾害、事故灾难、公共卫生事件、社会安全事件四类。本书将沿用《国家突发公共事件总体应急预案》中的分类方法。

自然灾害主要包括水旱灾害、气象灾害、地震灾害、地质灾害、海洋灾害、生物灾害和森林草原火灾等，是指由于自然原因导致的对人的生命、财产及其赖以生存的资源和环境造成威胁和损害的事件。

事故灾难主要包括工矿商贸等企业的各类安全事故、交通运输事故、公共设施事故、设备事故、环境污染和生态破坏事故等。事故灾难属于人为灾害，是与自然灾害相对的，它是指造成人员伤亡、财产损失或其他损失的意外事故，事故灾难造成的损失较大，通常是由于技术性或操作性失误等各种非故意因素造成的。

公共卫生事件主要包括传染病疫情、群体性不明原因疾病、食品安全和职业危害、动物疫情及其他严重影响公众健康和生命安全的事件。

社会安全事件主要包括恐怖主义事件、群体性事件、重大治安事件、重大刑事犯罪和动乱事件、暴乱事件、严重的骚乱事件、经济安全事件及涉外突发事件等。这些事件由人为因素造成，对公共安全形成现实威胁和损害。

本书主要研究的是影响天津市城市公共安全的重大灾害事件，包括自然灾害和事故灾难，进一步基于天津市历史上遭受重大灾害事件的实际特点，聚焦自然灾害中的地震灾害、洪水灾害事件，以及事故灾难中的突发重大环境灾害事件进行研究。

3. 突发重大灾害

《国家突发公共事件总体应急预案》指出，"各类突发公共事件按照其性质、严重程度、可控性和影响范围等因素，一般分为四级：Ⅰ级（特别重大）、Ⅱ级（重大）、Ⅲ级（较大）和Ⅳ级（一般）"。由于各类突发公共事件或灾害事件性质及特点各不相同，因此，没有衡量其灾害级别的统一标准。

本书重点关注的重大灾害之一是天津市面临的重大自然灾害风险，主要涉及地震及洪水风险。重大自然灾害是指灾害程度达到《国家自然灾害救助应急预案》（2016 年修订）中规定的国家自然灾害救助应急响应启动条件的自然灾害。在《国家自然灾害救助应急预案》中，根据自然灾害的危害程度等因素，国家自然灾害救助应急响应也分为Ⅰ、Ⅱ、Ⅲ、Ⅳ四级，因此，达到表 2－2 中任何一级应急响应条件的自然灾害均为本书定义的重大自然灾害。

对于地震灾害,在《国家地震应急预案》(2012 年 8 月 28 日修订)中,将地震灾害分为特别重大、重大、较大、一般四级。其中,特别重大地震灾害是指造成 300 人以上死亡(含失踪),或者直接经济损失占地震发生地省(区、市)上年国内生产总值 1% 以上的地震灾害。当人口较密集地区发生 7.0 级以上地震,人口密集地区发生 6.0 级以上地震,初判为特别重大地震灾害。重大地震灾害是指造成 50 人以上、300 人以下死亡(含失踪)或者造成严重经济损失的地震灾害。当人口较密集地区发生 6.0 级以上、7.0 级以下地震,人口密集地区发生 5.0 级以上、6.0 级以下地震,初判为重大地震灾害。本书将该应急预案中特别重大与重大两级地震灾害,统称为重大地震灾害。

表 2-2 国家自然灾害救助应急响应启动条件

Ⅰ级响应	Ⅱ级响应	Ⅲ级响应	Ⅳ级响应
某一省(区、市)行政区域内发生特别重大自然灾害,一次灾害过程出现下列情况之一的,启动Ⅰ级响应: (1)死亡 200 人以上(含本数,下同); (2)紧急转移安置或需紧急生活救助 200 万人以上; (3)倒塌和严重损坏房屋 30 万间或 10 万户以上; (4)干旱灾害造成缺粮或缺水等生活困难,需政府救助人数占该省(区、市)农牧业人口 30% 以上或 400 万人以上	某一省(区、市)行政区域内发生重大自然灾害,一次灾害过程出现下列情况之一的,启动Ⅱ级响应: (1)死亡 100 人以上、200 人以下(不含本数,下同); (2)紧急转移安置或需紧急生活救助 100 万人以上、200 万人以下; (3)倒塌和严重损坏房屋 20 万间或 7 万户以上、30 万间或 10 万户以下; (4)干旱灾害造成缺粮或缺水等生活困难,需政府救助人数占该省(区、市)农牧业人口 25% 以上、30% 以下,或 300 万人以上、400 万人以下	某一省(区、市)行政区域内发生重大自然灾害,一次灾害过程出现下列情况之一的,启动Ⅲ级响应: (1)死亡 50 人以上、100 人以下; (2)紧急转移安置或需紧急生活救助 50 万人以上、100 万人以下; (3)倒塌和严重损坏房屋 10 万间或 3 万户以上、20 万间或 7 万户以下; (4)干旱灾害造成缺粮或缺水等生活困难,需政府救助人数占该省(区、市)农牧业人口 20% 以上、25% 以下,或 200 万人以上、300 万人以下	某一省(区、市)行政区域内发生重大自然灾害,一次灾害过程出现下列情况之一的,启动Ⅳ级响应: (1)死亡 20 人以上、50 人以下; (2)紧急转移安置或需紧急生活救助 10 万人以上、50 万人以下; (3)倒塌和严重损坏房屋 1 万间或 3000 户以上、10 万间或 3 万户以下; (4)干旱灾害造成缺粮或缺水等生活困难,需政府救助人数占该省(区、市)农牧业人口 15% 以上、20% 以下,或 100 万人以上、200 万人以下

资料来源:《国家自然灾害救助应急预案》(2016 年修订)。

(二) 突发重大环境灾害风险

对于环境灾害事件，本书作出以下定义，环境灾害事件是指由于污染物排放或自然灾害、生产安全事故等因素，有可能导致污染物进入大气、水体、土壤等环境介质或者造成其他环境质量下降的事件。如果满足突然发生，造成或者可能造成严重社会危害，需要采取应急处置措施予以应对的特点，就构成了突发环境事件的要件。

因此，本书将突发环境灾害风险定义为突然发生的由于污染物排放或自然灾害、生产安全事故等因素和人类系统自身脆弱性共同作用，导致污染物进入大气、水体、土壤等环境介质或者造成其他环境质量下降，进而危及公众身体健康和财产安全，或造成生态环境破坏，需要采取紧急措施予以应对的可能性。这个定义一方面应反映出突发环境事件的自然与人为两个方面的属性，另一方面也应表现出行政应急措施的紧迫性。

关于"重大"的界定，本书借鉴《突发环境事件信息报告办法》，将突发环境事件分为特别重大（Ⅰ级）、重大（Ⅱ级）、较大（Ⅲ级）和一般（Ⅳ级）四个等级。

结合量化的可行性，本书将"突发重大环境灾害"定义为突然发生的，由自然灾害或事故灾难等引起的、造成或可能造成环境污染或生态破坏，直接导致3人以上死亡或直接经济损失2000万元以上并且需要采取紧急措施予以应对的环境事件。

三、 城市公共安全风险管理

(一) 城市公共安全风险管理

城市公共安全风险管理是指针对危害城市安全的突发公共事件，主要包括自然灾害、事故灾难、公共卫生事件、社会安全事件及突发重大环境灾害事件等，利用现代化科学的风险管理工具和措施，将威胁城市公共安全风险的不良影响最大限度地降低的管理过程，包括城市公共安全风险的识别、度量与评估、预防、降低、转移、分散、应对及风险沟通等措施，每一个环节都相互关联且具备适应性的反馈调节机制。可以看出，城市公共安全风险管理分为灾前和灾后两个阶段，灾前主要包括城市公共安全风险识别、度量与评估、降低、分散、转移、城市脆弱性降低及城市韧性提升、风险沟通等措施，灾后主要包括灾害应对、灾后恢复重建等。城市公共安全风险管理的重心放在事前阶段，以从根本上降低、转移，甚至消除风险是城市公共安全风险管理的内在要求。

从城市公共安全风险管理的内容来看，主要有以下几个部分。

1. 城市公共安全风险识别与度量

对城市公共安全风险进行评估和度量是城市公共安全风险管理的基础。目前已有的地震巨灾风险评估模型、洪水区划图及其他环境灾害风险模型等，通过对致灾因子、受灾体和孕灾环境等要素的独立建模分析并串联每部分的分析结果以得出城市公共安全风险管理者所需要的分析结果，把城市受灾体的脆弱性分析和致灾因子的危险分析及城市整体孕灾环境的风险评估作为整个风险管理框架的基础，评估出潜在风险，为城市公共安全风险管理策略选择和执行提供参考依据。

1985 年，美国联邦应急管理署（FEMA）委托应用技术委员会（ATC）执行了 ATC - 13 Earthquake Damage Evaluation Data for California 计划，这个计划提供了各类建筑物、公共设施、经济损失和人员伤亡的易损性评估资料，建立了当时最完整的地震灾害评估系统。在这个计划之后，由于美国的银行业、保险和再保险业及政府部门的需求，催生了巨灾风险评估模型的诞生。在美国，有三大专业的自然灾害风险评估企业，它们分别是 RMS 风险管理公司、EQECAT 公司及 AIR 公司（Peter Chessmen，2009）[①]。一些政府机构也积极加入这个研究领域并开发出应用成果，其中较有影响力的是美国的 FEMA 和澳大利亚地球科学局（Geoscience Australia）。FEMA 于 1997 年公布并发行

---

① PETER CHESSMEN. Regional Initiatives in Asia to Cope with the CAT challenges [J/OL]. Taipei: Guy Carpenter and Company 2009 (77)：243 - 251. http：//www.guycarp.com/.

了 HAZUS97，在这套主要以分析地震灾害损失评估的系统中整合了地理信息系统、地震学、统计学、数学和相关的其他计算机技术。1999 年 FEMA 推出了 HAZUS 的更新版，该版本突出了针对桥梁等公共设施的地震灾害损失分析；2003 年 HAZUS 升级为 HAZUS – MH，在这套最新的分析系统中纳入了洪水灾害、飓风灾害等其他可能造成巨大影响的自然灾害。此外，还有一些基于世界一流大学的研究机构，如英国伦敦大学学院（University College London），澳大利亚的 Risk Frontiers 公司、麦考瑞大学（Macquarie University），也有专门研究巨灾模型的团队。再保险公司和一些再保险中介经纪公司，如慕尼黑再保险公司（Munich Re）、瑞士再保险公司（Swiss Re）、怡安集团（Aon）、佳达公司（Guy Carpenter）、中国再保险（集团）股份有限公司（以下简称中再集团）等，也都有公司内部的巨灾评估模型。中国台湾 1998 年引入美国 FEMA 的 HAZUS 模型，以此为基础进行了一系列的本土化改进，构建了更适用于当地情况的台湾地震损失评估系统——TELES。

我国内地系统化的巨灾模型实践和应用起步较晚。2005 年，中国人民财产保险公司引进 AIR 公司的地震巨灾保险模型，在汶川地震中有较好的损失评估结果。2007 年，中国地震局工程力学研究所与 RMS 公司共同研制开发出适用于我国的地震灾害损失评估系统（HAZards China，简称 HAZ – China 系统）（陈洪富，2012）[1]。中国财产再保险有限责任公司于 2010 年引入 RMS 公司的巨灾模型，并于 2011 年引入 AIR 公司的巨灾模型。2018 年 5 月 12 日，中再集团推出了我国首个拥有自主知识产权的地震巨灾模型——中国地震巨灾模型；2019 年 8 月 22 日，模型更新完善为可商业化应用的中国地震巨灾模型 2.0；2020 年 11 月 15 日，中国地震巨灾模型 3.0 正式发布，这标志着我国地震巨灾模型逐渐走向成熟的应用（陈亚男等，2021）[2]。中再集团持续推进巨灾模型研发，不断迭代升级开发中国地震巨灾模型，加速打造台风、洪水

---

① 陈洪富. HAZ – China 地震灾害损失评估系统设计及初步实现［J］. 国际地震动态，2013（3）：45 –47.

② 陈亚男，薄涛，熊政辉，姜海峰. 超大城市推进地震巨灾保险工作的若干建议——以首都北京为例［J］. 地震科学进展，2021，51（5）：206 –214.

巨灾模型，尽快实现主要巨灾模型全覆盖。

2. 城市公共安全风险预防和降低

通过基于城市公共安全风险区划图来对城市建设进行规划、设计、投资、保护等工程性措施，以及合同、制度、经济、金融、融资等非工程性措施来减轻灾害风险，进而避免风险或者降低风险的危害。

基于城市公共安全风险评估提供的数据、信息与知识，准备高质量、最新的致灾事件区划图，制定风险敏感性城市发展规划，明确发展项目和土地资源分配机制，识别理想的城市安全区域，并优先安排发展基础设施项目。在城市规划建设中可抵御巨灾风险的安全可靠的关键性基础设施包括生命线工程系统、高潜在损失的设施和关键设施。生命线工程是城市经济运行的基础和骨干，如排水设施、燃气设施、电力设施、交通设施、通信设施等。高潜在损失的设施，是指可能对城市公共安全产生严重威胁的大型设施或建筑物，包括核电站、水利工程、军事设施、危险化学品工厂等。关键设施是指为城市市民提供公共服务，并在应急救援过程中发挥重要功能的设施，包括医院、公安局、消防局和学校等（温家洪等，2019）①。评估关键性基础设施的容量和能力，制订维护和更新计划，构筑城市公共安全风险保障体系，预防并降低灾害风险。

3. 城市公共安全风险转移和分散

城市公共安全风险转移和分散主要是指将公共安全风险可能造成的损失在更大范围、更多主体之间进行分散，由更多的主体共同承担巨灾损失。由于城市公共安全风险难以预报和孕灾环境的复杂性，无法在技术上完全规避公共安全风险事故的发生。为城市公共安全风险造成的巨额损失提供多层次、多元化的风险转移和分散机制，是城市公共安全风险管理的重要举措。

城市公共安全风险转移分散机制可以被视为风险管理的筹资机制，为

---

① 温家洪，颜建平，王慧敏，王军，董强，高孟潭，程晓陶，吕亚敏. 韧弹性视角下的城市综合巨灾风险管理［J］. 城市问题，2019（10）：76–82.

灾害风险管理提供财务保障，是城市公共安全风险管理体系中非工程性措施的核心部分。风险管理资金筹备主要包括两个方面内容：一是筹措灾害发生前为降低公共安全风险而实施的各种工程和非工程性措施所需的经费，如城市建筑的防震加固、堤坝建设和加固、关键基础设施建设、避难场所建设等所需经费；二是筹措灾害发生后用于救灾、恢复和重建所需的支出。

最常见的城市公共安全风险融资机制是政府财政资金。然而单纯依靠政府承担风险分散的职责对财政造成极大压力，影响城市的长期可持续性发展。保险机制作为非工程性灾害风险管理的核心工具，在城市公共安全风险管理中可以承担重要角色。保险机制在发达国家是一种常规的巨灾风险转移机制，但在发展中国家，巨灾保险并不发达。发达国家还通过再保险向国际再保险市场转移巨灾风险，但发展中国家大多自留巨灾风险。发达国家商业巨灾保险的发展经验表明，商业巨灾保险/再保险只能部分化解巨灾风险，政府公共部门和私人部门合作的保险计划（PPP）是国际趋势。一些城市已通过政府支持的巨灾保险计划来化解巨灾风险，如美国加州的加州地震局（CEA）就是城市应对地震灾害风险的典型代表。

构建巨灾保险制度作为城市公共安全风险分散转移的核心机制，已经成为世界各国大型城市的通行做法。以巨灾保险制度来构建巨灾风险分散机制，一方面，可以缓解完全由国家财政负担灾害资金筹备，导致财政压力过大的问题；另一方面，采用精算方法、金融工具及技术分散灾害损失具有科学性和高效性。此外，利用保险合同方式可以增加风险分散的公平性和效率，是城市治理体系和能力现代化的重要工具。

金融市场作为非传统资本市场风险转移机制越来越多地被用于城市公共安全风险管理实践中。传统保险业化解巨灾风险的局限性在美国 1992 年的 Andrew 飓风和 1994 年的加州地震发生后开始暴露。传统保险市场局限性的原因之一是保险业的资本相对于巨灾保险的需求显得不足。因此，如何利用巨大的资本市场来化解巨灾风险成为一种战略选择，由此，非传统风险转移工具得到了广泛关注。随着证券市场和资本市场的发展，利用资本市场采取金融工具化解巨灾风险的时机已经成熟，可以将保险连接资本市场共同分散巨灾风险，构建巨灾风险分散转移的非工程性金融支持体系。

4. 城市公共安全风险应对

鉴于存在剩余风险，灾害事件难以完全避免，威胁城市公共安全的灾害事件一旦发生，事件应急响应方案也是城市公共安全风险管理的重要组成部分，包括突发事件预警信息发布系统能力建设、突发事件应急预案体系、灾害应急准备和响应措施制定、救灾物资储备和补助机制确定、防灾减灾人才培养和专业应急救援队伍建设等。

5. 城市公共安全风险沟通

城市公共安全风险管理信息传递、沟通与共享体系的构建，可以为风险管理的顺利实施提供保障，以实现较好的风险管理效果。其中加强跨部门业务协同和互联互通，建设权威、科学、公开的灾害大数据和灾害管理综合信息平台，实现各种巨灾风险隐患、预警、灾情及救灾工作动态等信息共享。健全重特大灾害信息发布和舆情应对机制，完善信息发布制度，拓宽信息发布渠道，确保公众知情权。在风险沟通中，注意提升专业知识的清晰度与可接受性，充分动员民众参与风险决策，通过有公信力的程序装置来安置民众意见，加深民众对风险决策的理解，从而更易接受风险管理的结果。

（二）城市公共安全风险管理体系

城市公共安全风险管理体系是指为了维护城市公共安全，各个部门、企业和机构、社会公众所采取的工程性与非工程性风险管理工具及措施体系、相关政策支持体系、城市韧性构建体系等所有风险管理体系的总称。城市公共安全风险管理体系是为了实现城市公共安全风险预防、降低、转移、分散，以及在风险中学习和提升这一系列目标，基于政府、市场和社会多元主体参与，有效利用和调配政府与市场的各种资源，实现对城市公共安全风险的全过程、多层次、多渠道、多手段管理的系统性建设。建设城市公共安全风险管理体系，是一项涉及多学科、多领域、多行业、多部门、多地区的长期而艰巨的工作。城市公共安全风险管理体系从时间维度来看，包括短期、中期和长期全生命周期的风险应对；从流程角度来看，涉及灾前的风险源科学预测与预防、灾中的损失控制和灾后救助；从技术层面来看，包括主动性风险预防、工程性风险控制与财务性风险转移的保险保障机制；从参与主体角度来看，包括政府政策支持、市场力量的支柱作用、社会公众的协同参与等。

完善的城市公共安全风险管理体系应当包括以下几个方面：一是公共安全应急管理组织指挥体系，各涉灾部门主动作为、紧密配合，建立起相应的应急联动和协作机制。二是公共安全应急管理预案体系，为提高全市救灾应急能力奠定了坚实基础。三是公共安全风险管理预警处置体系，整合多种预警信息发布资源和信息发布渠道的预警信息发布平台基本建成，实现快速、及时、准确地提供预警信息，为提高社会防灾减灾能力提供保障。四是公共安全风险管理物资储备体系，确保储备物资随时能够投入使用。五是公共安全风险管理技术支持体系，包含工程与财务的公共安全风险的防御和转移。六是公共安全风险管理灾后救助体系，包含应急救援力量和恢复重建资金支持保障机制。

（三）灾害保险与巨灾保险

一般地，商业保险机构经营的包括家庭财产保险（包括居民房屋保险）、企业财产保险等在内的灾害保险，面向的是个人、家庭和企业，承保一定范围内的自然灾害和意外事故导致其自身遭受的财产损失风险，巨灾保险是分散化解重大自然灾害、公共安全人为事故灾难、突发重大环境灾害事件、公共卫生灾难等对国家经济、社会、人身安全和生计及政府财政带来巨大损失风险的一系列保险保障制度安排。巨灾保险一般包括由政府主导，通过立法和相关政策确保实施，基于商业性灾害保险与政府主导的专项巨灾保险产品或计划，如城市公共巨灾保险、城乡居民住宅地震共同体保险、政府财政巨灾指数保险等。巨灾保险是城市公共安全风险管理体系中不可或缺的重要组成部分。

巨灾保险是应对巨灾风险的资金工具。巨灾风险是指一次灾害事件在社会经济系统中造成大规模的人身伤害和财产损失事件，巨灾风险造成的直接的人身伤害和财产损失会在社会经济系统中复制和发酵，蔓延到经济系统更加广泛的领域，引发隐性财务损失、经济衰退、金融危机等次生灾害。从财务和财政视角，巨灾风险对居民、企业、政府而言，巨灾风险属于或有责任，政府在社会经济系统中是巨灾风险的主要责任方和受灾体。

本书提出的巨灾保险，采用的是广义的概念。巨灾保险包括将重大自然灾害，如地震，列为附加承保风险的普通商业灾害保险产品，也包括针对不同类型巨灾风险特征（包括地域、承灾体等）而设计的专项巨灾保险计划。在宏观层面，巨灾保险体现的是一个体系——巨灾保险体系，是巨灾风险管理制度体系的重要组成部分。巨灾保险体系涵盖了巨灾保险产品体系、巨灾保险承保风险的分散体系、巨灾保险政策支持体系等。其中，巨灾保险产品体系包含普通商业灾害保险产品、商业补充性巨灾风险产品、专项巨灾保险计划、平滑政府财政遭受的救灾和恢复重建巨额支出风险的保险与金融融资策略等；巨灾保险政策支持体系包含政府针对巨灾保险投保人的保费补贴制度、承担巨灾风险的保险人及投保人的税收减免或优惠制度、巨灾保险准备金或巨灾基金的管理制度、巨灾保险推行方案管理制度等；巨灾保险承保风险的分散机制和体系包括共同体承保机制、巨灾再保险机制、巨灾债券、其他巨灾风险金融支持体系等。

巨灾保险作为一项体系化的建设工程，除了涉及针对受灾主体的横向切割，还应当充分考虑风险在纵向的剥离与科学分担。从中观层面来看，巨灾保险是平台化的，政府、保险行业、资本市场、企业、居民等作为参与主体在平台中配置各种风险分散工具，获得较为全面的巨灾风险保障。多层级嵌套的巨灾风险分层架构同时是解决巨灾保险的可持续性和可负担性问题的可选路径，平台化的巨灾保险兼具资金账户管理和方案协调功能，能够联系实际与发展阶段，确定各类巨灾保险方案的风险承担比例，降低风险管理的社会成本。

各种巨灾保险方案同步运行，是巨灾保险制度在微观层面上的呈现形式，涉及广泛的保险标的和保险保障范围，这也是巨灾保险的基本特征之一。针对不同情况采取不同的风险分散方式，体现了巨灾保险的体系化设计思想，也是建立完备的巨灾保险制度的本质体现。针对城市居民的巨灾保险，需要尽可能提升城市居民防灾减灾能力和灾害适应能力，在这一前提下，首先由政府主导，提供专项的巨灾保险基础保障，再通过商业灾害保险补充实现保险机制对巨灾风险的有效覆盖。针对企业的巨灾保险，则更加依赖传统的企业财产保险和责任保险产品体系的建设，渐进式地探索和扩充保险及其他风险融资机制的应用。针对政府的巨灾保险，为政府履行公共治理责任的预算稳定提供保障，构建旨在平衡公共财政的巨灾保险。不论针对何种主体，巨灾保险作用的充分发挥，需要连接资本市场进行更为彻底的风险分散。当前，我国境内保险公司可以在香港市场发行巨灾债券，为构建多层次的巨灾分散机制提供了制度基础。

（四）巨灾风险金融支持体系

巨灾保险机制可以被纳入灾害风险金融体系架构，是巨灾保险发挥应对巨灾风险作用的创新模式和可行之道。巨灾风险金融支持体系包括巨灾保险机制，以及利用债券、证券和其他金融衍生工具市场来分散、转移超过巨灾保险限额的财务损失的金融产品及其配套政策措施。巨灾风险金融支持体系通常包括巨灾保险、巨灾债券、巨灾期权等巨灾衍生金融工具，以及灾害融资贷款、小微灾害信用贷款等融资工具，也包括近年来兴起的关于巨灾风险金融的讨论和实践。

巨灾风险金融是破解巨灾风险造成政府公共财政冲击和社会经济灾难的一门发展中的学科，旨在促使政府增强其应对巨灾风险的公共财政韧性，其核心理念是政府针对其责任范围内的灾害风险进行制度化和系统化的归类量化，包括政府履行灾难救助、灾后修复重建和恢复生活生产等职责所需发生的公共财政或有支出责任。据此，根据风险自留类、风险削减类、风险转移类（巨灾保险）等资金工具的流动性和流动性成本，制度化配置与灾害风险相对称的资金工具，旨在以最低的成本填补涉灾资金缺口，并且维持财政预算的刚性和平衡。

巨灾保险承担着除投保人自留外的灾害风险损失分担的第一层责任，是巨灾风险金融支持体系的基础。除灾后损失补偿外，巨灾保险还有部分事前风险管理和降低、事中参与社会救助及事后社会服务等社会管理功能，这是由保险的社会治理属性所决定的。巨灾风险金融支持体系的其他工具承担资金融通和责任限额内的财务风险分散责任，通过资金融通和为受灾体增信从而获得融资，来促进灾后重建，加快恢复速度，提升抗灾韧性。

巨灾风险金融支持体系的建立既是巨灾保险体系能够实现风险充分分散的必要条件，也是从金融市场方面多维度支持城市公共安全风险管理的重要途径。城市公共安全风险管理体系和巨灾保险的顺利运行，以及国家治理能力现代化的提升都离不开公共财政的支持，公共财政在有效预防和迅速处置突发事件、有效开展事后恢复重建中发挥着无可替代的作用。然而，突发重大灾害事件的频发和损失程度、损失上升的影响与巨大的救灾和恢复重建的资金缺口，以及城市公共安全风险管理与综合治理制度体系缺位的矛盾，成为当前需要解决的关键问题。

我国应灾财政资金主要来源于财政预算资金、专项基金、预备费、金融资金、保险资金，以及社会团体、个人及国际的无偿捐赠。巨灾风险金融支持体系可以为我国应急管理体系的资金提供坚实后盾。重点通过将保险机制与公共安全风险管理高度融合，并利用资本市场进一步将风险分散，使巨灾风险金融支持体系成为应对巨灾巨额公共安全风险管理支出风险的有效工具之一，提升恢复与重建过程的效率。

第二节　原理解析

一、 城市公共安全与城市发展之间的逻辑关联

城市公共安全是城市发展的客观要求和基本条件，两者之间有着紧密的

内在联系。

（一）城市公共安全是城市发展的基本条件

随着全球人口、资源和环境问题的日益突出，城市的可持续发展已成为全世界共同关注的问题。城市作为一个人口高度密集的地区，是人们从事经济、文化乃至政治活动最为频繁的重要场所，也是人类对自然生态环境干预较为强烈、破坏较为严重的区域。城市发展的核心就是协调人与自然环境、资源之间的关系，缓解它们之间的矛盾，减少自然环境对人的负效应，在满足当代人需要的同时，不危及后代人的利益。安全是人类生存和发展的基本需求之一，资源是人类生存的基础，环境是人类赖以生存的条件，安全的生存环境对城市的社会经济发展有着极其重要的作用。城市发展包括自然资源与生态环境的城市发展、经济的城市发展和社会的城市发展三个方面的内容。城市发展一是以自然资源的可持续利用和良好的生态环境为基础；二是以经济城市发展为前提；三是以谋求社会的全面进步为目标。只有社会在每一个时段内都能保持资源、经济、社会同环境的协调，这个社会的发展才符合城市发展的要求。要保持资源、经济、社会同环境的协调，城市公共安全是必需的条件。当人类跨入经济迅猛发展的 21 世纪，全球各国城市化进程也在迅速加快，城市无论大小，都需要在地方经济、能源与配水系统、各种基础设施、交通运输及环境等问题上予以安全保障，只有各个方面的安全可靠运转，才能为城市的可持续发展提供保障。

（二）城市公共安全与城市发展的内在联系

城市发展与城市公共安全密不可分，城市是人类活动的重要区域，城市公共安全是城市发展进程中的一个重要组成部分。城市是一个高度集约化的社会，各个组成部分之间密切联系、相互影响。必须正确处理人与自然的关系，确保城市公共安全，为区域发展提供良好的资源和环境条件，实现城市社会经济的稳步、健康发展。建立起城市稳定、协调的内部调节机制及生态、技术、经济和社会之间的"互动效应"，才能提高城市的综合实力和总体素质，保证城市的可持续发展。没有一个安全的生态环境、安全的经济发展状态和安全的社会环境，就不可能实现城市的可持续发展。历史证明，城市公共安全与城市发展有着密不可分的联系，只有城市公共安全做得好，社会经济才能得到持续发展。而城市公共安全在很大程度上取决于城市在社会、经济和生态环境方面的协调与自我调控能力，而这种调控能力的大小与城市的基础能力建设水平密切相关，只有城市的持续发展才能有效调控各类矛盾，并为城市公共安全保障体系建设提供技术和资金支持。

二、 城市公共安全与韧性城市建设

韧性是一个高度抽象、复杂的概念。它是指系统能够较快地恢复到原有状态，并保持系统结构和功能的能力。近年来，这一概念被广泛借鉴于城市公共安全领域。韧性城市（Resilient City）的概念由加拿大生态学家 Holling 于 1973 年提出①，发展至今，韧性是指一个地方（城市和社区）在没有得到外部大量援助的情况下，能够经受住极端的自然事件影响，而不会遭到毁灭性的损失、伤害，或是生产力下降或是生活质量下降②。

韧性城市建设在公共安全领域的主要含义在于通过加强城市各子系统对各类突发事件的综合抵抗与恢复能力，降低城市承灾载体的整体脆弱性，使一旦发生该类事件可以做到处置及时、应对合理、损失最小化，进而控制风险扩散。因此，韧性城市的基本出发点是围绕可能产生的突发事件倒推责任源头主体，加强其安全建设、安全评价与安全防范，从源头做起，建立全天候的预警、响应和危机管控系统，不定期地进行全流程演练和优化，实现任一点触发、全系统响应，以便在突发事件到来时实现快速及时的应急处置、状态恢复和影响消除。

---

① HOLLING C S. Resilience and Stability of Ecological Systems [J]. Annual Review of Ecology and Systematics, 1973: 1 – 23.

② WALKER B, HOLLING C S, CARPENTER S R, et al. Resilience, Adaptability and Transformability in Social – Ecological Systems [J]. Ecology and Society, 2004, 9 (2).

总之，韧性城市建设与城市灾害风险管理系统建设是同一问题的两个方面，涵盖城市灾害风险管理体系的各个方面，可概括为信息化风险防控、精细化监测预警、动态化风险评价、智能化风险管控及综合化资源调度五个环节。

第三节 理论体系搭建

现代社会治理方式正在发生巨大改变，在发展理念、组织协调和组织方式方面已经发生深刻而广泛的变化，政府、企业、公众、非政府组织等不断参与到治理和决策的过程当中，这不可避免地会推动城市公共安全风险的管理体系和方式创新。城市公共安全风险综合管理新机制涉及城市面临的突发重大灾害系统性风险特征分析、突发重大灾害风险综合管理体系和能力现代化演进、综合管理的概念与范畴界定及综合防范的目标与效果评价等内容。

对于城市面临的重大灾害系统性风险特征，以政府为主体的、着重灾后救助与灾后重建的城市灾害风险管理已不能适应维护现代城市公共安全的要求，建构保险机制嵌入的新型城市公共安全风险治理体系是国家治理体系与治理能力现代化建设的必然要求，建设风险控制型管理模式与财务性市场化风险转移和保险保障机制有机结合的灾害风险治理体系势在必行。构建工程性防灾减灾救灾机制与财务性、市场化的防范化解灾害风险的保险机制（包含商业保险机制和巨灾保险制度）有机结合的城市公共安全风险治理体系，使全新的灾害风险综合防范与风险保障体系成为政府、企业、居民等各层面承灾体有效管理灾害风险的基础，使多层次的巨灾保险制度成为政府改进公共服务、创新政府管理、提升治理能力的重要支撑，实现我国灾害风险治理体系在政府主导下的科技信息化、市场化、社会化发展目标。

一、 基于保险风险管理的本质属性，建立全面风险管理机制

基于保险风险管理的本质属性，在参与城市公共安全风险综合管理的各

领域、各环节建立起集风险防范、救助、管理于一体的全面风险管理机制，甚至是实施综合管理运营。保险机构在承保过程中，会对引起风险事故的风险因素进行全面的分析梳理，并探寻各种降低风险发生频率、减轻风险损失的方法，相应地，会涉足相关领域全方位、各环节与整个链条的风险排查，以及安全、科学、有效的管理运营。

二、　基于保险社会管理功能，探索大保险服务发展格局

在城市公共安全风险综合治理的视角下，保险社会管理功能就发展成了保险社会治理功能，承接部分政府公共服务职能，并在此基础上，积极扩展保险服务的范围边界，实现保险服务的范围经济。

三、　基于保险资金融通功能，创新保险参与风险管理与综合防范方式

通过保险投融资功能，充分发挥保险资金长期、稳定的优势，通过股权投资、债券投资等方式为城市灾害风险综合治理系统的防灾减灾技术开发、基础设施建设和灾后重建工程等提供有力的资金支持；利用金融属性，在全国资本市场甚至全球资本市场创新性地开发使用风险分散金融衍生产品，达到在更广阔的空间范围和时间范围内分散风险的目的，创新城市灾害风险治理方式，提高治理水平。

第四节　重点突破与创新

一、　提出城市公共安全风险管理新理念

当前，国内城市公共安全管理主要为被动型的危机管理，风险的预防能

力和处置效率不高。目前，较为流行的风险管理方法为美国和日本等采用的主动型风险管理，但正处在探索的初级阶段。本书力图将流行的主动风险管理理念引入天津市的城市公共安全管理体系中，同时提出加强建设韧性城市的观点，增强城市抵御自然灾害的能力和灾后恢复的能力。

二、 进行跨学科、多角度综合研究

本书进行的是一种多学科、多领域交织在一起的综合应用性研究，在理论上是一种全新的尝试。本书综合灾害学、保险学、公共管理学等多学科理论对相关概念进行梳理，在对天津市地震、洪水灾害风险的认识、识别、评价中，既从传统灾害学角度对承灾体、致灾因子、孕灾环境进行分析，又从风险管理与保险视角分析灾害风险的可保性、风险保障程度。由此，将传统灾害学中工程性风险管理措施与财务手段有机结合，将风险管理过程延伸至灾害发生之前。

三、 系统分析影响天津市城市公共安全的风险源，评估风险状况

从风险管理的角度解决城市公共安全的预防和处置，就需要在安全风险的分类与识别上针对具体城市提出定制化的具体方案。本书根据国际流行分类方法将天津市区的风险因素分为人为风险因素与自然风险因素，并进一步将不同风险因素细分；针对不同类型的风险因素，提出不同的风险识别与评价方案，以及数据采集方法。

四、 提出新型灾害风险管理体系理论框架

基于我国现有的灾害风险管理体系，结合跨学科、多角度对灾害风险管理的相关研究，本书提出政府主导，市场和社会多元主体参与，有效利用和调配政府与市场的各种资源，实现对灾害风险的全过程、多层次、多渠道、多手段管理的新型灾害风险管理体系理论框架。

第三章

天津市城市公共安全风险

第一节 天津市城市发展概况

本书的研究是在充分认识天津市灾害风险的基础上，对风险进行评估，并对天津市城市公共安全风险管理的基本观点进行重构，试图建立保险嵌入社会治理机制的城市公共安全风险管理体系，因此本章主要对天津市的水文地貌①及存在的自然风险和人为风险进行详细介绍。

一、 基本情况

（一）地理位置

天津市位于北纬 38 度 34 分至 40 度 15 分，东经 116 度 43 分至 118 度 4 分之间，处于国际时区的东八区；地处华北平原的东北部，海河流域下游，东临渤海，北依燕山，西靠首都北京，是海河五大支流南运河、子牙河、大清河、永定河、北运河的汇合处和入海口，素有"九河下梢""河海要冲"之称（见图 3 - 1），地理区位优势明显。天津市地处太平洋西岸环渤海经济

---

① 温克刚，王宗信. 中国气象灾害大典·天津卷 [M]. 北京：气象出版社，2008.

圈的中心，背靠华北地区、西北地区及东北地区，面向东北亚，是中国北方十几个地区对外交往的重要通道，也是中国北方最大的国际港口城市。天津距北京 120 公里，是拱卫京畿的要地和门户。

图 3-1　天津市地理位置

　　天津市地处北温带半干旱半湿润季风气候区，加之水源丰富，四季分明，早在春秋时期，已有人类在海河两岸聚居繁衍。东汉建安十一年（公元 206 年），曹操北上攻打乌桓时，为便利运输粮草军资，开凿了平虏渠、泉州渠和新河，这也是现在北运河的前身，到宋、元、明、清各朝代都在这里屯田。适宜的气候、丰富的河流，以致河运、海运发达，宽阔的平原，陆路交通也十分便利，这些使天津发展为我国北方最重要的工商业繁荣的经济中心，也是我国北方最大的国际港口城市。也正因为天津特殊的地理环境和气候背景，使天津自古以来就以多灾著称，旱涝频仍，饥馑时闻。

（二）水文气象

天津市地处海河流域下游，河网密布，洼淀众多，历史上水量比较丰富。天津市海河上游支流众多，长度在 10 公里以上的河流有 300 多条。这些大小河流汇集成中游的永定河、北运河、大清河、子牙河和南运河五大河流。这五大河流的尾闾即海河，统称为海河水系，是天津市工农业生产和人民生活的水源河道（见图 3－2）。此外，天津还有自成水系的蓟运河，水系丰富。天津市地处北温带半干旱半湿润季风气候区，四季分明。冬季受蒙古冷高压控制，盛行西北风，天气寒冷干燥；夏季受西北太平洋副热带高压西侧影响，多偏南风，且高温高湿，雨热同季；春季干旱多风，冷暖多变；秋季天高云淡，风和日丽。天津市主要为大陆性气候特征，但受渤海影响，有时也显现出海洋性气候特征，海陆风现象比较明显；全年平均气温在 11.4 ~ 12.9℃，1 月最冷，月平均气温在 − 5.4 ~ 3.0℃；7 月最热，月平均气温在 25.9 ~

图 3－2　海河流域及支流分布

26.7℃；年平均降水量为566毫米，全年85%左右的降水量集中在夏秋季；年平均日照时数在2471～2769小时；年平均风速为2.3米/秒；年平均水分蒸发量为163～1912毫米，最大蒸发量为2673.3毫米。

（三）地质特点

1. 天津市所处地震带

天津市东部有郯庐断裂带经过，北部有燕山断裂带经过，沧东大断裂的分支——白塘口西断裂带经过天津市张道口地区，因此，天津市处于两个地震带上，一个是北东向的华北平原地震带，另一个是北西向的张家口、渤海地震带。华北平原地震带的南界大致位于新乡—蚌埠一线，北界位于燕山南侧，西界位于太行山东侧，东界位于下辽河—辽东湾坳陷的西缘，向南延到天津东南，这是对北京、天津、唐山地区威胁最大的地震带。华北地震区的地震强度和频度仅次于青藏高原地震区，位居全国第二。因此，天津市在构造上和历史上都是一个重点地震区域，作为中国大陆省会城市和直辖市中唯一遭受过地震烈度8度破坏的特大城市，国家更是将天津市列为地震重点监视防御区。

2. 地面沉降

地面沉降是指地壳浅表层局部范围的下降运动，其特点是以缓慢地、难以察觉地向下垂直运动为主，只有少量或基本没有水平位移。天津市区地面高出海平面的高度，一般仅为3～5米，滨海新区（塘沽、汉沽、大港）等近海区一般只有1～3米。1959—1975年，年平均下沉量为130毫米，最大年沉降量为203毫米。累计沉降600毫米的地区面积达50平方千米，累计沉降大于1.0米的地区，面积有1.0平方千米。截至1985年，天津市区北站外人民制药厂一带已累计下沉2.34米，河东大王庄一带已累计下沉2.36米，河北区小王庄一带已累计下沉2.43米。累计沉降大于2.0米的范围已扩大到17.0平方千米，在近海的汉沽区、上海道、永久街、加油站一带，已累计下沉2.60米。

严重的地面沉降，致使天津市区王串场及其以东地区地面高程不足1.0米。一遇雨天，漏斗中心区积水近1.0米深，交通中断，影响工业生产和人民生活，市区沉降漏斗底部的排水设施已不能自排，全靠加泵抽排。地面沉降使滨海新区（塘沽、汉沽、大港等区）处于海潮威胁之下，还使纵贯天津市区的海河泄洪能力大幅下降，使天津在洪涝灾害面前，更处于严峻的局面。海河水位的下降，导致船只吃水减少，同时给海河航道运输带来困难。此外，在市区沉降漏斗边缘地区，地下管道折断错位和建筑物的开裂现象时有发生，给城建工作带来困难。

二、　经济、人口状况

（一）经济状况

2020 年，天津市地区生产总值为 14083.73 亿元，按可比价格计算，比上年增长 1.5%。其中，第一产业增加值为 210.18 亿元，下降 0.6%；第二产业增加值为 4804.08 亿元，增长 1.6%；第三产业增加值为 9069.47 亿元，增长 1.4%（见图 3-3）。[①]

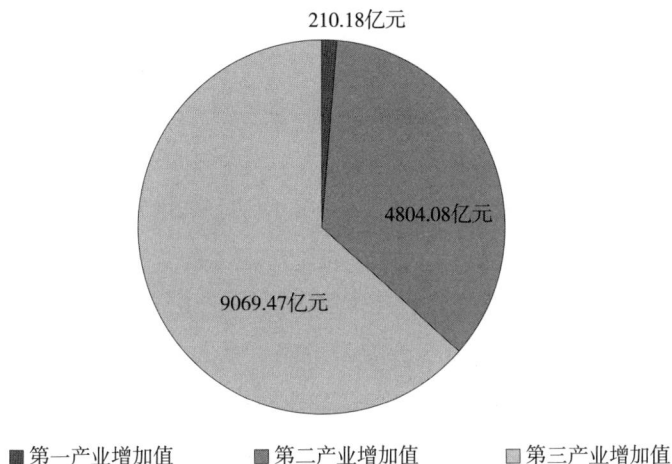

图 3-3　2020 年天津市三大产业增加值占比

---

① 《2020 年天津市国民经济和社会发展统计公报》。

天津市经济发展基本特征如下：

一是供给侧结构性改革持续深化。去产能取得实效，2020 年第四季度，天津市规模以上工业产能利用率为 78.8%，高于上年同期 0.6 个百分点；2020 年水泥产量下降 17.2%，平板玻璃产量下降 5.2%。减税降费稳步推进，2020 年末，规模以上工业企业资产负债率为 54.4%，全年规模以上工业企业百元营业收入成本为 85.80 元。投资补短板力度不断加大，天津市社会领域投资增长 12.8%，其中，教育投资增长 13.9%、文化体育和娱乐投资增长 85.8%[1]。

二是新动能持续发展壮大。2020 年，天津市规模以上工业中战略性新兴产业增加值增长 3.8%，高于全市工业 0.4 个百分点，高技术产业和战略性新兴产业增加值占规模以上工业增加值的比重分别达 14.0% 和 20.8%。天津经开区生物医药产业集群、高新区网络信息安全产品和服务产业集群获批国家第一批战略性新兴产业集群。滨海新区化工新材料、宝坻动力电池材料特色集群初步形成。360 上市公司总部、紫光云全国总部、TCL 北方业务总部、国美智能总部等落户天津，三星动力电池、杰科生物医药研发和生产基地、康希诺生物创新疫苗产业化等项目竣工，海尔全球首个"智能 +5G 智慧园区"建成使用。新能源汽车、工业机器人、服务机器人等新产品产量分别增长 56.7 倍、40.0%、85.8%。在规模以上服务业中，新服务、高技术服务业、战略性新兴服务业营业收入均实现两位数增长，分别增长 14.8%、19.3%、12.4%[2]。

三是营商环境进一步改善。天津市制定《天津市优化营商环境条例》，不断深化"一制三化"改革，深入落实"天津八条""民营经济 19 条"及 32 项配套细则，召开企业家大会。一般社会投资项目从获得土地到取得施工许可证平均时间压缩到 75 天以内，企业开办时间压缩至 1 天。天津市建成网上办事大厅，96% 的政务服务事项实现"一网通办"。2020 年，天津市新登记

---

[1] 《2020 年天津市国民经济和社会发展统计公报》。

[2] 《2020 年天津市国民经济和社会发展统计公报》。

市场主体达 26.70 万户，增长 20.7%，其中新登记民营市场主体达 26.49 万户，增长 21.1%，占天津市的比重为 99.2%。

四是国有企业改革深入推进。7 家市属企业成功实现集团层面混改，带动所属 276 户企业混改，其他二级及以下企业 53 家完成混改，共吸引社会资本 315.9 亿元。国有企业管理层市场化改革取得实效，11 家市属一级企业面向社会公开选聘职业经理人。

五是服务业指标发展势头良好。2020 年，服务业增加值占天津市生产总值的比重为 64.4%。其中，金融业增加值增长 5.1%，年末中外金融机构本外币存款余额增长 7.4%，规模以上服务业 15 个重点行业营业收入增长 2.3%，其中互联网和相关服务增长 15.1%，软件和信息技术服务业增长 14.0%。

六是居民消费价格温和上涨。2019 年，天津市居民消费价格上涨 2.7%。其中，食品价格上涨 6.0%，非食品价格上涨 2.0%；消费品价格上涨 2.7%，服务价格上涨 2.6%[①]。受新冠肺炎疫情影响，2020 年，天津市居民消费价格上涨 2.0%，涨幅比上年回落 0.7 个百分点[②]（见表 3 - 1）。

表 3 - 1 2019 年、2020 年天津市居民消费价格涨幅

指标	2019 年	2020 年
	比上年上涨（%）	比上年上涨（%）
居民消费价格	2.7	2
其中：食品烟酒	4.6	6.5
衣着	2.1	- 1.5
居住	2.4	0.7
生活用品及服务	0.9	0.2
交通和通信	- 0.7	- 2.9
教育文化和娱乐	4.2	2.6
医疗保健	0.9	- 0.1
其他用品和服务	5.0	7.9

[①] 《2019 年天津市国民经济和社会发展统计公报》。
[②] 《2020 年天津市国民经济和社会发展统计公报》。

（二）人口状况

截至 2020 年 11 月 1 日，天津市常住人口为 1386.6 万人，同第六次全国人口普查（2010 年 11 月 1 日）相比，十年共增加 98.8 万人，增长 7.17%，年平均增长率为 0.69%。在常住人口中，城镇人口为 1174.4 万人，占比为 84.7%；农村人口为 212.2 万人，占比为 15.3%[①]。

天津市是一个人口密度高的城市，特别是和平区、南开区、河西区、河东区、河北区和红桥区等几个中心城区（见表 3-2）。一旦发生自然灾害或人为灾害，将会造成较大的经济损失和人员伤亡。

表 3-2　2020 年天津市各区人口数量及面积

地区	人口数量（万人）	面积（平方千米）
和平区	35.50	9.98
河东区	85.88	39.63
河西区	82.22	42.21
南开区	89.04	40.63
河北区	64.77	29.62
红桥区	48.31	22.31
东丽区	85.70	477.34
西青区	119.51	557.00
津南区	92.81	387.84
北辰区	90.96	478.48
武清区	115.13	1574.00
宝坻区	72.24	1509.00
滨海新区	206.73	2270.00
宁河区	39.53	1296.00
静海区	78.71	1475.68

资料来源：天津市统计局发布的《天津市第七次全国人口普查公报》及天津市各区政府资料。

---

① 天津市统计局发布的《天津市第七次全国人口普查公报》。

（三）工业布局

1. 天津市工业用地布局历史沿革

大力发展市内工业区阶段。从中华人民共和国成立初期到"一五"时期，正处于解放初期的国民经济恢复时期，天津市大量的小型工厂、作坊要求选择建设场址或利用既有房地进行改建。这一时期，以郑庄子、东南郊、土城及北站外等地区的工业区的建设为主要标志。通过以上工业区的建设，基本上解决了中小型企业建厂的需要，同时也解决了一些新上马项目和原地改建、扩建无条件的企业及严重污染环境或影响安全移地建设项目的用地需求。

在大力发展市内工业区的同时，建立近郊工业性卫星城，力求使工业适度的分散，以减轻中心城市的压力。经过几年的经济恢复时期，国民经济走上了快速发展的轨道，使国民经济尽快完成由农业经济向工业经济的转变，是当时经济发展的主要任务。与此相适应，在城市建设中，给经济的工业化创造相应的用地条件是城市建设的主要目标。正是这一时期奠定了天津市中心城区工业用地布局的基础。目前天津市中心城区的 11 个工业区当中，有 7 个是在这一时期建设并最终形成的。

在这一时期的城市建设当中，由于借鉴了当时国外城市规划建设，特别是苏联规划建设的经验，城市的发展及工业的布局开始注意适当分散以减轻中心城市的压力，由此，卫星城、近郊工业区的建设正式提上了议事日程。当时杨柳青、军粮城、咸水沽被规划为三个卫星城。其中，杨柳青以机械制造、汽车工业为主；咸水沽以轻工、仪表为主；军粮城以化工工业为主。从这一时期开始，在相当长的一段时间内，天津市的工业用地布局在一直保持着这一格局的前提下，根据各工业区的性质进行内部的调整与改造，注重行业布局与空间布局的进一步结合，引导工业布局逐步趋向合理。

工业发展重点东移，大规模开发滨海新区。从 20 世纪 70 年代末 80 年代初开始，天津市根据自身特点，在发展中开始注意港城一体化的特征，城市发展的重心及工业布局的重点开始逐步向滨海新区转移，特别是在 1986 年经国务院批复的《天津市城市总体规划方案》中,工业发展重心由市区向滨海新区转移得到了进一步的肯定与强调。在这一时期,除了大港石化城得到了进一步发展,还相继规划建设了天津经济技术开发区、海河下游工业区等。目前这些地区都呈现了良好的发展势头。进入 90 年代后,中心城区的布局结构发生了较大的变化。除了杨柳青、咸水沽、军粮城三个卫星城,又增加了大寺、双港、新立、小淀、双街五个外围工业区。此外,一大批高新技术产业园、开发区、工业小区逐渐规划建设,以及临港工业区、开发区西区、空港物流加工区等地逐渐建设起来。

天津市位于渤海湾沿岸,可与黄淮平原相接,形成环渤海湾经济带。它背靠华北大平原,腹地极深,除了京津冀,还可辐射到西北、内蒙古、东北等地。滨海地处东北亚中心,与日本、韩国、朝鲜及俄罗斯远东地区的联系极为方便。同时,天津市又是欧亚大陆桥的最近起点,通过陆桥可与中亚、欧洲各国相通,这样的区位优势在世界上并不多见。因此,天津市凭借良好的区位优势,工业迅速发展(见图 3 - 4)。

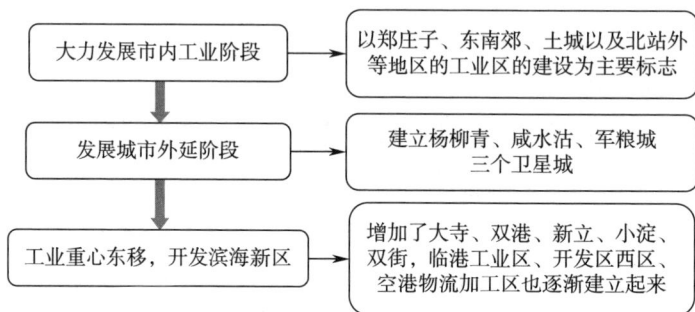

图 3 - 4   天津市工业发展规划脉络

2. 天津市当前工业布局和发展情况

当前天津市工业布局呈现以下三个特点。

一是环城辐射。随着人口的聚集与城市发展空间的扩展,中心城区的企业不断向外迁移。同时,随着中心城区周边环境的完善,工业园区和大型工业企业,特别是依赖中心城区的智力资源和完善配套设施的高新技术产业环绕中心城区分布。

二是临港聚集。海港空港便利的交通运输枢纽，对工业的发展具有强大吸引力，天津工业分布呈现临港聚集的特征。

三是沿路发展。工业园区和工业企业沿天津市各条高速公路和主要公路分布，呈现沿路发展的特征。最明显的是沿京津塘高速公路日渐形成一条高新技术产业和先进制造业聚集的产业带。120项重大工业项目基本沿京津塘高速公路分布，布局相对集中，使这一带的发展进一步加强。

依据《天津市工业布局规划（2008—2020年）》，要形成装备制造东进，临港发展；高新技术西联，共赢发展；重化工业南聚，循环发展；生态产业北拓，永续发展；都市工业提升，高端发展，形成"两带集聚、多极带动、周边辐射"的工业总体空间结构。

第二节　天津市巨灾风险灾因及防治能力

一、天津市巨灾风险灾因划分

（一）自然风险源

天津市地处华北平原东部，北依燕山山脉，东临渤海，受特殊地理位置、区域地质、地貌、水文、气象条件和人为活动的影响，使天津市成为我国北方自然灾害种类较多、影响较为严重的地区之一。依据20世纪自然灾害统计资料，按直接致灾因子进行分类，天津市主要自然灾害类型有干旱、洪水、雨涝、冰雹、高温、大风、风暴潮、海冰、赤潮、生物病虫害、地震、地面沉降、土壤盐渍化、水土流失等①。在众多自然灾害中，以干旱、洪水、雨涝、冰雹、风暴潮、地震、地面沉降等灾害对天津市影响较为深刻，它们对人民群众的生产、生活和经济发展有着重要的影响。本书以地震、洪涝灾害

① 马振兴. 天津市自然灾害特征及防治对策［J］. 自然灾害学报，2006（5）：89-92.

57

为例进行分析。

(二) 人为事故灾害风险源

天津市作为北方重要的经济中心、全国第二大金融中心和重要的工业城市，自改革开放以来，天津市的经济实力不断增强，产业结构不断调整和优化。天津市作为北方最大的港口城市，交通区位条件优越，水路、铁路、公路、航空、管道运输等各种运输方式一应俱全①。近年来，天津市为了进一步发展，建设了城市环线、高架路、地铁、立交桥等，使城市交通形成一个综合的、完善的交通体系。在城市化进程的推动下，人类活动在很大程度上改变了城市的地形、地貌、下垫面性质及河流汇流条件。城市不断扩建，绿地高楼大厦拔地而起，建筑物密度越来越大，原本的土地变成柏油马路，绿地面积越来越少，使不透水地面所占比例越来越大。每当暴雨来临的时候，产生汇流的时间就会缩短，地表径流量增大，超过城市排水系统最大排水量，排水系统排水不及时，会造成内涝灾害②。

(三) 天津市突发重大环境灾害风险源

2015 年 8 月 12 日，天津市滨海新区发生特大火灾爆炸事故，该事故是一起特别重大的生产安全责任事故，发生爆炸的瑞海国际物流仓库属于当地三大危化品中转仓库之一。而距离爆炸中心不远的天津临港工业区，则是国家级石化基地，是天津市及滨海新区"十一五"规划重点发展区域之一，也是滨海新区化学工业区、临港产业区的核心组成部分。作为两大产业带之一的临海产业发展带，滨海新区拥有优质的港口、岸线资源，重点发展的是大型装备、石油化工、现代冶金等产业。天津市滨海新区统计局发布的《2014 年天津市滨海新区国民经济和社会发展统计公报》显示，在产业结构中，滨海

---

① 资料来源：https：//stats. tj. gov. cn/nianjian/2020nj/zk/indexch. htm.
② 俞孔坚，李迪华，袁弘，傅微，乔青，王思思. "海绵城市"理论与实践 [J]. 城市规划，2015，39（6）：26 - 36.

新区的工业产值占地区生产总值的 63.1%①。与中国其他同类一线城市相比，上海、北京、广州等城市已经基本完成转型，已由重化工业为主阶段向服务业为主阶段发展，石油化工、钢铁、建材等行业日益减少。而天津市的重化工业规模则呈现加速发展态势。在《天津市工业布局规划（2008—2020 年）》中，石油化工被列为天津的八大优势支柱产业之一，中国石油、中国石化、中国海油和中国化工四大巨头聚集于此。2014 年，天津市地区生产总值为1.57 万亿元，其中石油化工产业比重达 15%②。虽然天津市持续将优化产业结构和提升第三产业作为拉动经济增长的主动力，但是到 2018 年，天津市滨海新区作为对全市增长贡献率保持在 50% 以上的重要发展地区，工业占比仍高达 54%，其中石油化工产业增长 20.3%③。实际上天津港"8·12"特大火灾爆炸事故反映出天津市对石油化工行业的管理不够规范、透明，危险品与居民区的安全距离不够，突发重大环境灾害风险隐患大。

二、 天津市防灾减灾综合能力的定量分析

（一）指标筛选确定

本书针对城市防灾减灾综合能力，从城市防灾减灾评价指标体系确定的方法研究入手，针对指标筛选应符合针对性、完备性、准确一致性、可比性和客观性原则，提出城市防灾减灾综合能力定量分析的指标体系。从矢量投影的角度出发，本书提出评价模型，利用上述指标体系和评价模型，对天津市 2012—2019 年城市防灾减灾综合能力进行实例分析，从而为优化应急资源配置和提高城市综合防灾减灾能力提供一定的科学依据。鉴于目前指标体系存在的不足，本书在总结前人的研究成果④⑤、结合现场调研和咨询相关专家的基

---

① 数据来源：http://tjj.tjbh.gov.cn/contents/9827/259273.html.
② 资料来源：https://www.tj.gov.cn/sq/tjgb/202005/t20200520_2468073.html.
③ 资料来源：http://www.tjbh.gov.cn/upload/files/2019/4/309172124.pdf.
④ 贺风春. 增强城市和建筑防灾减灾能力 [J]. 城乡建设，2020（6）：16－17.
⑤ 曹玮. 洪涝灾害的经济影响与防灾减灾能力评估研究 [D]. 长沙：湖南大学，2013.

础上，基于上述指标原则，首先采用频率统计法预选关键指标，其次采用德尔菲专家咨询法，结合专家意见去除部分不合理或者数据收集困难的指标，再次采用理论与实际分析法对预选指标进一步筛选，最后确定指标体系（见图 3 – 5、表 3 – 3、表 3 – 4）。该指标体系不仅能客观全面地反映城市防灾减灾综合能力的现状水平，而且各指标之间独立性强、数据收集可行性好。

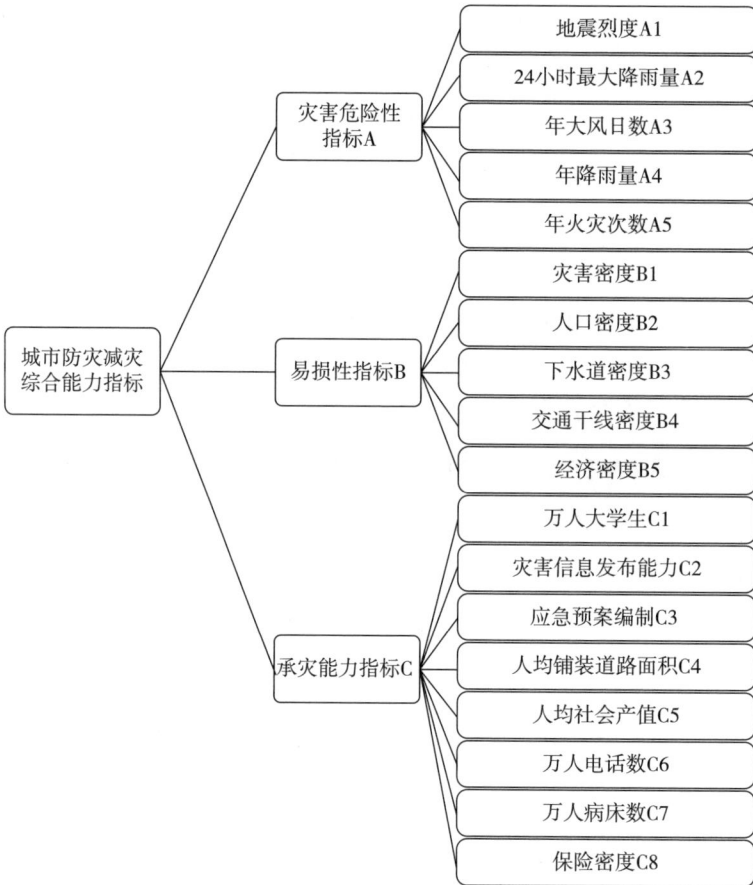

图 3 – 5　城市防灾减灾综合能力指标体系

表 3 – 3　综合性指标

综合性指标	2012 年	2013 年	2014 年	2015 年	2016 年	2017 年	2018 年	2019 年
地震烈度（度）	Ⅶ	Ⅶ	Ⅶ	Ⅶ	Ⅷ	Ⅷ	Ⅷ	Ⅷ
24 小时最大降雨量（毫米）	126.2	76.8	118.2	105.8	247.3	132.1	195.3	128.1
年大风日数（天）	10	13	11	11	6	12	14	14
年降水量（毫米）	736.5	425.7	442.3	563.8	654.3	520.1	581.8	471.5
年火灾次数（次）	2123	4195	3600	2311	1912	1486	1699	1631
灾害密度（次/平方千米）	0.18	0.37	0.34	0.19	0.17	0.13	0.18	0.15
人口密度（千米/平方千米）	1202	1252	1290	1315	1328	1323	1326	1324
下水道密度（千米/平方千米）	1.49	1.56	1.6	1.64	1.75	1.77	1.79	1.81
交通干线密度（亿元/平方千米）	1.29	1.32	1.35	1.39	1.4	1.38	1.36	1.38
经济密度（亿元/平方千米）	1.08	1.21	1.32	1.38	1.5	1.55	1.57	1.62
万人大学生（人）	342	340	338	335	331	330	336	346
灾害信息发布能力	较强	较强	较强	强	强	强	强	强
应急预案编制	中等	中等	中等	较全面	较全面	较全面	较全面	较全面
人均铺装道路面积（平方米/人）	17.88	18.74	16.71	16.02	15.39	17.41	11.67	11.78
人均社会产值（千元/人）	94741	101824	107078	109916	115053	118900	120700	126494
万人电话数（部/万人）	117.3	113.8	112.9	113.1	115.9	120.5	126.2	130.5
万人病床数（床/万人）	5.35	5.77	6.1	6.37	6.58	6.82	6.82	6.5
保险密度（元）	1685.29	1880.18	2094.86	2575.01	3389.54	3629.17	3590.54	3956.22

资料来源：历年《天津年鉴》。

表 3 – 4　标准性指标

指标	指标等级标准				
	Ⅰ	Ⅱ	Ⅲ	Ⅳ	Ⅴ
地震烈度（度）A1	≤Ⅳ	Ⅴ	Ⅵ	Ⅶ	≥Ⅷ
24 小时最大降雨量（mm）A2	≤80	100	120	140	≥160
年大风日数（日）A3	≤5	10	20	40	≥60
年降雨量（毫米）A4	≤400	500	600	700	≥800
年火灾次数（次）A5	≤1000	2000	3000	4000	≥5000
灾害密度（次/平方千米）B1	≤0.4	0.6	0.8	1	≥1.2
人口密度（千人/平方千米）B2	≤0.5	0.7	0.9	1.2	≥1.8
下水道密度（千米/平方千米）B3	≤4.0	5	6	7	≥8.0
交通干线密度（千米/平方千米）B4	≥7.0	6	5	4	≤3.0
经济密度（亿元/平方千米）B5	≥0.7	0.5	0.4	0.3	≤0.1
万人大学生 C1	≥1000	800	600	400	≤200
灾害信息发布能力 C2	强	较强	中等	较弱	弱
应急预案编制 C3	全面	较全面	中等	较片面	片面
人均铺装道路面积（立方米/人）C4	≥12.5	10	7.5	5	≤2.5
人均社会产值（千元/人）C5	≥40	30	25	15	≤5
万人电话数（部/万人）C6	≥11000	10000	9000	8000	≤8000
万人病床数（床/万人）C7	≥40	30	20	15	≤10
保险密度 C8	≤1000	1500	2000	2500	≥3000

为了处理数据方便，本书将部分指标按照表3-5进行量化处理。

表3-5 部分指标赋值表

Ⅷ	Ⅶ	Ⅵ	Ⅴ	Ⅳ
强	较强	中等	较弱	弱
全面	较全面	中等	较片面	片面
5	4	3	2	1

（二）评价模型

1. 灰色关联投影法

灰色关联投影法[①]，是通过计算各样本间的关联度，既能反映其几何特征，又能反映代数特征，是一种成熟、简单、准确的计算方法。此方法适用于通过计算各样本间的关联度，进行系统评价。考虑到指标的属性、重要程度和可比性不同，且城市防灾减灾综合能力是由差到强逐渐过渡，没有明确界限，指标之间的关系不完全清楚，因此，城市防灾减灾综合能力系统属于灰色系统范畴，灰色关联投影法适用评价这类具有不确定性的问题。灰色关联投影法有以下五个步骤：

第一，样本矩阵及评价标准矩阵的建立根据指标收集现值，并建立样本矩阵和标准矩阵。

第二，矩阵元素的归一化处理。

第三，构造灰色关联判断矩阵。

第四，确定灰色关联投影权值矢量。

第五，灰关联投影值计算。

2. 改进的层次分析法

改进的层次分析法[②]，是运用熵值原理对专家评估水平赋予权重，既能充

---

① 吕锋，崔晓辉. 多目标决策灰色关联投影法及其应用 [J]. 系统工程理论与实践，2002（1）：103-107.

② SAATY T L. A Scaling Method for Priorities in Hierarchical Structures [J]. Journal of Mathematical Psychology，1977，15（3）：234-281.

分利用行业专家的经验，又避免专家系统过于主观的弊端，并解决了一致性检验计算量大的问题，从而通过主观和客观相结合的方法，获得城市防灾减灾综合能力各指标综合权重值。改进的层次分析法包括以下四个步骤：

第一，明确问题并构建层次分析图。

第二，对第 k 个专家构造比较判断矩阵。

第三，求比较判断矩阵的反对称阵。

第四，利用专家相对评估水平权重的方法确定最终权重。

本书尝试将上述两种方法综合起来，建立评价模型，如图 3 – 6 所示。

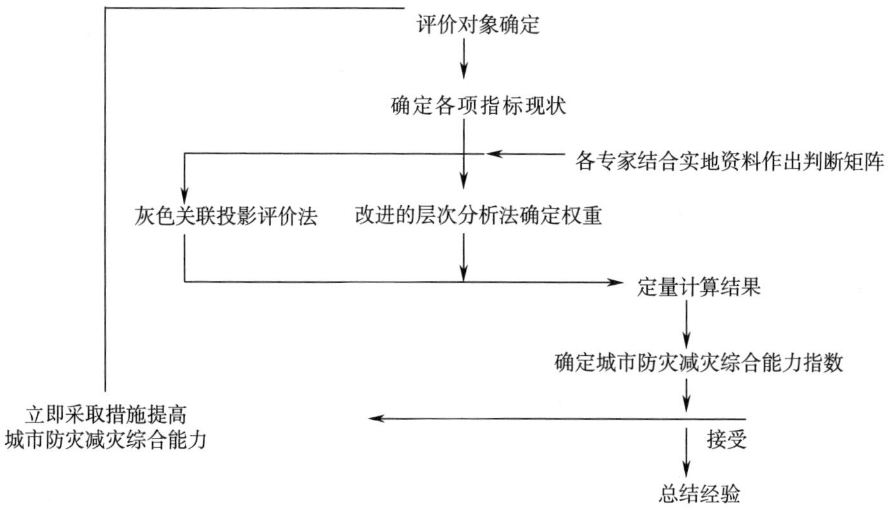

图 3 – 6 综合评价模型

（三）模型实例计算结果与分析

1. 判断矩阵

$$F_{ij} = (10.3013965 \quad 0.179487179 \quad 0.111111111 \quad 0.574918157$$
$$0.714285714 \quad 1 \quad 1 \quad 0.111111111 \quad 1 \quad 1 \quad 1 \quad 1 \quad 1$$
$$1 \quad 1 \quad 1 \quad 0.333333333 \quad 0.333333333 \quad 0.120879121$$

0. 333333333　0. 142857143　0. 142857143　0. 339693073

0. 866666667　0. 20754717　0. 84　0. 647058824　0. 479580035

0. 647058824　0. 479580035　0. 647058824　0. 479580035

0. 647058824　0. 479580035　0. 2　0. 327066948　0. 220630372

0. 218688432　0. 343050338　0. 263157895　0. 242379402

0. 619047619　0. 733333333　0. 636363636　0. 47826087

0. 324947709　0. 47826087　0. 324947709　0. 47826087

0. 324947709　0. 47826087　0. 324947709　0. 142857143

0. 177327093　0. 616　0. 29025028　0. 178512784　0. 161290323

0. 258604357　0. 419354839　0. 15942029　0. 724137931　0. 523809524

0. 354167403　0. 523809524　0. 354167403　0. 523809524

0. 354167403　0. 523809524　0. 354167403　1　1　0. 111111111

0. 32094176　0. 111111111　0. 111111111　1　1　0. 111111111

1　1　1　1　1　1　1　1　1)

2. 最优权重矩阵

$W_{\tilde{f}}$ = (0. 512597462　0. 078181756　0. 014372821　0. 036505119　0. 063822468

　　0. 021545428　0. 005780854　0. 003251244　0. 004811614　0. 007178935

　　0. 093896626　0. 039690428　0. 046926426　0. 036506294　0. 013479446

　　0. 003316067　0. 005454348　0. 012682663$)^{T}$

3. 灰色关联投影值

　　D_{j} = (理想样本, 2012, 2013, 2014, 2015, 2016)

　　　 = (0. 863577273　0. 382425145　0. 284683572　0. 246568195

　　　0. 882275493)

经过对天津市防灾减灾综合能力的定量评估，结果表明：2013 年、2014 年、2015 年的城市防灾减灾综合能力弱，需要立即采取措施提高；2012 年、2016 年、2017 年、2018 年、2019 年的城市防灾减灾综合能力较强（见表 3 - 6、图 3 - 7）。

表 3-6 城市防灾减灾综合能力分级标准

城市防灾减灾综合能力指数 D	状态
$D < 0.25$	城市防灾减灾综合能力弱，需要立即采取措施提高
$0.25 \leqslant D < 0.50$	城市防灾减灾综合能力较弱，需要采取措施提高
$0.50 \leqslant D < 0.75$	城市防灾减灾综合能力较强
$D \geqslant 0.75$	城市防灾减灾综合能力强，总结经验

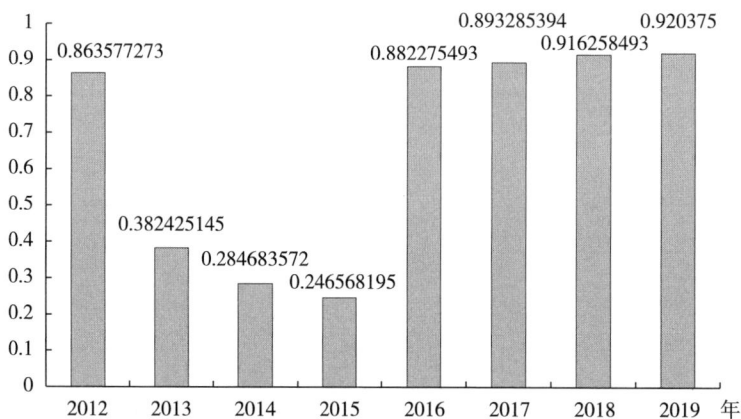

图 3-7 城市防灾减灾综合能力情况

第三节　天津市重大灾害事件发生情况

一、 天津市重大自然灾害事件发生情况

根据本书对第二章对重大突发灾害的界定，本书详细整理了天津市关于重大地震灾害、重大洪涝灾害和重大气象灾害等主要自然灾害的详细损失数据，该数据主要是从最早可追溯的记载到 2018 年之前的灾害等级及损失数值，数据来源主要是各史料记载和历年《天津年鉴》。

（一）重大地震灾害

中华人民共和国成立后，自有仪器记录以来，1957—1985 年天津市范围内共发生 1714 次地震，符合重大地震灾害标准的有 26 次，其中，震级在 6.0~6.9 级的地震有 2 次、5.0~5.9 级的地震有 24 次（见表 3 - 7）。2000年以后，天津市平均每年发生地震 90 次，最大震级未超过 5.0 级，未发生过重大地震灾害。

表 3 - 7　天津市重大地震灾害发生情况

时间	地区和震级	受灾情况
1481 年、1495 年、1496 年、1511 年、1523 年、1524 年、1576 年、1615 年、1616 年	天津各处，蓟州、遵化县较多	《天津通志》[①] 中记载："皆有声如雷，动摇房屋。"
1976 年 7 月 28 日	唐山 7.8 级地震	天津市内六区 64% 的房屋被破坏，14% 的房屋被完全震毁，30% 以上的公共设施，包括医院、学校、历史遗迹、商铺商场在地震中倒塌或者严重损坏，全市共伤亡达 11 万余人，直接和间接经济损失近 75 亿元[②]
1976 年 11 月 15 日	宁河 6.9 级地震	自有记录以来，震中发生在天津地区最大的一次地震，总经济损失和伤亡数据包含在唐山大地震统计中，未单独统计

天津市是一个以能源、化工、冶金、机电、轻纺为主的综合性经济区域，城市规模大、人口数量众多，一旦发生较大的地震灾害将造成不可估量的损失。地震灾害不仅会造成包括建筑物与构筑物的破坏，如房屋倒塌、桥梁断裂、水坝开裂、铁轨变形等，地面破坏如地面裂缝、塌陷、喷水冒

---

① 天津市地方志编修委员会办公室. 天津通志 ［M］. 天津：天津市地方志编修委员会办公室，2008.

② 天津市档案馆. 天津地区重大自然灾害实录 ［M］. 天津：天津人民出版社，2005.

砂等，还会引发一系列的次生灾害，包括因震后火源失控引起的火灾、因水坝决口或山崩壅塞河道引起的水灾、因建筑物或装置破坏引起的泄漏和因震后生存环境的严重破坏所引起的瘟疫等。地震风险经过天津市复杂的城市系统持续演化后，可能导致集自然、社会、经济等各种风险于一体的综合风险。

（二）重大洪涝水灾害

天津市地处华北平原的北部，东临渤海，地势低平，地下水位高。众多的坑塘洼淀、地上河、古河道等微地貌的存在，又使地表径流不畅，每逢暴雨，区内水不易排出，往往产生涝灾。天津市地处华北地区最大水系的海河流域下游，自北向南有蓟运河、潮白河、北运、永定河、大清河、子牙河、南运河七大水系。

历史上海河流域洪水发生频繁，灾害严重。1368—1949 年海河流域共发生洪灾 383 次，其中有 8 次大水淹没了天津城，以 1801 年的洪灾最为严重，淹没城墙 26 级砖块，水深达 3.9 米。中华人民共和国成立后，天津市受洪灾总面积达 3.2×107 平方千米。例如，1963 年 8 月海河大水淹没华北 104 个县、市、4.74×1010 平方千米耕地、2200 余万人受灾，直接经济损失达 60 亿元（见表 3 - 8）。自有水文观测资料以来，大洪水年份有 1887 年、1890 年、1917 年、1924 年、1939 年、1954 年、1956 年、1962 年和 1963 年。

表 3 – 8　19—20 世纪天津市主要重大洪涝灾害发生情况

年份	日期	受灾情况
1871	7—8 月	连降暴雨，海潮倒灌，河堤冲决，田舍被淹，各地难民涌入天津，难民达数十万人；天津当局截留江浙漕粮 10 万石，采买赈米 4 万石，受赈灾民达 351900 人
1890	5 月	从 5 月 21 日开始，天津地区阴雨连绵，29 日以后，大雨狂风历时 7 天，各河相继漫溢，城北、城东及英租界、法租界，水深 0.667～1.33 米，此灾为数十年来未有的水灾；该年降雨量为 1221.9 毫米，是此前天津历史上有文字记载的最大降雨量

续表

年份	日期	受灾情况
1917	9 月	9 月 21 日，大蒋庄、杨柳青等处河堤决口，津浦铁路中断。22 日，三岔河口沿岸水深及膝；23 日，南运河水急涨，北岸平漫，河北大街尽成汪洋；24 日，英租界、法租界也遭水淹，日租界邮局前马路两旁水深为 2 米，据统计，天津有 6.6 万余间房屋被淹、2 万间房屋倒塌，10 万余名灾民流离失所
1939	8 月 20 日	华北地区暴雨普降，海河流域多处河道水势暴涨，20 日陈塘庄大埝决堤，海河以南洪水泛滥，天津市区 80% 的地区被洪水淹没，这次洪水导致天津市被浸泡一个半月，天津的交通和工商业陷入瘫痪状态，56 万名天津及其周边居民成为灾民
1949—2000	—	共发生重大洪涝灾害 14 次，按照灾害严重程度排列为蓟县、宝坻县、武清县、静海县、宁河县；1949—1985 年受灾面积达 321.85 万公顷；洪涝灾害特别重大年份为 1954 年、1956 年、1962 年、1963 年，例如，1996 年 8 月连降暴雨，蓟县 69.2% 的农田面积受损，总经济损失达 3.9 亿元

资料来源：温克刚，王宗信. 中国气象灾害大典·天津卷［M］. 北京：气象出版社，2008.

　　自 21 世纪以来，天津市单日降水量多次突破历史极值，降雨强度大是造成洪涝灾害的主要原因。此外，随着城市的发展、人口的不断增加、市区面积不断扩大，直接或间接改变着天津市的水环境，市区低洼地区淹泡的频次和时长有增长的趋势，虽然已经形成了比较完备的防洪体系，但损失程度仍然较高（见表 3－9）。

表 3－9　2005—2018 年天津市主要洪涝灾害发生情况

年份	日期	发生区域	受灾情况
2005	8 月 16 日	市区	市区黄家花园的降水量达 216.3 毫米，由于较大的降雨强度超过管道设施设计能力（每小时 30 毫米），造成市区 30 处短时积水

续表

年份	日期	发生区域	受灾情况
2006	8月13日	蓟县	下营镇出现暴雨天气，3小时降雨量达85.5毫米，造成积水
2007	7月31日、8月25—26日	市区局部地区、东丽区、滨海新区塘沽地区	7月31日，区域性暴雨造成市区12处积水；8月25—26日由于降雨强度较大，塘沽老城区低洼处积水，交通受阻
2008	7月4日	滨海新区大港地区、宝坻区	大港地区降雨量为148.5毫米，出现大面积积水，最大积水深度达50厘米；宝坻区农田水淹面积为579.9公顷，树木折断倒伏1544棵，温棚倒塌、受损272座，直接经济损失为933万元
2009	7月22日	全市范围	宁河区、武清区、滨海新区塘沽地区达大暴雨量级，东丽区48小时降水量达158.6毫米，为1976年以来历史极值
2010	6月17日	武清区、静海区、津南区、东丽区和滨海新区塘沽地区	东丽区近300间房屋受损，造成家庭财产损失23万元
2011	7月30日	全市范围	全市12台站达到暴雨量级，造成1.1万人受灾，农作物受灾面积为3786公顷，其中绝收面积为305公顷，倒塌房屋14间，损坏房屋439间，直接经济损失达8000余万元
2012	7月22日、7月26日、7月31日、8月1日、8月12日	全市范围	全年暴雨和洪涝共造成天津市农作物受灾面积11.8万公顷、绝收面积1.4万公顷，受灾人口为62.9万人，损坏房屋3.1万间，倒塌房屋1000间，直接经济损失达29.7亿元
2013	7月	滨海新区大港地区、武清区和静海区	受灾面积3251公顷，损坏房屋28间，大棚损坏31座，经济损失达2337万元。大港油田生活区被淹泡，积水深度达40厘米，部分居民家中进水
2014	2014年6月下旬至8月中旬，降水量持续偏少，全市平均降水量仅为163.1毫米，为1998年以来历史同期最少，未发生严重的洪涝灾害		

续表

年份	日期	发生区域	受灾情况
2015			2015 年天津市夏季平均降水量为 219.1 毫米，较常年同期偏少 148.8 毫米，是自 2000 年以来历史同期最少值，干旱情况较为严重，未发生严重的洪涝灾害
2016	7 月 20 日	全市范围，其中市内六区、东丽区突破历史单日降水量极值，静海区、北辰区、津南区、滨海新区北部降水量列历史单日降水量第二位	全市平均降水量为 185.9 毫米，是自 1961 年以来全市日平均最大降水量，全市受灾人口为 142869 人，紧急转移安置人口 1069 人，农作物受灾面积为 23610.99 公顷，直接经济损失达 25007.85 万元
2017	7 月 6 日	宝坻区	宝坻区国家气象站监测降雨量为 132.1 毫升，达到大暴雨量级，造成宝坻区农作物受灾面积 500 公顷、成灾面积 213.3 公顷，53 人不同程度受灾，直接经济损失为 88.1 万元；其中，农业直接经济损失为 66.8 万元，倒损房屋 64 间，涉及 25 户家庭； 2017 年，天津市共出现 11 次暴雨过程，全年紧急转移安置人口 41 人
2018	7 月 24 日	全市范围	受台风"安比"影响，全市平均降雨量为 130.8 毫米，市区 24 日降雨量达 50 年一遇；全市 69.8% 的台站出现大暴雨，最大降水量为 240.8 毫米，最大小时降水量为 56.1 毫米；强降雨造成局地积水严重，农作物受灾，经济损失达 230 余万元

资料来源：历年《天津年鉴》。
注：未标注年份表示未出现相应灾害现象。

天津市由于其所处的地理位置有"九河下梢"之称，易受上游暴雨、客水泄洪而造成洪涝灾害，即使在本区干旱年份仍需要提高警惕。洪涝一旦发生，不但会影响城市的基础设施，改变城市部分关键的自然和社会要素，而且可能导致传染病的发生。因此，应对天津市洪涝灾害及其治理予以足够的重视。

（三）重大气象灾害

天津市的重大气象灾害主要包括大风、暴雨、冰雹、极端风暴、大雪。

1. 大风

在重大气象灾害中，对天津市影响最大的是春季大风和夏季雷暴大风（包括龙卷风）。近 30 年来，平均每年出现大风日数为 31.5 天。尤其以春季大风最多，平均为 1.7 天，占全年平均大风日数的 37%，其次是冬季、秋季、夏季。春季大风多为西北风，风速最大可达 92.8 米/秒。持续时间也最长，可达 6 天之多。夏季大风日数虽少，但风速比其他季节大得多，最大可达 84.7 米/秒，此外，大风持续时间短，一般为几分钟到几十分钟。历史上最大的春季大风是发生在滨海新区塘沽地区的 1966 年 3 月 18 日和 1968 年 4 月 4 日的大风，风速达 29.8 米/秒；最大的夏季大风发生在 1966 年 8 月 28 日塘沽区，风速为 48.7 米/秒。

大风的破坏力很强，对农业、渔业、海上航行、工业、电力等均有破坏（见表 3 - 10）。例如，1984 年 3 月 20 日的大风，市区风力达 7 级，阵风达 9 级，大风从凌晨持续到下午 4 时，造成了很大损失，仅保险公司的理赔金额就达 430 万元。龙卷风对天津市的影响也很大，如 1969 年 8 月 28 日下午和次日傍晚发生的两次龙卷风，市内红桥和南开两区的工厂、学校、医院、车站、民房都受到了破坏。总体来看，天津市面临大风灾害的发生地区按严重程度由高到低排列，分别为滨海新区塘沽地区、天津市区、北郊区、宁河县、东郊区、宝坻县等。

表 3 - 10　1957—1985 年天津市大风发生情况

年份	发生频数	受灾面积（平方千米）	发生区域	特别重大年份
1949—2000	总次数 164，强对流 70 次	—	大风灾害按严重程度排列，分别为塘沽地区、市区、北郊区、宁河县、东郊区、宝坻县等地	1966 年、1968 年、1984 年

资料来源：温克刚，王宗信. 中国气象灾害大典·天津卷［M］. 北京：气象出版社，2008.

注：大风：按照气象标准，大风是指风速达到 17 米/秒，本记录的大风是因大风实际发生灾害次数统计的。

城市公共安全与保险

进入 21 世纪，由于天津市为特大城市，高楼林立，这些建筑阻挡了风的进退，且城市人口越来越密集，形成了雨岛和热岛效应，加之近海地区植被覆盖率低，不能有效减少风力，导致天津市大风天气多、风力较强（见表 3-11）。

表 3-11　2005—2018 年天津市主要大风灾害发生情况

年份	日期	发生区域	受灾情况
2005	7 月 9 日	天津市大部分地区出现雷雨大风天气	北辰区、蓟县等地受灾严重
2006	10 月 10 日	渤海 6~7 级偏东大风	阵风达 17 米/秒，汉沽地区 3 名渔民在海上撩网作业，渔船返航时被海浪掀翻，3 名渔民死亡
2007	6 月 23 日	静海区	团泊镇、大邱庄、蔡公庄 3 个镇 13 个村遭风雹袭击，并伴有龙卷风，全县 7300 多公顷农作物受灾，其中成灾面积为 5000 公顷，直接经济损失为 1255 万元
2008	8 月 29 日	武清区、宝坻区	宝坻区马家店镇最大风速达 19~20 米/秒，共计造成直接经济损失 430 万元，共有 16 个村不同程度受灾，受灾总面积为 410 公顷；武清区梅厂镇受灾村庄达 28 个，夏季玉米成灾 452 公顷
2009	7 月 22 日	津南区、静海区、滨海新区大港地区	伴随入夏以来范围最大、强度最强的降水，三区出现了风力 8~10 级的大风
2010	6 月 17 日、7 月 19 日	滨海新区塘沽地区、蓟县	塘沽开发区 3000 余棵树被吹倒；蓟县近 260 间房屋受损，造成家庭财产损失约 130 万元
2011	3 月 31 日、4 月 17 日、4 月 18 日	滨海新区大港地区、静海区、武清区北部	大港地区 186 公顷、900 余株温室的草木被大风刮散，卷帘机不同程度受损，直接损失达 30 万元；静海区大风风力 7~8 级，阵风 9 级，并伴有 8~10℃ 的降温，造成独流镇、大邱庄镇、台头镇三个乡镇的 15 个村受灾，226 个大棚遭到破坏，464.13 公顷的农田受损，10 余根电线杆折断，46 间民房、24 间企业车间，16 间农民养殖户厂房遭到不同程度损坏，损失达 700 多万元；武清北部的河北屯镇小黄庄村局地短时强风，造成 6 个种植大棚和 1 个养殖大棚受损，直接经济损失达 3.5 万元

续表

年份	日期	发生区域	受灾情况
2012	3月23日、9月27日	滨海新区大港区、宝坻区	大港地区突遭10级以上强风袭击，各镇设施农业园区棚室的薄膜、保温被、棚顶、骨架均有不同程度受损，农业生产损害严重，受灾面积为30.67公顷，直接经济损失达754.9万元；宝坻区的5～6级西北风，瞬时最大风速达15.9米/秒，大风将天津华勘钻探机具有限公司办公楼上200平方米的彩钢房顶掀起，2名作业工人掉落，经抢救无效死亡
2013	3月9日	全市范围	西北风5～6级，阵风8～9级，伴有扬沙天气。其中，武清区瞬时极大风速24.5米/秒，渤海西部中部海面风力8～9级，阵风达10～11级，最大风速为29.6米/秒。全市多处广告围栏、大树、民房被风吹倒，部分车辆受损
2014	5月3日、8月23日、11月30日	武清区、滨海新区大港地区、宝坻区	5月3—4日，受较强冷空气影响，全市出现6级以上大风，瞬时最大风速达8～9级，武清、大港等地设施农业受损严重，成灾面积超过75公顷；8月23日晚，大港太平镇出现强降雨并伴随6～7级大风，阵风达8～10级，使冬枣树、设施大棚及畜禽棚舍受灾；11月30日受寒潮天气影响，宝坻区夜间出现8级大风，万家庄镇设施农业受灾面积达3.4公顷
2015	7月21日、7月27日	宝坻区、武清区	7月21日，宝坻区雷雨大风天气刮倒电线杆7根，损坏变压器1个，刮倒树木100棵，受损房屋6间，玉米倒伏40公顷，损失约42万元；7月27日，武清区马圈镇有46.7公顷玉米倒伏，直接经济损失为37万元，宝坻区175.4公顷的玉米大面积倒伏，损失约为104万元
2016	6月10日、7月20日	武清区、全市范围	6月10日，武清区崔黄口镇出现短时大风，瞬时最大风力达8级，并伴有冰雹，造成冬小麦倒伏1333公顷，树木倒折3000棵；7月20日，全市普降大暴雨，陆地出现5～6级、渤海海面出现8～9级东北风

续表

年份	日期	发生区域	受灾情况
2017	7月9日	静海区	出现8级以上大风，最大风速为35.4米/秒，造成树木折断、高秆作物倒伏、大棚薄膜损坏、果树落果、广告牌、房屋特别是临时建筑屋顶被掀，多辆汽车受损
2018	8月13日	静海区	出现龙卷风，路径长度5千米左右，宽度几米至百米以上，致灾过程持续时间约15分钟，破坏力极强，导致大量农作物倒伏，水泥钢筋电线杆折断，汽车被卷起，经济损失达4731万元

资料来源：历年《天津年鉴》。

注：未标注年份表示未出现相应灾害现象。

　　综上所述，大风不仅经常会吹倒不牢固的建筑物、高空作业的吊车、广告牌、通信电力设备、电线杆、树木等，造成财产损失和人员伤亡，而且会导致露天散料堆场的扬尘污染，对环境造成不利影响，还会导致铁路、公路等风、沙、雪等灾害，特别是对高速运行的车辆会产生重大的交通安全影响，对城市公共安全造成极大危害。

　　2. 暴雨

　　中国气象局规定，24小时降水量为50毫米以上的强降雨称为暴雨，100毫米以上的强降雨称为大暴雨或特大暴雨，一般造成灾害的主要是大暴雨和特大暴雨。天津市暴雨主要集中在5—8月，大暴雨和特大暴雨主要集中在7月和8月。1932—2019年共出现日降水量大于等于50毫米的暴雨128次，年平均暴雨数为1.47次，暴雨特点是强度大，且有间断性。在区域降水方面，塘沽区（现属滨海新区）发生的暴雨次数最多，其次是蓟县（蓟州区）（见表3-12）。近50年内天津地区所发生的最大暴雨为1978年7月25—26日发生在蓟县（蓟州区）的特大暴雨，两天内总降水量达690毫米，致使大部分农田被淹，低洼地区当年颗粒无收，且造成房屋倒塌和部分人畜伤亡。根据中国气象科学数据共享服务网数据整理可知，近35

年，天津市区大暴雨和特大暴雨发生次数为 9 次，塘沽区（现属滨海新区）大暴雨和特大暴雨发生次数为 12 次，其中 2016 年 7 月 19—20 日的特大暴雨为 1961 年以来天津市区范围内日降水量最大的一次，达 185.9 毫米（见表 3-13）。

表 3-12   1949—2000 年天津市暴雨发生情况

年份	发生频数（次）	受灾面积（公顷）	发生区域	特别重大年份
1949—2000	14	平均 80673.33	以塘沽区（现属滨海新区）发生的暴雨次数最多，其次是蓟县（蓟州区）等区	以 1978 年 7 月 25—26 日在蓟县（蓟州区）发生的特大暴雨降水量最多，达 690 毫米，致使大部分农田被淹，低洼地区颗粒无收，房屋倒塌，造成人畜伤亡

资料来源：温克刚，王宗信. 中国气象灾害大典·天津卷〔M〕. 北京：气象出版社，2008.

表 3-13   2001—2018 年天津市暴雨发生情况

年份	日期	发生区域	受灾情况
2001	6 月 27 日	天津全市	全市 13 个站点中有 6 个站达到暴雨程度，塘沽区雨量达 96.3 毫米；天津碱厂电线短路，全厂停工，雨水浸泡货物使经济损失达 340 万元；市区某地折断高压电线杆，致使 3 名路人被电死；由于雨势迅猛，市区部分道路积水较深，有的路段积水深达 1.5 米，使汽车灭火，被托运，影响交通
2003	6 月 23 日、7 月 27 日、8 月 5 日	市区、蓟县（蓟州区）、北辰、静海县	6 月 23 日，市区、蓟县（蓟州区）和北辰区出现暴雨，降水造成市区 24 处积水； 7 月 27 日，全市有 6 个站点出现暴雨、2 个站点出现大暴雨； 8 月 5 日，白天全市普降雷阵雨，局部地区大暴雨，降雨强度大、雨量集中，市区大面积积水，部分路段积水达 1 米深； 8 月 5 日下午，静海县突降暴雨，伴有 7~8 级大风，3300 多公顷农作物受灾，直接经济损失近 280 万元

续表

年份	日期	发生区域	受灾情况
2004	6 月 24 日、7 月 23 日、9 月 6 日	大港区、静海区、宁河县芦台等乡镇	6 月 24 日，大港区（现属滨海新区）普降雷阵雨，局部地区阵风达 10 级以上，经济损失为 2351.9 万元； 7 月 23 日，静海县出现雷雨、大风天气，共造成直接经济损失数百万元，同时，在津南区辛庄镇上汀村，大风造成一名来天津的农民触电身亡； 9 月 6 日，暴雨、大风、降雹天气使宁河县芦台、大北镇、汉沽区杨家泊镇、武清区等 7 个乡镇的农作物受灾
2007	8 月 25—26 日	天津全市	8 月 25—26 日出现区域性暴雨，最大过程降雨量达 292.9 毫米（东丽区军粮城自动雨量站），东丽区部分民房、企业进水严重，塘沽老城区（现属滨海新区）低洼处积水较多，河北路道口积水严重，整个地道被水灌满直到地道顶部，水深达 4 米，个别车辆被陷其中，交通受阻
2008	7 月 4 日	大港区（现属滨海新区）、宝坻区	7 月 4 日出现区域性暴雨，最大降雨量达 148.5 毫米，此次降水天气造成大港城区及开发区出现大面积积水，最大积水深度达 50 厘米；宝坻区农田积水面积为 579.9 公顷，树木折断倒伏 1544 棵，温棚倒塌、受损 272 座，直接经济损失为 933 万元
2009	7 月 22—23 日	天津全市	7 月 22 日傍晚至 23 日上午，天津市出现入夏以来范围最大、强度最强的一次降水过程，多个区县达到大暴雨量级；津南、静海、大港（现属滨海新区）地区出现瞬时最大风速 17～27 米/秒（风力 8～10 级）的大风；强降水和大风天气使静海县（区）农作物受灾总面积达 5.6 千公顷，直接经济损失达 868.6 万元；蓟县（蓟州区）食用菌、蔬菜大棚共受灾 11 公顷，露天蔬菜受灾 166.7 公顷，玉米受灾 400 公顷；武清区农作物受灾总面积为 5.1 千公顷，经济损失达 703 万元
2010	7 月 19 日	天津全市	7 月 19 日，天津出现强降雨，大港、塘沽、宁河和汉沽暴雨（其中，大港、塘沽和汉沽现属滨海新区），蓟县（蓟州区）罗庄子镇花果峪村东约 500 米处发生山体滑坡，约 370 立方米山石滑落，造成马平公路东段交通中断 10 余小时，无人员伤亡

年份	日期	发生区域	受灾情况
2011	7月25日、7月30日	天津全市	7月25日，天津市共7个台站降水量超过50毫米，蓟县（蓟州区）下窝头镇400公顷农田积水，官庄镇233.33公顷玉米倒伏、1500株果树受灾，造成直接经济损失达255万元； 7月30日，天津地区出现入夏以来范围最大、强度最强的一次降水过程，全市共12个台站达到暴雨量级，其中宝坻、宁河、东丽、津南、汉沽（现属滨海新区）达到大暴雨量级，暴雨造成10570人受灾，农作物受灾面积为3785.88公顷，其中绝收面积为305.06公顷，倒塌居民住房6户41间，损坏房屋439间，全市直接经济损失达8100万元
2012	7月22日、7月26日	天津全市	7月22日，全市共5个区（县）出现暴雨，4个区（县）出现大暴雨，1个区出现特大暴雨，最大降水量出现在武清区，为257.2毫米； 7月26日，全市共有2个区（县）出现暴雨，6个区（县）出现大暴雨，2个区出现特大暴雨为津南区和大港区（现属滨海新区），降水量分别为255.8毫米和253.3毫米，均突破最大日降水量历史纪录； 全年暴雨共造成天津市农作物受灾面积11.8万公顷、绝收面积14万公顷，受灾人口为62.9万人，损坏房屋3.1万间，倒塌房屋1000间，直接经济损失达29.7亿元
2013	7月1日、8月11日	天津全市	7月1日下午到夜间天津市普降大雨局部大暴雨，全市平均降雨量为42.3毫米，其中，大港地区平均降水量为116.3毫米，最大雨量为254.4毫米，区域内三个站达200毫米以上，10个站达100毫米以上； 8月11日武清区出现暴雨，降水量达60.7毫米，并伴有雷电大风
2016	7月19—20日	天津全市	2016年7月19—20日天津市普降大暴雨，20日全市平均降水量为185.9毫米，是自1961年以来全市日平均最大降水量，市区、东丽区突破历史单日降水量极值；陆地出现5～6级、渤海海面出现8～9级东北风，沿海地区最高潮位达5.13米（间下）；此次强降水及大风天气给农业生产和交通造成极大影响，部分区县大田及经济作物受灾严重；中心城区多处积水，影响交通；天津滨海国际机场203架次航班取消，京津城际列车晚点，部分公交线路停运，高速公路封闭；全市受灾人口为14.3万人，农作物受灾面积为2.4万公顷，直接经济损失达2.5亿元，农业损失达2.2亿元

续表

年份	日期	发生区域	受灾情况
2017	7月6日	天津全市	2017年，天津市平均降水日数51天，共出现11次暴雨过程，其中7月6日全市普降大雨，局部暴雨；宝坻国家气象站6日监测到降雨量为132.1毫升，达到大暴雨量级，造成宝坻区农作物受灾面积500公顷、成灾面积213.3公顷，有53人不同程度受灾，直接经济损失达88.1万元，其中农业直接经济损失为66.8万元，倒损房屋64间，涉及25户家庭。全年紧急转移安置人口41人
2018	7月23—25日、8月13—14日	天津全市	受强台风"安比"影响，7月23日20时至25日8时，天津市出现暴雨天气过程，全市平均降雨量为130.8毫米，市区24日降雨量达50年一遇；全市69.8%的台站出现大暴雨，最大降水量为240.8毫米（武清河北屯），最大小时降水量为56.1毫米（24日2~3时，宝坻高家庄）；强降雨造成局部积水严重、农作物受损灾，经济损失达230余万元；受台风"摩羯"影响，8月13—14日，天津市出现强降雨天气，全市平均降水量为44.2毫米，最大降水量为201.4毫米（宁河区丰台镇）

资料来源：历年《天津年鉴》。
注：未标注年份表示未出现相应灾害现象。

综上所述，天津地区几乎每年都会发生至少一次暴雨（见图3-8），且多集中在7月。暴雨不仅威胁人民生命健康安全，还对房屋建筑、农作物等

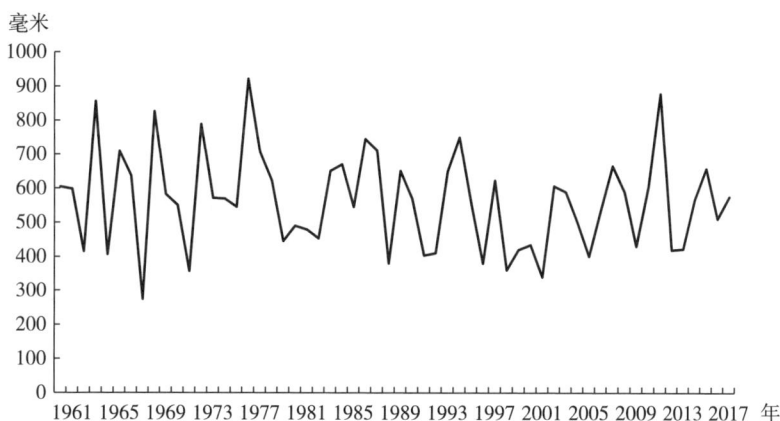

图3-8 1961—2017年天津市年平均降水量

（资料来源：《天津通志·气象志》和历年《天津年鉴》）

造成巨大负面影响，近 20 年来损失皆在百万元以上。随着城镇化不断推进、人口密集程度的提升，台风多发且时滞渐长，天津地区发生暴雨的次数和严重程度都在不断上升，形势紧急，亟待防范。

3. 冰雹

冰雹是天津市的主要气象灾害之一，它往往来势凶猛，常常伴有雷暴和大风，虽时间短暂，但破坏力巨大。大而密集的冰雹可导致人畜伤亡、农作物损毁（轻则减产，重则绝收）、车辆及屋顶门窗破坏等。冰雹灾害最严重的是 1987 年，农田受灾面积达 4.56 万公顷，占该年农田面积（43.85 万公顷）的 10.4%，1987 年和 1990 年冰雹造成的直接经济损失达数千万元。冰雹的出现受地形、地貌、下垫面性质等影响很大，在天津范围内，以静海县、蓟县（蓟州区）发生冰雹频率最高，其次为宝坻县、宁河县、塘沽区（现属滨海新区）、武清区等（见表 3 – 14、表 3 – 15）。

表 3 – 14　1949—2000 年天津市冰雹发生情况

年份	发生频数	发生区域	特别重大年份
1949—2000	共发生冰雹 649 次，其中有灾 357 次，无灾 292 次，47 年出现冰雹，仅有 5 年无冰雹	以静海县（区）、蓟县（蓟州区）雹日最多，其次为宝坻县、宁河县、塘沽区（现属滨海新区）、武清区等	天津市雹灾严重的年份是 1977 年和 1980 年，1998 年 6 月 16 日，北辰区雹灾造成的损失就达 9700 万元，这一年全市受雹灾影响，造成经济损失 24428.3 万元

资料来源：温克刚，王宗信. 中国气象灾害大典·天津卷［M］. 北京：气象出版社，2008.

表 3 – 15　2001—2017 年天津市冰雹发生情况

年份	日期	发生区域	受灾情况
2001	6 月 13 日、6 月 27 日、6 月 28 日	武清区、北辰区	6 月 13 日，武清区下伍旗村遭受冰雹袭击。据统计，该地区有 733.33 公顷小麦、486.67 公顷蔬菜西瓜受损，总计经济损失达 710.4 万元；6 月 27 日，北辰区 9 个村镇遭受狂风冰雹袭击，据统计，全区农田受灾面积达 4346.73 公顷，绝收 726.27 公顷，蔬菜粮食果蔬等作物减产 4858.37 千克，有 1176 株大树被刮倒，2800 平方米的温室和 12 根电线杆的 1000 米线路受损，此次灾害共造成直接经济损失 5599.74 万元；6 月 28 日，武清黄庄等 5 个村镇遭受冰雹袭击。据统计，全区农田受灾面积达 3566.47 公顷，将近绝收 1470.33 公顷，2517 株树被刮倒，100 根电线杆倒地，此次灾害共造成直接经济损失 3297.6 万元

续表

年份	日期	发生区域	受灾情况
2002	5月10日、7月22日	蓟县（蓟州区）、武清区、北辰区、东丽区、部分市区	5月10日，蓟县（蓟州区）、武清区、北辰区、东丽区的个别村庄出现直径为1~2毫米的冰雹，并伴有6级以上大风，部分稻田遭灾，电线短路，家电被烧，树倒路中，交通受阻； 7月22日中午，市区部分地区降大暴雨、冰雹并伴有大风，玉米、棉花、蔬菜和果树受到不同程度的影响，造成直接经济损失1000多万元
2003	7月4日、7月20日	静海县、汉沽区（现属滨海新区）	7月4日晚，静海县等8个乡镇遭受风雹袭击，风雹持续30分钟左右，风力7~8级，冰雹大如鸡蛋、小似玉米粒，该县受灾的农作物面积达1.81万公顷，成灾面积14.66公顷；这次风雹还造成了346466株树木被风刮倒或折断，1401间房屋受到不同程度的损坏； 7月20日11时20分前后，汉沽区（现属滨海新区）茶淀镇宝田村降了5分钟的冰雹，冰雹最大直径1厘米左右，农作物受灾面积为10公顷
2005	6月25日、7月9日	宁河县潘庄镇、造甲镇、北辰区、蓟县（蓟州区）、宝坻区和武清区	6月25日，宁河县潘庄、造甲两镇遭受风雹袭击，最大瞬时风速达8~9级，降雹持续10分钟左右，密度每平方米300粒左右，冰雹一般直径1厘米，最大似乒乓球，此次风雹灾害的受灾农作物主要是棉花，受灾面积为1017公顷，直接经济损失为579.5万元； 7月9日傍晚到夜间，天津市大部分地区出现雷雨大风天气，北辰区、蓟县、宝坻区和武清区出现冰雹，其中，武清区、宝坻区受灾最严重；武清区受灾面积为3795公顷、直接经济损失达2540万元；宝坻区受灾面积为1077公顷，直接经济损失达1180万元
2006	7月5日	静海县、蓟县（蓟州区）、宁河县、宝坻区	2006年因风雹灾害造成直接经济损失1.6亿元。农作物受灾面积为22.1千公顷，绝收面积为4.41千公顷，直接经济损失为1.3亿元，其中静海县、蓟县、宁河县、宝坻区遭受风雹灾害损失最大；7月5日，静海县六乡镇27个村遭受风雹袭击，降雹粒大如核桃，降雹密度每平方米700粒左右，并伴有短时大风，瞬时最大风力10级以上，风雹灾害造成静海直接经济损失达6600余万元

续表

年份	日期	发生区域	受灾情况
2007	6月23日、6月27日	静海县、东丽区、汉沽区、塘沽区、大港区（汉沽、塘沽、大港现属滨海新区）、宁河县、蓟县（蓟州区）	2007年，因风雹灾害造成直接经济损失3.1亿元，其中静海县、东丽区、汉沽区、塘沽区、宁河区、大港区、蓟县遭受风雹灾害损失最大；6月23日静海遭风雹袭击，并伴有龙卷风，龙卷风水柱高达数十丈
2008	8月26日	蓟县（蓟州区）、汉沽区（现属滨海新区）	2008年，天津市因风雹灾害造成直接经济损失2.87亿元，农作物受灾面积达29.2千公顷，绝收面积达7.89千公顷；8月26日，蓟县（蓟州区）、汉沽（现属滨海新区）出现冰雹及短时雷雨大风，最大冰雹直径达2厘米，降雹密度1000粒/平方米左右，瞬时风力达7~8级；汉沽区321.4公顷棉花受损，葡萄受损18.67公顷；蓟县（蓟州区）秋粮受灾面积为13.3公顷，受灾果树为21.3公顷，此次雹灾共造成直接经济损失316万元
2009	7月14日	蓟县（蓟州区）	7月14日下午，蓟县初夏降冰雹，农作物受灾面积为600多公顷
2011	6月6日、6月11日	大港区（现属滨海新区）、静海县	2011年天津市出现局地大风、冰雹等强对流天气，共造成全市1.2万人次受灾，农作物受灾面积为2000公顷，直接经济损失达3000万元； 6月6日，受冰雹影响，大港区（现属滨海新区）直接经济损失为18万元； 6月11日，冰雹造成静海县9个村693公顷农作物受灾
2012	6月3日、6月6日	静海县、武清区	6月3日，受强风冰雹天气影响，静海县杨成庄乡梅厂村13.3公顷棉花和13.3公顷玉米受灾，造成直接经济损失46万元； 6月6日，武清区白古屯乡普降大雨，并伴有短时大风，造成小麦大面积倒伏，直接经济损失约为600万元
2014	6月10日、6月22日、6月26日	宁河县、滨海新区、武清区	2014年天津市范围内较为严重的冰雹灾害共有5次，其中损失最严重的3次均出现在6月，造成农业经济损失总和超过1.3亿元； 6月10日14时40分至14时52分，宁河县东棘坨镇出现冰雹，最大冰雹直径约4厘米，造成1人死亡，农作物受灾面积为5172公顷，绝收面积为3182公顷，农业直接经济损失近5000万元；

续表

年份	日期	发生区域	受灾情况
2014	6月10日、6月22日、6月26日	宁河县、滨海新区、武清区	6月22日16时许,滨海新区茶淀街出现冰雹灾害,最大直径接近1.5厘米,持续20分钟,农作物受灾面积为1154公顷,农业直接经济损失达2660万元; 6月26日傍晚,武清区出现冰雹灾害,持续约半个小时,农作物受灾面积为4006公顷,绝收面积为1141公顷,造成农业直接经济损失约为5560万元
2016	6月10日	滨海新区	6月10日,滨海新区出现冰雹天气过程,导致滨海新区2100万人口、366公顷农作物及少数农房受灾。同日,武清区崔黄口镇出现短时大风、短时强降水并伴随冰雹,小时雨量达30毫米,瞬时最大风力达8级,强对流天气造成该镇冬小麦倒伏面积约为1333公顷,树木倒折达3000棵
2017	7月9日	静海县	7月9日夜间,静海县普降雷阵雨,并伴有短时大风、雷电,部分地区出现冰雹,气象站及全部区域自动气象站均测到8级以上大风,最大风速为35.4米/秒,出现在团泊镇;此次大风天气致使树木折断,高秆作物倒伏,大棚薄膜损坏,果树落果,广告牌、房屋特别是临时建筑屋顶被掀,多辆汽车被损坏

资料来源:历年《天津年鉴》。

注:未标注年份表示未出现相应灾害现象。

综上所述,冰雹天气的出现多与强对流有关,且往往还会伴随大风、雷电等天气同时发生,天津地区几乎每年都会遭遇冰雹天气,其中蓟县(蓟州区)地区受灾最为频繁,农作物是冰雹最直接的影响对象,其破坏力巨大且不可逆,年年高概率发生的冰雹天气是天津地区农作物所受的最大威胁之一。

4. 极端风暴

风暴是强烈天气系统过境时出现的天气现象,特指伴有强风或强降水的天气系统。风暴中心大气气压骤变从而剧烈扰动海水,导致海水异常升降,使海域内潮位大大超出平常潮位的现象称为风暴潮。风暴所带来的暴雨往往会引发风暴潮、上游下泄洪水这两大次生灾害,本书定义伴随风暴潮、上游下泄洪水任一情况发生的风暴为极端风暴。天津市风暴潮发生的重要因素有三个方面:一是众所周知的天文大潮的影响。天文大潮有显著的周期性,它与月亮及太阳的引潮力有关，有半个月、半年、年的变化，如在农历初三和农历十八都是天文潮的大潮期。二是地形和地理位置。天津沿海地区位于渤海湾最西端，从天津海岸向东海面逐渐宽阔、大体接近喇叭口形，海底也是由浅变深，当有向岸的偏东大风时海浪更易增强。又由于天津市是冲积平原，地势低且平缓，海浪冲上岸后容易深入陆地。所以，天津市是渤海沿岸最易发生风暴潮灾害的地区。三是气象因素。向岸的偏东大风只发生在一定天气系统情况下，前两个因素是经常的、少变的，因此发生风暴潮的关键因素是气象条件（见表3–16、表3–17）。

表3–16　1949—2000年天津市极端风暴发生情况

年份	发生频数（次）	特别重大年份
1949—1960	7	1992年9月1日，海挡漫水，水利工程被毁坏，经济损失约4亿元
1961—1970	5	
1971—1980	3	
1981—1990	6	
1991—2000	11	1997年8月20日16时，受当年第11号台风影响，天津市沿海出现东北风8～9级、阵风11级，出现最高559厘米的高潮位，最大增水193厘米
合计	32	

资料来源：温克刚，王宗信. 中国气象灾害大典·天津卷［M］. 北京：气象出版社，2008.

表3–17　2003—2018年天津市极端风暴发生情况

年份	日期	发生区域	受灾情况
2003	10月10日	天津沿海地区	10月10日上午到夜间，天津市遭受风暴潮灾害，造成天津沿海地区损失惨重，直接经济损失约1.13亿元（不包括天津港损失），其中，农林渔业损失为2310万元，工业企业损失为6826万元，水利设施损失为1372万元，民用设施损失为165万元，渤海石油公司损失为662万元；风暴潮灾害致使天津港22.5万吨货物被淹，新港船厂受淹，天津碱厂防潮堤冲垮，大港油田电力中断，油井被淹停产，风暴潮撞毁施工船和渔船，冲毁虾池66.67多公顷等
2004	9月15日	汉沽区（现属滨海新区）	9月15日凌晨，汉沽区遭受了强风暴潮的袭击，最高潮位达4.82米（大沽），最大风力达8级，造成营城镇沿海渔村经济损失1000多万元和多处海挡损毁，受灾群众达500多人

续表

年份	日期	发生区域	受灾情况
2005	8月8日	汉沽区 （现属滨海新区）	受9号台风"麦莎"减弱后的热带风暴影响，渤海海面从8月8日开始出现8~9级大风，阵风达10级，12—13时瞬时最大风速达28米/秒，风暴潮给汉沽区沿海虾农造成严重经济损失，在海挡堤坝外浅海水域建造的66.67多公顷养殖虾池进水被毁。汉沽区营城镇蔡家堡村在海挡外围浅海滩涂上开挖的13.33公顷养殖虾池因风暴潮几乎颗粒无收
2007	3月4日	塘沽区 （现属滨海新区）	3月4日凌晨4时5分，塘沽区验潮站出现4.81米最高潮位，比正常潮位高出1.26米，本市组织近万人抢险。8月12日下午3时，塘沽区验潮站最高潮位达4.92米（警戒潮位是4.90米）；增水82厘米，天津海河船闸闸桥上水，交通中断
2008	8月22日	天津沿海地区	8月22日下午，天津沿海地区出现风暴潮，最高潮位达5.16米，受其影响，汉沽区蔡家堡码头天津港客运码头、天津港一公司码头、天津港二公司码头等地面上水，最高上水深度达60厘米，低洼地段被淹泡，交通一度中断
2009	4月15日	塘沽区 （现属滨海新区）	4月15日清晨，塘沽区出现风暴潮，天津新港船闸、客运码头上水，大港区油田炼油厂东侧海边两艘施工船因大风发生猛烈碰撞，14名工人落水；狂风和大潮给大港区渔业生产、生活造成严重损失，渔业直接损失达134.75万元
2011	6月26日	天津沿海地区	受"米雷"北上影响，天津沿海出现了一次明显的风暴潮增水过程；6月26日22时30分，塘沽海洋环境监测站观测到了492厘米的高潮位，超当地警戒潮位2厘米；整个过程从26日6时增水逐渐增大，到26日21时达到最大，最大增水125厘米；随后增水值逐渐回落，高潮时增水为110厘米
2012	8月3日	天津近岸海域	受台风"达维"影响，天津近岸海域出现了超过警戒水位的高潮位，8月3日16时25分，潮位达522厘米，超警戒潮位32厘米，最大增水144厘米，本次风暴潮过程造成直接经济损失415万元，其中包括损毁道路，损坏南美白对虾养殖池塘173.33万公顷，损毁海堤、护岸0.8千米。此外，还淹没了办公房屋、办公用品和各种电器等

续表

年份	日期	发生区域	受灾情况
2018	8月15日	天津沿海地区	14号台风"摩羯"于浙江登陆后,一路北上,并逐渐减弱为温带气旋,2018年8月15日下午起,天津沿海受台风变性后的温带气旋和冷空气共同影响,出现了60~120厘米的增水,加上天文潮高潮位的叠加,15日17时47分,塘沽海洋环境监测站监测到了501厘米的实测潮位,超过蓝色警戒潮位21厘米;从15日夜间开始,潮位逐渐回落,灾害过程结束;18号台风"温比亚"于浙江登陆后,一路北上,自2018年8月17日下午起,天津沿海受"温比亚"台风外围气旋和冷空气共同影响,出现了50~140厘米的风暴增水,加上天文潮高潮位的叠加,17日18时47分,塘沽海洋环境监测站监测到了508厘米的实测潮位,超过黄色警戒潮位3厘米;台风"温比亚"逐渐北上,并逐渐减弱为温带气旋。受温带风暴潮的影响,天津沿海也出现了增水,从20日上午开始,天津沿海潮位逐渐回落,灾害过程结束

资料来源:历年《天津年鉴》。

注:未标注年份表示未出现相应灾害现象。

综上所述,天津地区极端风暴所带来的影响往往体现为风暴潮灾害,通常会导致高潮位情况的发生,使沿海地区面临被淹风险,停靠港口的渔船、货船、货物等是最直接的受害对象。作为"一带一路"沿线重要的城市港口,天津港的安全与正常运营决定着对外往来的顺利与否,因此,暴露在极端风暴所带来的风暴潮灾害下的天津市亟待更进一步的抵抗措施。

5. 大雪

天津市降雪一般分布在当年1月到次年3月,近10年来平均年降雪日为8.1日。一般的降雪有利无害,但雪量过大会阻碍视线,外加隔夜成冰极易导致车辆交通事故及出行障碍。此外,积雪压迫电线杆会造成电线短路的危险,压迫路周边建筑、树木、广告牌等,会对过路行人和车辆安全造成威胁(见表3-18、表3-19)。

表 3 - 18　1949—2000 年天津市大雪发生情况

年份	发生频数	特别重大年份
1949—2000	5	1986 年 12 月 26—27 日，市道路积雪达十几厘米厚； 1987 年 1 月 1—11 日连续降雪，致使路面积雪越来越厚，使机动车和自行车难以行驶，造成交通堵塞，行人摔跤

资料来源：温克刚，王宗信. 中国气象灾害大典·天津卷［M］. 北京：气象出版社，2008.

表 3 - 19　2001—2018 年天津市大雪发生情况

年份	日期	发生区域	受灾情况
2001	1 月 6—10 日	天津全市	1 月 6—10 日，天津市出现大到暴雪过程。受此降雪影响，交通状况比较紧张，各种交通事故频发；据天津市交通管理部门透露，1 月 7 日上午 8 时至下午 6 时，接到全市车辆碰撞等交通事故报警 30 余起，京津塘等 5 条高速公路全线封闭；据不完全报道，唐津和京沈高速公路各发生两起车辆追尾相撞事故，并造成 4 人受伤，在京津塘等高速公路及市区主干道拖运撞损车辆 382 辆次
2003	11 月 6—7 日	天津全市	11 月 6—7 日，天津市大部分地区出现了历史同期罕见的大暴雪伴雷暴天气，降雪后气温骤降，日平均气温下降 10°C 左右，暴风雪造成高速公路全部关闭，机场航班延误，给市民出行带来极大不便，交通事故不断发生
2005	2 月 14—16 日	天津大部分地区	2 月 14—16 日，天津市大部分地区出现大雪、局部暴雪天气，最大降雪量为 12.7 毫米，出现在塘沽区，最大积雪深度为 11 厘米，出现在静海县；降雪给人们的出行带来不便，15 日京津塘高速公路全线封闭，天津机场航班全部停飞；据当年各医院的不完全统计，约有 1500 名行人摔伤
2008	12 月 20—21 日	天津全市	12 月 20 日傍晚到 21 日，天津地区普降大到暴雪，市区降雪量为 10 毫米，为 50 年来历史同期最大降雪；全市有 11 个站出现大雪，4 个站出现暴雪，最大降雪出现在汉沽，为 11.7 毫米，对公交、地铁、轻轨等交通工具均造成不同程度的损失
2010	1 月 2—4 日	天津全市	1 月 2 日夜间至 4 日 2 时，天津市普降大到暴雪，全市平均降雪量为 10 毫米，积雪 8.1 ~ 26.3 厘米；1 月 3 日，汉沽等地区部分农业棚室被雪压垮坍塌，市内高速公路发生交通事故近 30 起，12 条高速公路关闭，天津滨海国际机场 50 多个航班被取消

续表

年份	日期	发生区域	受灾情况
2015	11月21—23日	天津全市	11月21日夜间至23日清晨，全市普降大雪，21日20时至23日7时，全市平均降雪量为8.0毫米，最大降雪量为10.5毫米，出现在宝坻区；最大积雪深度在市区，为9.2厘米；受雨雪天气影响，11月22日，25个航班延误，为确保列车运行安全，高铁限速，部分晚点，雨雪导致天津港能见度低于1000米，天津海事局船舶交通管理中心实施船舶航行动态暂停
2017	2月21日	天津全市	2月21日下午至夜间，全市普降中到大雪，平均降雪量为5.5毫米，其中宝坻、武清、宁河、西青和北辰地区最大积雪深度为1991年以来2月降雪前三位，西青区降雪量为自1991年以来历史同期第一位；降雪天气造成道路湿滑、结冰，导致22日早高峰期间道路严重拥堵、机场航班延误或取消，进出天津的各条高速公路关闭
2018	1月21—22日	天津全市	1月21—22日，天津市北部出现小雪，其余地区中到大雪，最大降雪量为9.2毫米（塘沽），最大积雪深度为9.0厘米（大港）；降雪主要集中在21日夜间至22日凌晨，造成22日早高峰道路严重拥堵，机场航班延误或取消，部分高速公路封闭

资料来源：历年《天津年鉴》。

注：未标注年份表示未出现相应灾害现象。

综上所述，大雪所带来的影响主要集中在对交通的阻碍方面，不仅仅是路面交通，航空也受到不利影响，航班大多面临延误甚至取消，给居民工作生活造成不便。目前，虽鲜有因大雪影响而造成的损失金额统计，但可以明确的一点是，大雪会直接给居民正常工作生活带来不便。此外，视线不佳、路面湿滑等问题还会导致居民人身健康安全受到威胁。因此，大雪也是阻碍天津城市和谐安稳发展的重大不利因素之一。

二、 天津市重大人为灾害事件发生情况

近年来，随着天津市的经济增长、工业布局优化及城市公共交通的发展，发生次数较多、导致经济损失较大的重大人为灾害事故主要集中于火灾爆炸

事故、环境污染事故及交通事故。这些事故的发生造成巨大的人员伤亡和财产损失，极大地危害城市公共安全，严重影响了城市韧性建设。

（一）重大火灾爆炸事故

根据《生产安全事故报告和调查处理条例》（自 2007 年 6 月 1 日起实施），生产安全事故分为一般事故、较大事故、重大事故和特别重大事故。重大事故，是指造成 10 人以上 30 人以下死亡，或者 50 人以上 100 人以下重伤，或者 5000 万元以上 1 亿元以下直接经济损失的事故。特别重大事故，是指造成 30 人以上死亡，或者 100 人以上重伤（包括急性工业中毒，下同），或者 1 亿元以上直接经济损失的事故。

1. 火灾

天津市的火灾多分布于冬春两季，由于天干物燥，大风异常，加之大风日多，火警接连不断。近年来，来天津寓居者日渐增多，人口的增加造成了建筑毗连成片，商铺、住户彼此混乱不堪，使大火延烧的可能性大大增加。此外，人们生产、生活用火不慎，如很多仓库缺乏防火意识，导致火灾的危险大大增加。

国家统计局数据显示，2000—2012 年，天津市共发生 43189 起火灾，造成人员伤亡 341 人，造成人员受伤 252 人，造成直接经济损失 18250.53 万元（见图 3-9）。

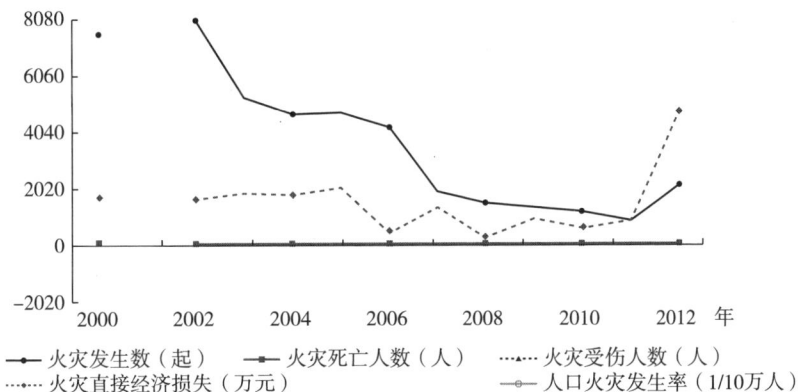

图 3-9　2000—2012 年天津市火灾情况

（数据来源：国家统计局）

2014 年 1 月 12 日 13 时 45 分左右，中铁十八局集团第三工程有限公司在位于天津市滨海新区塘沽胡家园八堡村的京津城际延伸线天津至于家堡工程时，在进行桥墩养护作业过程中发生火灾事故，造成 3 人死亡，直接经济损失约为 298.828 万元。同年 4 月 4 日 18 时 10 分，位于北辰区宜兴埠镇新开河北东马道三千工业园内的天津市正大同创印刷有限公司真空镀膜车间在生产过程中发生一起火灾事故，造成该公司近 1000 平方米的厂房被烧毁，并致 5 人死亡、2 人受伤。这两次事故均为较大火灾事故，未构成重大事故。

2017 年 12 月 1 日 3 时 53 分，位于天津市河西区友谊路 35 号的君谊大厦 1 号楼"泰禾金尊府"项目发生一起重大火灾事故。该火灾共造成 10 人死亡、5 人受伤，过火面积约为 300 平方米，直接经济损失（不含事故罚款）约为 2516.6 万元。造成此事故的主要原因是烟蒂等遗留火源引燃 38 层消防电梯前室内存放的可燃物。此外，施工单位未认真履行建设工程施工管理和消防安全主体责任，致使消防设施未能发挥作用，火势迅速扩大。

2018 年 10 月 28 日 17 时 25 分左右，位于天津市滨海新区大港经济开发区安和路的中外运久凌储运有限公司天津分公司大港仓库发生一起重大火灾事故，过火面积为 23487.53 平方米，事故未造成人员伤亡，直接经济损失（不含事故罚款）约为 8944.95 万元。事故发生的直接原因是视频监控系统电气线路发生故障，产生的高温电弧引燃线路绝缘材料，燃烧的绝缘材料掉落并引燃下方存放的润滑油纸箱和塑料薄膜包装物，随后蔓延成灾。此外，由于火灾被发现得晚及报警延误，自动消防设施未启动，导致前期火灾未得到有效控制，火灾迅速蔓延扩大。

2. 爆炸

根据天津市工业布局介绍，天津市工业不断发展，2019 年全市工业生产总值达 4969.18 亿元，占全市生产总值的 35.25%。工业空间分布从中心城区聚集演变为工业战略东移，滨海新区得到大力发展。由于大部分化工产品为易燃易爆物质，极易发生爆炸事故，同时由于工业建筑密集，会造成爆炸，并在大范围内蔓延。

根据调研统计,1985—2015 年,天津市共发生 13 起严重爆炸事故。事故发生区域分布在塘沽开发区、西青区、大港区、北辰区、宁河县、津南区等,以上地区均设有工业园区。这些事故共造成 237 人死亡、65 人受伤,估计经济损失达 800 亿元。

2015 年 8 月 12 日 23 时 34 分,天津港的瑞海国际物流有限公司(以下简称瑞海公司)危化品仓库发生一起特大爆炸事故。事故造成 165 人遇难、798 人受伤、8 人失踪,304 幢建筑物、12428 辆商品汽车、7533 个集装箱受损,截至 2015 年 12 月 10 日已核定的直接经济损失达 68.66 亿元。事故的直接原因是瑞海公司危化品仓库运抵区南侧集装箱内硝化棉由于湿润剂散失出现局部干燥,在高温(天气)等因素的作用下加速分解放热,积热自燃,引起相邻集装箱内的硝化棉和其他危险化学品长时间大面积燃烧,导致堆放于运抵区的硝酸铵等危险化学品发生爆炸。

2018 年 4 月 19 日,位于西青区精武镇永红工业区荣华道 4 号的天津市博爱制药有限公司提取车间发生一起其他爆炸事故,造成 3 人死亡、2 人重伤,直接经济损失(不含事故罚款)约为 1740.8 万元。该爆炸事故为较大事故,不构成重大事故。

总体来看,由于天津市人口增长迅速、城镇化进程加快、工业布局密集,近年来火灾爆炸事故频发,造成较大的人员伤亡和财产损失。从区域划分来看,滨海新区发生火灾爆炸事故的概率更大。在人口、经济、社会等因素的叠加下,火灾爆炸事故已成为严重危害天津市城市公共安全的人为灾害之一。

(二)重大环境污染事故

根据《突发环境事件信息报告办法》(自 2011 年 5 月 1 日起施行),突发环境事件分为特别重大(Ⅰ级)、重大(Ⅱ级)、较大(Ⅲ级)和一般(Ⅳ级)四级。以人员伤亡和经济损失来判定,符合下列情形之一的,为特别重大突发环境事件:(1)因环境污染直接导致 10 人以上死亡或 100 人以上中毒的;(2)因环境污染需疏散、转移群众 5 万人以上的;(3)因环境污染造成直接经济损失 1 亿元以上的。符合下列情形之一的,为重大突发环境事件:

（1）因环境污染直接导致 3 人以上 10 人以下死亡或 50 人以上 100 人以下中毒的；（2）因环境污染需疏散、转移群众 1 万人以上 5 万人以下的；（3）因环境污染造成直接经济损失 2000 万元以上 1 亿元以下的。

天津市大型工业的发展，对环境产生了重大影响。以钢铁行业为例，虽然大型钢铁企业均安装了环保净化设备，然而一旦发生设备故障或安全事故，极有可能造成大量污染物外泄，对周边环境产生严重的污染。钢铁工业中很多设备都在高温高压的环境下运行，存在着突发性污染事故的风险，一旦发生事故，大量的有毒有害气态污染物将快速扩散至空中，对环境和人体造成伤害；焦化工艺段在生产、贮运、装卸过程中，存在着泄漏或爆炸事故的隐患，一旦发生事故，将造成大量原料、产品损失，以及大量含有危险化学品的污水排放，导致水体污染。

近年来，渤海经济区快速发展，天津港承运的化学品不断增多，化学品在储存运输过程的污染事故也不断发生。化学品污染事故往往具有突发性、扩散迅速、持续时间长、污染严重、涉及面广等特点。事故发生容易引起人们的恐慌，处理不及时还会造成二次污染事故。

根据"2019 年天津市大气环境重点排污单位名录"，从环境污染类型来看，固体废物及危险废物环境排污单位数量最多，其后依次为水环境排污单位、大气环境排污单位和土壤环境排污单位，声环境排污单位最少；从行政区域来看，重点排污单位数量排名前三位的地区为滨海新区、静海区和西青区，排名后三位的地区为河西区、红桥区和南开区（见图 3－10）。由于水环

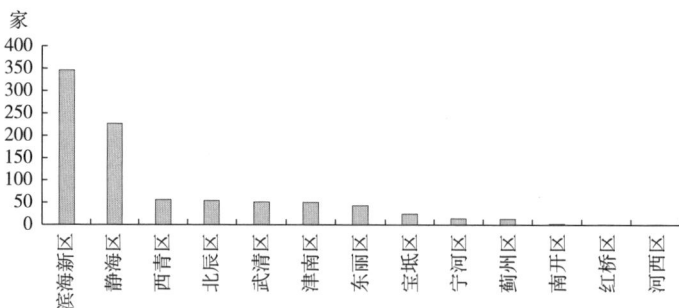

图 3－10　2019 年天津市各地区重点排污单位数量

（数据来源：天津市生态环境局官网）

境、大气环境和土壤环境是人们赖以生存的生态环境，并且彼此之间相互关联，所以环境污染事故一旦发生将造成大范围的影响，威胁城市公共安全，社会各界需关注环境污染问题。

2002年11月23日，在天津大沽口东部海域，马耳他籍油轮"塔斯曼海"轮与中国"顺凯一号"轮发生碰撞，造成200万吨货油泄漏。有研究显示，此次事故造成海域生态价值总损失约1.824亿元，其中直接利用价值的经济损失为359万元，间接利用价值的经济损失为1.79亿元。

天津港"8·12"特大火灾爆炸事故不仅造成了人员伤亡和财产损失，同时导致了次生的环境污染事故。调查报告显示，事发时瑞海公司储存的111种危险货物的化学组分中，至少有129种化学物质发生爆炸燃烧或泄漏扩散。① 事故残留的化学品和产生的二次污染物逾百种，对局部区域的大气环境、水环境和土壤环境造成了不同程度的污染。事故中心区大气环境污染较为严重，事故发生后至9月12日之前，检测出的二氧化硫、氰化氢、硫化氢、氨气超过《工作场所有害因素职业接触限值》中规定标准值的1~4倍。距爆炸中心周边约2.3公里范围内的水体受到污染，主要污染物为氰化物。事故中心区土壤污染，部分点位氰化物和砷浓度分别超过《场地土壤环境风险评价筛选值》中公园与绿地筛选值的0.01~31.0倍和0.05~23.5倍。由于事故残留的化学品与产生的污染物复杂多样，需要开展中长期的环境风险评估。

工业行业中化学品使用较多，在生产、贮运、装卸等各个环节极易发生污染物外泄，对大气环境、水体环境和土壤环境造成严重的污染。作为工业城市，天津市工业十分发达，并且目前工业不断聚集于东部滨海新区，因此发生环境污染事故的风险也更大。

（三）重大交通事故

根据《公安部关于修订道路交通事故等级划分标准的通知》（自1991年12月2日起施行），道路交通事故分为轻微事故、一般事故、重大事故和特大

---

① 《天津港"8·12"瑞海公司危险品仓库特别重大火灾爆炸事故调查报告》。

事故。重大事故是指一次造成死亡 1～2 人，或者重伤 3 人以上 10 人以下，或者财产损失 3 万元以上不足 6 万元的事故。特大事故是指一次造成死亡 3 人以上，或者重伤 11 人以上，或者死亡 1 人，同时重伤 8 人以上，或者死亡 2 人，同时重伤 5 人以上，或者财产损失 6 万元以上的事故。

在 1986 年城市总体规划"全市工业布局向沿海地区转移"的发展思路下，天津市的交通布局调整为"一条扁担挑两头"的结构。"两头"指中心城区和滨海新区核心区，二者之间距离约 40 千米，"扁担"主要指联系"两头"的通道。2008 年，天津市空间发展战略提出了双城结构的布局模式，明确提出中心城区和滨海新区核心区为双城结构。另外，由于天津市位于环渤海经济圈中心，承担连接东北、华北、西北、华东等地区的公路主枢纽功能，因此天津市同时也十分重视高速公路的建设发展。截至 2020 年末，天津市基本建成"八横六纵"高速公路网，天津高速公路实现通车里程 1325 公里。对外高速公路接口 16 个，路网密度约 11 公里/百平方公里，排名全国第二，仅次于上海。

随着天津市道路交通的发展，道路的使用率越来越高，交通事故的发生频率也越来越高。国家统计局数据显示，2009—2018 年，天津市交通事故发生数总体呈上升趋势，总计 45397.00 起（见图 3－11）。交通事故的发生，严重威胁着人民群众生命财产安全，影响城市公共安全。2009—2018 年，天津

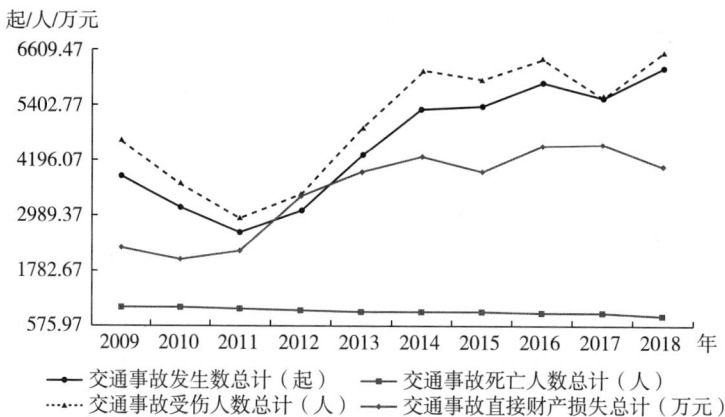

图 3－11　2009—2018 年天津市交通事故情况

（数据来源：国家统计局）

市交通事故共造成 8525.00 人死亡、50119.00 人受伤，造成直接财产损失 34980.30 万元，并呈现逐年上升趋势。由此可见，为了保障城市公共安全，提高城市韧性建设，交通事故已成为不可忽视的因素之一，需引起足够的重视。从发生区域来看，近几年交通事故发生地主要分布于武清区、东丽区、北辰区等；从道路类型来看，高速公路为交通事故的高发区（见表 3 - 20）。

表 3 - 20　2011—2019 年天津市主要的重特大交通事故

序号	日期	地点	人员伤亡	直接经济损失（万元）
1	2011 年 10 月 7 日	滨保高速公路	35 人死亡、19 人受伤	3447.15
2	2015 年 5 月 2 日	滨海新区	10 人死亡、3 人受伤	—
3	2016 年 7 月 1 日	津蓟高速公路	26 人死亡、4 人受伤	2383.4
4	2017 年 8 月 1 日	武清区广源道与和畅道交口处	4 人死亡、48 人受伤	—
5	2018 年 11 月 2 日	滨海新区	6 人死亡、6 人受伤	—
6	2019 年 8 月 11 日	宝坻区宝芦公路塘承高速公路口	4 人死亡、3 人受伤	—

资料来源：国家统计局。

总体来看，天津市重大交通事故多发于高速公路。随着城市交通发展，天津高速公路已成为北京连接各个省市的重要道路，是连接东北、华北、西北、华东等地区的重要路网组成部分。高速公路的使用率越来越高，发生交通事故的风险也不断增加。

第四节　天津市重大灾害风险评价

一、地震灾害

地震灾害区域宏观脆弱性的含义可大体表述：区域人类社会经济系统在遭受地震事件打击时所表现出来的破坏损失机会多少、破坏损失潜力大小和破坏后恢复能力强弱等方面的整体性质，且这种整体性质是特定区域人类社会经济系统自身的固有属性，具有明确的空间范围和空间尺度性质，是对特定区域人类社会经济体系中的各种微观、具体和特定层面上的脆弱性在区域尺度上的宏观概括和整体综合。

（一）评价指标体系构建

如何描述和定量分析一个区域人类社会经济体系的地震灾害综合整体脆弱性，目前国内外尚无较为成熟而统一的模式和方法。但是，综合国内外的主要认识来看，从不同层次和角度先逐步地加以系统分析，然后再予以某种形式的概括和综合，可能是必由之路。其中，分析层次大体有结构和（生物）物理、功能和经济、社会和组织三个层次（见图 3－12）。

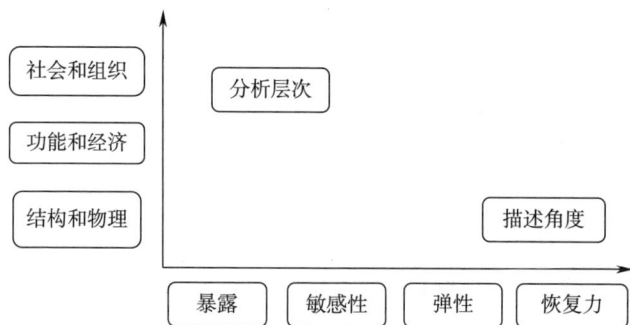

图 3－12　承灾体系统灾害脆弱性的分析层次和描述角度

综合考虑各分析层次和描述角度，选取八个变量作为评价指标，它们分别是：建成区面积（平方千米）、人均消费品零售额（元/人）、GDP 密度（亿元/平方千米）、总人口分布密度（万人/平方千米）、男女人口比重（男/女）、全社会固定资产投资分布密度（亿元/千米）、人口自然增长率、人均 GDP。

（二）数据来源

脆弱性指标数据主要来源于 2013—2019 年《天津统计年鉴》，具体如

表 3 - 21 所示。

表 3 - 21 脆弱性指标数据

指标	资料来源	年份
建成区面积（平方千米）	《天津统计年鉴》	2013—2019
人均消费品零售额（元/人）	《天津统计年鉴》	2013—2019
GDP 密度（亿元/平方千米）	《天津统计年鉴》	2013—2019
总人口分布密度（万人/平方千米）	《天津统计年鉴》	2013—2019
男女人口比重（男/女）	《天津统计年鉴》	2013—2019
全社会固定资产投资分布密度（亿元/平方千米）	《天津统计年鉴》	2013—2019
人口自然增长率（%）	《天津统计年鉴》	2013—2019
人均 GDP（元/人）	《天津统计年鉴》	2013—2019

资料来源：2013—2019 年《天津统计年鉴》。

（三）在上述指标体系基础上，构造区域地震灾害评估模型

本书采用的脆弱性评价模型为

$$V = \sum_i P_i W_i$$

式中，V 为脆弱性指数；P_i 为每省（区、市）第 i 种指标的标准值；W_i 为第 i 种指标所占权重。通过脆弱性指数表不仅可以在各省（区、市）之间进行横向脆弱性计算与比较，对于任何一个省（区、市），每年的脆弱性指标同样会发生变化。因此，本书对天津市 16 个地区分别进行了横向和纵向的计算（见表 3 - 22、图 3 - 13）。

如表 3 - 22 所示，天津市地震灾害脆弱性水平最高的地区为和平区，主要是由于该地区人均 GDP 和地区 GDP 密度水平较高；其次为滨海新区和河西区；河东区、南开区、河西区和红桥区脆弱性水平持平。2019 年北辰区地震灾害脆弱性最低，主要是由于该区域经济发展水平相对较低，地区 GDP 水平和地区 GDP 密度较低，建成区面积较小。根据 2019 年脆弱性水平分析结果，将天津市各区地震灾害脆弱性进行分级，如表 3 - 23 所示。

表 3 – 22　2012—2019 年天津市各区地震灾害脆弱性结果

地区	2012 年	2013 年	2014 年	2015 年	2016 年	2017 年	2018 年	2019 年
和平区	0.838284	0.690776	0.804783	0.759404	0.8043	0.8143	0.799404	0.822905
河东区	0.208525	0.200413	0.219012	0.197192	0.205943	0.206943	0.218192	0.220347
河西区	0.308182	0.271581	0.318637	0.289748	0.30532	0.32532	0.309748	0.32605
南开区	0.231142	0.214443	0.23666	0.267556	0.278672	0.308672	0.297556	0.312975
河北区	0.217999	0.20472	0.240224	0.22302	0.227724	0.229724	0.22502	0.235065
红桥区	0.218189	0.200904	0.231337	0.22622	0.23984	0.24384	0.23022	0.25341
东丽区	0.126938	0.317468	0.153928	0.142251	0.141108	0.143108	0.144251	0.154218
西青区	0.130373	0.205844	0.321695	0.14509	0.147902	0.150902	0.14809	0.156278
津南区	0.133884	0.101392	0.153638	0.175212	0.117697	0.119697	0.177212	0.165783
北辰区	0.141622	0.117656	0.14262	0.136267	0.135788	0.136788	0.137267	0.143247
武清区	0.167273	0.159167	0.190058	0.198709	0.198528	0.208528	0.208709	0.216397
宝坻区	0.131988	0.131412	0.152545	0.158073	0.168705	0.188705	0.178073	0.189709
滨海新区	0.322269	0.264917	0.340689	0.303081	0.316856	0.317856	0.304081	0.319875
宁河区	0.131848	0.126009	0.17104	0.166048	0.163379	0.165879	0.168548	0.170539
静海区	0.151368	0.134565	0.149047	0.154253	0.15896	0.16196	0.157253	0.167837
蓟州区	0.136038	0.112539	0.127365	0.145899	0.131448	0.135448	0.149899	0.154389

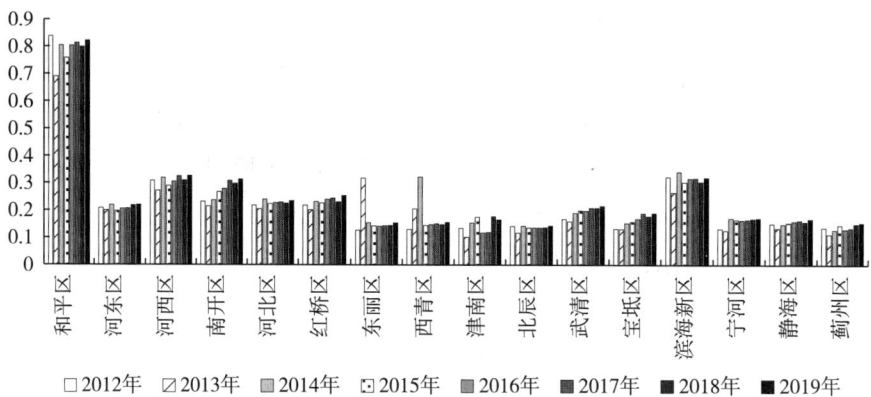

图 3 – 13　2012—2019 年天津市各区地震灾害脆弱性结果

表 3－23　天津市各区地震灾害脆弱性分级

脆弱性指数（％）	分级	地区
50～100	极度脆弱	和平区
25～50	高度脆弱	河西区、滨海新区
15～25	中度脆弱	河东区、南开区、河北区、红桥区、静海区、武清区、宝坻区、宁河区
10～15	低度脆弱	东丽区、西青区、津南区、蓟州区
0～10	极低脆弱	北辰区

二、 洪水灾害

（一） 数据来源和量化

分析洪水灾害采用的气象数据为天津市 1990—2019 年 13 个气象台站的逐日降水量；地理信息数据采用天津市 1:50000 地理数据；地形高程、河网密度和道路密度数据等利用 GIS 技术从天津市 1:50000 地图中提取；天津市各区县的行政面积、耕地面积、人口、地区 GDP 等社会经济资料取自 2006 年的天津统计年鉴；植被覆盖度采用 250 米分辨率的 MODIS 遥感资料计算所得。主要研究方法有自然灾害风险指数法、层次分析法、加权综合评分法及 GIS 技术等。

（二） 风险区划指标构建

1. 洪涝灾害风险函数的建立

暴雨洪涝灾害属于突发性灾害，其原因既涉及天气气候、地质地貌、植被等自然因素，还涉及社会经济与防洪减灾能力等诸多要素，其发生具有一定的随机性和不确定性。洪涝灾害风险是指洪涝的活动（发生、发展）及其对经济、社会和自然环境系统造成的影响和危害的可能性。国内外学者认为，在区域自然灾害风险的形成中，危险性、暴露性和脆弱性缺一不可，防灾减灾能力对于自然灾害风险度的作用也比较大，因此，本书采用自然灾害风险指数法将洪涝灾害风险归结为以上 4 个因子共同作用的结果，即洪涝灾害风险（FDRI）= f（敏感性，危险性，易损性，防灾抗灾能力）。

2. 孕灾环境敏感性

从洪涝形成的背景与机理分析，孕灾环境主要考虑地形、水系、植被等因子对洪涝灾害形成的综合影响。地形主要包括高程和地形变化。地势越低、地形变化越小的平坦地区不利于洪水的排泄，容易形成涝灾。水系主要考虑河网密度和距离水体的远近。河网越密集、距离河流、湖泊、大型水库等越近的地方，遭受洪涝灾害的风险越大。植被覆盖度指有植被的面积占土地总面积的百分比。由于植被具有强烈的水土保持功能，因此，植被覆盖度越大，表示一个地方的植被越多，洪涝灾害的风险越小。

3. 致灾因子危险性

降水致灾主要表现为雨势猛、强度大，冲毁农田水利设施，造成房屋倒塌；累积雨量大，使积水难排，形成内涝；地墒饱和，下垫面对雨水的渗透力弱。因而暴雨洪涝灾害危险性可用降水强度和降水频次表征。

4. 承灾体易损性

暴雨洪涝造成的危害程度与承受暴雨洪涝灾害的载体有关，它造成的损失大小一般取决于发生地的经济和人口密集程度。根据社会经济统计数据（以县为单元的行政区域土地面积、地区 GDP、总人口数及耕地面积）得到地均 GDP、地均人口密度和耕地面积比重三个易损性评价指标。

5. 防灾抗灾能力

防灾抗灾能力描述为应对暴雨洪涝灾害所造成的损害而进行的工程和非工程措施。考虑到这些措施和工程的建设必须有当地政府的经济支持，因此将地区人均 GDP 作为评价指标之一，此外，可根据当地收集数据的情况，尽可能多地考虑到抗灾因素，如土地旱涝保收面积、防洪面积、除涝面积等。

（三）洪涝灾害风险评价指标的量化及模型建立

由于所选指标的单位不同，为了便于对比计算，把各指标量化成可计算的 0～10 的无向量指标来表示所有因子。敏感性、危险性、易损性 3 个指标规范化计算公式：

$$D_{ij} = 0.5 + 0.5 \times \frac{A_{ij} - \min_i}{\max_i - \min_i} \qquad (3-1)$$

防灾抗灾能力规范化公式采用：

$$D_{ij} = 0.05 \times \frac{A_{ij} - \min_i}{\max_i - \min_i} \qquad (3-2)$$

式中，根据标准自然灾害风险数学公式，结合洪涝灾害风险概念框架，利用加权综合评分法和层次分析法，建立如下洪涝灾害风险指数（FDRI）模型：

$$FDRI = (VE^{we})(VH^{wh})(VS^{ws})(10-VR)^{wr} \qquad (3-3)$$

式中，$FDRI$ 为暴雨洪涝灾害风险指数，用于表示风险程度，其值越大，则灾害风险程度越大；VE、VH、VS、VR 的值分别表示风险评价模型中的孕灾环境的敏感性、致灾因子的危险性、承灾体的易损性和防灾抗灾能力各评价因子指数；we、wh、ws、wr 是各评价因子的权重。加权综合评价法综合考虑各个具体指标对评价因子的影响程度，是把各个具体指标的作用大小综合起来，用一个数量化指标加以集中，计算公式为

$$V = \sum_{i=1}^{n} W_i \cdot D_i \qquad (3-4)$$

式中，V 是评价因子的值，W_i 是指标 i 的权重，D_i 是指标 i 的规范化值；n 是评价指标个数。权重 W_i 的确定可由各评价指标对所属评价因子影响程度的重要性决定。各因子的权重通过层次分析法（AHP）和专家评分的方法确定，其值见图 3-14，该方法适用于对较为复杂、模糊的问题作出决策，存在一定的主观性，各因子的权重值可以根据对问题认识的不断深入得到进一步改进。

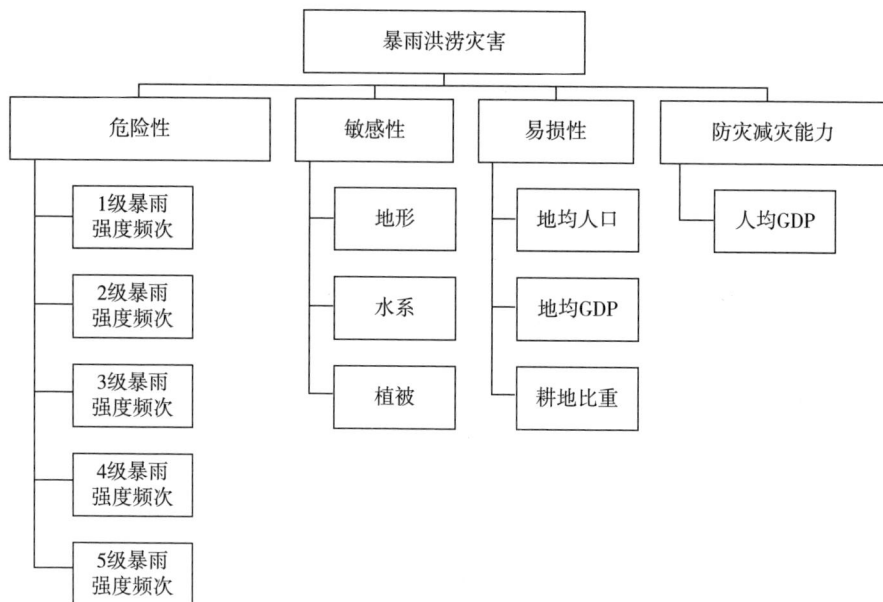

图 3 - 14 暴雨洪涝灾害风险概念框架及评价指标权重值

（四）天津市洪涝灾害风险评价

1. 孕灾环境敏感性区划与分析

孕灾环境敏感性是指受到气象灾害威胁的所在地区外部环境对灾害或损害的敏感程度。在同等强度的灾害情况下，敏感程度越高，气象灾害所造成的破坏损失越严重，气象灾害的风险也越大。孕灾环境主要考虑了地形、水系、植被因子的综合影响，综合多方专家的意见，将这三个因子各赋权重值，分别为 0.4、0.4、0.2，由此可以得到天津市暴雨洪涝灾害孕灾环境敏感性指数。从图 3 - 15 中可以看出，由于受水系影响较大，东部的宁河、汉沽及塘沽部分地区孕灾环境敏感指数较大；市区处于次低敏感区，北部的蓟县地势较高，为低敏感区，洪涝风险较小；其余地区处于次高敏感区和中等敏感区。

2. 致灾因子危险性区划与分析

本书选取暴雨过程频次和强度作为天津市暴雨洪涝的致灾因子。根据暴

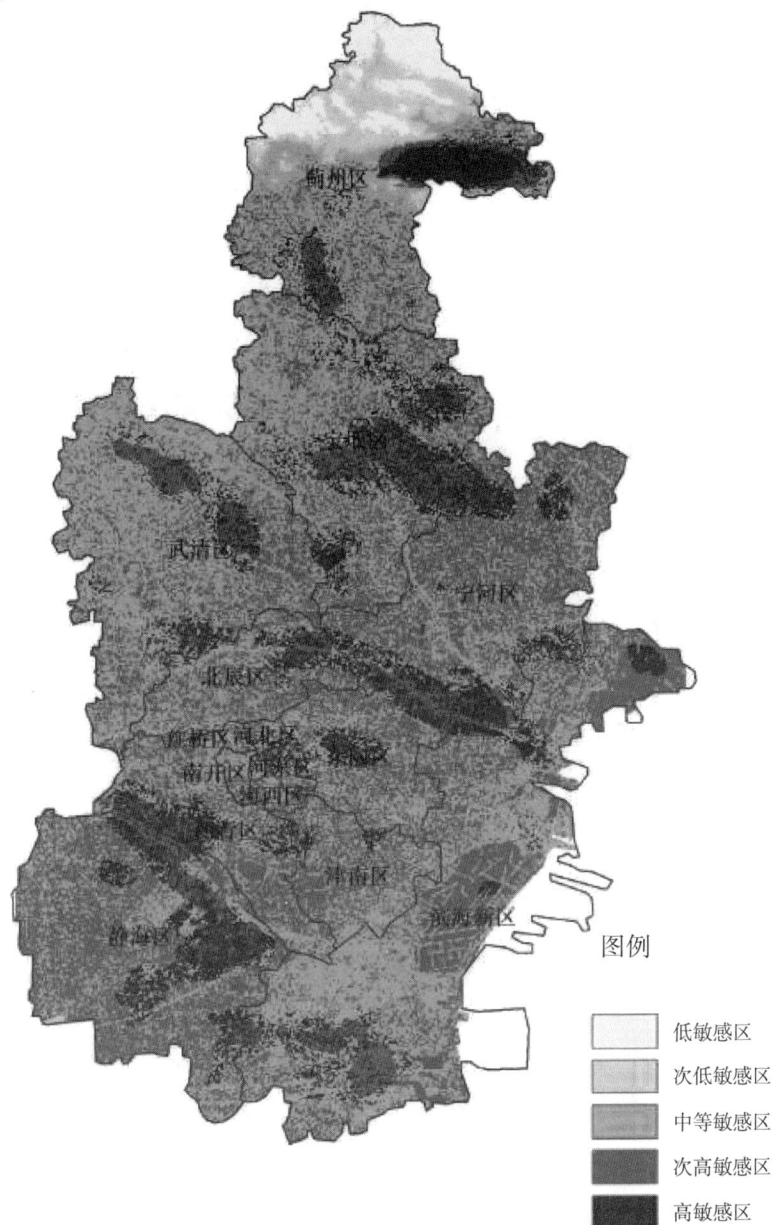

图例

低敏感区

次低敏感区

中等敏感区

次高敏感区

高敏感区

图 3 – 15　孕灾环境敏感性区划

雨强度等级越高，对洪涝形成所起的作用越大的原则，确定降水致灾因子权重，将暴雨强度 5 级、4 级、3 级、2 级、1 级权重分别取作 5/15、4/15、3/15、2/15、1/15，利用加权综合评价法、反距离加权内插法和 GIS 中自然断点分级法，将致灾因子危险性指数按五个等级进行区划，得到天津市暴雨致灾因子危险性指数区划图（见图 3 - 16）。从图 3 - 16 可以看出，天津市致灾因子危险性指数分布较均匀，天津市大部分地区属于中等危险区以下，东部滨海新区为高危险区，中部的市区及其周边地区为低危险区或次低危险区。

3. 承灾体易损性区划与分析

由于每个承灾体在不同地区对暴雨洪涝灾害的相对重要程度不同，因此在计算承灾体综合易损性时要考虑到它们的权重。根据多位专家的权重打分情况，再结合天津市实际情况，将地均 GDP、地均人口、耕地比重三个评价指标的权重分别赋值 0.2、0.4、0.4，根据加权综合法，计算天津市区县级承灾体易损性。从图 3 - 17 可以看出，虽然市区经济较发达，但地区面积小，人口较集中，其承灾体易损性也最高；静海、武清、宝坻、宁河、蓟州及东部的滨海新区等地区耕地比重和人口密度较小，其易损性较低。西青区、北辰区和东丽区处于次低易损区，津南区处于中等易损区。

4. 防灾抗灾能力区划与分析

防灾减灾能力描述了应对洪涝灾害发生时所造成的损害而进行的工程和非工程措施。本书主要考虑了应对洪水灾害所造成损失而准备的资源。为应对洪水灾害而准备的资源采用人均国民生产总值表示，人均国民生产总值越高的地区经济越发达，发生灾害后生产自救的能力也越强，防灾减灾能力相对较高。从图 3 - 18 可以看出，天津市防灾减灾因子的各级区划分布较为集中，防灾减灾能力较高的地区主要分布在滨海新区，这主要是由于该地区人均国民生产值较高；其次是西青区、北辰区、宁河区、东丽区属于次高抗灾能力区；市中区和蓟州区基本处于次低抗灾能力区，主要是因为市中区人口密度大、商业圈集中，一旦发生灾害将造成重大损失，而蓟州区地区人均国民生产总值较低，从而造成防灾减灾能力偏低，其余区县处于中等抗灾能力区。

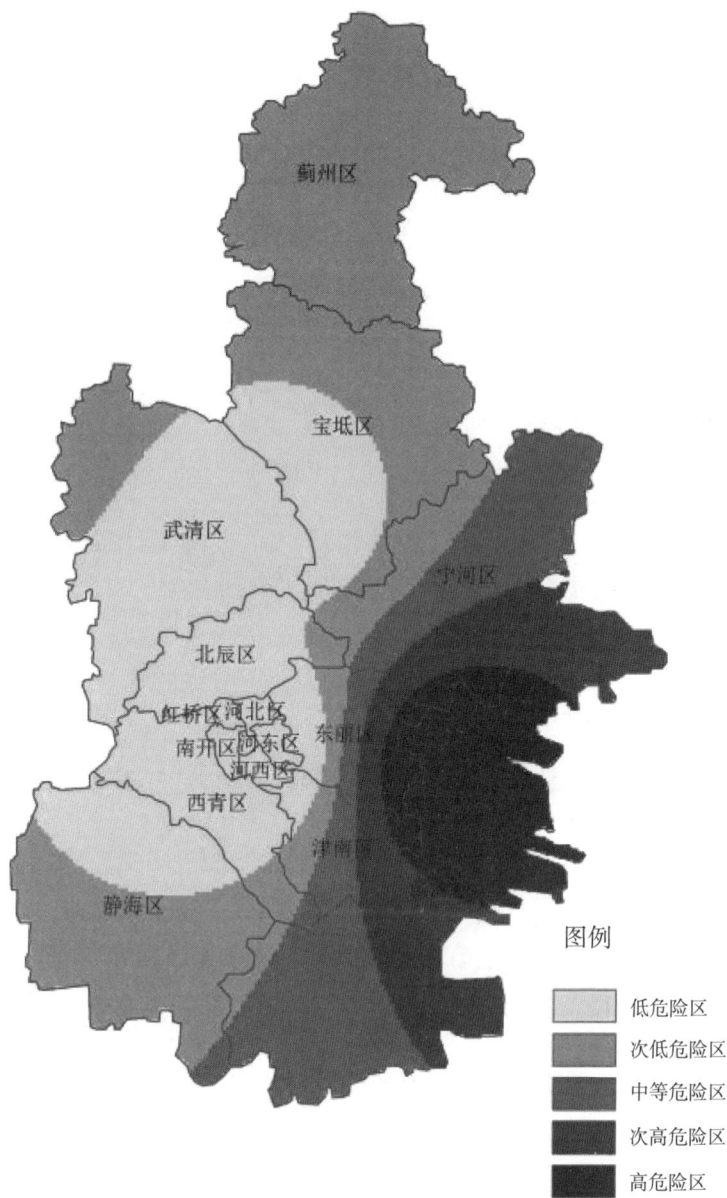

图 3 – 16　致灾因子危险性指数区划

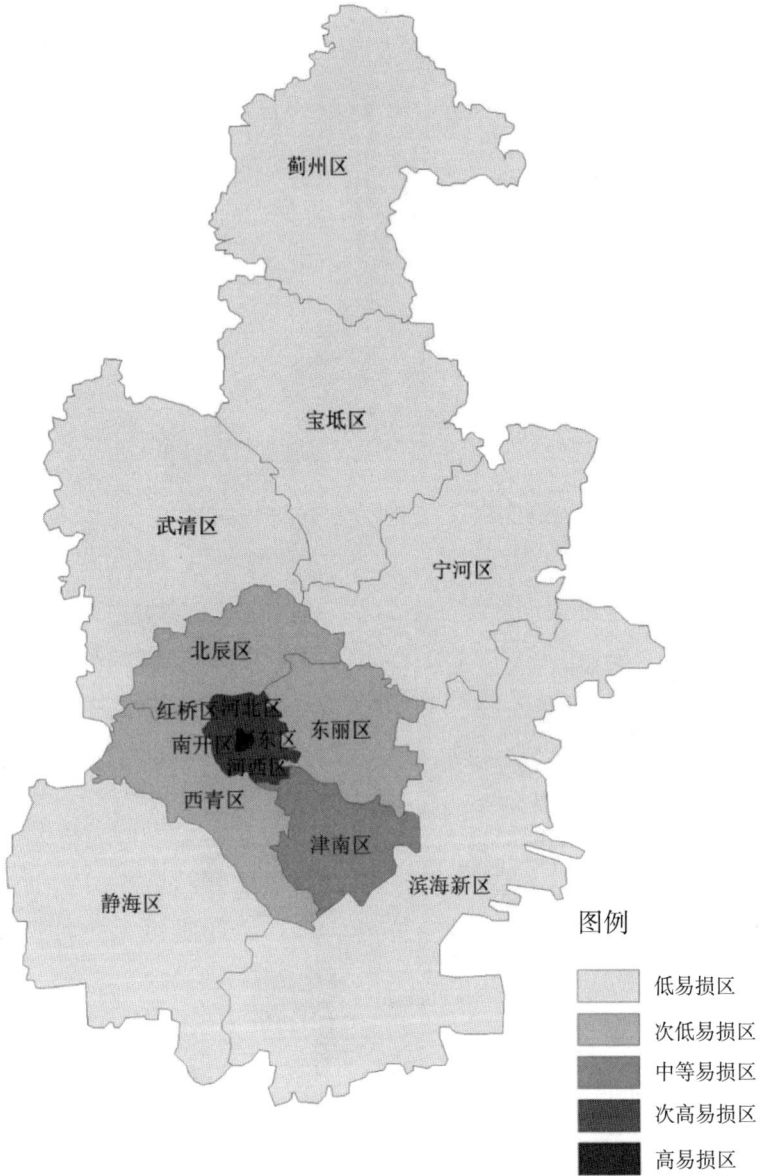

图3-17　天津市暴雨洪涝灾害承灾体综合易损性区划

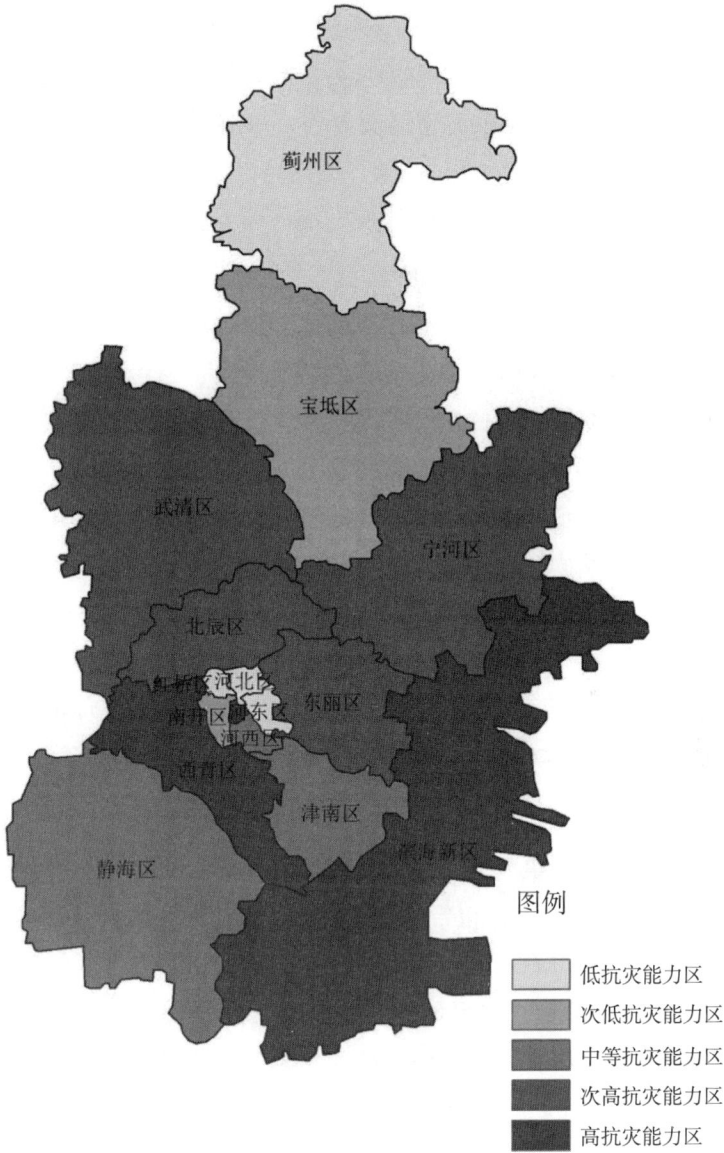

图例

低抗灾能力区
次低抗灾能力区
中等抗灾能力区
次高抗灾能力区
高抗灾能力区

图3-18　天津市暴雨洪涝抗灾能力区划

5. 洪涝灾害综合风险区划与分析

综合以上四个因子，得到天津市暴雨洪涝灾害风险区划。从图 3 - 19 可以看出，天津市暴雨洪涝风险最高的地区主要集中于东部的宁河区及宁河区与宝坻区交界处、东丽区与滨海新区交界处、津南区与滨海新区交界处；次高风险区主要分布于宁河区中部、宝坻区、静海区东南部及蓟州区大部分地区；而武清区大部分、静海区西北部及宝坻区西南部部分地区风险为中等；市区及滨海新区处于次低或低风险区。

三、 人为灾害事件

（一）公共卫生

学校是学生集体生活和学习的场所，其人员密集、相对封闭的特点决定了学校成为突发公共卫生事件发生的主要场所。研究显示，我国 70% 以上的突发公共卫生事件发生在学校。学校内一旦发生突发事件将会引起社会公众和政府部门的高度关注。因此，本书将重点对天津市 2010—2016 年报告的学校突发公共卫生事件进行分析，了解学校突发公共卫生事件的流行特征，2017 年和 2018 年均未发生大规模的公共卫生事件。

1. 地区分布

2010—2016 年，天津市 16 个区中有 15 个区报告有学校突发公共卫生事件，所占比例为 93.75%。按报告起数排名前五位的地区为滨海新区（23 起，15.75%）、河东区（20 起，13.70%）、和平区和河北区（均为 13 起，各占 8.90%）、宁河区（10 起，占 6.85%）占全部暴发起数的 54.11%。静海区、滨海新区、宝坻区、东丽区、红桥区罹患率较高，分别为 8.21%、7.24%、6.03%、5.19%、5.11%（见图 3 - 20）[1]。

---

① 数据来源于历年《天津年鉴》。

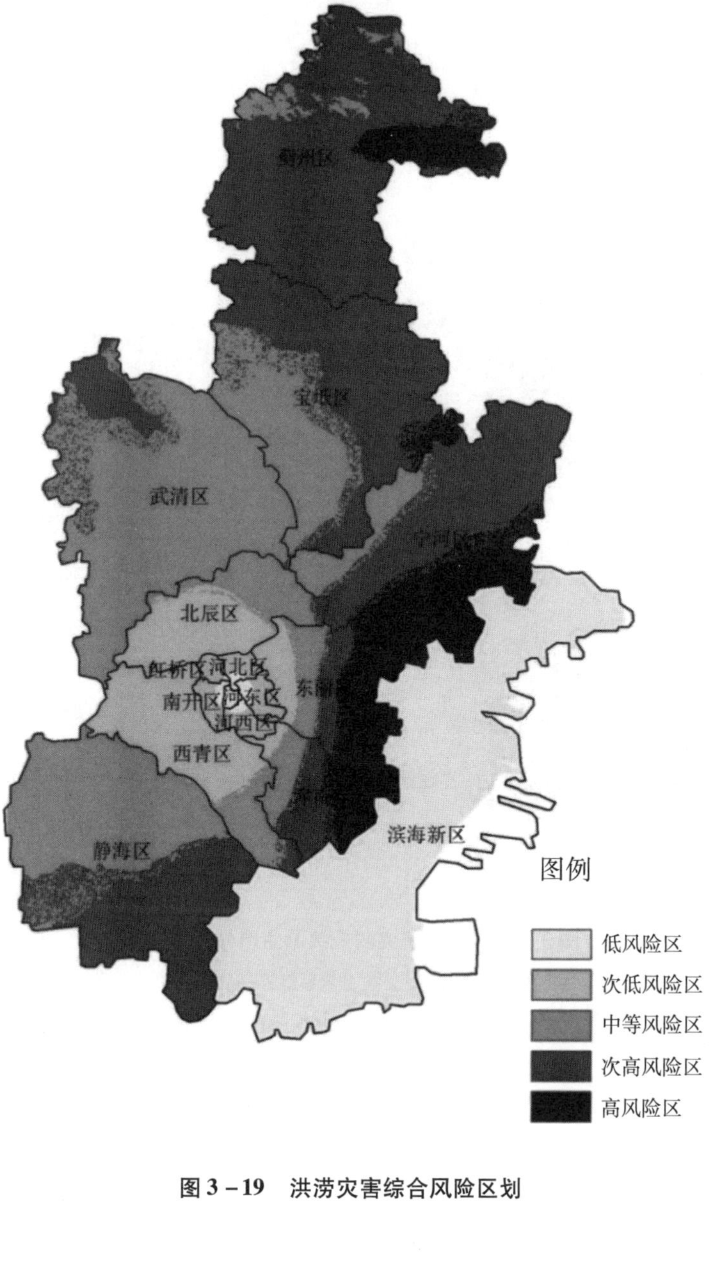

图例

低风险区
次低风险区
中等风险区
次高风险区
高风险区

图 3 – 19　洪涝灾害综合风险区划

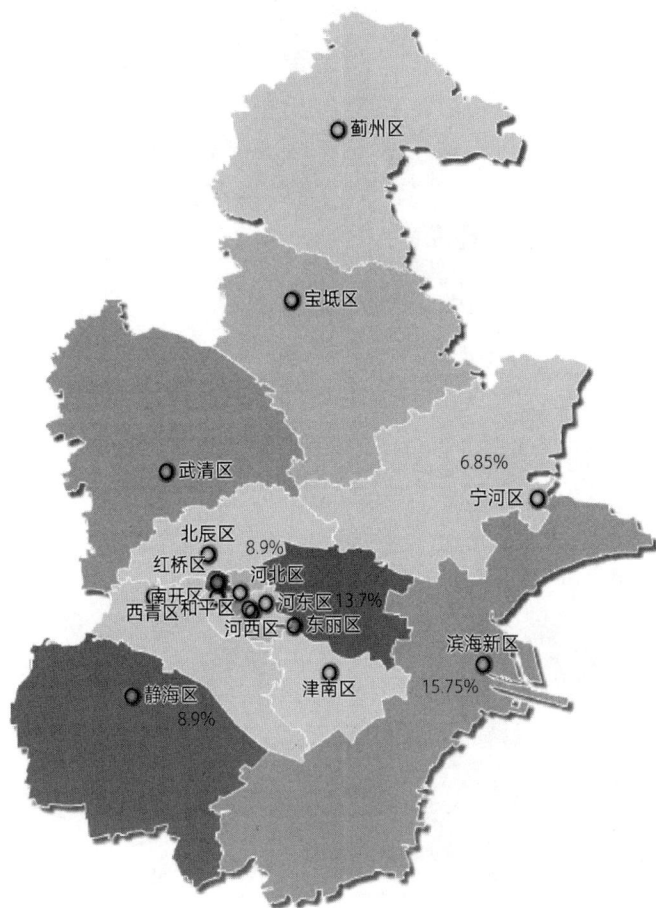

图 3 - 20 天津市突发公共卫生事件地区分布

（资料来源：突发公共卫生事件管理信息系统）

2. 时间分布

2011—2016 年，各年学校突发公共卫生事件报告起数总体呈下降趋势（见图 3 - 21）。天津市学校突发公共卫生事件主要呈双峰分布，高峰分别发生在 3—6 月（54.11%）和 11—12 月（26.71%），5 月为事件发生最高峰（19.86%），传染病事件与整体突发公共卫生事件分布一致（见图 3 - 22）。食物中毒事件分别发生在 3 月和 9 月各 1 起、11 月 2 起。

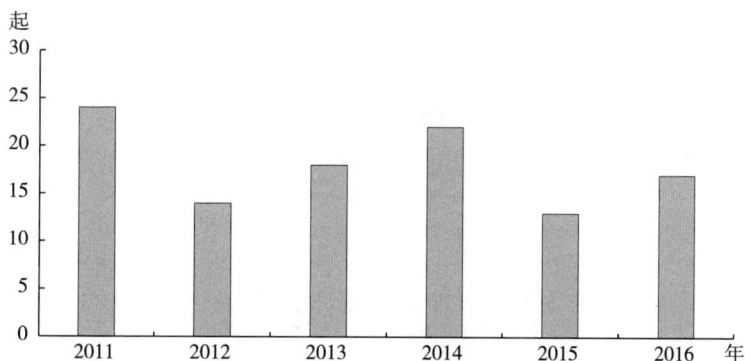

图 3 – 21　2011—2016 年天津市公共卫生事件报告起数

（资料来源：突发公共卫生事件管理信息系统）

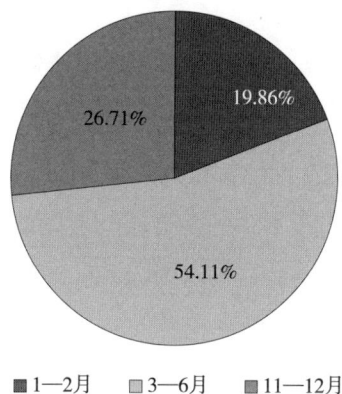

图 3 – 22　天津市公共卫生事件发生时间分布

（资料来源：突发公共卫生事件管理信息系统）

3．人群分布

2010—2016 年，托幼机构和小学合计报告 121 起突发公共卫生事件，占全部事件的 82.88%。以小学最多（63 起，43.15%），其次为托幼机构（58 起，39.73%），中学和大学分别为 18 起（12.33%）和 7 起（4.79%）（见图 3 – 23）。托幼机构、小学、中学和大学的罹患率分别为 6.60%、4.34%、

4.89%和0.44%。

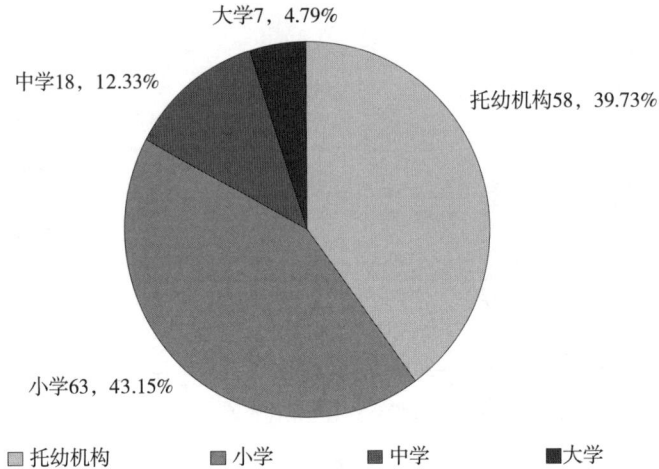

图 3 - 23   天津市公共卫生事件人群分布

（资料来源：突发公共卫生事件管理信息系统）

4. 事件类型

天津市学校突发公共卫生事件的主要原因是传染病。2010—2016 年，140 起学校传染病事件中为法定传染病的有 88 起（62.86%），非法定传染病的有 52 起（37.14%）。在法定传染病中，乙类传染病公共卫生事件有 2 起，占 2.27%（2/88），分别为麻疹（1 起）和猩红热（1 起）；丙类传染病公共卫生事件有 86 起，占 97.73%（86/88），主要为手足口病（47 起）、流行性感冒（14 起）、风疹（11 起）、流行性腮腺炎（10 起）和其他感染性腹泻病（4 起）；非法定传染病全部为水痘暴发事件。按照传播途径分类，呼吸道传染病有 89 起，占 63.58%（89/144）；肠道传染病有 51 起，占 36.42%（51/144）。学校传染病事件中罹患率居前三位的疾病是流行性感冒（6.64%）、手足口病（5.42%）、猩红热（5.14%）。4 起食物中毒分别由金黄色葡萄球菌、沙门氏菌、志贺氏菌和亚硝酸盐引起。2 起其他公共卫生事件为不明原因呕吐。引起不同类型学校人群的突发事件原因排序不同，引起小学突发事件的原因主要以水痘为主，其次为流行性感冒；引起托幼机构突发事件的主要原因为手足口病，其次为水痘；中学的突发事件主要为风疹；大学的突发事件主要由流行性腮腺炎和食物中毒引起（见表3－24）。

表3－24　不同类型学校突发公共卫生事件前五位原因

学校	起数	突发公共卫生事件前五位原因				
		第一位	第二位	第三位	第四位	第五位
小学	63	水痘（39）	流行性感冒（12）	流行性腮腺炎（5）	风疹（2）	手足口病（2）
托幼机构	58	手足口病（44）	水痘（9）	其他感染性腹泻病（2）	食物中毒（2）	其他（1）
中学	18	风疹（8）	流行性腮腺炎（3）	水痘（3）	流行性感冒（2）	麻疹（1）
大学	7	流行性腮腺炎（2）	食物中毒（2）	风疹（1）	其他感染性腹泻病（1）	水痘（1）

资料来源：突发公共卫生事件管理信息系统。

（二）交通安全

根据近年来天津市道路突发事件形成结果来看，大部分为原生性城市道路交通事故原因导致的交通阻塞、人员伤亡及财产损失，而衍生性道路突发事件在整体突发事件中的比重较小。在所有的道路交通事故中，绝大部分是由于驾驶员安全意识差、对路况观察不仔细，以及酒后驾驶、超速行驶和逆向行驶等原因导致的事故。根据已公布的数据详细统计，2014年天津市仅酒后驾驶、超速行驶和逆向行驶3种违法行为共发生突发事件69起，死亡81人。其中，酒后驾驶和超速行驶引发死亡事故虽较多，但较上年有明显下降。因酒后驾驶共引发死亡事故27起，死亡31人，较上年（36起，死亡43人）同比分别下降25%和26.19%；因超速行驶引发死亡事故19起，死亡21人，较上年（26起，死亡29人）同比分别下降26.92%和27.59%。而因逆向行驶引发的死亡事故同比上升，共发生23起，死亡29人，较上年（20起，死亡27人）同比分别上升15%和7.41%。由于视线条件差、缺乏警力有效控制及限号限行政策等因素的影响，5时至7时和17时至23时是天津市外环线以外（包括外环线）及郊区（县）地区道路突发事件的高发时段，同时也是死亡事故易发时间。据统计，2014年，在17时至23时共发生死亡事故231起，死亡256人，分别占死亡事故总数的35.32%和35.70%。5时至7时共发生死亡事故80起，死亡91人，分别占天津市死亡事故总数的12.23%和12.69%。而对于天津市中心城区，道路突发事件主要集中于7时至9时和17时至19时，主要是该时段为居民上班和下班高峰时段，路面机动车辆、非机动车辆和行人较多，交通比较混乱，容易引发交通事故。

由图3-24可知，近年来天津市交通事故的数量相较于2001年前有了大幅的降低。但交通事故造成的受伤人数却出现了持续上涨的趋势，死亡人数最近几年基本持平。除了2015年，2011—2016年交通事故导致的直接财产损失呈现小幅上涨的态势。从交通管理部门了解到，在2017年第一季度天津市因交通事故死亡人员中，行人和骑非机动车、电动自行车人较多，占死亡人员总数的48.4%，其中，在事故中负有责任的占25.6%。分析表明，闯红灯、行人不走人行横道、非机动车横过道路不推行、非机动车走机动车道四

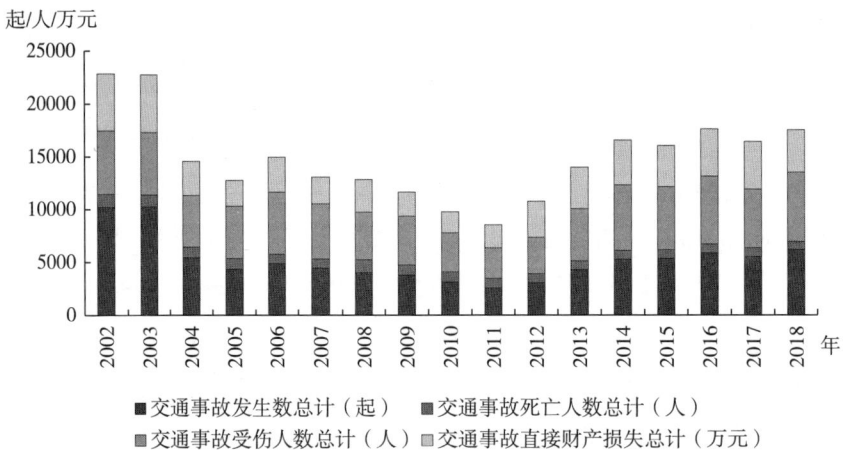

图3-24 2002—2018年天津市交通事故发生情况

（资料来源：中华人民共和国国家统计局）

类交通违法行为是行人、非机动车发生负责任死亡交通事故的主要原因。国家安全监管总局、交通运输部 2017 年 12 月 19 日发布的《道路交通运输安全发展报告（2017）》显示，虽然近年来我国道路交通事故降幅明显，但依然高发。目前，我国道路交通事故年死亡人数仍高居世界第二位，遏制道路交通事故高发、降低交通事故伤害任重道远。上述报告称，2016 年中国共接报道路交通事故 864.3 万起，同比增加 65.9 万起，上升 16.5%。其中，涉及人员伤亡的道路交通事故 212846 起，造成 63093 人死亡、226430 人受伤，直接财产损失达 12.1 亿元。道路交通事故万车死亡率为 2.14，同比上升 2.9%。2017 年 1—4 月，我国道路运输领域发生较大以上等级行车事故起数和死亡人数较 2016 年同期明显上升，分别上升了 12.2% 和 16.2%。

2019 年，天津市公安交通管理部门通过大力清除安全隐患、严厉打击交通违法、加大宣传教育力度等多项措施，全方位加强交通事故预防，全力确保市民出行安全。统计显示，2019 年道路交通死亡事故起数和死亡人数较 2018 年分别下降了 11.93% 和 13.37%。2019 年，天津市交通指引标志达 1.8 万余面、交通信号灯达 2206 处、交通标线达 1.3 万余公里、视频监控达 1917 处，高速公路管理科技设施实现从"零覆盖"到"全覆盖"的跨越，极大地提升了安全防护和科技应用的水平，对预防道路交通事故发挥了重要作用。

针对天津市道路安全特点，由于仅收集到 2007 年和 2008 年的详细数据资料，故本书仅以这两年为例对天津市道路安全的特点进行分析。

1. 地域分布特点

2007 年，14 起特大道路交通事故全部发生在郊区县，其中西青区和塘沽区特大交通事故总数占全市特大道路交通事故的 50%，西青区、塘沽区和宝坻区特大交通事故死亡人数占全市特大道路交通事故死亡总数的 55.1%（见表 3-25）。2008 年 1—9 月，东丽区和静海县境内发生的特大交通事故占全市同一时期的 45.5%，死亡人数占全市特大交通事故死亡人数的 32%。一次伤亡 5 人以上的交通事故主要发生在西青区、塘沽区和宝坻区。其中包括西青区"8·3"特大交通事故一次伤亡37人、"4·23"特大交通事故伤亡6人；塘沽区海滨大道驴驹河口"12·26"特大道路交通事故伤亡10人；宝坻区"4·19"特大交通事故伤亡6人（见表3-26）。

表3-25 2007年天津市特大交通事故区县分布

区县	事故总数（起）	占全市总数比例（%）	死亡人数（人）	占全市总数比例（%）
东丽区	1	7	3	6.1
西青区	4	28.6	12	24.5
津南区	1	7	4	8.2
北辰区	1	7	4	8.2
塘沽区	3	21.4	10	20.4
大港区	1	7	4	8.2
武清区	1	7	3	6.1
宝坻区	1	7	5	10.2
蓟县	1	7	4	8.2

资料来源：天津市道路交通安全管理研究。

表3-26 2008年1—9月天津市特大交通事故区县分布

区县	事故总数（起）	占全市总数比例（%）	死亡人数（人）	占全市总数比例（%）
河东区	1	9.1	3	6
东丽区	2	18.2	6	12
西青区	1	9.1	4	8
津南区	1	9.1	3	6
北辰区	1	9.1	5	10
武清区	1	9.1	3	6
静海区	3	27.3	10	20
蓟县	1	9.1	6	12

资料来源：天津市道路交通安全管理研究。

2. 时间分布特点

从 2007 年特大交通事故发生的时间可以看出，交通事故的发生主要集中
在第二季度、第三季度，其中 3—5 月事故频发。2007 年天津市 57% 的特大
交通事故发生在此期间。每日凌晨零时至 8 时、20 时至 22 时是交通事故发生
的高峰时段。在 2007 年发生的 14 起特大交通事故中有 11 起发生在这一时间
段，占事故总数的 78.6%。在 2008 年 1—9 月发生的 11 起特大交通事故中，
有 9 起发生在这一时间段，占事故总数的 81.8%。

（三）食品安全

截至 2016 年，天津市获得食品生产经营许可证的企业有 77678 家，餐饮
经营者有 21918 家，食品销售经营者有 54325 家，保健食品生产企业有 39 家，
食品生产企业有 1396 家（见图 3 - 25）。天津市进行食品安全量化分级评审，
其中 A 级单位有 4132 家（占 18.85%），B 级单位有 12847 家（占 58.61%），
C 级单位有 4708 家（占 21.48%），换发许可证未满三个月的有 231 家
（占 1.05%）。

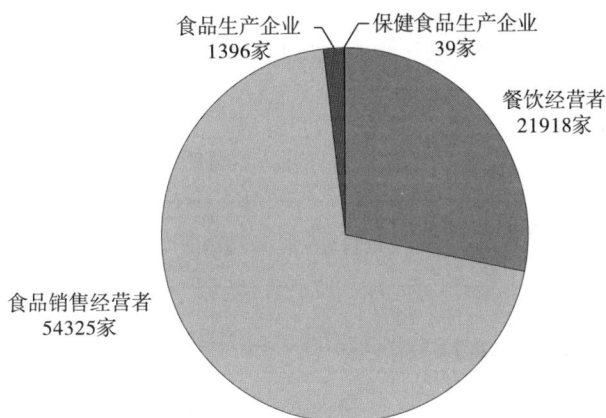

图 3 - 25　2016 年天津市食品生产经营企业构成

（资料来源：《中国食品安全发展报告（2016）》）

在 2014 年天津市召开的食品行业工作会上，宣布天津津酒集团等 38 家企业为第七批天津市食品安全示范企业，并授予天津天狮生物工程有限公司等 41 家企业"天津市食品安全特殊贡献奖"荣誉称号，授予嘉里粮油（天津）有限公司董事长方长青等 35 位同志"食品安全管理先进个人"称号。但不能忽略在个别食品行业中存在着严重的诚信缺失和假冒伪劣问题。近年来，包括"三聚氰胺""禽流感"和"毒胶囊"等全国重大食品安全事件和流行疾病的暴发，以及"明胶虾"等天津地区重大食品安全事件，已经对天津市的经济和社会发展产生了重要的影响（见表 3 – 27）。这些问题的出现直接影响到公众消费利益，影响到公众消费信心，影响到行业发展，同时也影响到一些监管部门的公信力，甚至影响到国家形象。

表 3 – 27　近年来天津市主要食品安全事件

食品名称	事件	毒物	类别	来源	日期
奶粉	每日、贝唯他等不合格进口乳品被销毁或退货		产品不合格	新华网	2013 年 5 月 11 日
蜜饯果干	真巧酱心黑曲奇等食品氧化值超标遭曝光	氧化值超标	检疫不合格	中华网	2013 年 4 月 4 日
奶糖	不二家奶糖菌落总数超标上"黑榜"产品已流入市场	菌落总数超标	产品不合格	《新快报》	2013 年 3 月 22 日
面筋	天津臭河沟查封千余斤地沟油炸"毒面筋"	劣质油地沟油	造假	中国网络电视	2012 年 6 月 6 日
冰棍	天津高中低档冰棍调查 0.5 元冰棍含 13 种添加剂	增稠剂色素	添加剂	凤凰卫视	2012 年 5 月 11 日
虾	天津"注胶虾"监管 7 年未绝迹官方称是媒体炒作	明胶	添加剂	中新网	2012 年 2 月 24 日
豆皮	黑心暴利做豆皮用"工业镁"，涉及数额达 23 万元	工业镁	添加剂	《每日新报》	2011 年 3 月 28 日
茶叶	质监抽查食品质量曝光 4 家不合格茶叶饼干企业	菌落总数	产品不合格	北方网	2011 年 3 月 15 日

续表

食品名称	事件	毒物	类别	来源	日期
儿童食品	"重口味"零食让孩子很受伤		产品不合格	《城市快报》	2011年3月9日
元宵	鲜果元宵"露馅儿"竟是过期香精	香精	过期	《新报》	2011年2月15日
香料添加剂	"一滴香"绝迹,类似产品依然存在	增香膏、增色剂等	添加剂	天津网	2011年1月4日
饼干	上好佳等9种饼干质量不合格被下架		产品不合格	《东南早报》	2010年10月26日
调味品	"王守义十三香"无盐味精等调味品质量不合格		产品不合格	中国质量新闻网	2010年2月26日
自助餐	吃自助餐发现蟑螂诉至法院赢官司	蟑螂	混有异物	人民网	2009年6月28日
猪肉	天津定点屠宰企业公然生产注水肉	注水	造假	新华网	2009年1月18日
速冻面米食品	天津市工商局公布流通领域商品质量监测结果受检猪肉全部合格蔬菜合格率达96.88%	糖精钠甜蜜素	添加剂	中国标准信息网	2007年11月6日
粽子	慎重购买散装鲜粽子	菌落总数大肠菌群	产品不合格	每日新闻	2007年6月12日
食醋酱油	天津:酱油食醋不合格集中在甜蜜素等问题	甜蜜素苯甲酸	添加剂	新华网	2007年1月29日
果冻	果冻噎死三岁男童标准产品存在安全隐患		产品不合格	中央电视台	2006年12月13日
功能性饮料	深圳部分超市撤下乐百氏脉动等5种功能饮料	烟酰胺维生素B3	添加剂	《东方早报》	2006年9月25日
红烧牛肉面	质检总局:康师傅红烧牛肉面大肠菌群超标	大肠杆菌	检疫不合格	《市场报》	2006年9月20日
鲜桃	坑人之心却没改"水果美容"小贩又出新招		添加剂	《每日新报》	2006年8月7日

续表

食品名称	事件	毒物	类别	来源	日期
果珍味椰子梅	30 种不合格小食品停售 5 种京产食品上黑名单	二氧化硫	产品不合格	《北京晨报》	2006 年 7 月 13 日
糕点	天津市曝光不合格糕点吃点心也得看仔细	防腐剂甜味剂	添加剂	《今晚报》	2006 年 5 月 18 日
鲜青豆小食	6 种食品因二氧化硫防腐剂超标被令全市停售	二氧化硫防腐剂	添加剂	《北京娱乐信报》	2006 年 1 月 5 日
"魔鬼糖"	"魔鬼糖"色素超标，有损儿童健康	色素	添加剂	《城市快报》	2005 年 11 月 23 日

资料来源：根据相关报道文件整理。

　　2017 年 1 月 14 日，天津市市场和质量监督管理委员会发布 2016 年食品安全发展报告。2016 年，在国家级抽检中，天津市食品安全监督抽检涉及 22 大类食品，共完成 3096 个批次，合格率为 98.4%。依据天津市 2016 年食品安全监管计划，分别在食品生产、流通、餐饮服务三个环节开展抽样检测。其中，在食品生产环节，开展食品安全监督抽检 5167 批次，不合格 84 批次，抽检合格率 98.37%；在食品销售环节，对 29 大类 4487 批次食品（食用农产品）进行抽检，80 个批次不合格，食品抽检合格率为 98.22%；在餐饮服务环节，完成 15 大类 2438 批次的样品检测，不合格 18 批次，合格率为 99.26%。此外，天津市共接到食物中毒报告 5 起，中毒 98 人、死亡 0 人。其中，公共餐馆食物中毒 3 起 49 人，幼儿园食堂食物中毒 1 起 16 人，无证餐饮单位食物中毒 1 起 33 人，比 2015 年发生数增加 1 起，中毒人数减少 4 人。

　　天津市自 2017 年 1 月起在全市范围内开展以打击假冒伪劣、侵犯知识产权为重点的食品安全清理清查专项行动。目前，天津市共打击非法制售假酒、食用油、豆腐丝、炒货、调料、垃圾猪、无证餐饮等各类"黑窝点、黑作坊、黑工厂"565 个，全市侵犯食品安全知识产权和非法制售假冒伪劣情况得到了有效遏制；依法取缔各类无证无照经营 2901 户，停业整顿 896 户，立案查处各类违法违规案件 1236 件，罚没款 1858 万元，有效规范了全市食品生产经营主体责任落实；移交公安部门涉嫌食品安全犯罪案件 90 件，抓获嫌疑人

149 人，批捕 47 人，审判 23 人，有力地震慑了食品安全违法犯罪分子的嚣张气焰，全市食品安全市场环境得到有效净化。2017 年，天津市未发生系统性、区域性的食品安全问题，形势整体稳定向好，天津市食品安全工作取得多方面成效（见表 3 – 28）。

表 3 – 28　天津市食品安全工作取得的成效和实施措施

成效	实施措施
食品安全消费者满意度和消费信心显著提升	2017 年，天津市食品安全消费者整体满意度得分为 73.33 分，食品安全关注度为 81.69，消费信心指数为 73.35，74.49% 的受访者表示"非常关注"或"比较关注"本地食品安全问题；六成市民"忠诚"本地食品，63.80% 的受访者认为"本地最安全"或"本地较安全"，食品消费信心指数高达 73.35
法治建设牢牢筑起食品安全底线	天津市委、市政府印发《天津市食品安全工作责任规定（试行）》；制定出台《天津市食品生产加工小作坊和食品摊贩监督管理办法》实施细则；《天津市食品安全违法犯罪案件信息通报、重大食品安全违法犯罪案件信息发布前会商制度》的出台；《天津市食品安全有奖举报奖励制度》目前正在修订过程中
全运会食品安全保障实现"零事故、零差错、零延误"	从 4 月 27 日第一项马拉松赛事开始至 9 月 10 日赛事落幕，共计 148 天，供应赛事的各类食材 300 多个品种 4300 多吨，150 多万人次用餐，期间未发生一例食源性药源性兴奋剂和食品中毒事件，圆满地完成了全运会食品药品保障工作
"双安双创"有力提升本市食品安全整体治理水平	天津市和平区、西青区、津南区、宁河区列为第二批食品安全创建试点城市，静海区、武清区确定为第一批国家农产品质量安全县创建试点单位，西青区、宝坻区被确定为第二批创建试点单位
智慧监管跨出全新步伐	目前已完成七大子系统的研发工作，食品安全日常监管"巡更"系统和关键风险点控制系统正式上线运行。为基层监管干部配备了 1178 台移动执法终端，食品安全日常监管（巡更）系统借助移动执法终端实现了监管痕迹电子化，全市 8 万户食品生产经营主体按照 A、B、C、D 划分为四个等级，通过 GPS 定位
食品安全社会共治力量得到有效强化	全市按照每村居两人标准共配齐配全村居食品安全协管员 10082 名。各区制定出台了相应的管理制度和考核机制

资料来源：根据相关法规文件整理。

　　天津市人民政府办公厅 2020 年 6 月印发了天津市 2020 年食品安全监督管理计划，部署了年度重点工作任务分配，包括落实食品安全责任制、完善法规制度、实施风险监测和标准制定专项行动、实施农药兽药使用减量和产地净化行动、实施国产婴幼儿配方乳粉提升行动、实施校园食品安全守护行动、实施农村假冒伪劣食品治理行动、实施餐饮质量安全提升行动、实施保健食品行业专项清理整治行动、实施"优质粮食工程"行动、实施进口食品"国门守护"行动、实施"双安双创"示范引领行动、落实企业主体责任、提高食用农产品质量安全水平、提高食用林产品质量安全水平、加强食品抽检和核查处置、严厉打击违法犯罪行为等全方位、多层次的工作目标。

（四）网络安全

网络让我们的生活更加便利，同时，也向我们提出了严峻挑战。近年来，网络安全事件频发。例如，"WannaCry"敲诈勒索病毒在全球暴发，波及150多个国家和地区，涉及30多万名网民，损失高达500多亿元；大胖子黑客KimDotcom翻出了被删除的邮件，导致FBI重新调查邮件门事件；美国遭遇史上最大规模DDoS攻击，东海岸网站集体瘫痪；雅虎5亿户用户资料被窃取，堪称史上最大规模互联网信息泄露事件；美国FBI和英国伦敦警察厅的工作通话录音，被黑客集团Anonymous公布于众等。随着移动互联网和物联网的普及，云计算、大数据的快速发展，互联网安全日益成为全球性的共同难题。

2017年国际网络安全大事不断，勒索软件事件频发。全球约6300个平台提供勒索软件交易，勒索软件在2016—2017年的销售量增长了约2502%，恶意分子倾向于加密被感染设备的数据，向受害者勒索加密货币（以比特币为主），2017年加密货币市场价格一路飙升。WannaCry勒索软件、"坏兔子"（Bad Rabbit）勒索软件等在全球迅速蔓延，使多国遭遇网络攻击。来自RSA的2019年网络犯罪状态白皮书研究表明，截至2018年，70%的欺诈性交易来自移动渠道。

2017年对于我国网络安全行业是具有里程碑的一年，《中华人民共和国网络安全法》的颁布与实施，进一步巩固了我国网络安全的重要地位，也让网络安全再一次站在了风口浪尖上。有关报道显示，中国地下网络犯罪活动的利润现已超过了 151 亿美元（约合人民币 1004 亿元），并造成了超过 138 亿美元（约合人民币 917 亿元）的经济损失，其中涉及数据泄露、身份信息或凭证窃取，以及网络欺诈等网络犯罪事件屡见不鲜。

2019 年，国家计算机网络应急技术处理协调中心监测发现我国境内被篡改网站 185573 个，较 2018 年末增长较大，接收到网络安全事件报告数量为 107801 件，全国各级网络部门共受理举报 13899 万件；2020 年 6 月，网络安全事件共报告 49468 件，较 2019 年同期增长 0.6%，全国各级网络举报部门受理案件 8088 万件，较上年同期增长 17.9%（见图 3 – 26）。

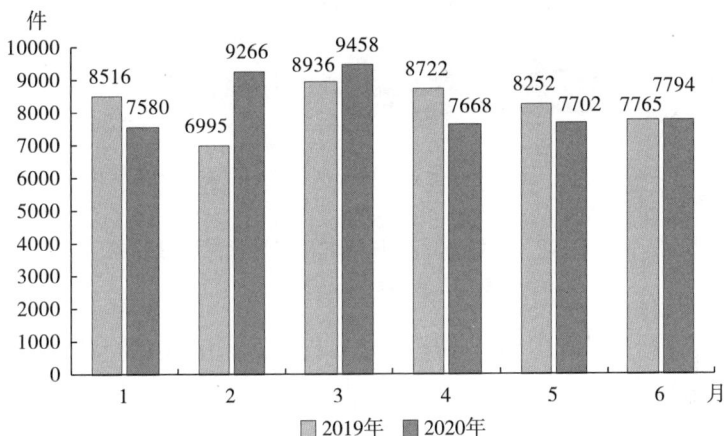

图 3 – 26　2019—2020 年互联网风险突发事件数

（资料来源：中国互联网络发展状况统计报告）

由图 3 – 27 可知，2017 年我国网民在上网过程中遇到安全问题的比例明显下降。数据显示，高达 47.4% 的网民表示在过去半年中并未遇到过任何网络安全问题，较 2016 年提升 17.9 个百分点。通过对用户遭遇的网络安全问题进行区分可以发现，各类网络安全事件发生的比例均较 2016 年明显下降。其中，遭遇个人信息泄露问题占比最高，达 27.1%，与 2016 年相比下降 5.7 个百分点；遭遇账号或密码被盗的网民占比仅为 18.8%，较 2016 年下降最多。

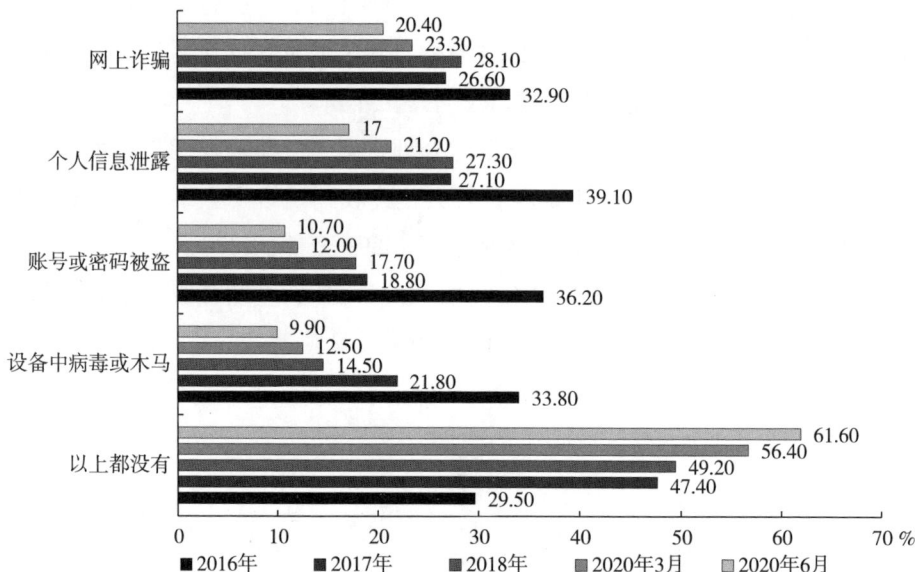

图 3 – 27 2016—2020 年互联网风险突发事件分类

（资料来源：中国互联网络发展状况统计报告）

近期，我国网民在上网过程中未遭遇过任何网络安全问题的比例进一步提升，截至 2020 年 6 月，61.6% 的网民表示过去半年在上网过程中未遭遇过网络安全问题，较 2020 年 3 月提升 5.2 个百分点。网民遭遇各类网络安全问题的比例均有所下降。其中，遭遇网络诈骗的网民比例较 2020 年 3 月下降明显，达 4.2 个百分点；遭遇个人信息泄露的网民比例也较 2020 年 3 月下降 2.9 个百分点。

天津市委网信办相关负责人表示，天津深入贯彻落实《中华人民共和国网络安全法》，强化顶层规划和统筹协调，落实安全防护责任，建立完善一系列相关工作制度，举办"网安中国行"，网络安全警示教育展，全市党政领导干部网络安全教育培训，开展关键信息基础设施网络安全检查，严厉打击网络攻击、网络诈骗等各类网络违法犯罪活动，不断加强网络安全工作，着力提升安全保障能力。天津市在网络安全宣传方面做了很多工作，具体见图 3 – 28。

1月	2月	5月	7月	7月	10月	11月
国家互联网信息办公室发布《区块链信息服务管理规定》	京东金融App被曝获取用户隐私	湖北首例入侵物联网系统案告破，10万台设备受损	广东警方打掉一盗取游戏币的黑客团伙，涉案虚拟货币60亿金	在线教育平台数据库暴露700万名学生个人信息	十三届全国人大常委会第十四次会议表决通过《中华人民共和国密码法》	国家标准《信息安全技术关键信息基础设施网络安全保护基本要求》试点

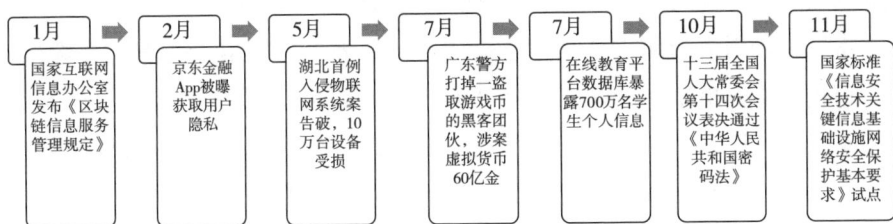

图 3 - 28　2019 年国内网络安全大事件

（资料来源：https：//www.sohu.com/a/212573558_255316）

2017 年 6 月 2 日至 7 月 4 日，网络安全社会评议工作组在天津市开展了一项"网络安全社会评议工作"的调查，分别从网络安全意识、网络应用安全、网络信息安全、个人信息安全、未成年人网络安全、电信诈骗等方面，了解了天津市市民对安全形势的感知情况。天津市网络安全技术高峰论坛让网络安全再次成为热议的焦点。如何提升网络安全防护能力，筑牢网络安全屏障，守护"指尖上的安全"，就成为一个亟待解决的重大课题。

2017 年 9 月 18 日至 24 日，天津市举办了国家网络安全宣传周暨第四届天津市网络安全宣传周活动。活动启动当天，在天津博物馆举办网络安全警示教育展，以图文形式展示近年来全球网络安全领域出现的代表性事件，教育引导市民提高网络安全防护能力，营造网络信息人人共享、网络安全人人有责的良好氛围。

2017 年 9 月 22 日，天津市举办"天津市网络安全技术高峰论坛"，邀请网络安全领域专家学者和网络安全企业代表，围绕网络安全技术、产业、标准、人才培养等重要问题开展研讨，展示前沿动态，分享研究成果，提升天津市网络安全保障水平。宣传周期间，开展校园日、电信日、法治日等主题日活动，针对不同人群进行宣传教育；组织网络安全竞技比赛，"共守网络安全　争做中国好网民"创意 H5 征集活动，引导全社会提高网络安全意识；举办网络安全大讲堂，开展网络安全培训，普及网络安全知识。此外，主办单位制了网络安全宣传周专题片、宣传材料，在大型公共场所及人流密集区域展示发放；天津市各大新闻网站、商业网站、新闻客户端等还在首页首屏设立网络安全宣传周专题,形成全市参与网络安全建设的舆论氛围。

本届宣传周由天津市委网信办会同宣传、教育、工信、公安、交管、文广、市场监管、出版、金融、工会等 17 个部门举办,以"网络安全为人民,网络安全靠人民"为主题,旨在增强广大网民网络安全意识,在全市形成规范化、立体化的网络安全宣传矩阵。目前,天津市委网信办正在积极组织推进天津市开展一流网络安全学院建设和一批产学研用网络安全研究院建设工程。通过加强网络安全人才基地建设,培养更多的网络安全人才,带动网络安全产业的发展,为维护网络安全营造有力的智力支撑、人才保障和产业发展的良好生态圈。

2019 年 9 月,国家网络安全宣传周"电信日"主题论坛在天津市举办,主题是"网络安全为人民,网络安全靠人民",主要活动包括开幕式、网络安全博览会、网络安全技术高峰论坛等。宣传周指出全球信息通信技术发展正处于重大变革期,信息通信业在推进网络强国和制造强国建设、打造智慧社会、发展数字经济中发挥重要作用,伴随产业数字化程度不断加深,网络安全威胁和风险也不断蔓延、扩散和叠加,带来一系列新风险、新问题、新挑战。该宣传是一场集"会、展、赛、体验"为一体,聚集顶尖人才、突出互动参与、引领产业发展的网络安全盛会。

2020 年,为营造广大未成年人健康有序的上网环境,天津市网信办开展"清朗"未成年人暑期网络环境专项整治行动,聚焦网络课程、网络直播、网络游戏、短视频应用、论坛社区等与未成年人密切相关的平台环节,大力整治网络游戏沉迷、无度充值打赏、无底线追星、饭圈互撕等突出问题,全面清理校园霸凌、色情低俗、血腥暴力、封建迷信等。

（五）社会安全

社会安全事件主要是指重大的群体性事件、严重暴力刑事案件、恐怖袭击等严重威胁社会治安秩序和公民生命财产安全、需要采取应急特别措施进行处置的突发事件。目前,我国除了各种自然灾害、事故灾难、公共卫生事件外,频繁发生的社会安全事件也使我们面临着诸多的威胁和挑战。例如,

"4·23"新疆巴楚暴力恐怖事件、"5·6"广州火车站暴恐案、山东招远"5·28"故意杀人案、乌鲁木齐"7·5"安全事件、上海 842 公交车燃烧事件、上海"12·31"外滩踩踏事件等社会安全事件，严重影响了社会和谐稳定，甚至威胁和危害了人民的生命财产安全，引起了极大的社会负面情绪。这些社会安全事件通常具有突发性、破坏性、复杂性、暴力性等特征，一旦发生并被曝光，必将引发大范围的舆论关注。公众在震惊之余，多关注暴力犯罪实施者的身份、职业等个人信息，同情受害者的不幸遭遇，追问事件发生的原因和经过，并质疑有关部门在保障社会安全工作中是否存在纰漏。与此同时，谣言和不实信息接踵而至，媒体及自媒体的"标题党"现象也加速了不良信息及恐慌情绪的扩散，各种揣测、情绪化表达和极端言论更是加深了公众对党政机关的不信任感，由此考验着相关部门的舆情应对和处置能力。如果应急处置不当，容易引起人心惶恐、社会动荡，一旦人们对政府失去了信心，大规模的犯罪活动就会滋生，公共安全再次面临挑战，政治就会陷入一片泥沼。突发社会安全事件五大舆情风险点及 2011—2019 年突发事件样本如图 3-29、图 3-30 所示。

　　本书基于大数据对 2015 年具有代表性的群体性事件进行了数据挖掘，分析认为：就时间分布，2015 年群体性事件发生分布时间相对均匀，与往年无异；而就地域分布来看，2012 年，我国东南沿海的广东省、西南部的四川省及中部的河南省分别为全国典型群体性事件发生率高的前三名。这 3 个地方的共同点是人口数量较多，人群组成复杂，又处于各自区域内经济发展的领先位置，使各方容易出现纠纷和利益纠葛，于是会出现假借群体矛盾谋求各自利益的情况，最终导致群体性事件的爆发。2015 年，广东省仍为群体性事件的频发地区。此外，云南、内蒙古、新疆、西藏等边疆地区的群体性事件发生频率相对较低，但事件规模普遍较大，对社会稳定，甚至民族和谐易造成不良影响。

　　与此同时，2015 年又是深化转型过程中的关键一年，国际与国内形势空前复杂，再加上互联网等新技术形塑社会的变革日益深入，使该年发生的群体性事件在普遍具有上述共性特征之外也出现诸多值得关注的新特点。例如，

"同情效应"削弱官方调查可信度	"疑似精神病"等标签平添公众恐慌	谣言肆虐致使真实信息被隐匿、冲击	网民情绪化表达增加舆情引导难度	境外媒体、异见人士舆情炒作加剧
2013年发生的北京首都机场爆炸案、厦门公交纵火案中的当事人冀中星、陈水总就因生活困苦而获得舆论广泛同情；云南省第一监狱逃脱事件、江苏丰县"6·15"爆炸事件中的犯罪嫌疑人也因疑似获得过不公平的审判或患有精神疾病而获得了或多或少的同情	南昌公交纵火案、江苏丰县"6·15"爆炸事件、深圳西乡沃尔玛砍人事件、湖北武汉砍人事件的犯罪嫌疑人都被传"疑似精神病"；"精神病"标签的广泛传播，会增强舆论对严惩犯罪的无力感，也会加剧公众的恐慌	江苏丰县"6·15"爆炸事件由于发生在幼儿园附近，于是关于幼儿被炸身亡的不实信息在案发之初被广泛传播；谣言的多发性增添了公众辨别事件真相的难度，干扰了网民客观理性地看待相关事件，也间接绑架了社会舆论，这对相关部门的舆情引导提出更高的要求	湖北武汉2017年7月发生的致3死4伤的砍人事件，在事实没有调查清楚之前，网民就对犯罪嫌疑人"喊杀"；情绪化表达其实包含了表达者对利益的一种不正常追求，社会各方都站在各自的角度，在表达言论时掺杂了过多的情绪化信息，从而导致舆情事件的发展演进偏离了正常轨迹	深圳西乡沃尔玛持刀砍人事件，境外敌媒均发布相关报道，境外视频网站YouTube出现大量现场照片及视频，引发大量境外网民关注；境外媒体和异见人士一直致力于炒作国内热点事件，社会公共安全事件更是其不遗余力炒作的重点对象，他们借此批判国内社会治安状况，甚至攻击我国的司法体制，对境内舆情引导造成了冲击，同时影响我国的国际声誉

图 3-29　突发社会安全事件五大舆情风险点

（资料来源：根据相关文献整理）

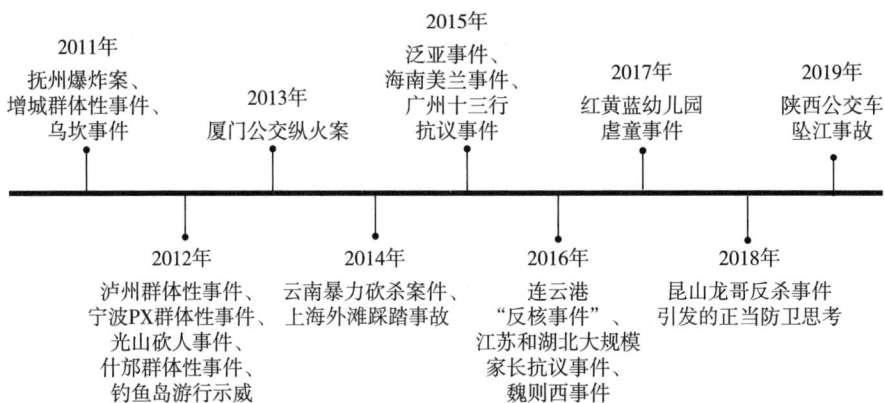

2011年
抚州爆炸案、增城群体性事件、乌坎事件

2013年
厦门公交纵火案

2015年
泛亚事件、海南美兰事件、广州十三行抗议事件

2017年
红黄蓝幼儿园虐童事件

2019年
陕西公交车坠江事故

2012年
泸州群体性事件、宁波PX群体性事件、光山砍人事件、什邡群体性事件、钓鱼岛游行示威

2014年
云南暴力砍杀案件、上海外滩踩踏事故

2016年
连云港"反核事件"、江苏和湖北大规模家长抗议事件、魏则西事件

2018年
昆山龙哥反杀事件引发的正当防卫思考

图 3-30　2011—2019 年突发事件样本

（资料来源：根据相关文献整理）

从事发领域来看，民间金融、劳资纠纷、互联网专车是 2015 年群体性事件的
高发领域（见图 3 – 31）。

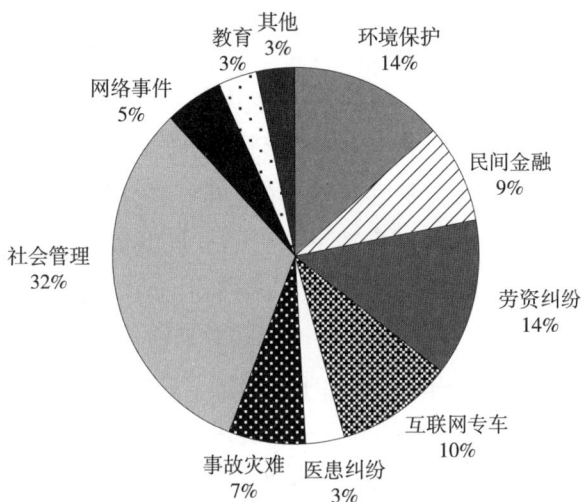

图 3 – 31 2015 年群体性事件高发领域

（资料来源：2015 年我国群体性事件研究报告）

　　2015 年 8 月 12 日，位于天津市滨海新区天津港的瑞海国际物流有限公司
危险品仓库发生火灾爆炸事故，造成 165 人遇难（其中参与救援处置的公安
消防人员 110 人，事故企业、周边企业员工和周边居民 55 人）、8 人失踪（其
中天津港消防人员 5 人，周边企业员工、天津港消防人员家属 3 人），798 人
受伤（伤情重及较重的伤员 58 人、轻伤员 740 人）。天津港滨海新区特别重
大火灾爆炸事故发生后，一些微博账号、微信公众号编造"有毒气体已向北
京方向扩散""方圆一公里无活口""商场超市被抢"等谣言，散布恐慌情
绪。还有人谎称亲属在爆炸中身亡，以"救灾求助"为名传播诈骗信息，谋
取钱财。特别是一些"网络大 V"恶意调侃，发布极不负责任的有害言论，
抬高自己的"权威"地位，造成恶劣社会影响。它严重破坏社会的安定，严
重侵犯公民权益，严重损害公共利益，也危害国家安全。其危害之烈、影响
之大、传播速度之快，已成一大公害。

　　随着人流、物流的高度密集，城市交通、信息安全、公共环境都将面临新一轮的压力。国际之间、地域之间、城乡之间的流动性日益增强，涉外、暴恐、群体性突发事件发生的可能性增加。随着全媒体时代的来临和新媒体手段的广泛应用，突发事件舆情的引导工作将面临更大挑战。近年来，全国群体性突发事件的高发趋势，引起了天津市委、市政府的高度重视。天津市处于经济高速增长时期，也是各种社会矛盾的凸显期和高发期。因土地征用、拆迁安置等问题引发的社会矛盾冲突时有发生；基础能源、资源供给矛盾问题日益突出；金融领域，特别是金融衍生品、投融资平台的风险依然存在；民族、宗教问题以不同的形态长期存在于各种社会矛盾之中；涉外突发事件伴随开放程度的进一步提高将逐步增多。随着天津在国家发展战略地位的不断上升，天津市面临的恐怖风险将呈上升趋势，反恐怖斗争形势总体趋紧。

　　为更好地预防和应对突发公共事件，天津市于2005年8月成立了天津市突发公共事件应急委员会，领导全市突发公共事件应急工作。2006年3月，天津市政府制定《天津市突发公共事件总体应急预案》向社会公布。此后，天津市各级政府及各系统、各行业都根据管辖范围和行业特点，分别制定了《突发公共事件总体应急预案》，全市共制定各级各类应急预案近3000余件，加强了应对群体性事件的机制建设和组织领导，收到了良好效果。《天津市实施〈中华人民共和国突发事件应对法〉办法》自2015年7月1日起正式施行。2017年7月6日，天津市人民政府办公厅印发了《天津市突发事件应急体系建设"十三五"规划》，这对更好地预防和应对突发公共事件提供了良好的法制基础。

　　从2019年起，突发公共事件聚焦在政务舆情领域。2019年社会治理、城市管理、教育科研、安全生产、涉警舆情等常规领域热点事件频发。相关事件既暴露出经济社会发展中的新矛盾，也有事关民生的老问题反复出现。一方面，在与民生密切相关的热点舆情事件中，公民权利意识不断增强，客观要求相关部门不断加强舆情甄别、导控能力，将公众"欲知"与官方"告知"有效结合。另一方面，在涉及社会治理、城市管理等经济社会快速发展引发的新矛盾、新问题中，舆情主体往往涉及多个政府部门、参与主体，公众更易将话题延伸至体制机制等诸多领域，倒逼相关部门在完善制度建设、维护市场健康有序等方面作出响应。

2020 年，随着新冠肺炎疫情得到进一步控制，复工复产有序进行，舆情形势呈现出与疫情交织的特点，各方多措并举克服疫情影响，推动各领域回到正轨并谋求创新发展。从领域看，公共卫生成为舆论最关心的内容，涉及新冠肺炎疫情的信息居于高位。教科文体领域紧随其后，5G、大数据、云计算等内容备受关注，新兴科技日渐成为大众话题。舆情呈现出诸多特征：主流舆论聚心"战疫"，民生焦点形成阶段性舆情热点；直面经济社会发展压力，多措并举提振舆论信心；政策法规吸引舆论聚焦，热点案件处置获得好评；突发事件增加焦虑情绪，公共安全成为舆论热点。

第四章

天津市地震灾害风险度量与评估

　　地震，又称地动、地振动，是地壳快速释放能量过程中造成的振动，是一种自然现象。无论古代还是现代，人们谈起地震往往都会感到心有余悸，因为在人们的印象中还没有哪一种自然现象能像地震那样在短时间内对数百公里范围内的所有建筑、设施、环境造成破坏甚至毁灭。确实，地震往往给人们带来的是毁灭，留下的是不可磨灭的伤痛。根据历史记载，造成人员伤亡最多的是1556年陕西华县大地震，估计死亡人数近83万人。当时"山川移易，道路改观，屹然而起者成阜，倏然而下者成壑，倏然而涌者成泉，忽焉而裂者成涧。民庐官廨、神宇城池，一瞬而倾圮矣"（明隆庆《华州志》）。而在现代地震中，2011年日本"3·11"地震，虽发生在日本宫城县以东太平洋海域，但引发的福岛第一核电站核泄漏及其后效影响一直持续至今，成为全人类关注的焦点。

　　19世纪初，现代地震学诞生，对地震的认识从此走上科学道路。经过一代代地震学家的努力，在地震成因、成灾机理、地震活动规律等方面都有了大量仔细的刻画。学者们普遍认识到，地震灾害是指由地震引起的强烈地面振动及伴生的地面裂缝和变形，使各类建（构）筑物倒塌和损坏，设备和设施损坏，交通、通信中断和其他生命线工程设施等被破坏，以及由此引起的火灾、爆炸、瘟疫、有毒物质泄漏、放射性污染、场地破坏等造成人畜伤亡和财产损失的灾害。

　　随着20世纪80年代乌尔里希·贝克"风险社会"概念的提出，越来越多的学者开始从风险角度来认识地震，研究从风险管理方面来考虑地震灾害防治，最终促成了地震灾害治理观念的改变。《仙台减少灾害风险框架》提出后，各国政府逐渐认识到，地震不能仅在发生之后再去防范，我们应该从过去被动地减少地震灾害损失转向主动降低地震灾害风险上来。从此，地震灾害风险防治进入了人们的生活，地震灾害的治理也进入了新的发展阶段。

如何认识地震灾害风险呢？从日常生活中人们已经得到了这样一些经验，比如有些地方地震多而有些地方地震少，同一地震不同场地破坏不同，同震级离城市近的地震造成的损失大而发生在偏远荒漠则很可能没什么损失。这些朴素的经验或多或少地解释了地震灾害风险的来源。总体来看，地震灾害风险来源需要考虑三方面的重要影响，即地震本身、建筑设施易损性及受地震影响的建筑设施存量。地震本身的风险，包含地震震级、地震衰减关系、局部场地影响等方面。建筑设施破坏风险，主要涉及建筑设施的地震易损性，即建筑设施在不同地震作用下的破坏概率。受地震影响的建筑设施的存量大小与人口、经济等有直接关系，也与地震影响场大小有密切关系。

天津地处华北平原，是一座拥有 1600 多万人口的特大城市，历史上曾遭受过 1679 年三河平谷 8 级地震和 1976 年唐山地震的严重影响，给人们造成深重灾难。本章将从地震孕震孕灾环境、房屋结构地震易损性分析、地震灾害风险评估及宝坻示范来探讨天津市未来的地震灾害风险防范。

第一节 天津市孕震孕灾环境

地震孕震环境指地震发生的构造背景、活动断层分布、场地条件及地震活动性背景。

一、地震构造背景

（一）构造环境演化

在大地构造上，天津市位于华北地台（断块区）的东北部。华北地台是我国最古老的陆块之一，它早在3700MaB. P. 就已经开始了大陆地壳的发育历史，早太古代出现古"陆核"，早元古代末期的吕梁运动（1800～1700Ma B. P.）最终形成华北地台统一的结晶基底（陆壳）。此后又经历了盖层发育和伸展裂陷改造两个主要的构造演化阶段。

中—晚元古代，业已刚化的陆块基底因裂谷作用而形成坳拉槽，其中规模最大的是燕山—太行坳拉槽。它总体呈 NE 向展布，其北界大致被宣化、承德和北票一线的同沉积断裂所限，西北端可抵尚义、阳原一带，向东延伸到辽西朝阳和锦州等地，往南经华北平原北部直插太行山区，平面上呈三叉裂谷形态，其中堆积厚数千米的海相沉积，晚元古代青白口纪萎缩消亡。古生代至中三叠世华北地台整体沉降而为陆表海，接受了稳定的盖层沉积，后期转为海陆交互和陆相沉积。印支运动使之微受变形。

侏罗纪起，华北地台受到中生代、新生代裂陷作用的强烈改造。在中生代裂陷旋回中，拉张—挤压作用交替出现，并伴有不同程度的剪切作用，阶段性地向前发展。拉张作用形成一系列不同阶段的断陷盆地，而强烈挤压的燕山运动，不仅使盆地封闭，而且形成以 NE 向为主的褶皱、冲断裂和岩浆岩带，挤压变形强烈的地区成为台褶带。此后地壳趋于稳定，经均衡调整、地表受长期剥蚀均夷，形成广阔的华北平原（北台期夷平面）。之后，新生代裂陷作用使华北地台进一步解体。在 NW—SE 向水平拉张作用下，其东部地区沿一些区域性 NNE 至 NEE 走向的中生代逆和平移逆断裂，如营口—潍坊断裂带北段、沧东断裂、陵县—阳信断裂、太行山山前断裂带等拉张滑脱，同时还产生了一系列新断裂，先后控制了 60 多个互不连通的断陷盆地（凹陷或地堑），其中绝大多数为单侧断陷（半地堑）。它们多沿区域性断裂分布而成断陷带，相应组成古近纪的坳陷，如冀中、黄骅、济阳和渤中等坳陷，其间夹以沧县、埕宁等隆起，从而构成多凹多凸、多坳多隆的复式盆—岭构造系统，总体组成 NE 向展布的渤海湾裂陷盆地。北西向张家口—渤海断裂带等横向断裂，对盆地构造的分段性及各段构造样式和差异伸展，起到重要的转换和调整作用。新近纪以来盆地整体下沉，在古近纪盆—岭构造之上广覆以新近系和第四系，形成统一的华北平原坳陷盆地。

（二）天津市主要地质构造单元

天津市在构造上位于冀渤断块坳陷中北部和燕山断块隆起南部，主要包括蓟唐裂谷带、冀中坳陷、沧县隆起和黄骅坳陷等三级构造单元，又可划分为多个四级构造单元（见图 4－1）。

（三）区域新构造运动特征

天津市新构造运动以断块差异运动和断裂活动为主。自新近纪以来，由于青藏高原东北部块体向 NE 推挤和太平洋板块往 NWW 俯冲，本区的构造应力场逐渐转为 NEE—SWW 水平挤压应力场。在此应力场作用下，地壳中产生由右旋走滑的 NE 断裂和左旋走滑的 NW 向断裂组成的共轭剪切破裂系统。新近纪以来形成的新构造，与古近纪构造有联系，但更有区别。

根据区域新构造时期地质、地貌等资料，可将研究区新构造运动的主要特征归纳为如下几点。

1. 整体间歇性抬升和沉降

根据构造地貌和沉积等资料，区域新构造运动的总体过程是：在渐新世匋子梁期剥夷面形成（35～25MaB. P. ）之后，山区间歇性抬升和盆地阶段性沉降。区域内的燕山及邻区的胶辽和鲁西山地在中新世早—中期总体抬升，到中新世晚期和上新世构造稳定，地表遭受强烈剥蚀均夷，形成唐县期剥夷面（7～3MaB. P. ）。第四纪时频繁间歇性抬升，一般发育 4 级河流阶地。而渤海湾盆地则表现阶段性沉降，一般沉积厚 1000 米以上的新近系和第四系，并形成渐新统与中新统、上新统与第四系之间的沉积不连续面。渤海第四系内也具有 4 个不整合（平行和角度）面。山区间歇性抬升和盆地阶段性沉降彼此相应，相辅相成。

2. 动力学环境和构造应力状态显著变化

古近纪时，区域属于地壳伸展裂陷的构造环境，构造应力场为 NW—SE 向水平拉张。新构造运动时期，区域所在的冀渤断块坳陷区，处于青藏高原

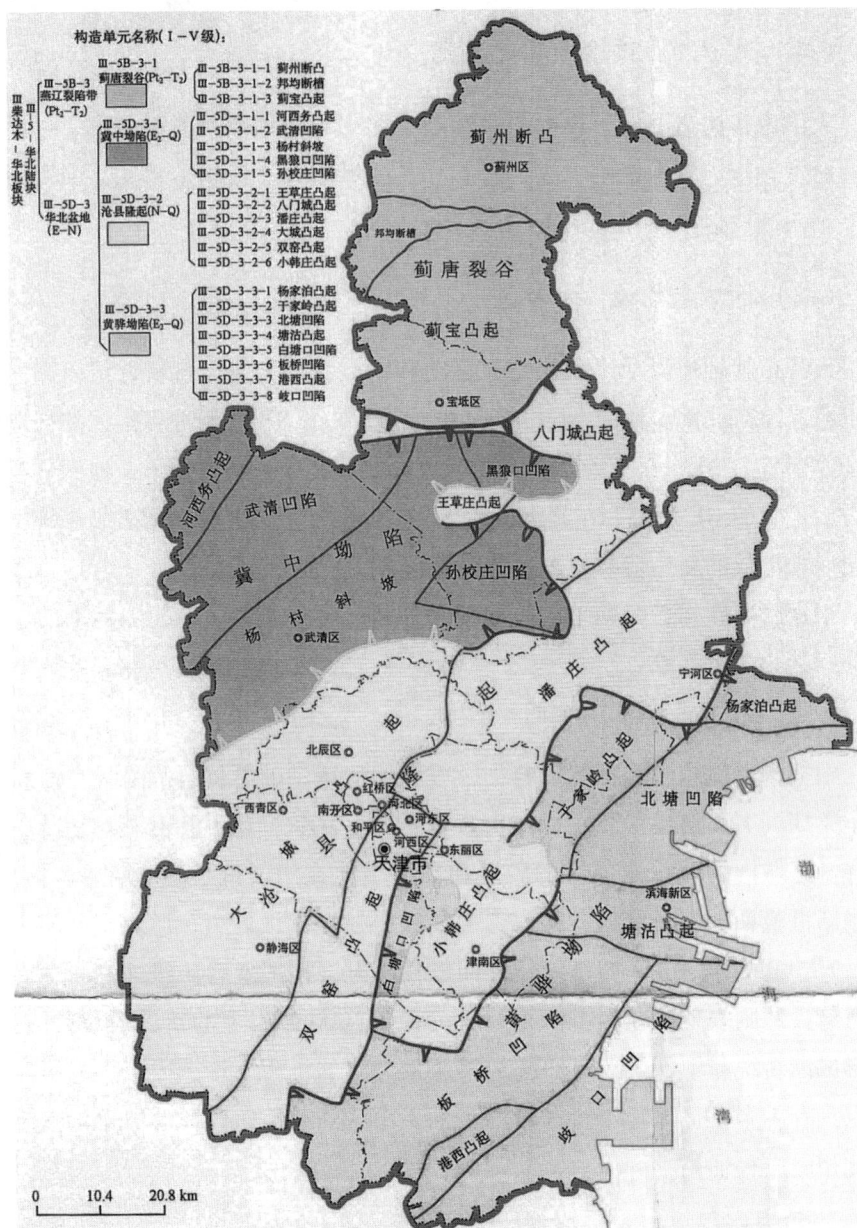

图 4-1　天津市地质构造单元划分

（资料来源：引自《中国区域地质志·天津志》，2018）

区东部块体被挤出向 NE 推挤与太平洋板块往 NWW 俯冲的两侧挤压构造环境，构造应力场渐转为 NEE—SWW 水平挤压。

3. 活动构造呈继承和新生二重性

区域因新构造时期动力学环境和构造应力状态发生了显著变化，故断裂构造相对于古近纪发育的先存构造既具有继承性又有新生性，既有利用或迁就先存断裂继续活动的构造，也有不受先存断裂控制而新产生的断裂构造。前者如北西向张家口—渤海断裂带，后者如北东向唐山等断裂。也有部分先存构造被"废弃"的，如北北东向的太行山山前断裂带和沧东断裂等。只有继承和新生两种类型的构造，才能组成完整的新构造格局，二者缺一不可。

4. 地壳共轭剪切破裂系统控制了断块活动

区域断裂及其控制的断块活动是新构造运动的主要方式。区域在 NEE—SWW 水平挤压作用下，发育右旋走滑的北东向河北平原断裂带等，以及左旋走滑的北西向张家口—渤海断裂带等，它们组成的共轭活动断裂系统决定了断块的划分和断块活动方式。

（四）地震构造环境评价

天津市位于华北地台东北部的冀渤断块坳陷。该坳陷是新生代以来由区域拉伸作用形成的断块坳陷，其内部发育大量断裂，并组成三条各具特色的断裂带，即河北平原断裂带、张家口—渤海断裂带与郯庐断裂带。这三条断裂带是区内的主要发震构造，均具有发生 7 级以上地震的构造条件。断裂带内的一些断裂切割该坳陷，同时形成各次级构造单元的边界，这些边界断裂也具有发生 5 级、6 级地震的构造条件。

区域新构造运动以整体间歇性抬升与沉降为主，继承性与新生性并存，并具有强烈的分区性和分块性。工程场区所在冀渤断块坳陷的新构造运动以持续沉降为主，也表现出强烈的分区性和分块性。在该坳陷边缘及其内部各次级构造单元边界，差异构造活动明显。次级断陷、隆起及少量活动断裂仍是主要的新构造运动类型。

区域强震具有明显的深部孕震环境，各断裂带在地球物理场上具有明显的深部构造背景。区内的主要断裂带在重力、航磁等深部地球物理场上均有明显的特征。从 6 级以上强震震中分析可见，强震、特别是 7 级以上大震发生部位往往也是地球物理场特征有显著变化的部位。

二、 天津市主要断裂构造及其特征

（一）天津市主要断裂构造

天津市位于 NE 向华北平原断裂带与 NW 向的张家口—渤海断裂带的交汇部位，区内断裂纵横交错，活动时代、活动强度不一，主要断裂构造基本情况见表 4-1，其分布见天津市 1:25 万地震构造图（见图 4-2）。

表 4-1　天津市主要断裂构造基本情况

序号	断层名称	长度（千米）	走向	倾向	倾角	最新活动时代
1	海河断裂	110	NWW	S	60°	Q_{3-4}
2	沧东断裂	230	NNE	SE	20°～50°	Q_2
3	天津北断裂	85	NE	NW	40°～70°	Q_1
4	天津南断裂	50	NE	SE	70°～80°	Q_2
5	蓟运河断裂	90	NW	SW	70°	Q_{2-3}
6	汉沽断裂	30～40	NW	SW	60°	Q_3
7	宝坻断裂	50	EW	S	60°～80°	Q_{2-3}
8	河西务断裂	50	NNE	SE	50°	Q_3
9	蓟县山前断裂	60	EW	S	70°	Q_{1-2}
10	黄崖关断裂	30	NNE	SE		Q_{1-2}
11	工部断裂	60	NW—NE	S	80°	Q_2
12	茶淀断裂	25	NE	SE	60°	Q_{1-2}
13	北大港断裂	35	NE	SE	50°	Q_{1-2}
14	大张坨断裂	40	NE	NW	55°～62°	Q_{1-2}
15	大寺断裂	38	NNE	E	45°	Q_1
16	汉沟断裂	34	NEE	SE	60°	Q_{1-2}
17	长芦—歧北断裂	40	NWW	S	50°～60°	Q_3
18	宁河—昌黎	170	NEE	SE	50°	Q_{1-2}

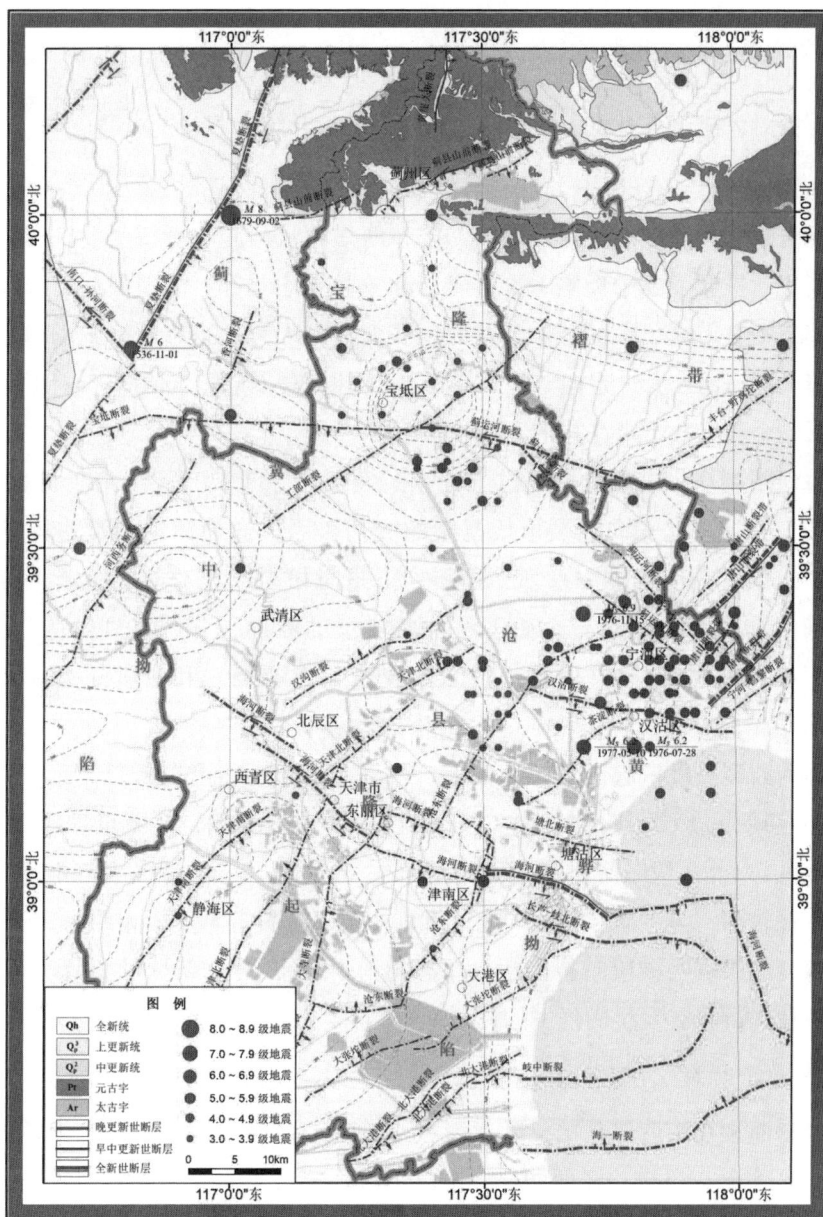

图 4 − 2　天津地区地震构造

（二）天津市主要断裂特征

下面对天津市具有重大影响的主要断裂进行介绍。

1. 海河断裂

海河断裂是潘庄凸起与白塘口凹陷、塘沽鼻状凸起与板桥、歧口凹陷的分界断裂，贯穿了冀中坳陷、沧县隆起和黄骅坳陷北部。该断裂从北辰双口经天津市中心市区、东丽区、塘沽区，从大沽口入海，一直延伸到渤海，基本沿着天津海河发育，走向 NW—NWW，倾向 SW—SSW，倾角 30°~60°，为正断层，全长 150 千米，其中天津陆内长 90 千米。

海河断裂从东向西分别穿过了沧东断裂、大寺断裂、天津北断裂等 NE 向断裂，与这些北东向断裂形成复杂的交切关系，这使海河断裂由多条分支断裂组成，是一条由一系列平行斜列、倾向相同或相对的次级断裂构成的断断续续的隐伏断裂带，而不是单条连续的断层，并明显划分为三段：东段（沧东断裂以东）、中段（沧东断裂至大寺断裂）和西段（大寺断裂以西）。

海河断裂东段东起渤海海域西部，西至葛沽附近的沧东断裂，通常其剖面形态表现为"Y"字形构造，主断裂位于断裂带北侧，上断点埋深很浅，倾向 SW，南侧次级断层与主断层相距 300~400 米，与主断层倾向相对，上断点埋深较深，与主断层共同构成地堑式构造，断裂带宽度最大约为 2 千米。钻孔探测结果表明该段断裂上断点埋深约为 18 米，为全新世早期活动断裂，活动性较强，具有发生中强震的构造背景。

2. 沧东断裂

沧东断裂在构造上是沧县隆起与黄骅坳陷的分界断裂。在平面位置上南起静海区大十八户村，经西翟庄—四党口—薛家房子—大港区万家码头—津南区葛沽—东丽区民生村—山岭子—宁河区北淮淀，止于蓟运河断裂，全长约 230 千米。总体走向 NNE30°，倾向 SE，倾角 20°~50°，但不同地段在断层走向、倾向和断面形态上有所变化，由于 NWW 向构造的影响，呈锯齿状分布。

　　根据在中层、深层人工地震资料上显示的断层结构、断面形态、发育强度及对凹陷中地层沉积控制的层位、厚度、沉降中心的远近等，可将沧东断裂在前第四纪地层中的结构及活动性划分为以下三段：

　　（1）沈青庄段：此段断层产状变化颇大，在不同地段沧县隆起和黄骅坳陷的接触关系（以下简称隆坳关系）截然不同。在沈青庄一带，断裂总体走向为东西，与中段沧东断裂的走向近于垂直，由 NE 和 NW 向断层相切而成，平面上呈锯齿状分布。断面极缓，宽达 20 多公里，断面形态各异，凹凸交互，断面波反射明显，分析认为该段横向水系发育，断面也为侵蚀面，锯齿状尖指向盆地外缘的地段多为主陆源口，断裂带内侧的凹陷中发育大型古近系滑塌挤压构造，以及一些与冲积扇有关的断鼻构造。整个断面表现为一典型的低角度拆离，滑覆面上断点埋深大多在 465 ~ 700 米，断至上新世地层，活动性稍弱。隆坳关系可谓断超结合型。

　　（2）增福台—小站段：该段隆坳落差甚大，基底块体翘倾活动强烈，下降盘形成古近系沉降很深的沉积，应属断层接触型。但仔细分析该断面附近的地震反射特征，发现该断面尚缺乏一般较大型同生断层常有的断面波或代表断面的较强反射；在断层下降盘，古近系沙河街组，特别是该组中下部，也不具邻近同生边界断层常出现的地层厚度和岩性变化特征。故认为该地段边界断层不是同沉积断层，即此段断层仅限制板桥凹陷古近系现今的分布，并不控制该凹陷古近系的初始沉积。当时板桥凹陷的沉积范围可能已超出今西界断层，向西直达今沧县隆起内的白塘口断陷或与其沉积区相通。凹陷内局部构造不发育，只有一些小型断面断鼻。上断点埋深大多在 260 ~ 360 米，断至 Q 底部，N 层断距较大，特别是在该段南部的万家码头、小站地区由钻井资料发现其活动性较强，达 100 米左右。

　　（3）海河—汉沽段：由于 NWW 向海河断裂的调节断层的分割，海河断裂以北沧东断裂落差变小，凹陷沉积速率降低，逐渐失去对古近系沉积的控制作用，凹陷中古近系地层与沧县隆起呈斜坡超覆接触（见图 4 - 3）。在该区，沙河街组三段顶部削截强烈；沙一二段超覆于下伏地层之上，向沧县隆起方向地层变薄尖灭。根据地震剖面资料和钻井资料，现今坳陷边界于沙一期才开始形成。沙三段沉积时，其沉积范围已超出今边界向西延入沧县隆起。在于家岭之西，隆坳关系为断层接触型。边界断层下降盘的沙三段和中生界，也不具明显的边缘相沉积特征。上断点埋深大多在 360～500 米，断至上新世顶部，活动性稍强。

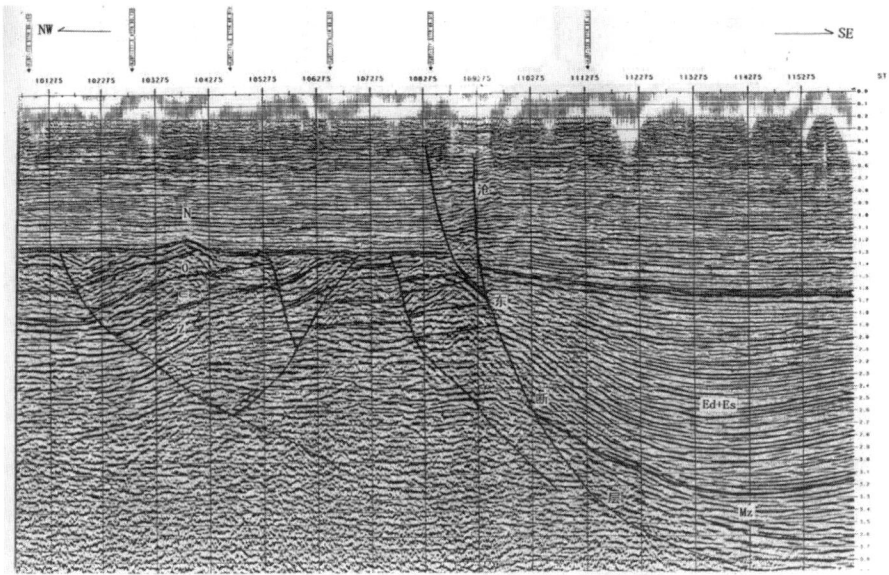

图 4-3 沧东断裂 HJ97—311 测线地震反射时间剖面

　　沧东断裂是一条切割结晶基底并对沉积盖层产生重大影响的区域大断裂，其活动和发展直接控制了沧县隆起和黄骅坳陷发育与演化历史；自第四纪以来，该断裂活动性逐渐变弱，钻探结果表明沧东断裂上断点埋深为 107 米左右（见图 4-4），最新活动时代为中更新世，但该断裂仍具有发生中强地震的构造背景，在 1976 年唐山地震的余震中，该断裂与汉沽断裂的交汇处曾发生过两次 Ms6.2 级地震。

　　3. 天津北断裂

　　天津北断裂为潘庄凸起与武清凹陷的分界断裂，北起宁河潘庄农场附近，

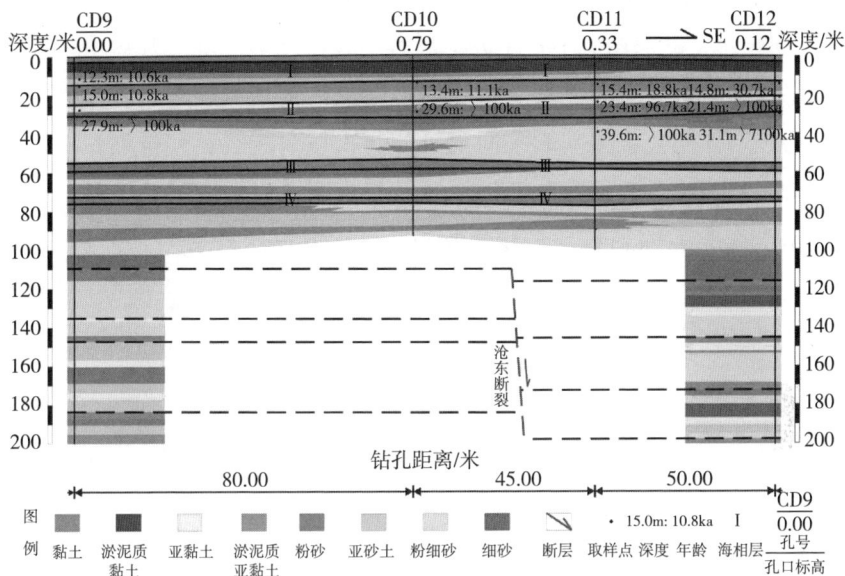

图 4 - 4　沧东断裂北淮淀钻孔联合剖面

向南经潘庄、大毕庄，在市区与海河断裂复杂交汇，在市区南部向南进一步延伸，经水上公园、小南河、陈台子等至静海唐官屯附近，总长约 85 千米，走向 NNE，倾向 NW。

天津北断裂在市区内受北西西向海河断裂的影响，断层产状变化较大，走向和倾向均形成扭曲，也出现了分支断层，局部还出现了陡倾或反倾断层。浅部综合探测结果表明，天津北断裂上断点埋深在 165 米以下，为早更新世断裂，第四纪以来活动性弱，中、晚更新世以来基本不再活动。

4. 天津南断裂

天津南断裂位于天津北断裂西侧，与天津北断裂近平行、相距 6~7 千米，长约 50 千米，走向 NE，倾向 SE，倾角较陡，一般在 70°~80°。天津南断裂向南延伸与大城东断裂斜列排列，控制了大城凸起和里坦凹陷，与海河断裂交汇于市区中心一带，共同控制了天津市区的构造格架。该断裂南起静海区沿庄镇，经王二庄—府君庙—良王庄—侯台进入市区。

在中层、深层人工地震剖面上，新近系中、上新统底界断点最大落差可达 200～300 米，断层两侧上古生界地层有明显变化，呈现上升盘薄下降盘厚的现象，说明新近系中、上新统沉积前该断层活动强度较大，对断层两盘地层有明显控制作用。天津南断裂向南延伸与大城东断裂斜列排列，控制了大城凸起和里坦凹陷。浅层人工地震探测结果表明，显示断层的上断点埋深深度存在由南向北加深趋势，最浅约为 100 米；并显示断层未延伸进入市区，而在外环侯台附近尖灭。最新探测结果表明，天津南断裂在南端比较活动，对应的活动时代为中更新世中晚期，在北端自断层活动性明显变弱。

5. 蓟运河断裂

蓟运河断裂位于天津宁河、汉沽、蓟运河一带，断裂总体走向 NW30°～40°，倾向 SW，长约 80 千米。据石油地震勘探资料，蓟运河断裂向下断至古生界，并且是中生界的沉积边界，新近系明化镇组底界（T0）断裂迹线连续清楚，断距 280 米，并向上进入第四系。

在重力异常等值线图上，蓟运河断裂大致位于布格重力异常的重力高与重力低的过渡带附近，总体均表现为布格重力高低异常之间的梯级带；蓟运河断裂在大辛庄附近被一北东向的构造所阻隔，明显分为东西两段。

在大地电磁测深剖面上，蓟运河断裂，表现为浅部至深部的带状低阻体，断裂浅部南倾，倾角 70°；深部北倾，近陡立倾角 75°，为一正断层，断裂切割深度大于 35 千米。断裂深部北倾，两侧为巨大的高阻体分布。在蓟运河断裂浅部和深部倾向倒转的位置发育有壳内高导体，断裂下方深部发育上地幔高导体，这说明了蓟运河断裂形成经过了多期次的发展；早期断裂活动剧烈，中期断裂活动较频繁，断裂浅部两侧低阻等值线变化不明显，则说明晚期断裂活动较弱。

浅部综合探测结果表明，蓟运河断裂呈现明显的分段特征，分为西段和东段；断裂西段和东段均存在分支断裂。蓟运河断裂西段起于工部断裂、经大张各庄南、王卜庄镇、大米庄北，并继续向东延伸至岳龙庄村北，全长约 40 千米，走向 NW75°，倾向 SW15°，倾角 60°～75°；蓟运河断裂东段西起于大辛庄、经田庄坨、张凤庄村南、裴庄村、陡沽村，止于唐山断裂带中的王兰庄—汉沽断裂，全长约 31 千米，走向 NW50°~60°，倾向 SW30°~40°，倾角 50°~70°。最新探测结果显示，该断裂的最新活动时代为晚更新世晚期。

6. 汉沽断裂

汉沽断裂是黄骅坳陷北部的一条重要断裂，该断裂西起七里海附近的沧东断裂，向东经大八亩坨、清河农场，穿汉沽城区，一直延伸到海域，长 30~40 千米，走向 NW，倾向 SW，倾角 30°~70°，正断层，在构造上是宁河凸起和北塘凹陷的分界断裂。该断裂在布格重力异常资料上显示为北西西线性梯度带，在航磁图上呈现出东西向异常。

中深层地震剖面显示汉沽断裂两侧地层有显著差别，南侧新近系地层呈水平状，构造微弱，北部新近系断层十分发育，断块活动强烈；断面具有上陡下缓的特征，切割中上元古界至新近系，下古生界断距 200~1000 米，馆陶组断距 50~200 米；断错的最新地层为新近系明化镇组地层，上断点埋深为 400 米左右。

钻孔探测结果表明，汉沽断裂最新上断点埋深为 25.8 米，断距约为 2.15 米，为晚更新世活动断裂，具有发生中强地震的构造背景。

7. 河西务断裂

河西务断裂北起河西务西北，向西南经大王务，延至永清东码头镇，全长约 50 千米，倾角 40°~60°，是河西务构造带的东缘断裂，总体走向 NE，倾向 SE，位于廊固凹陷的东坡，是控制廊固凹陷和武清凹陷的分界断裂。渐新世晚期，河西务断裂发生强烈的张性右旋走滑运动，使武清凹陷发生强烈沉降和接收沉积物，断层上盘有完整的古近系，厚达 5000~6000 米，其下为古生界；下盘地层较薄，古近系厚约为 3000 米，之下为古生界。自第四纪以来，河西务断裂继续活动，控制着武清凹陷发育，致使武清凹陷成为冀中坳陷的沉降中心，第四系厚度超过 400 米。河西务断裂向北延伸与桐柏断裂小角度相交，向南延伸与牛东断裂、高阳—博野断裂断续相接，构成了华北平原区内部一条规模巨大的北东向断裂构造带。

河西务断裂中深层地震剖面显示，断裂南段断面平直，其东南侧发育与主断裂反向的次级断层，共同组成花状构造（见图 4-5）。地震剖面显示在孔店组至沙河街二段（Ek-Es2）时期河西务断层下降盘地层并未出现明显的增厚现象，而在沙河街一段（Es1）和东营组（Ed）沉积时期，其下降盘开始出现地层增厚现象并形成一个小型的沉积中心。上述观察表明，河西务断层在新生代早期并未形成，而是自沙河街一段（Es1）开始活动。

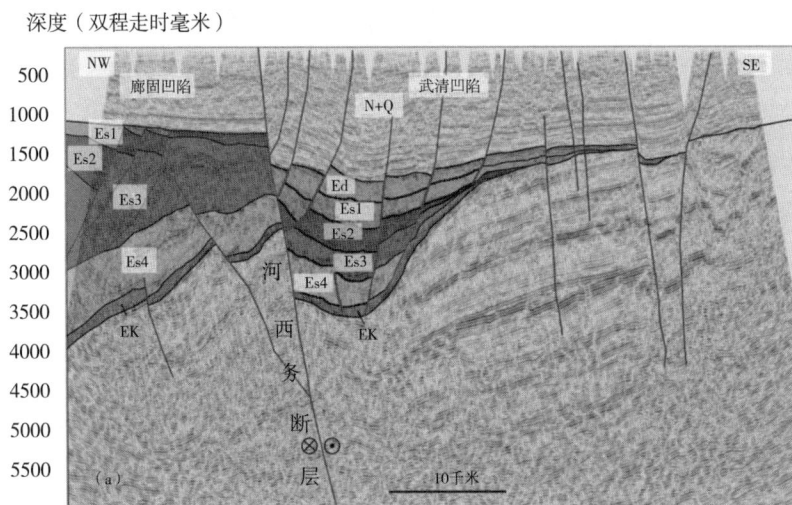

图 4-5　河西务断层中深地震剖面结构特征

跨河西务断裂开展了钻孔联合剖面探测结果表明，150 米以下层位均有断错迹象，特别是 170 米以下断错迹象更为明显，上断点埋深约为 150 米（或更浅）。结合热释光年龄样品，认为河西务断裂最新活动时代应为晚更新世早期。

三、　天津市及周边地震活动性

（一）地震活动概况

天津市及周边历史上有文字记载（公元 294 年以来 M≥4¾ 级和 1912 年

以来 M≥4.7 级）且具有破坏性的地震共有 310 次，其中，4.7～4.9 级地震有 194 次、5.0～5.9 级地震有 86 次、6.0～6.9 级地震有 23 次、7.0～7.9 级地震有 6 次、8.0 级地震有 1 次。震级较大且在区域内影响较大的有：1484 年北京居庸关 6¾ 级地震、1679 年三河—平谷 8 级地震、1888 年渤海 7½ 级地震、1966 年宁晋东南 7.2 级地震、1969 年渤海 7.4 级地震、1976 年唐山 7.8 级地震、1976 年滦县 7.1 级地震、1976 年宁河 6.9 级地震等，历史记载这些地震在当地和周边产生了巨大破坏，给当地居民造成了严重的生命和财产损失。

（二）地震时间分布特征

天津市位于华北地震区内，地震活动时间进程与华北地区地震活动第三、第四高潮期的总体趋势相近。1485—1730 年为能量释放（或活跃期）阶段，先后发生多次 6 级以上地震，一次 8 级地震；能量快速释放后，1731—1882 年为能量积累（或平静）阶段，平静期为 151 年；1883—1977 年为能量释放（或活跃期）阶段，先后发生多次 6 级以上地震，最大达 7.8 级。从序列图可看出两个活跃期具有不同特点，前一活跃期时间段约为 245 年，后一活跃期时间约为 94 年，能量快速释放后 1978 年进入平静期，至今 40 多年来未发生 6 级以上的地震。近年来，地震活动一直保持较低水平，如 2002 年 5 月 19 日宁河县与河北省交界处发生 4.7 级地震；2003 年 4 月宁河小震群，最大震级达 4.3 级；2003 年 8 月宝坻林亭口发生小震群，最大震级为 3.3 级；2003 年 12 月塘沽小震群，最大震级为 4.0 级；2005 年 1 月 14 日宝坻发生了 3.7 级地震，2006 年 7 月 4 日文安发生了 5.1 级地震；2012 年 5 月 28 日河北省唐山市滦县发生了 4.8 级地震。天津市及周边的地震活动随时间有周期性起伏，表现为活跃期与平静期，目前处于活跃期后的相对平静阶段，但需要指出平静期内仍会发生中等强度地震。1484 年以来地震时间序列、应变（蠕变）释放曲线，如图 4-6 和图 4-7 所示。

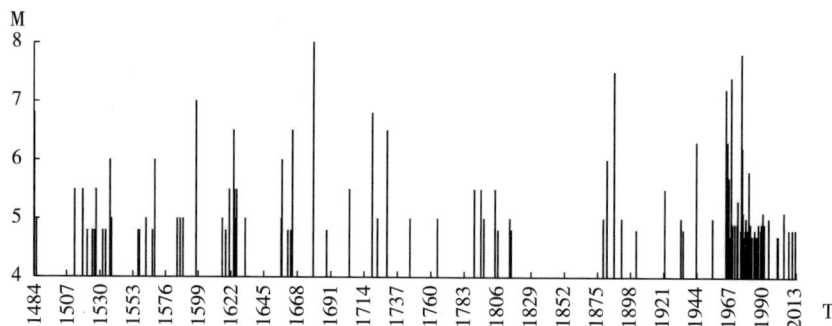

图 4 - 6　1484 年（有记载）以来区域内强震时间序列

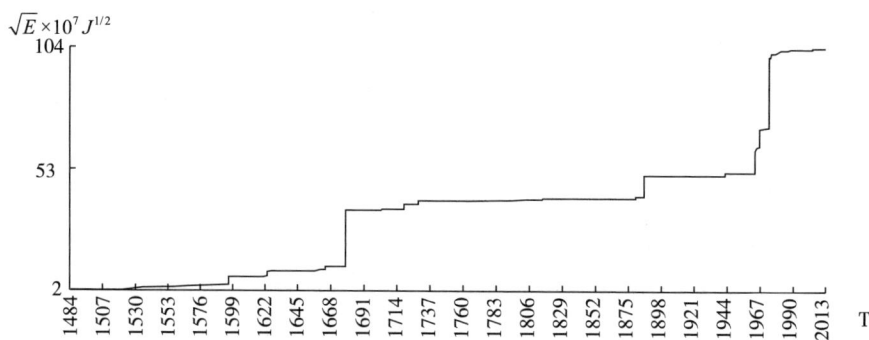

图 4 - 7　1484 年（有记载）以来区域内强震应变（蠕变）释放曲线

（三）地震空间分布特征

从图 4 - 8 可以看出，区域强震具有成带、丛、集分布的特点，并明显地呈现出北西向和北东向活动格局，三河—平谷 8 级地震和唐山 7.8 级地震均发生在两地震条带交汇部位。从邢台—河间—唐山形成一条北东向地震条带，该地震条带活动频次高、强度大，多次发生 6 级以上地震，其中最大地震是 1976 年唐山 7.8 级地震。从张家口—三河—平谷—唐山—渤海形成一条北西向地震条带，该地震条带活动频次高、强度大，多次发生 6 级以上地震，其中，较大地震有 1679 年三河—平谷 8 级地震、1888 年渤海 7½ 级地震、1969 年渤海 7.4 级地震。

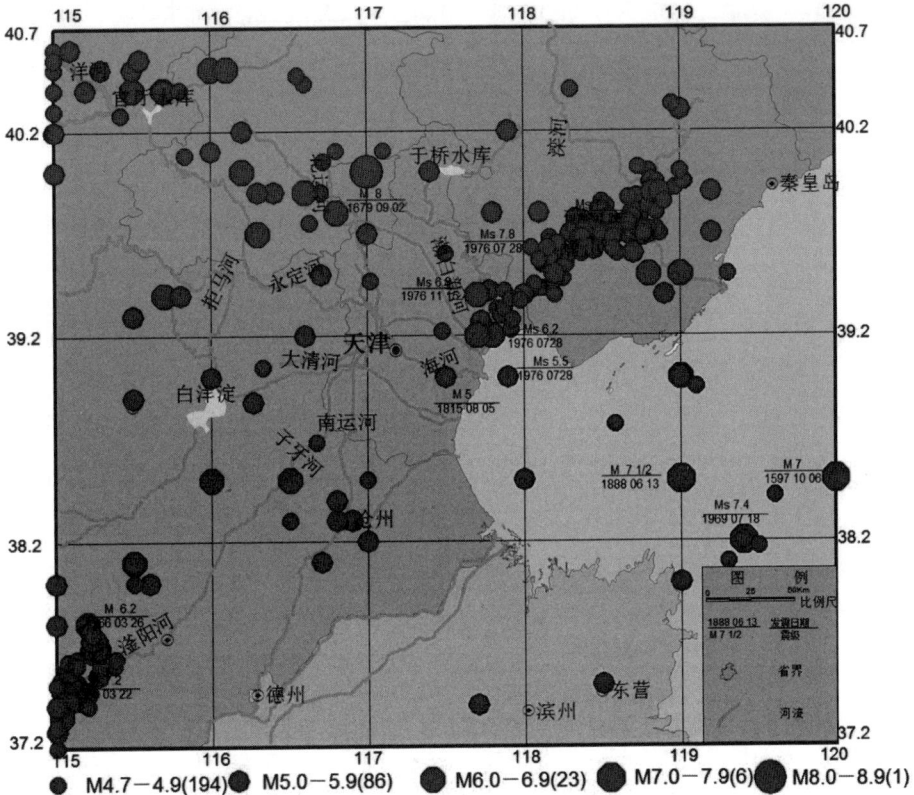

图 4-8　公元 294 年至 2020 年 6 月区域强震（M≥4.7 级）震中分布

从图 4-9 可以看出，这些地震与区域强震具有共同的特点，表现为成带、丛、集分布，呈北西向和北东向条带活动格局。邢台—河间—唐山形成一条北东向地震条带，该地震条带小地震活动频次高，成带、成丛明显，尤其在较大地震周围形成密集区。从张家口—三河—平谷—唐山—渤海形成一条北西向小地震条带，该地震条带小震活动频次高，成带、成丛率低于北东条带。

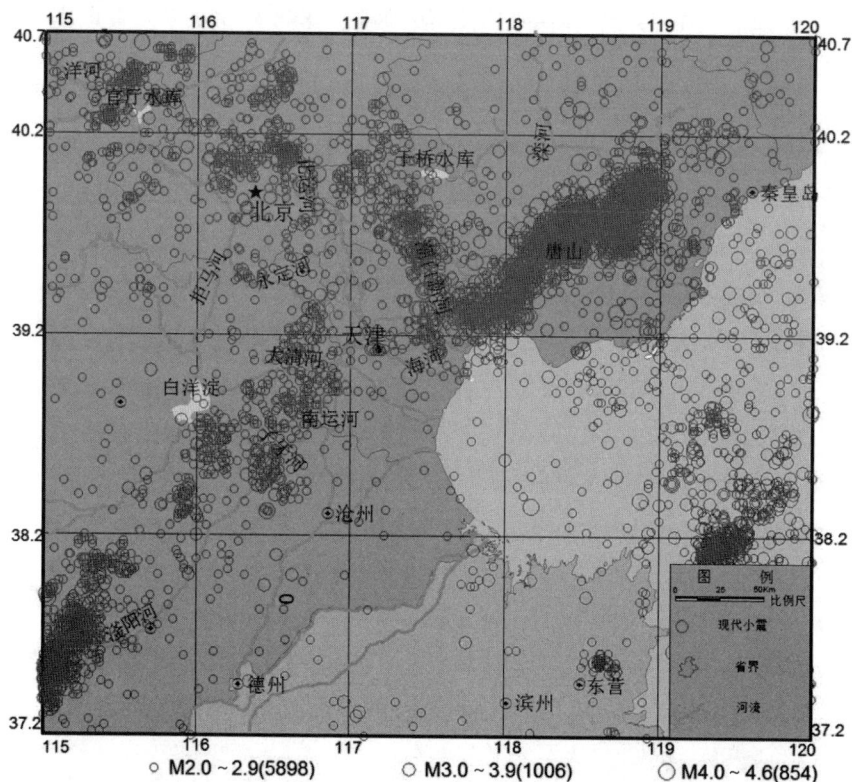

图 4-9　1970 年至 2020 年 6 月区域小震（2.0 级≤M≤4.6 级）震中分布

（四）震源深度分布特征

在历史上，由于地震科学技术不发达等多种原因，多数没有震源深度数据，区域中所记录到的 M≥4.7 级地震 310 次，其中只有 55 次地震有震源深度数据。为了对区域中地震的震源深度分析特征进行详细的分析，本书选取了区域中自 1970 年以来至今 M≥2.0 级的地震数据统计地震震源深度。统计表明，94% 的地震发生在地表以下 10～25 千米范围内（见表 4-2）。发震优势深度在 10～25 千米。区域地壳厚度在 34 千米左右，这些地震多发生在地壳内属浅源地震。

表4-2 区域震源深度分布参数

震源深度（千米）	0~5	6~10	11~15	16~20	21~25	26~30	>30
地震次数（次）	481	1105	979	414	185	169	48
百分比（%）	14.2	32.7	28.9	12.3	5.5	5.0	1.4

四、 天津市场地条件

（一）场地效应研究简述

人们都有这样的直觉，修建在基岩上的房屋建筑更加稳当。在多次大地震现场的调查中，也发现大量这样的现象存在，在同一地区基岩上的房屋建筑可能破坏小，而修建在土层场地上的房屋建筑破坏大。这其实揭示了一个道理，即基岩相较其他场地对抗震更有利。

地震波从震源向外传播，通过地壳介质达到地表，形成地震动。但由于地壳介质存在不均性，特别是近地表可能的沉积层等软弱层存在，会导致地表地震动出现明显差异，这种由局部场地条件差异引起的地震动差异，即场地效应。

尽管人们很早就认识到了场地效应，但真正对其进行研究还是1906年旧金山大地震之后的事情。1908年伍德（H. O. Wood）研究了美国旧金山大地震之后，明确指出不同地段的震害差别主要与场地地质特性有关。从此，场地效应的研究才在工程地震学界得到广泛开展。近百年来，人们对场地效应的研究取得了巨大进步。在工程实践中，世界上绝大多数国家的抗震设计规范中均考虑有场地效应，同时也认识到了场地效应的复杂性与地区性。场地效应的复杂性是指局部场地的地形地貌、地层结构、地层几何特征、物理性质差异大小等因素都会使场地地震动出现差异。场地效应地区性指的是目前还没有普适性的方法可以完全表达场地效应，因此各国在考虑场地效应时采用的方法也不尽相同。

（二）场地类别划分方法

开展场地类别划分并以此为依据进行抗震设防要求调整是目前世界各国考虑场地效应的通行做法，但无论美国、欧盟还是中国，场地类别划分的方法都不尽相同。

最新的美国 NEHRP 场地分类系统主要按照场地 100 英尺内地层的平均剪切波速、标准贯入试验锤击数和不排水剪切强度，将场地分为 6 类（A ~ F 类）。欧盟 EN1998 – 1 规范主要采用平均剪切波速、标准贯入试验锤击数和不排水剪切强度，将场地划分为 7 类。

我国 1964 年制定的《建筑抗震设计规范》（草案）已经有了场地类别划分的初步思想，1974 年制定的《工业与民用建筑抗震设计规范》首次将场地类别划分为三类，《建筑抗震设计规范》（GBJ 11—89）进一步将场地类别划分为四类，《建筑抗震设计规范》（GB 50011—2001）继承了这样的场地类别划分方式，在《建筑抗震设计规范》（GB 50011—2010）中同样将场地类别划分为四类，但对 I 类进行了细分，分为 I_0、I_1 两个亚类。事实上，在我国各个行业的抗震设计规范中场地类别也有差别，但《建筑抗震设计规范》是建筑结构抗震设计的主要标准，目前各行业的场地划分逐步统一。

总体来看，目前的场地类别划分采用的是双指标分类方法，主要考虑等效剪切波速和场地覆盖层厚度两个因素，以反映不同场地条件对基岩地震振动的综合放大效应。

土层的等效剪切波速，应按下列公式计算：

$$v_{se} = d_o/t$$

$$t = \sum_{i=1}^{n} (d_i/v_{si})$$

式中，v_{se} 为土层等效剪切波速（米/秒）；d_o 为计算深度（米），取覆盖层厚度和 20 米两者的较小值；t 为剪切波在地面至计算深度之间的传播时间；d_i 为计算深度范围内第 i 土层的厚度（米）；v_{si} 为计算深度范围内第 i 土层的剪切波速（米/秒）；n 为计算深度范围内土层的分层数。

建筑场地覆盖层厚度的确定应符合下列要求：

一是一般情况下，应按地面至剪切波速大于 500 米/秒且其下卧各层岩土的剪切波速均不小于 500 米/秒的土层顶面的距离确定。

二是当地面 5 米以下存在剪切波速大于其上部各土层剪切波速 2.5 倍的土层，且该层及其下卧各层岩土的剪切波速均不小于 400 米/秒时，可按地面至该土层顶面的距离确定。

三是剪切波速大于 500 米/秒的孤石、透镜体，应视同周围土层。

四是土层中的火山岩硬夹层，应视为刚体，其厚度应从覆盖土层中扣除。

不同类型土层的特征及性状见表 4-3 和表 4-4。

表 4-3　土的类型划分和剪切波速范围

土的类型	岩土名称和性状	土层剪切波速范围（米/秒）
岩石	坚硬、较硬且完整的岩石	$v_s > 800$
坚硬土或软质岩石	破碎和较破碎的岩石或软和较软的岩石，密实的碎石土	$800 \geqslant v_s > 500$
中硬土	中密、稍密的碎石土，密实、中密的砾、粗、中砂，$f_{ak} > 150$ 的黏性土和粉土，坚硬黄土	$500 \geqslant v_s > 250$
中软土	稍密的砾、粗、中砂，除松散外的细、粉砂，$f_{ak} \leqslant 150$ 的黏性土和粉土 $f_{ak} > 130$ 的填土，可塑新黄土	$250 \geqslant v_s > 150$
软弱土	淤泥和淤泥质土，松散的砂，新近沉积的黏性土和粉土，$f_{ak} \leqslant 130$ 的填土，流塑黄土	$v_s \leqslant 150$

注：f_{ak} 为由载荷试验等方法得到的地基承载力特征值（kPa）；v_s 为岩土剪切波速。

表 4-4　各类建筑场地的覆盖层厚度　　　　　单位：米

岩石的剪切波速或土的等效剪切波速（米/秒）	场地类别				
	I_0	I_1	II	III	IV
$v_s > 800$	0				
$800 \geqslant v_s > 500$		0			
$500 \geqslant v_{se} > 250$		<5	$\geqslant 5$		
$250 \geqslant v_{se} > 150$		<3	3~50	>50	
$u \leqslant 150$		<3	3~15	15~80	>80

注：表中 v_s 系岩石的剪切波速。

（三）天津市场地类别划分

根据天津市的最新资料，按照《建筑抗震设计规范》（GB 50011—2010），我们编制了天津市场地类别划分图（见图4－10）。

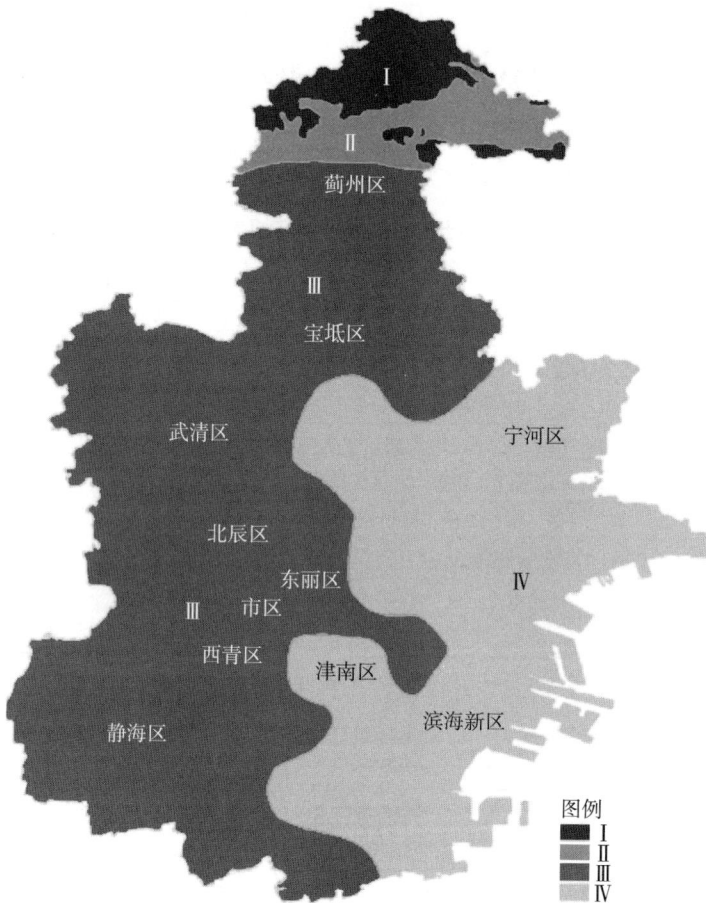

图4－10　天津市场地类别划分

由图4－10可知，天津市场地类别以Ⅲ类和Ⅳ类为主，由北至南，分为Ⅰ类、Ⅱ类、Ⅲ类、Ⅳ类4区。

Ⅰ类场地分布在蓟州区北部山区，面积约为 537 平方千米，基岩埋深浅，地下水位深，地基承载力高，建筑物基础可坐落在基岩上，是工程建设的良好地基，也是目前或将来工程建设的重要场地，是工程建设的适宜区。

Ⅱ类场地分布在蓟州区山前平原地区，面积约为 511 平方千米，土体的承载力相对较高，具备良好的地基条件，是工程建设的较好地基。

Ⅲ类场地分布在天津市中部，包括蓟州区南部、宝坻区大部地区、武清区、北辰区、市区、西青区、静海区、东丽区西部，面积约为 6662 平方千米，地势平坦，软土发育，是工程建设的较差地基。

Ⅳ类场地主要分布在天津市东部，包括宁河区大部分地区、滨海新区、宝坻区东南部及津南区大部分地区，占地面积为 4174 平方千米，地势平坦，软土十分发育，是工程建设的较差地基。

Ⅲ类和Ⅳ类场地面积占全市面积的 91.2%，主要特征是 100 米以浅以粉质黏土、黏土、粉砂为主，浅部 20 米存在不同厚度的软土层，土层压缩性强、含水量大、颗粒细、灵敏度高、强度低等特性，等效剪切波速明显偏低，覆盖层（＜剪切波速 500 米/秒）厚度普遍在 80 米左右，均超过 50 米，沿海岸带地区更深达 90 米甚至 100 米，在地震作用下容易发生地基失效，场地结构共振破坏，对场地上的工程建筑产生十分不利的影响。

五、 地震危险性分析

基于地震构造背景和主要断裂构造研究成果，结合地震活动性分析，划分潜在震源区并确定地震活动性参数，采用适合本地区的地震动预测方程开展场地的地震危险性分析，按照场地类别调整系数进行调整，可得到地表地震动，为地震风险评估提供输入。

（一）地震危险性概率分析方法概述

地震危险性分析的基本技术思路和计算方法概述如下。

首先确定地震统计单元（地震区、带），并以此作为考虑地震活动时间非

155

均匀性、确定未来百年地震发生的概率模型和地震危险性空间相对分布概率模型的基本单元。对每个统计单元采用分段的泊松过程模型，令 N 为统计单元未来 t 年内发生地震次数的随机变量，根据泊松过程的基本假定，发生 n 次 4 级以上地震的概率为

$$P(N = n) = \frac{(V_4 t)^n}{n!} e^{-V_4 t}$$

其中，V_4 为 4 级以上地震的年平均发生率。考虑到统计单元地震活动水平的时间非均匀性，该值通过前面对地震带未来百年地震活动趋势预测结果来得到。

统计单元内地震震级概率密度函数为截断的指数函数：

$$f_M(M) = \frac{e^{-\beta(M-M_0)}}{1 - e^{-\beta(M_{uz}-M_0)}}$$

其中，M_{uz} 为该统计单元的震级上限，M_0 为相应单元的震级下限。$\beta = 2.3b$，b 即地震活动性统计得到的震级频度关系中的 b 值。当震级小于震级下限和大于震级上限时，概率密度值为零。

在地震带（统计单元）内部划分潜在震源区。潜在震源区内地震发生的可能性是均匀分布的。潜在震源区由几何边界、震级上限和分震级档的地震空间分布函数 f_i，m_j 来描述。

利用全概率求和原理计算给定统计单元内发生一次地震时，场点给定地震动值（I）超越给定值（i）的超越概率，基本计算公式为

$$P(I \geq i) = \iiint P(I \geq i \mid E) f(x,y \mid M) f_M(M) f_{x,y}(\theta) \mathrm{d}x\mathrm{d}y\mathrm{d}M\mathrm{d}\theta$$

其中，$P(I \geq i \mid E)$ 为震级为 M、震中位置为 (x,y)、地震动椭圆衰减长轴方向与正东方向夹角为 θ 时，场点给定地震动值（i）被超过的概率，该函数由地震动衰减关系确定。$f(x,y \mid M)$ 为给定震级的空间分布函数，该函数可以考虑震级分档情况和潜在震源区的面积，由计算得到，$f_M(M)$ 为潜在震源区发生给定震级的概率，$f_{x,y}(\theta)$ 为等震线长轴取向概率密度函数，考虑到空间取向的离散性，实际计算中取两个主要方向，此时该函数用 δ 函数表示。在同一潜在震

源区内等震线长轴取向概率密度函数相等，不同的潜在震源区该函数可以不同。

利用地震发生次数的分段泊松模型，可以计算得到某个统计单元 k 对场地的超越概率：

$$P_{tk}(I \geq i) = 1 - e^{-V_4 t P(I \geq i)}$$

若有 K 个统计单元对场地有影响，则场地总的超越概率为

$$P_t(I \geq i) = 1 - \prod_{k=1}^{K} \left[(1 - P_{tk}(I \geq i)) \right]$$

采用工程广泛使用的地震危险性分析软件进行地震危险性分析。

（二）地震统计区划分与地震活动性参数

划分地震统计区的目的是确定地震统计单元，通过它来体现地震活动时空不均一性，是分析地震时空分布特征、估计未来地震活动趋势及地震危险性分析中地震活动参数估计的基本单元。地震统计区的划分，直接影响工程场地地震危险性评价，是概率法主要的基础工作之一。根据《中国地震动参数区划图》（GB 18306—2015）的划分原则，提出三级潜在震源区模型：地震统计区，地震构造区，潜在震源区。地震统计区的划分方案是依据地震活动空间分布成带性和地震与活动构造带的一致性确定。

1. 地震统计区划分依据

（1）新构造、现代构造运动性质、强度一致性较好或类似的地带，如以挤压上升为主、以挤压逆冲为主、以断陷为主、以挤压走滑为主的断裂带。

（2）地震活动性，主要包括地震频度、最大震级、活动周期、古地震和历史地震重复间隔、应变积累释放过程、震源深度等相一致或一致性较好地带等。

（3）新生代以来构造应力场和地震构造应力场一致性较好地带，构造应力场包括断层节面性质、主压应力轴方位、倾角。

（4）地震构造类型一致性较好地带，如地震断层性质、方向、破裂长度与震级关系较一致等。

（5）地球物理场和地壳结构相类似的地带，以及巨大的地壳结构变异带和地球物理场变异带，如重力、磁力梯度带和地热过渡带等。

（6）分带边界：活动构造带的边界带；破坏性地震相对密集带的外包带；区域性深、大断裂活动的影响带；相邻地带在构造活动或地震活动上有明显差异的分界带。

天津市所在区域属华北地震区，华北地震区是我国东部大陆地区地震活动最强烈的一个地震区。丁国瑜研究认为，华北地区地震活动的空间分布特征具有成带性，在地震带内地震分布是不均匀的，具有交汇网络特点。地震空间分布着一系列 NNE 向的地震带，主要涉及华北平原地震统计区、郯庐地震统计区和汾渭地震统计区。

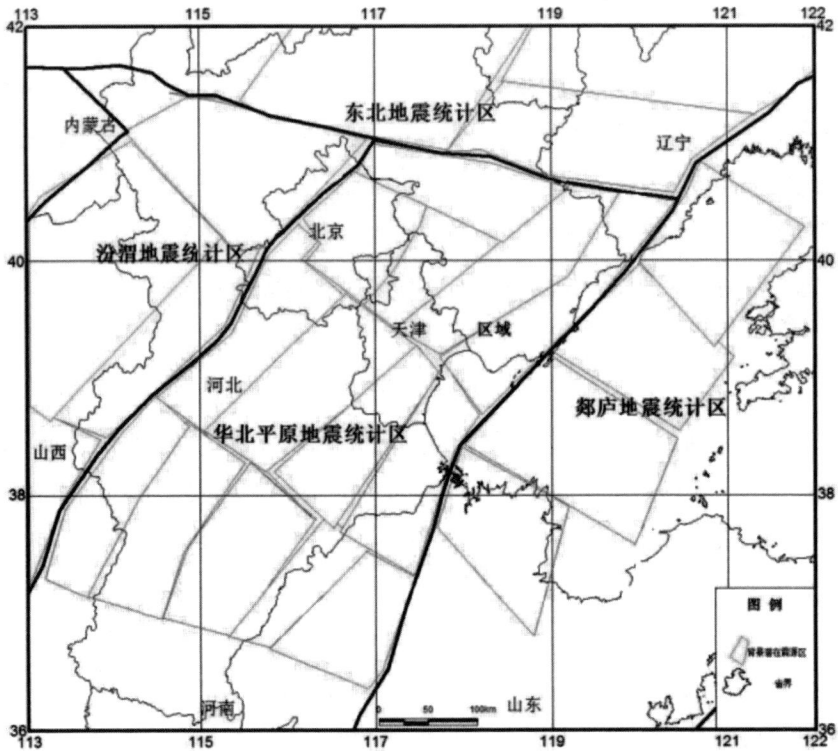

图 4 - 11　地震统计区及背景潜在震源区划分

2. 地震统计区划分结果

（1）华北平原地震统计区。

华北平原地震统计区呈北北东向展布。华北平原坳陷内有多组不同方向的断裂存在，其中主要是以北东—北北东和北西—北西西向两组断裂为主，晚第四纪以来部分断裂仍以较强活动，与地震活动关系密切，强震多发生在两组断裂交汇部位。截至 2010 年 12 月，该区共记录 M≥4.7 级的破坏性地震 240 次，其中，8 级地震 1 次（1679 年 9 月 2 日三河平谷地震）、7.0 ~ 7.9 级地震 5 次、6.0 ~ 6.9 级地震 30 次、5.0 ~ 5.9 级地震 117 次。该区地震活动似乎有北强南弱的特点，尤其华北平原凹陷北部与燕山南麓边界附近，新构造运动强烈，1679 年三河平谷 8 级地震和 1976 年唐山 7.8 级地震均发生在该地区。

该区最早的地震记载为公元前 1767 年河南偃师 6 级地震。图 4 - 12 和图 4 - 13 分别给出公元前 1800 年和 1400 年以来华北平原地震统计区 M≥4.7

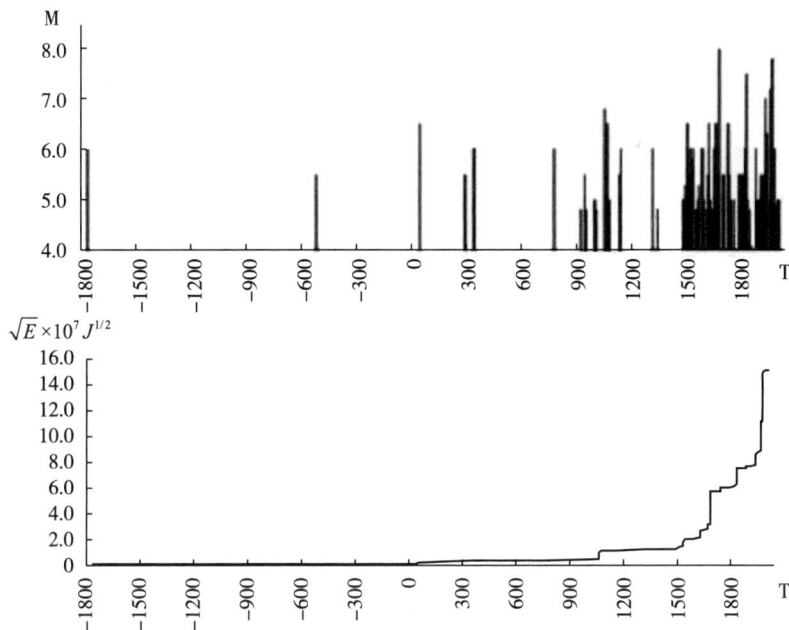

图 4 - 12　公元前 1800 年以来华北平原地震统计区

M - T 图（上）及应变释放曲线（下）

级地震的 M - T 图及应变释放曲线。由图 4 - 12 中可以看出 1450 年之前，仅记有 19 次地震，地震数据缺失较多，1450 年后地震记录才基本完整。从图 4 - 13 上看，该区 1450 年以来经历了两个地震活跃期（1485—1679 年、1791—1983 年）。第一活跃期为 194 年，是以 1 次 8 级、8 次 6.0 ~ 6.9 级地震的形式出现；第二活跃期是以 5 次 7.0 ~ 7.9 级、14 次 6.0 ~ 6.9 级地震的形式活动。两者的活动特点不一致。1984—2010 年，该区未有 5.5 级地震，仅发生 2 次 5 级左右地震（2006 年 7 月文安 5.1 级地震和 2010 年 10 月周口 5 级地震）。第二活跃期有可能到 1983 年已经结束。鉴于两个活跃期之间仍有个别 6 级地震出现，从保守角度出发，未来百年地震活动趋势应以本地震统计区的平均地震活动水平来估计。

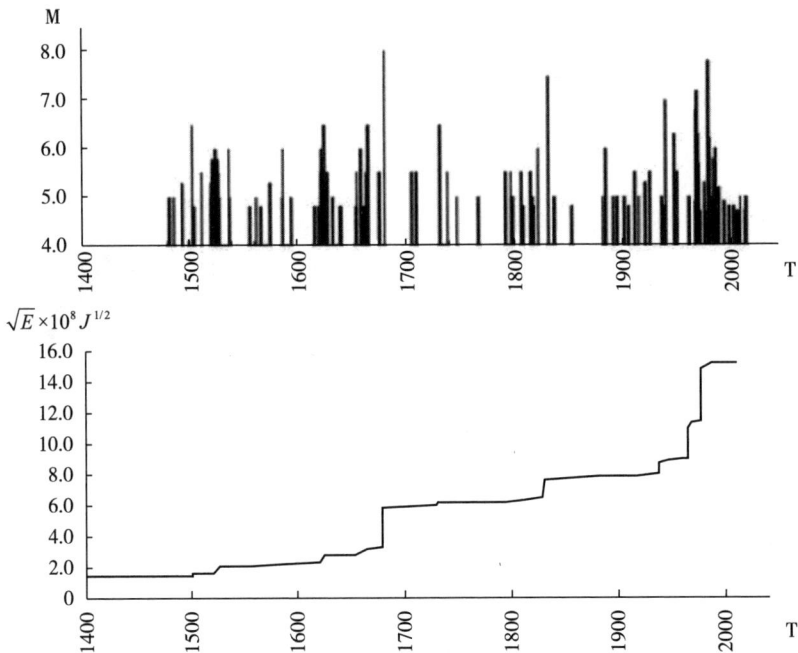

图 4 - 13　1400 年以来华北平原地震统计区

M - T 图（上）及应变释放曲线（下）

（2）郯庐地震统计区。

郯庐地震统计区是我国东部规模最大的地震统计区，该区包括 NNE 向郯庐断裂带及其附近的一系列与它平行和斜交的次级断裂，我国历史上著名的 1668 年 7 月 25 日郯城—莒县 8.5 级地震就发生在该区。截至 2010 年 12 月，该区共记 M≥4.7 级的破坏性地震 136 次，其中，8.5 级地震 1 次、7.0~7.9 级地震 6 次、6.0~6.9 级地震 16 次、5.0~5.9 级地震 69 次。该区地震活动分布不均匀，强震主要分布在该区西部郯庐主干断裂和一些与它平行或斜交的次级断裂上，并以安丘—莒县、渤中一带活动最为强烈，远离这些断裂的地区地震活动就明显减弱。该区最早的地震记载为公元前 70 年 6 月 1 日安丘 7 级地震。图 4 – 14 和图 4 – 15 分别给出公元前 100 年和 1400 年以来郯庐地震统计区 M≥4.7 级地震的 M – T 图与应变释放曲线。由图 4 – 14 中可以看出 1400 年之前，仅记有 13 次地震，地震数据缺失较多，

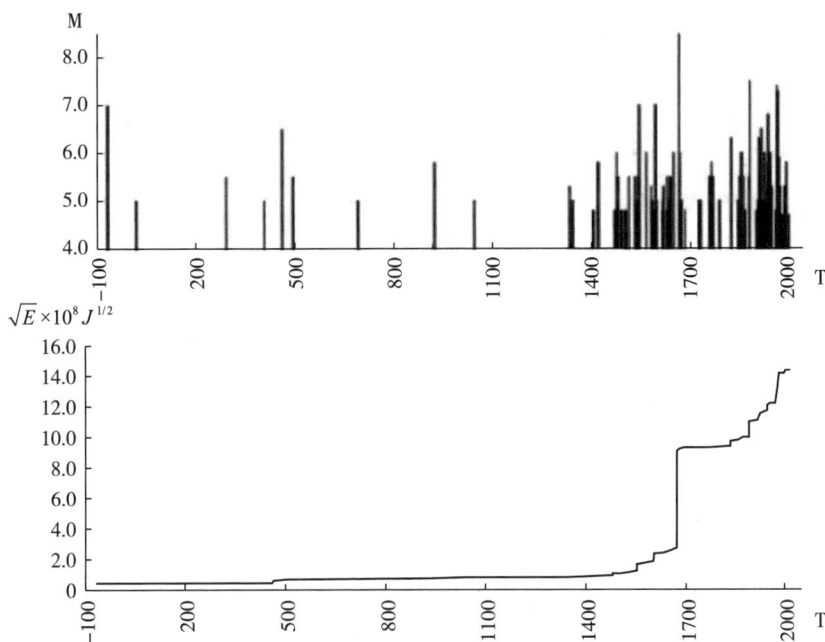

图 4 – 14　公元前 100 年以来郯庐地震统计区
M – T 图（上）及应变释放曲线（下）

1400 年后地震记录才基本完整。从图 4 – 15 上看，1400 年以来该区经历有两个地震活跃期（1477—1687 年、1829 年以后），上一地震活跃期发生过 1668年 8.5 级巨震，这一活跃期的地震活动水平比上一活跃期弱很多，但目前仍处于地震活跃期的后期。从保守角度来看，未来百年仍应考虑活跃期的地震活动水平。

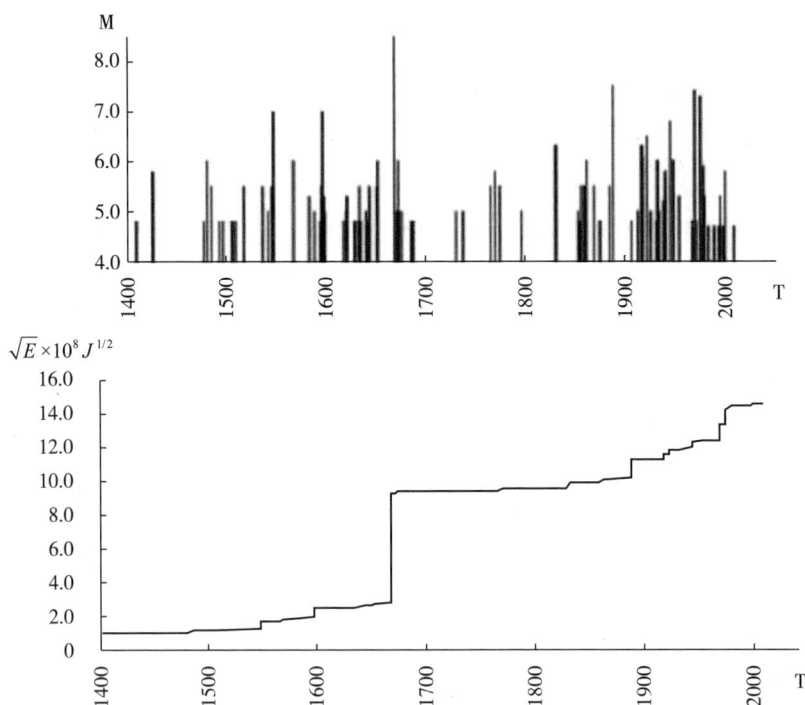

图 4 – 15　1400 年以来郯庐地震统计区
M – T 图（上）及应变释放曲线（下）

（3）汾渭地震统计区。

汾渭地震统计区南起渭河盆地，贯穿山西全境，北止于怀来—延庆盆地，是华北地区的一个强震活动区。由延庆、大同、灵丘、忻定、太原、临汾、运城、渭河等一系列活动断裂所控制的断陷盆地组成，强震主要位于山西断陷带的忻定盆地、临汾盆地和渭河断陷带的东部地区。截至 2010 年 12 月，该区共记录 M≥4.7 级的破坏性地震 186 次，其中，8 级地震 2 次（1556 年 2 月 2 日华县 8.4 级地震和 1303 年 9 月 25 日洪洞 8 级地震），7.0～7.9 级地震 7 次，6.0～6.9 级地震 22 次，5.0～5.9 级地震 99 次。

该区最早的地震记载为公元前 23 世纪山西永济蒲州"5·21"地震。图 4－16 给出了汾渭地震统计区自有地震记载以来 4.7 级以上地震的 M－T 图和应变释放曲线。公元前 23 世纪至公元 1000 年间仅有 22 次地震记载，表明地震资料缺失严重。尽管公元 1000 年以来不能保证 M≥5 级地震资料的完整，但地震记录较为连续，可以定性地分析地震活动在时间上的变化过程。图 4－17 给出了汾渭地震统计区公元 1000 年以来 4.7 级以上地震的 M－T 图和应变释放曲线。从图上看，该区 1000 年以来经历有两个地震活跃期（1209—1368 年、1484—1720 年），其间相对平静了 116 年。第一活跃期活动了 159 年，共记录 1 次 8 级地震、4 次 6.0～6.9 级。第二活跃期活动了 236 年，共记录 1 次

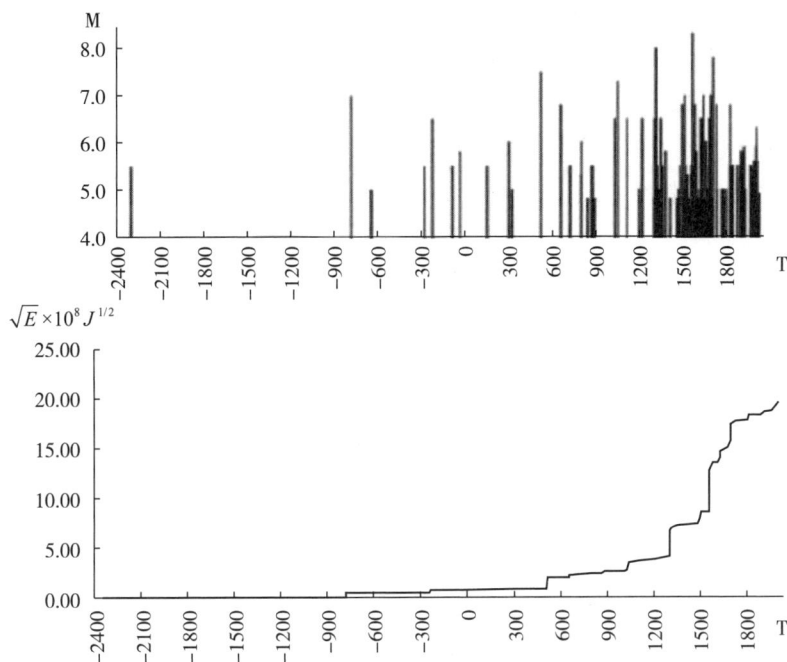

图 4－16　公元前 2400 年以来汾渭地震统计区
M－T 图（上）及应变释放曲线（下）

8 级地震、5 次 7.0 ~ 7.9 级地震、10 次 6.0 ~ 6.9 级地震。除了第一活跃期早期地震资料不完整的因素外，第二活跃期在活动时间和活动强度，频度上大大超过第一活跃期。自 1815 年至今，该区小震和震群活动很活跃，1998 年在该区北部发生了引人注目的 6.3 级地震。显示这个地震统计区目前地震活动正处于向相对活跃时间发展的阶段，预示着未来有可能进入应变加速释放。从保守角度来看，未来百年地震活动趋势，应以本地震统计区活跃期的地震活动水平来估计。

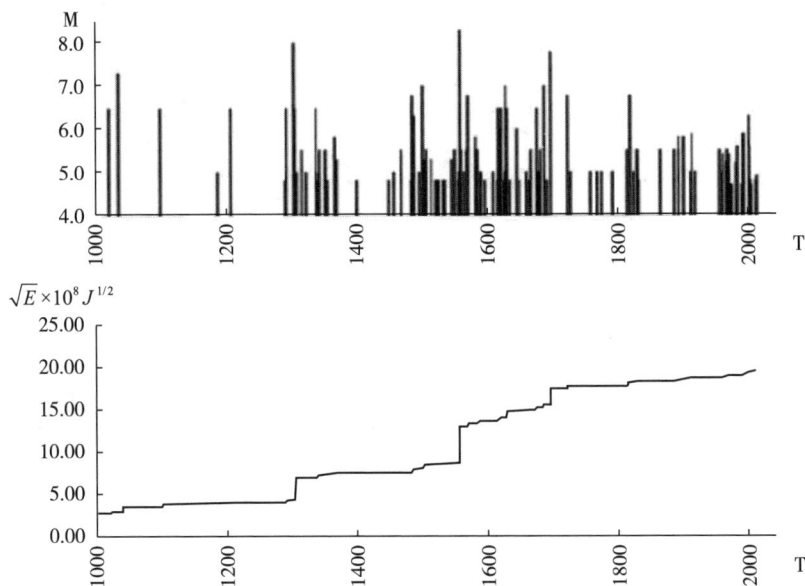

图 4 - 17 公元 1000 年以来汾渭地震统计区
M - T 图（上）及应变释放曲线（下）

3. 地震统计区地震活动性参数

（1）华北平原地震统计区。

华北平原地震统计区为强震活动区，最大地震震级达 8 级。该区最早地震记载始于公元前 1767 年河南偃师 6 级地震。1484 年以前，地震数据缺失较多，1484 年 5 级地震记录基本完整，1950 年以来 4 级以上地震记录较全。

1485年和1791年是两个地震活动相对密集期的开始，未来地震活动水平不应低估长期的平均地震活动水平。表4－5给出了华北平原地震统计区不同时段地震年平均发生率的统计。

表4－5　华北平原地震统计区不同时段地震年平均发生率

时间段	4.0	4.5	5.0	5.5	6.0	6.5	7.0	7.5	8.0
1484—2010年			0.2600	0.1271	0.0531	0.0266	0.0114	0.0057	0.0019
1500—2010年			0.2642	0.1311	0.0548	0.0274	0.0117	0.0059	0.0020
1791—2010年			0.4227	0.1727	0.0818	0.0409	0.0227	0.0091	0.0000
1950—2010年	4.9661	1.7797	0.6949	0.1864	0.1186	0.0508			

根据该地震统计区地震活动特征与实际资料状况，确定了41个统计方案。经调整，确定华北平原地震统计区地震活动性参数为$b=0.86$，$V4=4.6$。通过对理论计算值与实际统计数据点的比较，从结果可以看出，所得b与$V4$参数计算得到的理论发生率在小震级段，与1950年以来的水平大致相当；在中强震级段与1791年以来的平均地震活动水平相当，该活动期以中强地震活动为主要特征；而在高震级段，以1484年以来的发生率控制。

（2）郯庐地震统计区。

郯庐地震统计区发生过著名的1668年郯城—莒县8.5级特大地震。该区地震记载最早始于公元前70年，但公元1500年之前，地震数据缺失较多，1500年后5级以上地震记录才基本完整，M≥5.0级地震发生较为平稳，1970年以来4级以上地震记录较全。1477年和1829年是两个地震活动相对密集期的开始，未来地震活动水平不应低估活跃期水平。表4－6给出郯庐地震区不同时段地震年平均发生率的统计。

表4－6　郯庐地震统计区不同时段地震年平均发生率

时间段	4.0	4.5	5.0	5.5	6.0	6.5	7.0	7.5	8.0
1477—2010年			0.1498	0.0805	0.0393	0.0169	0.0112	0.0037	0.0019
1500—2010年			0.1507	0.0802	0.0391	0.0176	0.0117	0.0039	0.0020
1892—2010年			0.2253	0.1209	0.0659	0.0275	0.0165	0.0055	0.0000
1970—2010年	7.2683	1.6829	0.3171	0.0976	0.0244	0.0244			

根据该地震统计区地震活动特征与实际资料状况，确定了 41 个统计方案。经调整，确定郯庐地震统计区地震活动性参数为 $b = 0.85$，$V4 = 4.0$。通过理论计算值与实际统计数据点的比较，从结果可以看出，所得 b 与 $V4$ 参数计算得到的理论发生率在小震级段，与 1970 年以来的水平大致相当；在中强震级段与活跃期地震活动水平相当；而在高震级段，基本与 1500 年以来活动水平相当，考虑到这一时期发生过多次 7 级以上地震，因此，发生率应该具有一定的保守性。

（3）汾渭地震统计区。

汾渭地震统计区为强震活动区，最大地震震级达到 8.4 级。该区最早的地震记录始于公元前 23 世纪，公元 1000 年以前地震资料缺失严重，公元 1000 年以来 M ≥ 6 级地震记录较为连续，1500 年以来 M5 级以上地震资料较完整，1950 年以来 M4 级以上地震记录较全。1209—1484 年是两个地震活动相对密集期的开始，而 1484 年以来的地震活动水平要高于前一个活动期。未来地震活动水平不应低估活跃期地震活动水平。表 4 - 7 给出汾渭地震区不同时段地震年平均发生率的统计。

表 4 - 7　汾渭地震统计区不同时段地震年平均发生率

时间段	4.0	4.5	5.0	5.5	6.0	6.5	7.0	7.5	8.0
1000—2010 年					0.0247	0.0208	0.0069	0.0030	0.0020
1209—2010 年					0.0274	0.0224	0.0075	0.0037	0.0025
1484—2010 年			0.1727	0.0892	0.0323	0.0247	0.0095	0.0038	0.0019
1500—2010 年			0.1683	0.0861	0.0294	0.0235	0.0098	0.0039	0.0020
1950—2010 年	3.1148	0.9344	0.3770	0.1639	0.0164	0.0000			

根据该地震统计区地震活动特征与实际资料状况，确定了 37 个统计方案。经调整，确定汾渭平原地震统计区地震活动性参数为 $b = 0.78$，$V4 = 2.5$。通过理论计算值与实际统计数据点的比较，从结果可以看出，所得 b 与 $V4$ 参数计算得到的理论发生率在小震级段，与 1950 年以来的水平大致相当；在中强震级段以及高震级段，均与 1484 年、1500 年以来活动水平相当。

（三）地震构造区及潜在震源区的划分

地震构造区是指在现今地球动力学环境下，地震构造环境和发震构造模型一致的地区。地震构造环境一致是指在统一的现今地球动力学环境、新构造活动特点、构造应力场及深部地球物理场等条件下，发震构造模型具有一致性或相似性的特点。地震构造区内与发震构造模型不相关、随机发生的地震为背景性地震。地震构造区通过边界、背景地震震级、背景地震频度及其大小地震的比例关系来描述，其中背景地震是指地震构造区内与已鉴定出的发震构造不相关的最大潜在地震。

潜在震源区定义为未来可能发生破坏性地震的震源所在地区，包括潜在震源区的识别和确定其地震的主要破裂方向、位置、范围、震级上限和各震级档的地震年发生率。潜在震源区是地震活动性的分配单元，是在划分地震带的基础上进一步确定具有相同地震发生的可能性和相同震级上限的发震构造范围。

1. 地震构造区的划分

为更好地控制地震活动时空非均匀性，根据国家第五代地震动参数区划图划分原则，为加强抗震设防，增加地震构造区的划分方案，以反映整个地区构造形式的一致性，以及构造类型和具体构造细节的不一致。在《中国地震动参数区划图》（GB 18306—2015）的地震区、带划分方案基础上，根据新资料和认识，修订中国及邻区地震区、带划分方案。分析地震区、带内不同区域的背景地震活动性差异及地震构造背景差别，划分出不同的地震构造区。

地震构造区通过边界、背景地震震级、背景地震频度及其大小地震的比例关系来描述，其中背景地震是指地震构造区内与已鉴定的发震构造不相关的最大潜在地震。

确定背景地震震级时既要考虑地震构造区内与发震构造不相关的历史地震大小，也要结合构造活动环境与地震活动特点，采用构造类比的方法综合评定。

背景地震震级一般大于区内与发震构造不相关的最大历史地震震级，二者也有相等的情况。

地震构造区划分原则如下：

（1）区别出地震带内发震构造模型不同的地区，以利于构造类比判定潜在震源区。

（2）区别出地震带内背景地震不同的地区。

（3）同一地震带内背景地震相同的地区，但背景地震年发生频度（或年发生率）有差别。

（4）划分地震构造区需要考虑构造活动性与研究程度的差异，对于研究程度较低的西部地区，尤其是资料缺乏地区，地震构造区的范围可大一些，相应背景地震应考虑不确定性评定得偏高一些。

地震构造区划分方法如下：

（1）通过区域新构造运动特征研究，依据不同地区新构造整体特征差异，结合布格重力异常、均衡重力异常等地球物理场差异，划分出不同特征的新构造分区，作为划分地震构造区的基础。

（2）通过区域第四纪以来构造活动带，特别是第四纪主要断裂活动性的分析研究，结合地震活动资料，进行第四纪构造活动分区，作为划分地震构造区最为直接的依据。

（3）通过分析第四纪以来尤其是晚第四纪以来构造变形样式，区分出不同构造变形样式的地区，作为进一步划分地震构造区的依据。

（4）分析强震及其以上（地震活动性较强地区）或中强地震及其以上（地震活动性较低地区）的发震构造条件，甄别出发震构造带及其与发震构造相关的最低地震震级，作为评价地震构造区背景地震的构造排除法依据。

（5）通过地震活动的统计分析，结合构造活动强度的类比，作为确定背景地震大小的地震活动性依据。

2. 潜在震源区的划分

潜在震源区划分是地震危险性分析的重要步骤，它是在研究区域内确定未来潜在发生破坏性地震的区域。潜在震源区划分是在前述区域、近区域的地震活动性、地震构造研究成果的基础上，按一定的原则和方法，划分出可能发生强震的分布区域和潜在地震的最大强度及有关参数。

潜在震源区划分包括三个要素的确定，即范围（边界）、破裂方向和震级上限。

（1）潜在震源区划分的原则和方法。

潜在震源区划分的原则如下：

①潜在震源区划分在地震构造区内进行，其边界不跨越地震构造区的边界。

②仍沿用历史地震重复与构造类比两个原则，其中构造类比原则的内涵有进一步的深化，即考虑断裂带所处不同级别活动块体边界带的差异、发震构造模型差异等因素。

③在强地震活动区，高震级潜在震源区的划分需要考虑地震构造区的发震构造模型的支撑。而在弱地震活动区，中强潜在震源区的划分需要考虑地震构造区中地震构造样式的约束。

潜在震源区划分方法如下：

①历史上发生过大地震的地方，将来还可能发生类似的地震。在地震危险性分析中，历史地震的地点和强度是估计未来震源区的重要依据之一。此外，还需研究近期的地震活动性，通过近期强震活动及与其相关的小震活动图像特征分析，以增加判定潜在震源区的依据。

②根据已发生强震的地区发震构造条件的研究，外推到具有相同或类似构造条件的区域。需要指出，大地震并不是在深和大的构造带上均匀发生，而只在某些具有特定发震构造条件的部位或地段发生，这就是强震活动的空间不均匀性。因此，深入研究大地震发生的构造条件，以及各活动断裂（带）的分段性，是划分潜在震源区的重要基础。

③在基于发震构造模型分析强震发生的构造条件基础上，采用潜在震源区系统划分法。考虑发震构造模型的平面组合样式、变形强度、深浅构造关系及其对不同震级档地震的控制能力。

④采用基于新构造以来地震构造环境样式与强弱的总体分析与定位、发震构造条带识别与分段、不同段落潜在发震能力的判别、历史地震与仪器记录中小地震活动特征分析等途径来划分潜在震源区的方法，更有利于中强地震区对区域性潜在震源区分布带的合理把握。

⑤潜在震源区的范围应包括潜在地震的可能平面分布区域，因此沿不同性质或相同性质但深、浅构造样式有差别的地震构造划分潜在震源区时，潜在震源区边界并不沿地表构造两侧对称勾画。

⑥潜在震源区的震级上限一般高于已发生的历史地震震级，对于高震级的潜在震源区（尤其是震级上限为8.0级或以上），如果结合构造类比判断其震级大小不太可能突破该历史地震震级，震级上限可取历史地震最大震级。

⑦潜在震源区方向一般为发震构造方向。

（2）判断潜在震源区的标志。

①地震地质标志。

活动断裂标志：强烈活动的主干断裂或深大断裂本身就是地震活动带。但是，地震并不是在活动断裂的任何部位都能发生，而只是在一些特殊的构造部位才能发生，如不同方向的活动断裂带的交汇复合部位、活动断裂的拐弯处和强烈活动的闭锁段及端部。

新生代盆地标志：断陷盆地与地震活动有较好的一致性，坳陷的周围、断陷盆地的端部，尤其是多角盆地顶角部位和盆地内两组活动断裂的交汇部位都是中强地震发生较多的部位。

新构造运动标志：新构造运动时期升降运动强烈的地带往往是地震活动带。

地壳形变标志：地壳形变幅度大，速率线密集，差异运动明显的地区强震较多。在较长的时期内地壳形变总趋势稳定的地区与不同形变带相交的地区，特别是形变梯级带发生畸变，转弯和扭曲部位是地震易发生的部位。

②地球物理场和深部构造标志。

地球物理场标志：重、磁异常梯级带，不同方向重、磁异常梯级带相交部位或区域重、磁异常梯度带与其他方向次级异常的交汇部位；重、磁异常发生转折或畸变的部位；高磁异常区中心，负异常交替的线性异常或局部异常的相交处和磁异常发生急剧变化的地方。地热场中热区向冷区过渡的地带。

深部构造标志：强震多发生在地壳厚度的变化带，即莫氏面的陡坡上；莫氏面的斜坡带的扭曲部位和波状起伏的拐点附近；上地幔高导层隆起的边缘地带等都是地震易发的地方。

③地震活动标志：历史上发生过强地震地区；地震网络的节点；小地震活动与现代构造一致的地区；强震的余震区和现今中小地震的密集区（带）或地震活动性标志（频度、活动度等）所揭示的历史上和现代地震活动水平相对高的区域；地震活动有特征性图像的地区包括地震围空区和较大地震条带上的空段。

（3）潜在震源区震级上限确定的依据。

潜在震源区的震级上限是指该潜在震源区发生概率趋于0的极限地震的震级，通常与潜在震源区一并确定。震级上限按0.5个震级单位为间隔确定，如5.5级、6.0级、6.5级、7.0级、7.5级、8.0级和8.5级等几个震级段。

潜在震源区是指未来具有发生破坏性地震潜在可能性的地区。潜在震源区震级上限相当于该潜在震源区内发震构造的最大潜在地震。据此，潜在震源区震级上限的确定将综合考虑下列依据。

①地震活动性依据。历史地震资料给出了各地区曾发生过的地震记载情况，其最大震级可能并不足以表示未来可能发生的最大地震的震级。一般情况下，各潜在震源区的震级上限不应低于区内最大历史地震的震级。对于已有历史地震记载的潜在震源区，若历史地震记载时间悠久并资料比较充分，可以将历史上发生的最大地震的震级作为震级上限。在资料不完整的地区，则根据历史地震记载及该区地震构造分析的结果，将历史地震的最大震级加半级作为震级上限。在有古地震资料的地方，古地震的强度也应是确定潜在震源区震级上限的依据之一。

②地震构造依据。根据目前我国地震研究的状况，确定发震构造的最大潜在地震时，主要考虑活动断层的方向和性质，以及构造规模对该断层上发

生地震的最大震级的控制作用，现分述如下：

一是发震断层的方向和变形性质与最大震级的关系。近年来，我国对几乎所有1940年以来发生的M≥6.0级的地震都进行了震源机制研究，根据震源机制结果可以推断发生该地震的发震断层性质。据全国各地区震源机制解的统计结果表明，同一种类型断层上地震的最大震级在全国各地都大致相同。其中，走滑断层上发生地震的比例最大，最高震级达8.6级；逆断层上发生地震的震级一般都在7.5级以下，最大震级为8级；正断层上发生的地震一般都在7级以下，最大震级为7.1级（唐山大地震的余震）。由此可见，断层变形性质对该断层上发生地震的最大震级具有明显的控制作用。

二是发震断层段长度与震级的关系。许多研究表明，发震断层长度与地震震级具有明显的关系。环文林等（1994）[①] 在华北地区、青藏高原，以及天山、阿尔泰地区调查几条比较深入的著名活动大构造带上，选取了44个走滑型发震断层长度和相应地震最大震级的数据，并得到走滑型发震断层分段长度与该段上发生地震的最大震级之间具有明显的关系，发震断层越长，发生地震的震级越大（见表4-8）。

表4-8 走滑型发震断层段上各震级段地震的发震断层段长度

断层类型与长度	震级段					
	6	6.5	7	7.5	8	8.5
走滑型发震断层长度（千米）	15	30	45	80	140	240

资料来源：董瑞树，冉洪流，高铮. 中国大陆地震震级和地震活动断层长度的关系讨论［J］. 地震地质，1993（4）：395-400.

董瑞树等（1993）[②] 根据我国12个不同作者的有关断层长度与震级的统计关系，综合回归了中国东部的断层长度与震级的关系式，根据这个关系式得到断层长度与震级对应表（见表4-9）。

[①] 环文林，汪素云，宋昭仪. 中国大陆内部走滑型发震构造的构造应力场特征［J］. 地震学报，1994（4）：455-462.

[②] 董瑞树，冉洪流，高铮. 中国大陆地震震级和地震活动断层长度的关系讨论［J］. 地震地质，1993（4）：395-400.

表4-9　断层长度与震级对应表（中国东部）

震级	6	6.5	7	7.5	8
断层长度（千米）	15 10~20	30 20~40	55 40~70	100 70~140	180 120~250

资料来源：董瑞树，冉洪流，高铮. 中国大陆地震震级和地震活动断层长度的关系讨论［J］. 地震地质，1993（4）：395-400.

由此可以看出，各级地震对应的断层长度的大致范围，不同作者统计结果的趋势是大致相同的。因此，断层长度与震级的关系可以作为判定发震构造最大潜在地震的依据之一。

③潜在震源区震级上限的综合评定。确定潜在震源区震级上限时，不是以某一个条件作为依据，也不是采用个别震例简单的构造对比，而是综合考虑潜在震源区内地震活动的状况、地震发生的构造环境、现代构造应力场作用下的发震断层的活动性质和活动性，以及发震构造的规模等因素。对于每一方面的依据，都是采用大量数据的统计结果，作为构造对比的依据。

（4）潜在震源区边界的确定。

①高震级（包括上限8.5级、8级、7.5级和7.0级）潜在震源区在确定潜在震源区范围时，考虑到高震级的潜在震源区的发震构造条件较为明确，地震多发生在一些特殊构造部位，因此对于构造条件较为明确、发震构造较清楚的高震级潜在震源区应尽可能划小，勾画出震中可能的分布范围，以突出大地震活动空间不均匀性的特点，减少由于高震级档潜在震源区过大引起的平均稀释效应。这类潜在震源区宽度一般为15~20千米。对于发震构造由两条以上发震断裂平行分布的高震级档潜源，可适当划大一些，宽度一般20~30千米。

②低震级（上限6.5级及6.0级）潜在震源区对于发震构造条件不十分清楚、空间分布不确定性因素较大、发生过6.5级以下地震的较低震级地震的潜在震源区，该潜在震源区适当划大或划多一些，以适应当前对这类地震的认识水平和进行不确定性分析。

（5）潜在震源区的划分结果。

根据区域地震构造特征和地震活动特征的分析，以及各级地震发震构造条件的研究结果，按上述潜在震源区划分的原则和方法，结合天津及周边地震构造、地震活动环境的研究成果，同时采用最新的区划研究成果，对潜在震源区进行了复核与修定，对天津市及周边地区的潜在震源区进行了划分，划分结果详见图 4 – 18。

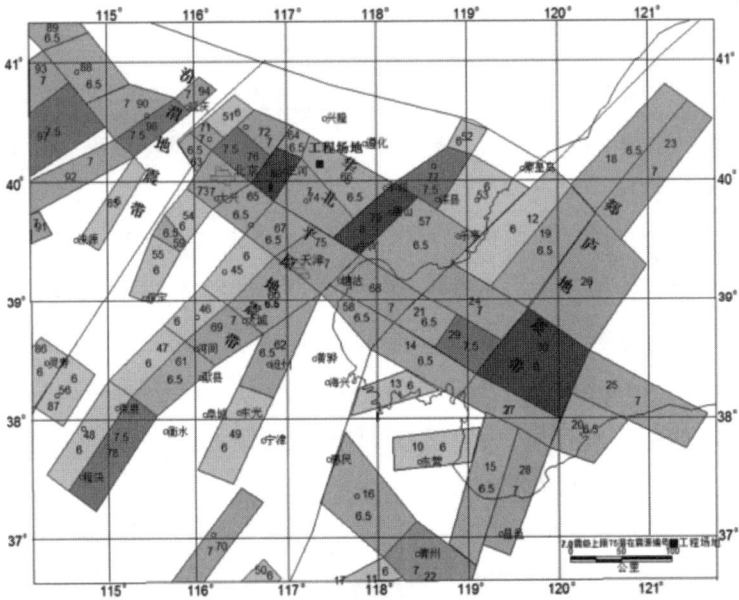

图 4 – 18　天津市及周边地区潜在震源区划分

①三河潜在震源区（80）。该区位于大厂断陷盆地。大厂断陷盆地是一个新生代断陷，其西侧受北北东向夏垫断裂控制，东侧边界受香河断裂控制。夏垫断裂是切割莫霍面的深断裂，经钻孔揭示，第四纪有活动，第四系底面落差达 300 米以上，北段与北西向 20 里长山断裂相接，同近东西向邦均断裂相交汇，该区也是莫霍面的转折和布格重力异常扭曲部位。区内历史上发生过 1536 年通县南 6 级地震和 1679 年 8 级大地震。1970 年以来小地震分布范围大致与潜源边界尺寸相当。按历史地震重演原则，震级上限定为 8.0 级。

②唐山潜在震源区（79）。该区位于磁县—唐山北东向断裂带与燕山—渤海北西向断裂带的交汇部位，处于上地幔隆起的边缘地带。最近一些学者根据人工地震测深资料认为区内 NE 断裂为切割莫霍面的深大断裂。1976 年唐

山 7.8 级大地震发生后，形成了 NE 向的余震密集分布区，其分布范围大致与潜源边界尺寸相当，垂直形变资料表明该区为明显的形变异常带，构造活动非常活跃。按照历史地震重演的原则，将该区震级上限定为 8.0 级。

③天津潜在震源区（75）。该区位于唐山潜在震源区之南，大城—唐山地震构造带与张家口—渤海地震带的交汇区，是构成未来强震危险的构造背景。另外，区内有北东向沧东大断裂通过，并与海河断裂等次一级北西向断裂相交汇，地壳深部处于上地幔、莫霍面隆起的边缘部位，现代小地震活动也较为频繁。历史上曾有造成一定破坏的 1815 年葛沽 5 级地震发生。根据海河断裂探测与评价结果，认为该断裂上有发生 6.5 级地震的可能。根据构造类比法则，本区震级上限定为 7.0 级。

④宝坻潜在震源区（67）。该区位于唐山潜在震源区之西，区内有宝坻凸起和王草庄凸起，西侧与三河凹陷相邻。区内主要有东西向的宝坻断裂分别与北西向的蓟运河断裂交汇、与北东向的桐柏断裂交汇。人工地震反射剖面资料表明，宝坻断裂是一条第四纪有明显活动的断裂。该潜在震源区中小震活动十分活跃，历史上及近期发生过 5.0、5.5、5.8 级地震。根据构造类比原则，将本区震级上限定为 7.0 级。

⑤北京 7.5 级潜在震源区（76）。该潜源划分的主要依据是区内存在北东向和北西向两组交汇的第四纪活动断裂，包括北东向黄庄—高丽营断裂、八宝山断裂、小汤山—东北旺断裂和北西向永定河断裂。历史上曾发生过 1057 年 6.7 级地震，1730 年 6.5 级地震。1970 年以后的仪器记录地震有 52 次，其中 2~2.9 级地震 44 次、3~3.9 级地震 8 次，最大地震为 3.6 级，地震活动频繁，现代弱震沿断裂活动段密集分布。因此，本区地震上限为 7.5 级。

（四）潜在震源区的地震活动性参数

地震危险性概率分析方法采用的地震活动性参数包括地震统计单元和潜在震源区的地震活动性参数两部分。地震统计单元的地震活动性参数包括震级上限 M_{uz}，起算震级 M_0，等级频度关系式中的 b 值，采用"泊松模型"描述地震活动过程所需的地震年平均发生率 v。为了恰当地把地震带年平均发生率分配到每个潜在震源区，还要确定相关地震带中各潜在震源区的空间分布函数，以及各潜在震源区等震线椭圆长轴走向分布函数。

1. 地震活动性参数确定的原则

（1）以地震活动带作为地震活动性参数的基本统计单元。

（2）为保持地震事件的独立性和随机性，消除大地震余震和震群的影响。

（3）由地震活动趋势分析来衡量与评价未来地震活动水平，对年平均发生率 v 进行调整。

（4）按震级档来进行年平均发生率的分配，并采用空间分布函数来描述地震活动的时空不均匀性。

（5）用综合评定方法确定空间分布函数时，各项因子的选择既要反映各潜在震源区存在的可靠性，也要考虑到地震活动时空的非均匀性，还要尽量吸收中长期地震预报研究中的结果。

2. 潜在震源区地震活动性参数确定

（1）潜在震源区的震级上限 M_u。潜在震源区的震级上限 M_u 是指该潜在震源区内可能发生的最大地震。

（2）空间分布函数。在地震统计区内，需把地震统计区各震级档地震的年平均年发生率分配给各相应的潜在震源区。这里采用空间分布函数，根据各潜在震源区发生不同震级档地震可能性的大小，对统计区各震级档的地震年平均发生率进行不等权分配。空间分布函数的物理含义是地震统计区内发生一个 m_j 档震级的地震落在第 i 个潜在震源区内概率的大小。在同一地震统计区内空间分布函数满足归一条件：

$$\sum_{i=1}^{n} f_{i,m_j} = 1 \qquad （对不同震级档 m_j）$$

这里 n 为地震统计区内第 m_j 档潜在震源区的总数。在本书中，m_j 从 4.0 到 8.5 共分成 7 个震级档，即 4.0～4.9，5.0～5.4，5.5～5.9，6.0～6.4，6.5～6.9，7.0～7.4，≥7.5。

（3）椭圆长轴取向及其方向性函数。等震线长轴的取向与地震震源的破裂方式有关，而震源破裂方式又可以通过等震线形态和震源机制的研究结果来了解。一个地区等震线长轴的取向主要来源于对该地区等震线几何形状的统计研究。李钦祖（1980）[①] 和许忠淮（1979）[②] 等曾分别讨论过，华北地区等震线长轴取向有两个明显的优势方向，即北东向和北西西向，二者频数之比约为7:3。

在地震危险性分析计算中，等震线取向与相应潜在震源区的构造走向有关，其方向性函数可表示为

$$f(\theta) = P_1\delta(\theta_1) + P_2\delta(\theta_2)$$

式中，θ 为潜在震源区内构造走向与正东方向的夹角；P_1 和 P_2 为相应的取向概率。θ、P_1 和 P_2 在同一潜在震源区内相同，不同的潜在震源区可以不同。具体确定时，按以下三种情况分别取值：单一断层性质，主破裂面沿研究区构造走向，只有一个走向，其主破裂方向均取为新活动构造的走向；共轭断层性质，某些潜在震源区，两个方向的断裂相交汇，难以分清哪一组为主，两个方向的权重各占50%；一组断层为主，另一组断层为辅，主干断裂走向的概率为70%，分支断裂走向的概率为30%。

（五）地震动预测方程

利用地震危险性概率分析时，需要利用地震动预测方程来计算工程场地的地震动参数。目前，地震动预测方程的确定一般采用经验方法，即根据地震烈度资料和强震动观测资料，用统计方法得到相应的地震动预测方程。

地震动预测方程应能反映高频地震动的震级和距离饱和特性。根据俞言祥研究员的研究[③]，基于地震背景、构造背景、区域地下介质差异等，全国的水平向基岩地震动加速度反应谱预测方程分为4个区给出。天津属于东部强震活跃区，即华北地震区除鄂尔多斯地震带的其他区域。

① 李钦祖. 华北地壳应力场的基本特征 [J]. 地球物理学报, 1980 (4): 376 – 388.

② 许忠淮, 刘玉芬, 张郢珍. 京、津、唐、张地区地震应力场的方向特征 [J]. 地震学报, 1979 (2): 121 – 132.

③ 俞言祥, 汪素云. 中国东部和西部地区水平向基岩加速度反应谱衰减关系 [J]. 震灾防御技术, 2006 (3): 206 – 217.

采用的模型如下：

当 $M < 6.5$ 时，

$$\lg Y(M,R) = A_1 + B_1 M - C\lg(R + D\exp(E \times M))$$

当 $M \geqslant 6.5$ 时，

$$\lg Y(M,R) = A_2 + B_2 M - C\lg(R + D\exp(E \times M))$$

其中，M 为面波震级；R 为震中距；A_1、A_2、B_1、B_2、C、D、E 为模型系数。

模型系数详见表 4 - 10、表 4 - 11。

表 4 - 10 东部强震活跃区基岩水平向加速度反应谱预测方程模型系数（长轴）

T (S)	A	B	A	B	C	D	E	F
PGA	2.021	0.673	3.365	0.135	2.329	2.088	0.399	0.215
0.01	2.018	0.671	3.617	0.132	2.322	2.088	0.399	0.261
0.05	2.205	0.651	3.706	0.123	2.319	2.088	0.399	0.266
0.07	2.315	0.650	3.771	0.425	2.307	2.088	0.399	0.265
0.10	2.156	0.510	3.903	0.117	2.297	2.088	0.399	0.261
0.12	2.193	0.637	3.855	0.127	2.291	2.088	0.399	0.261
0.16	2.617	0.632	3.798	0.119	2.306	2.088	0.399	0.261
0.20	2.558	0.613	3.680	0.170	2.309	2.088	0.399	0.261
0.21	2.320	0.675	3.632	0.172	2.290	2.088	0.399	0.261
0.26	2.091	0.696	2.511	0.172	2.219	2.088	0.399	0.270
0.30	1.878	0.715	3.126	0.177	2.211	2.088	0.399	0.271
0.31	1.852	0.715	3.301	0.191	2.212	2.088	0.399	0.273
0.40	1.501	0.765	3.262	0.191	2.211	2.088	0.399	0.271
0.50	1.358	0.776	3.026	0.519	2.211	2.088	0.399	0.283
0.60	1.001	0.811	2.885	0.521	2.187	2.088	0.399	0.283
0.80	0.650	0.817	2.608	0.515	2.171	2.088	0.399	0.291
1.00	0.226	0.895	2.109	0.559	2.157	2.088	0.339	0.300
1.20	0.006	0.917	2.227	0.571	2.159	2.088	0.399	0.315
1.50	0.095	0.909	1.813	0.610	2.451	2.088	0.399	0.330
1.70	0.196	0.909	1.621	0.629	0.112	2.088	0.399	0.338
2.00	0.666	0.936	1.217	0.611	2.017	2.088	0.399	0.312
2.10	0.781	0.917	0.709	0.687	2.011	2.088	0.399	0.333
3.00	1.011	0.920	0.279	0.720	1.972	2.088	0.399	0.310

续表

T（S）	A	B	A	B	C	D	E	F
4.00	1.211	0.909	0.368	0.773	1.937	2.088	0.399	0.336
5.00	1.117	0.900	0.880	0.817	1.906	2.088	0.399	0.333
6.00	1.132	0.859	1.132	0.859	1.857	2.088	0.399	0.333

注：σ 为标准差；适用范围 M 为 5.0～8.5、R 为 0～200km。

表 4－11　东部强震活跃区基岩水平向加速度反应谱预测方程模型系数（短轴）

T（S）	A_1	B_1	A_2	B_2	C	D	E	F
PGA	1.201	0.661	2.789	0.120	2.016	0.911	0.117	0.215
0.01	1.211	0.663	2.837	0.118	2.010	0.911	0.117	0.261
0.05	1.393	0.615	2.933	0.108	2.007	0.911	0.117	0.266
0.07	1.517	0.639	3.005	0.111	1.997	0.911	0.117	0.265
0.10	1.665	0.629	3.110	0.102	1.988	0.911	0.117	0.261
0.12	1.707	0.625	3.091	0.112	1.985	0.911	0.117	0.261
0.16	1.811	0.622	3.053	0.131	1.997	0.911	0.117	0.261
0.20	1.779	0.628	2.918	0.151	1.999	0.911	0.117	0.261
0.21	1.533	0.662	2.868	0.157	1.983	0.911	0.117	0.261
0.26	1.309	0.685	2.786	0.458	1.918	0.911	0.117	0.270
0.30	1.095	0.707	2.677	0.161	1.915	0.911	0.117	0.271
0.31	1.068	0.706	2.558	0.177	1.916	0.911	0.117	0.273
0.40	0.698	0.759	2.501	0.182	1.919	0.911	0.117	0.271
0.50	0.557	0.769	2.265	0.507	1.919	0.911	0.117	0.276
0.60	0.196	0.810	2.122	0.511	1.897	0.911	0.117	0.283
0.80	0.162	0.811	1.851	0.535	1.887	0.911	0.117	0.291
1.00	0.599	0.895	1.611	0.550	1.873	0.911	0.117	0.300
1.20	0.815	0.915	1.155	0.567	1.875	0.911	0.117	0.315
1.50	0.910	0.907	1.087	0.600	1.871	0.911	0.117	0.330
1.70	1.000	0.906	0.869	0.619	1.861	0.911	0.117	0.338
2.00	1.119	0.931	0.516	0.632	1.779	0.911	0.117	0.312
2.10	1.521	0.911	0.002	0.677	1.718	0.911	0.117	0.313
3.00	1.733	0.912	0.111	0.710	1.716	0.911	0.117	0.310
4.00	1.932	0.898	1.038	0.761	1.686	0.911	0.117	0.336
5.00	2.075	0.887	1.532	0.801	1.659	0.911	0.117	0.333
6.00	2.011	0.811	2.011	0.811	1.617	0.911	0.117	0.333

注：σ 为标准差；适用范围 M 为 5.0～8.5、R 为 0～200km。

六、 场地调整

通过地震危险性计算，得到的是基岩地震动加速度及基岩地震动反应谱，还需要根据场地条件进行调整。中国地震动参数区划图编制组基于多年的场地资料，考虑到全国的场地分布情况，考虑场地影响，给出了全国平均场地（Ⅱ类场地）的地震动参数区划。

根据中国地震动参数区划图，其他类型场地的地震动参数根据实际场地进行调整，一方面调整特征周期，另一方面调整地震动参数。调整表及调整系数详见表 4-12 和表 4-13。

表 4-12　场地基本地震动加速度反应谱特征周期调整表　单位：秒

Ⅱ类场地基本地震动加速度反应谱特征周期分区值	场地类别				
	I_0	I_1	Ⅱ	Ⅲ	Ⅳ
0.35	0.20	0.25	0.35	0.45	0.65
0.40	0.25	0.30	0.40	0.55	0.75
0.45	0.30	0.35	0.45	0.65	0.90

表 4-13　场地地震动峰值加速度调整系数 F_a

Ⅱ类场地地震动峰值加速度值	场地类别				
	I_0	I_1	Ⅱ	Ⅲ	Ⅳ
≤0.05g	0.72	0.80	1.00	1.30	1.25
0.10g	0.74	0.82	1.00	1.25	1.20
0.15g	0.75	0.83	1.00	1.15	1.10
0.20g	0.76	0.85	1.00	1.00	1.00
0.30g	0.86	0.95	1.00	1.00	0.95
≥0.40g	0.90	1.00	1.00	1.00	0.90

第二节　房屋结构地震易损性分析

我国是受地震灾害最严重的国家之一，全国有 67% 的大城市位于地震烈度7度及7度以上的地区。随着我国经济的迅速发展和城市化的快速推进，因地震造成的损失有不断扩大的趋势。

2008年5月12日14时28分04秒，四川汶川发生了里氏8.0级强震。汶川地震震源深度为10～20千米。此次地震破坏性巨大，最大烈度区达到XI度，是中华人民共和国成立以来破坏性最强、波及范围最广的一次地震。地震影响范围包括震中50千米范围内的县城和200千米范围内的大中城市。中国除黑龙江、吉林、新疆外均有不同程度的震感，陕西、甘肃、宁夏、天津、青海、北京、山西、山东、河北、河南、安徽、湖北、湖南、重庆、贵州、云南、内蒙古、广西、广东、海南、西藏、江苏、上海、浙江、辽宁、福建等全国多个省（自治区、直辖市）及港澳台地区有明显震感，甚至泰国、越南、菲律宾、日本等地均有震感。地震共造成69142人遇难、17551人失踪、374065人受伤、4624万人受灾。地震造成的直接经济损失高达8451亿元。

2010年4月14日7时49分40秒，青海省玉树县发生里氏7.1级地震，此次地震属于强烈的浅源性地震，地震震源深度约为14千米。这次地震的主要特点是震区余震活动频繁，截至19日8时，中国地震台网中心共记录到玉树地震余震总数为1206个，其中3.0级以上余震有12个。截至4月25日下午17时，玉树地震造成2698人遇难、270人失踪、12135多人受伤，受灾人数达20万人。

汶川地震和玉树地震带来的巨大损失，给我们以沉痛的教训，那就是必须提高建筑物的抗震性能，评估建筑物在地震情况下的破坏情况。通过对建筑物进行结构地震易损性分析，能指明预测对象在现今的或一个时期的震害类型、震害分布、严重程度及可能造成的损失，还可以评估地震的危害程度和社会影响，有针对性地制定防御和减轻地震灾害的对策，从而可以有效地提高抗灾工作的科学性和有效性，最大限度地减轻人员伤亡和财产损失，保障社会经济的可持续发展。

对结构进行易损性分析可以更好地了解结构的抗震能力，清晰地给出结构存在的薄弱环节，进一步提出合理的抗震设计方法和构造措施，使结构设计更加合理，最终减少未来可能发生地震带来的损失。因此对结构进行易损性分析显得尤为重要。易损性曲线反映了结构在确定的地震动作用下达到或超越某种特定极限状态的概率。地震动的强度通常情况下通过一系列参数表达：烈度、水平地面运动峰值（a、v 或者 d），或者相对于一个重要结构周期的谱值（Sa，Sv，Sd）。结构的极限状态通常被划分为三个到五个。采用五个极限状态划分等级：完好、轻微破坏、中等破坏、严重破坏、毁坏。

一、 地震易损性分析方法概况

从广义上讲，结构地震易损性分析包括建立地震动强度与结构破坏程度之间的关系及建立结构破坏程度与经济损失之间的关系两个方面，但是在结构工程中，结构地震易损性定义为结构在确定地震强度作用下，结构达到或超过某种极限状态的条件失效概率。分析地震易损性时，需获知建筑物所在场地的地面运动特性和建筑物的恢复力特性，用结构动力分析的方法求出结构的内力或变形等，结合相应的破坏标准，就能评价建筑物的抗震性能并评估其震害，这样完成对地震强度和建筑物震害之间的关系的分析，即结构地震易损性分析。

（一）结构物抗震能力的物理表征

结构在外力作用下的破坏状态的划分有不同的方式，如国外大部分使用的三个破坏状态。[①] 目前国内普遍使用的是五个破坏等级划分方式，即划分为基本完好、轻微破坏、中等破坏、严重破坏和毁坏五个等级。宏观定性方式描述是建立在大量的宏观震害调查的基础上的，不同结构类型的破坏状态的描述是不同的。在《建（构）筑物地震破坏等级划分》（GB/T 24335—2009）中给出的划分原则：以承重构件的破坏程度为主，兼顾非承重构件的破坏程度，并考虑修复的难易和功能丧失程度的高低。在定量评估方法中，胡聿贤首次提出了结构的震害指数概念，定量地描述了结构地震的破坏程度。在易

---

① 尹之潜. 结构易损性分类和未来地震灾害估计 [J]. 中国地震，1996（1）：49－55.

损性的研究中,很多学者都提出过对建筑结构的地震破坏状态进行定量评估的方法,同时也指出结构破坏等级的量化指标可用一个或多个性能参数来表示,即通过物理量描述和定义结构的不同破坏状态。这些物理量必须能够反映结构的抗震能力,可以为强度、刚度、延性比、位移、震害指数等,不同结构形式和不同材料的建筑可以采用不同的物理量来表征。

(二)结构地震易损性分析方法

近年来,结构地震易损性分析的研究取得了很多成果,主要归类有如下几种方法。

1. 经验统计方法

经验统计方法主要依据地震所造成的房屋震害的历史资料,统计得出地震烈度与不同结构破坏的比例关系。这种统计方法适用于量大面广、震害经验丰富的建筑物易损性估计,要求有足够数量的震例作为统计样本。目前,工业厂房的震害资料主要是未经抗震设计房屋的震害资料,随着经济的快速发展,我国经过抗震设计的房屋越来越多,就必须针对现有的建筑进行再次统计。

随着研究的不断深入,人们发现这种基于地震烈度的结构地震易损性分析方法在逻辑上不严密。文献提出了改进方法,是以不同的调查者对建筑物破坏状态描述基本一致为前提,直接从破坏状态入手的一种易损性估计方法。它以超越中等破坏的概率为基础,引入了无量纲烈度(PSI)来表征地震对建筑物的破坏程度,所以没有将破坏概率直接与地震烈度联系在一起,改善了其离散性。

2. 基于震害指数的结构地震易损性分析

震害指数是评价某个结构或构件在受到地震作用后的破坏状态的无量纲指数。[①] 震害指数克服了震害等级划分宏观描述过于模糊化以及使用中难以界

---

① 1. 薄景山,张建毅,孙平善,李伟,李平. 震害指数及有关问题的讨论〔J〕. 自然灾害学报,2012,21(6):37-42.

定的缺点，给出了震害等级的震害指数划分范围，并与地震烈度或者地震动参数建立——对应关系。该方法主要集中在震害指数模型的研究中，国内外震害指数的模型研究成果很多。

3. 理论计算方法

目前常用的是数值模拟的方法，采集大量地震记录样本和随机结构样本进行结构动力分析，然后通过统计分析得出结构地震易损性曲线。[①] 结构地震易损性的概率分析包括结构概率能力分析和概率地震需求分析，其中提出了很多方法，如采用 Pushover 分析结构的抗震能力曲线；地震需求分析中通常使用最大的地表加速度峰值、最大的地表速度峰值或谱加速度等。另外是通过模型振动台实验进行结构动力分析，得出地震动参数与结构抗震参数的关系。这种方法适用于历史经验不足的建筑物和特殊的单体结构物。对不同的结构抗震参数的研究，形成了许多不同方法，如基于强度、上柱受弯指数、延性系数、强柱系数、层间位移角等。

4. 专家系统方法

专家系统方法包括 HAZUS 系列，以及在 GIS 环境下的建筑物震害损失评估方法，该方法建立了地震危险性、结构物及相应的设施的清单和结构易损性之间的关系。

5. 综合评判法

对于一些老旧民房、古建筑及各地民俗特有结构，通常只有进行现场勘查，由专家根据经验和通过各构件的分项系数形式进行宏观定性的判定。

6. 神经网络方法

神经网络方法可视为一种非线性映射的数学模型或分类器，通过对已知样本的学习，在模型的输入和输出之间建立起一种对应关系，利用这种映射关系可以对未知样本进行估计或分类。

---

① 杨光，鹿群. 基于 Pushover 能力谱法的 RC 框架结构地震易损性分析 [J]. 天津城建大学学报，2015，21（5）：339－342＋384.

7. 特征类比法

特征类比法首先利用其他方法获得一类有代表性的建筑物的结构易损性矩阵，建立数据库，通过不同建筑物之间的类比，提出相应的修正参数，从而推导出其他建筑物易损性矩阵。这种方法主要用于群体建筑易损性分析和小区、城市震害预测分析中。

二、 单体地震易损性分析

（一） 建筑地震破坏等级划分

结构物都是由许多个部件、构件组合而成的，如梁、柱、墙、楼板和屋面系统，这些部件和构件使用的建筑材料目前主要是钢筋混凝土和砖、石砌体等。结构物的破坏通常是由构件及其连接的破坏引起的。

建筑物的破坏状态通常可以分为五个等级：基本完好、轻微破坏、中等破坏、严重破坏和毁坏，这些破坏状态可以用多个指标来定义和描述，其中包括主观性的模糊变量和确定性的物理量。[①] 根据"中国地震烈度表"（2008），震害指数是房屋震害程度的定量指标，以 0.00～1.00 的数字表示由轻到重的震害程度。

房屋破坏等级及其对应的震害指数如下：

（1）基本完好：承重和非承重构件完好，或个别非承重构件轻微损坏，不加修理可继续使用。对应的震害指数范围为 $0.00 \leqslant D < 0.10$。

（2）轻微破坏：个别承重构件出现可见裂缝，非承重构件有明显裂缝，不需要修理或稍加修理即可继续使用。对应的震害指数范围为 $0.10 \leqslant D < 0.30$。

（3）中等破坏：多数承重构件出现轻微裂缝，部分有明显裂缝，个别非承重构件破坏严重，需要一般修理后可使用。对应的震害指数范围为 $0.30 \leqslant D < 0.55$。

----

① 尹之潜. 结构易损性分类和未来地震灾害估计 [J]. 中国地震，1996（1）：49－55.

（4）严重破坏：多数承重构件破坏较严重，非承重构件局部倒塌，房屋修复困难。对应的震害指数范围为 $0.55 \leqslant D < 0.85$。

（5）毁坏：多数承重构件严重破坏，房屋结构濒临崩溃或已倒毁，已无修复可能。对应的震害指数范围为 $0.85 \leqslant D < 1.00$。

事实上，在评定地震烈度时，Ⅰ～Ⅴ度应以地面上及底层房屋中人的感觉和其他震害现象为主；Ⅵ～Ⅹ度应以房屋震害为主。因此，可建立房屋破坏与震害指数、地震烈度的对应关系。构件破坏等级、构件震害等级、震害指数与破坏等级关系参见表 4 - 14 至表 4 - 16，房屋破坏情况与地震烈度关系参见"中国地震烈度表"（2008）。

表 4 - 14　构件破坏等级

破坏等级	钢筋混凝土构件	砖墙	砖柱	屋面系统和楼板
Ⅰ级	破坏处混凝土酥碎，钢筋严重弯曲，产生了较大变位或已折断	产生了多道裂缝，近于酥碎状态或已倒塌	已断裂，受压区砖块酥碎脱落或已倒塌	屋面板（或楼板）坠落或滑动，支撑系统弯曲失稳，屋架坠落或倾斜
Ⅱ级	破坏处表层脱落，内层有明显裂缝，钢筋外露略有弯曲	墙体有多道显著裂缝或严重倾斜	断裂，受压区砖块酥碎	屋面板错动，屋架倾斜，支撑系统变形明显
Ⅲ级	破坏处表层有明显裂缝，钢筋外露	墙体有明显裂缝	柱有水平通缝	屋面板松动，支撑系统有可见变形
Ⅳ级	构件表层有可见裂缝，对承载能力和作用无影响	构件表层有可见裂缝，对承载能力和作用无影响	构件表层有可见裂缝，对承载能力和作用无影响	有可见裂缝或松动

表 4 - 15　构件震害等级

震害等级	宏观现象
毁坏	大部分构件为Ⅰ级或Ⅱ级破坏，结构已濒临倒毁或已倒毁，已无修复可能，失去了结构设计时的预定功能
严重破坏	大部分构件为Ⅱ级破坏，个别构件有Ⅰ级破坏，难以修复
中等破坏	部分构件为Ⅲ级破坏，个别构件有Ⅱ级破坏现象，经修复仍可恢复原设计的功能
轻微破坏	部分构件为Ⅳ级破坏，个别构件有Ⅲ级破坏现象
基本完好	各部分构件均无损坏，或个别构件有Ⅳ级损坏现象

表 4 - 16 震害指数与破坏等级关系

破坏等级	基本完好	轻微破坏	中等破坏	严重破坏	毁坏
震害指数范围	$D \leq 0.1$	$0.1 < D \leq 0.3$	$0.3 < D \leq 0.55$	$0.55 < D \leq 0.85$	$D > 0.85$
震害指数 D_j 取值	0.05	0.2	0.45	0.7	0.9

地震易损性是指在不同强度水平的地震作用下建筑结构发生各种破坏的条件概率。易损性矩阵是易损性分析最常用的表达工具之一，又称破坏概率矩阵。

(二) 结构易损性分析方法

房屋建筑结构地震易损性分析方法是当前地震工程界和土木工程界的研究热点。按震害数据来源及处理方法的不同主要分为基于数据调查的经验分析法和基于数值模拟的理论计算法。基于震害调查的经验分析法是易损性分析方法中最直接简便的方法，仅需要专家学者通过对震害资料的调查补充并结合自身经验对建筑物进行易损性分析，并且对同类建筑进行易损性分析时可以借鉴之前的分析结果，具有延续性。基于震害调查的经验分析法能直接反映地震对建筑物造成的破坏，也能真实反映结构的实际抗震性能，但在实际应用中存在一定的局限，具体表现在：（1）由于烈度、场地条件不同，房屋破坏数据收集困难，通常样本数量有所局限。（2）由于房屋实际建造的人为因素和风俗民情不同，收集的破坏房屋数据代表性可能不够，对应得到的分析结构也可能不代表按照规范设计的房屋的抗震性能。（3）在震害资料收集过程中，人为因素影响比较大。（4）拥有丰富震害资料的结构形式和地区才适用此方法。由于基于震害调查经验分析法的各种不足，且建筑工程对震害预测精度和准确度不断提高，越来越凸显出基于数值模拟的理论计算法的重要性。基于数值模拟的易损性分析方法又称为解析法。弹性谱法是建立易损性曲线最简便和耗时最小的解析法。确定了结构每个构件或结构的能力和需求，求出能力需求比和相应的不同水平震动下的破坏状态，即可得到易损性矩阵和易损性曲线。

三、 简易地震易损性分析方法

（一）砌体房屋简易易损性分析方法

砌体房屋结构破坏类型。对于刚性砖房，由于强烈的地震作用，使砌体房屋产生无法承受的惯性力而破坏。[①] 从墙体的开裂和房屋倒塌，有剪切型破坏和倾覆型破坏两种。一是砌体房屋的剪切型破坏。砌体房屋的破坏，大多是剪切型的破坏。剪切型的破坏有三种形式：（1）主拉应力的剪切破坏，也叫作斜拉破坏。破坏一般是先在墙体上出现主拉应力的斜向或交叉裂缝，进而滑移、错位、破碎、散落，甚至丧失承受竖向荷载的破坏坍塌。倒塌的房屋墙体散落四周，楼层盖叠在一起，且侧移不大。破坏大致可以分为开裂—滑移—碎落—压塌四个阶段。（2）水平剪力破坏。这种破坏是沿着砌体的灰缝或有水平滑移和错动。（3）弯剪破坏。裂缝形式也为水平缝，发生在墙体上下两端，并往往伴随有受压区的崩裂。在震害实例中这种弯剪破坏只发生在细长的窗间和门间窗上。二是砌体房屋的倾覆型破坏。此种破坏是由于整体连接破坏后所造成的，这种倾覆型破坏多半只是外纵墙倾倒。

砌体房屋的简易易损性分析方法。影响砌体结构的主要因素——墙的剪力。墙体的抗剪强度是砖结构抗震能力的主要标志。求解主要因素——以墙的抗剪强度为主要因素求出抗剪强度的表达式。考虑其他次要因素进行二次判别（修正）——考虑到设计标准、构造措施、施工质量等次要因素进行抗力调整。楼层平均抗剪强度新方法：楼层平均抗剪强度法是尹之潜1988年在大同市多层砖房的震害预测中提出来的。该法认为砖结构主要是由墙体抵抗地震力，墙体的破坏主要由剪力引起，因而采用楼层单位面积的平均抗剪强度作为砖结构抗震能力的标志，同时考虑结构质量等方面的影响进行修正，并根据震害经验，统计出平均抗剪强度在各震害等级的界限值，依次来判定震害等级。

---

① 尹之潜，李树桢，赵直，杨淑文. 地震灾害预测与地震灾害等级［J］. 中国地震，1991（1）：11–21.

式（4-1）中，R_s 为第 s 层的抗力值，即

$$R_s = \alpha \frac{\sum F_k}{2A_s} R_\tau \qquad (4-1)$$

式中，α 为楼层地震剪力折算系数；F_k 为第 s 层楼第 k 片墙的断面积（平方厘米）；A_s 为第 s 层楼的建筑面积（平方米）；R_τ 为墙体抗剪强度（×10牛/平方厘米）。

地震剪力折算系数为

$$\alpha = \frac{2n+1}{3\sum\limits_{s}^{n} i} \qquad (4-2)$$

式中，i 为楼层序号；S 为计算楼层序号；n 为总楼层数。

砌体抗剪强度，考虑正压力砌体的抗剪强度可近似用式（4-3）计算：

$$R_\tau = 0.14(n-s+1) + 0.14R_m + 0.5 \qquad (4-3)$$

式中，R_m 为砂浆标号。

通过对足够数量的不同震害的砖结构的抗力分析，得到结构的破坏程度与它们抗力均值的关系：

$$
\left.
\begin{aligned}
&6\text{ 度地震}: D_s(6) = 1.978 - 0.007R_s\\
&7\text{ 度地震}: D_s(7) = 1.977 - 0.006R_s\\
&8\text{ 度地震}: D_s(8) = 1.975 - 0.005R_s\\
&9\text{ 度地震}: D_s(9) = 1.866 - 0.004R_s\\
&10\text{ 度地震}: D_s(10) = 1.74 - 0.003R_s\\
&11\text{ 度地震}: D_s(11) = 1.621 - 0.002R_s
\end{aligned}
\right\} \qquad (4-4)
$$

考虑到结构质量和设计标准等因素对结构抗震能力的影响，对式（4-5）中的结果修正如下。

$$D_{sm}(I) = D_s(I)(1 + \sum C_i) \qquad (4-5)$$

式中，C_i 为抗力修正系数。考虑到设计标准、构造措施、施工质量等因素对建筑抗震能力的影响，对抗力的修正系数，可按表4-17修正。$D_{sm}(I)$ 为修正后

的 s 楼层的震害指数，按表 4 - 18 确定楼层的破坏等级。为了使式（4 - 5）中的修正不受负值和零值的影响，在 $D_s(I)$ 的计算结果里面，如果有零值或者负值，按式（4 - 5）修正时修正后的 s 层的抗震指数 $D_s(I)$ 均取 0.05 计算。利用式（4 - 1）、式（4 - 4）和式（4 - 5）可以求出一座建筑各楼层的震害等级，根据各楼层的破坏等级，利用表 4 - 18 可以判断出整座建筑的破坏等级。

表 4 - 17　砌体结构修正系数 C 值

条件	修正系数	
	满足	不满足
（1）墙的间距符合现行的抗震设计规范 6 度要求，每增加 1 度，系数 - 0.1	0	0.10
（2）墙的高度符合现行的抗震设计规范 6 度要求，每增加 1 度，累计 - 0.1	0	0.1
（3）符合刚性楼板、刚性楼顶要求，随刚度减小，累计 + 0.15	0	0.15
（4）结构无明显质量问题，房屋使用每增加 10 年，累计 + 0.05	0	0.05
（5）平面和立面规整	0	0.10
（6）设置刚性圈梁和构造柱，随刚度降低，累计 + 0.1	- 0.40	0.0

表 4 - 18　震害等级对应的震害指数的中值和上下限

震害等级	定义的震害指数（D）	指数的上下限
基本完好	0	$D \leqslant 0.1$
轻微破坏	0.2	$0.1 < D \leqslant 0.3$
中等破坏	0.4	$0.3 < D \leqslant 0.55$
严重破坏	0.7	$0.55 < D \leqslant 0.85$
毁坏	1.0	$0.85 \leqslant D$

（二）钢筋混凝土结构简易易损性分析方法

目前，我国的多层和高层建筑绝大部分是钢筋混凝土结构，1995 年日本阪神地震中多层建筑就有不少这样的震例。震害预测对结构抗震能力粗略估计，量度烈度本身的物理量的离散型很大，就从这个意义上讲，没有必要精确地计算结构自身的抗震强度，简化计算结构抗震强度和地震力的方法则是必要的。[①] 根据我国目前抗震规范的设计标准，一般允许结构在遭到设计烈度

[①]　武汉大学土木建筑工程学院. 建筑抗震设计规范，GB 50011—2010 [S]. 武汉：武汉大学土木建筑工程学院，2010.

的地震时，产生可修复的破坏，即允许设计的结构抵抗地震力的强度等于或低于实际地震力。根据文献的研究，结构在地震作用下屈服后，屈服剪力系数最小的楼层相对变位最大，即变形集中现象。而且屈服剪力系数越小的结构地震时，变位越大，所以结构的破坏与楼层的屈服剪力系数有直接关系。在这里定义楼层的屈服剪力系数为这类结构的抗力，其表达式为

$$R = \frac{Q_{yi}}{Q_{Ei}} \tag{4 - 6}$$

式中，Q_{yi} 为第 i 楼层的屈服剪力；Q_{Ei} 为计算地震作用下第 i 层最大弹性反应的剪力。

1. 楼层屈服剪力

地震力主要由平行于地震作用方向的剪力墙和柱承担：

$$Q_{yi} = 0.2F_c A_{wi} + 0.25F_c B_{wi} \tag{4 - 7}$$

式中，F_c 为混凝土抗压强度；A_{wi} 为第 i 层平行于地震力方向的剪力墙总断面积；B_{wi} 为第 i 层平行于地震力方向的柱总断面积。

2. 楼层地震剪力

基本振型的地震荷载取倒三角形分布，则可得第 i 层的地震剪力为

$$Q_{Ei} = k\alpha_1 W \frac{\sum\limits_{i}^{n} W_i i}{\sum\limits_{1}^{n} W_i i} \tag{4 - 8}$$

式中，k 为等效质量系数，这里取 $k = 0.85$；α_1 为对应第 1 振型的反应谱值，根据现行规范上的标准谱取值或地震危险性分析结果给出的反应谱取值；W_i 为第 i 层楼的重量；W 为结构总重量；i 为楼层的序号。

据统计，一般钢筋混凝土建筑集中到楼板处的重量约为 10 千牛/平方米（自重和部分活荷载），如果建筑物沿高度方向的断面相等，又因

$$\sum_{1}^{n} i = \frac{n(n + 1)}{2} \tag{4 - 9}$$

式（4 - 8）可简化为

$$Q_{Ei} = \frac{17}{n+1}\alpha_1 A_i \sum_{i}^{n} i \qquad (4-10)$$

A_i 为第 i 层平行于地震力方向剪力墙和柱的总断面积。

3. 多层建筑基本周期近期计算方法

根据多层建筑实测周期的统计，得到下列近似计算周期的公式：

$$T = 0.06 + 0.046\frac{H}{\sqrt[3]{B}} \qquad (4-11)$$

式中，H 为建筑高度（米），即从室外地面至主体结构屋顶的距离；B 为建筑的宽度（米），即短轴方向的长度。式（4-11）适用于框架填充墙和框架剪力墙结构；筒体结构的周期需将公式的计算结果乘以 0.85；大板剪力墙结构用式（4-12）计算：

$$T = 0.168H \qquad (4-12)$$

钢筋混凝土结构具有最小抗力的楼层，能够产生最大的地震延伸率。具有最大延伸率的楼层对结构的破坏起主要作用。破坏最严重的楼层延伸率的均值为

$$\mu = \frac{1}{\sqrt{R}}e^{2.6(1-R)} \qquad (4-13)$$

$$\mu_x = \mu(1 + \sum C_i) \qquad (4-14)$$

式中，C_i 为修正系数，由表 4-19 确定。

表 4-19　钢筋混凝土结构的修正系数 C 值

条件	修正系数 C_i	
	满足	不满足
（1）现浇钢筋混凝土结构沿高度断面无突变	0	0.20
（2）平面对称	0	0.20
（3）施工质量良好，房屋使用每增加 10 年 + 0.05	0	0.20
（4）符合《建筑抗震设计规范》6 度设防要求，每增加 1 度 - 0.05	- 0.25	0

钢筋混凝土结构求得楼层最大延伸率后，利用表 4-20 可以计算得出破坏程度与延伸率的关系。

表 4 - 20 破坏程度与延伸率均值的关系

名称	基本完好	轻微破坏	中等破坏	严重破坏	毁坏
框架结构	$\mu_x \leqslant 1$	$1 < \mu_x \leqslant 3$	$3 < \mu_x \leqslant 6$	$6 < \mu_x \leqslant 10$	$\mu_x > 10$
剪力墙结构	$\mu_x \leqslant 1$	$1 < \mu_x \leqslant 2$	$2 < \mu_x \leqslant 3$	$3 < \mu_x \leqslant 6$	$\mu_x > 6$

第三节 天津市地震灾害风险评估与评价方法

一、 地震灾害风险评估

(一) 地震灾害风险评估研究进展

地震灾害指的是由地震所产生的，如地震动、断层破裂或者砂土液化等，具有潜在的危害或者能引起破坏或损失的能力的自然现象。地震风险，也常被习惯性地表述为地震灾害风险，是指地震灾害所引起的房屋建筑损坏或生命损失等危害后果发生的可能性。

自 20 世纪 60 年代起，日本、美国先后开始了地震灾害损失评估及预测相关的研究工作。日本在 60 年代先后经历了 1961 年美浓 7.0 级地震和 1964 年新潟 7.5 级地震，促使防灾工作得到了显著推进。1978 年的东京都防灾会议发表了《地震时各地区震害预测报告》，震害预测工作为制定地震防灾对策提供了依据。进入 21 世纪，日本在 2001 年批准启动了城市地震减灾相关重大科研计划，2006 年启动了城市地震危险预测以及城市地震安全评定相关计划。

20 世纪 70 年代，美国"国家减少地震灾害计划"组织有关研究人员开展了大尺度灾害损失研究工作，形成了 NOAA/USGS 建筑震害预测方法，通过分析灾害损失历史资料，归纳了 20 多种类型建筑的地震易损性曲线。[①] 进入 80 年代，美国联邦紧急事务管理局（FEMA）组织开展了美国的城市震害

---

① 胥卫平，肖凯灵，张亘稼. 城市地震灾害风险损失评价研究综述［J］. 西安石油大学学报（社会科学版），2010，19（2）：32 - 37.

预测与防震减灾对策研究，推出了建筑物震害预测 ATC - 13、生命线工程震害预测 ATC - 25 等一系列震害预测标准。1997 年，美国联邦紧急事务管理局和美国国家建筑科学研究所（NIBS）提出的 HAZUS 系统，以实现对存在地震、洪水、飓风三类自然灾害潜在威胁的提取进行灾害损失评估，在美国和国际上其他地区相关工作中得到广泛应用。

我国在经历了 1966—1976 年地震灾害严重的十年后，进入了地震工程学科繁荣发展的第一个十年（1977—1987 年）。我国在 1980 年首次进行震害预测，1985 年颁布了《城市抗震防灾规划编制工作暂行规定》，标志着建筑物震害预测正式成为城市抗震防灾规划的基础工作。地震灾害损失评估工作起始于 1989 年大同—阳高地震后，内容涵盖人员伤亡、经济损失、建筑物破坏及无家可归人数等的计算，并基于 FORTRAN 语言设计实现了开发震害评估软件 EDEP。在此之前的震害调查工作主要是以总结经验，改进抗震设计方法为主要目的，没有把地震破坏与经济损失直接联系起来。同年，中国地震局组织有关单位开展了"中国地震灾害损失预测"研究，把地震灾害损失预测研究列为中国地震局的重点课题。从 20 世纪 90 年代开始，我国的地震灾害损失预测与评估研究产生了大批成果。例如，李树桢、尹之潜等根据 1989 年大同—阳高地震的工作经验提出了震害快速评估的实用方法，设计了震害评估计算程序，并提出震害评估数据库系统的建立方法。[①] 他们将地震造成的建筑物破坏作为导致人员伤亡和经济损失的主要因素，因此在他们的地震损失评估方法中，是以建筑物破坏等级评估为基础的。程家喻和杨哲对一天中人在不同时间段逗留在房屋内部的概率进行了讨论，从而建立地震人员伤亡评估的数学模型，在此基础上研发地震人员伤亡的快速评估系统（计算失踪人口采用了户均人口数）。[②] 温瑞智等则较早地实现了基于 GIS 的地震灾害损失评估系统。[③] 进入 2000 年后，随着研究人员对 GIS 系统的熟悉，以及各类软件

---

① 李树桢，尹之潜. 地震损失评估与数据库系统［J］. 中国地震，1993（3）：74 - 85.
② 程家喻，杨喆. 评估地震人员伤亡的软件系统［J］. 地震地质，1996（4）：462 - 470.
③ 温瑞智. 基于 GIS 的城市抗震防灾系统的设计［J］. 世界地震工程，1997（4）：29 - 34.

系统的发展完善，地震灾害损失评估以及震害预测相关研究成果得到了极大丰富。

在过去的几十年里，全世界范围内的研究人员，为得到准确的地震灾害损失估计结果而研发了各类软件平台，例如，Hazard US（HAZUS）、Ergo、Haz – Taiwan、SELENA 和 HazCan，然后是 InaSAFE、CAPRA、DBELA、OpenQuake、ER2 等。这些软件大多数是应所属国家或地区的实际需求而产生的，在易损性方法、承灾体数据、损失计算模型等方面通常都具备地域特点。而类似全球地震模型（GEM）正在推出的 OpenQuake 平台则是向着解决全球地震灾害损失计算问题能力的方向发展。

（二）地震灾害风险评估主要内容

地震灾害风险评估过程涉及量化地震灾害强度、暴露的建筑和基础设施等资产清单以及各自的易损性三个主要方面。评估的结果一般通过评估建筑结构破坏、经济和社会损失及其可能性进行呈现。图 4 – 19 为地震灾害风险评估的流程和主要内容。

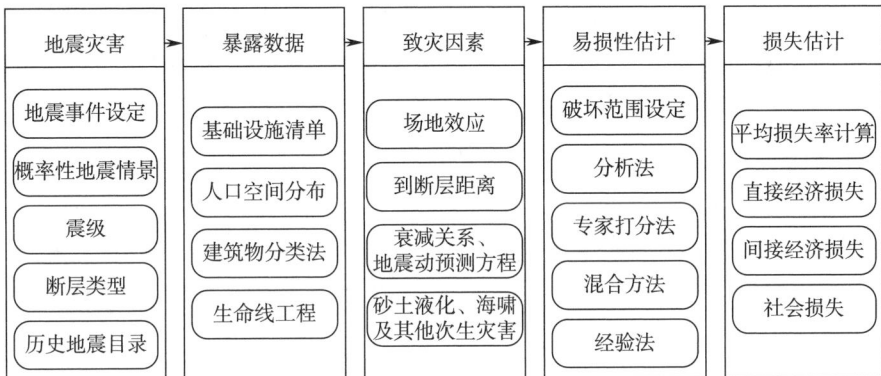

图 4 – 19　地震灾害风险评估的流程和主要内容

其中，地震危险性分析的计算方法又分为确定性的方法（Deterministic Seismic Hazard Analysis，DSHA）和概率性的方法（Probabilistic Seismic Hazard

Analysis，PSHA）[①]。

计算未来 T 年内某类建筑物面临的地震风险，一般采用下式计算某一震害等级的可能性：

$$P_s(D_k) = \sum_{I=6}^{9} P_s(D_k \mid I) \cdot P(I) \qquad (4-15)$$

式中，$P_s(D_k)$ 为第 s 类建筑物发生第 k 类震害等级的概率；$P_s(D_k \mid I)$ 为给定的地震烈度 I 发生的条件下，第 s 类建筑物发生第 k 类震害等级的概率，即地震易损性；$P(I)$ 为地震烈度发生的概率。

二、 地震灾害损失计算方法

（一）地震灾害造成的经济损失

中国地震局灾害防御司组织开展的我国首次地震灾害损失预测研究中采用的经济损失预测方法中按式（4-16）计算固定场地在 T 年的期望损失：

$$E_T = \sum_{B_k} \left\{ \sum_{I_i} P(I_i \mid B_k) \cdot \left[\sum_{dr_j} P(dr_j \mid I_i, B_k) \cdot (dr_j \mid B_k) \right] \cdot V_{B_k} \right\}$$

$$(4-16)$$

式中，E_T 为总损失，B_k 为场地中建筑结构设施的类型，I_i 为场地可能遭受的地震烈度，dr_j 为期望的损失率，V_{B_k} 为场地中建筑结构的总价值，$P(I_i \mid B_k)$ 为 T 年内 B_k 类建筑结构遭受烈度 I_i 的危险性概率，$P(dr_j \mid I_i, B_k)$ 为 B_k 类建筑遭受地震烈度 I_i 时期望的损失率 dr_j 发生的概率。

陈棋福等通过建立地震经济损失随地震烈度的非线性变化关系，提出了利用宏观经济指标 GDP 和人口分布资料进行地震灾害损失预测和评估的方法[②]。

$$E_P = \sum_{I_i} P_T(I_i) \cdot f(I_i, GDP) \cdot GDP \qquad (4-17)$$

---

① 刘鼎亮，郭明珠. 地震危险性分析的研究现状 [J]. 河南科技，2019（14）：142-146.

② 陈棋福，陈凌. 利用国内生产总值和人口数据进行地震灾害损失预测评估 [J]. 地震学报，1997（6）：83-92.

式中，E_p 为固定资产的期望损失估值；$P_T(I_i)$ 为 T 年内场地遭受地震烈度 I_i 的危险性概率；$f(I_i, GDP)$ 为地震灾害损失与地震烈度和社会财富之间的关系。

基于建筑物结构类型划分和易损性矩阵（震害矩阵），按烈度区域划分进行地震直接经济损失进行估计的思想，是目前《地震现场工作第四部分：灾害直接损失评估》（GB/T 18208.4—2011）所采用的。在该标准中，按照各烈度下各类结构破坏、生命线工程、室内外财产、装饰装修等损失的总和计算直接经济损失。其中，各评估子区各类房屋在某种破坏等级下的损失按照式（4 – 18）进行计算：

$$L_h = S_h \times R_h \times D_h \times P_h \qquad (4 – 18)$$

式中，S_h 表示该评估子区同类房屋的总建筑面积；R_h 表示该评估子区同类房屋的某种破坏等级的破坏比；D_h 表示该评估子区同类房屋某种破坏等级的损失比；P_h 表示该评估子区同类房屋重置单价。最终房屋破坏的直接经济损失按照全部破坏等级，全部房屋类型，全部评估子区进行逐级汇总求和。

王晓青等在 2016—2025 年中国大陆地震损失预测研究工作中采用了建筑面积与建筑单位面积造价作为建筑结构总价值，并提出了生命线工程损失的修正系数[1]，计算公式如下：

$$L_{Eco} = \sum_Y [1 + r(Y)] P(Y) V_{Bld}(Y)^{f_E(Y)} A \cdot Z \qquad (4 – 19)$$

式中，$V_{Bld}(Y)$ 为地震动强度 Y 作用下的建筑物损失率；A 为建筑面积；Z 为建筑物单位面积造价；$f_E(Y)$ 为多因素影响下的地震动强度 Y 作用下的房屋建筑损失率修正指数；$r(Y)$ 为地震动强度 Y 作用下生命线系损失相对于建筑物损失的比率。

（二）地震造成的人员损失计算

中国地震局灾害防御司组织开展的我国首次地震灾害损失预测研究中采用的人口损失预测方法是以某一地震烈度下的人员伤亡率进行计算的，并没

---

[1]　王晓青，张国民，傅征祥，刘桂萍. "2006—2020 年中国地震危险区与地震灾害损失预测研究"项目成果介绍［J］. 国际地震动态，2006（9）：88 – 93.

有考虑建筑结构及破坏等级的差异，其公式为

$$R_k(m_j) = \sum_I P(m_j \mid I) \cdot P_k(I) \cdot B_k \qquad (4-20)$$

式中，$R_k(m_j)$ 为在某地区 R_k，由地震造成的人员伤亡的期望值；$P(m_j \mid I)$ 为地震伤亡损失矩阵，表示在烈度 I 下的地震伤亡率；$j=1$，2 对应 m 分别表示人员受伤和死亡情况；$P_k(I)$ 为在 R_k 地区烈度 I 的发生率，B_k 为该地区人口数。

谢礼立[①]等给出的地震人员损失计算方法具有代表性，该公式中从某一类结构不同破坏等级下的死伤率入手，公式还说明了烈度死伤率方法和易损性、破坏等级的联系：

$$NDI = \sum_s \sum_j P[D_j \mid I]A_s \cdot r_d \cdot d_m = \sum_s P[m \mid I]A_s \cdot d_m \quad (4-21)$$

式中，NDI 为伤亡人数；$P[D_j \mid I]$ 为烈度 I 下建筑物发生 D_j 级破坏的概率；A_s 为第 s 类结构的房屋总面积；r_d 为房屋不同破坏程度的死伤率；d_m 为某时刻第 s 类房屋人员平均密度；$P[m \mid I]$ 为地震烈度为 I 时的死伤率。

HAZUS 的人员伤亡按照事件树方法进行计算，事件类型首先分为：（1）建筑结构破坏导致的室内伤亡；（2）建筑结构破坏导致的室外伤亡；（3）桥梁破坏造成的通勤人员伤亡。

建筑破坏导致的人员室内伤亡又分为：（1）建筑结构轻微、中等、严重破坏的情况；（2）毁坏但没有倒塌的情况；（3）倒塌的情况；（4）完全破坏的情况。

建筑物内的人员伤亡估算以网格为单元，每个网格伤亡等级为 s 的人员数量可以表示为

$$I_{b,s} = N_b \cdot \sum_{d=1}^{4}(P_{b,d} \cdot C_{b,d,s}) \qquad (4-22)$$

式中，$I_{b,s}$ 表示类型 b 的建筑物中伤情等级为 s 的人员数量；N_b 表示处在 b 类型建筑中的人口总数；$P_{b,d}$ 表示 b 类型建筑物的破坏程度为 d 的概率；$C_{b,d,s}$ 表示

---

① 谢礼立. 城市防震减灾能力的定义及评估方法 [J]. 地震工程与工程振动，2006（3）：1-10.

在破坏程度为 s 的类型 b 建筑中伤情等级为 s 的人员比例。

李媛媛[1]将 HAZUS 的建筑物震害导致的人员伤亡计算公式简化为

$$I_s = \sum_{b=1}^{n} I_{b,s} \qquad (4-23)$$

郑山锁、陈飞等[2]提出的人员损失计算方法应用到人员密度、结构类型、建筑功能、人员在室率和结构在不同破坏状态下的伤亡率等因素，对单栋建筑尺度下地震造成的死亡、重伤、轻伤人数进行估算：

$$N_i = \alpha\eta\rho A P_d \qquad (4-24)$$

$$N_j = \alpha\eta\rho A P_s \qquad (4-25)$$

$$N_k = \alpha\eta\rho A P_m \qquad (4-26)$$

式中，N_i、N_j、N_k 分别为单栋建筑死亡人数、重伤人数、轻伤人数；α 为建筑分布区域调整系数；η 为单栋建筑不同发震时间的人员在室率；ρ 为单栋建筑物的人员密度；A 为单栋建筑物的使用面积；P_d、P_s、P_m 分别为地震作用下单栋建筑的死亡率、重伤率、轻伤率。

$$P_d = \sum_{x=1}^{5} DS_x \cdot d_x \qquad (4-27)$$

$$P_s = \sum_{x=1}^{5} DS_x \cdot s_x \qquad (4-28)$$

$$P_m = \sum_{x=1}^{5} DS_x \cdot m_x \qquad (4-29)$$

式中，DS_x 为建筑物发生不同破坏状态的概率；$x=1\sim5$ 分别对应基本完好、轻微破坏、中等破坏、严重破坏、倒塌；d_x、s_x、m_x 分别为不同破坏状态对应的死亡概率、重伤概率、轻伤概率。进一步通过将同一类伤亡等级的数量累加即可得到评估区内死亡总人数、重伤总人数和轻伤总人数。

---

① 李媛媛，陈建国，张小乐，袁宏永. 基于建筑结构破坏的地震伤亡评估方法及应用［J］. 清华大学学报（自然科学版），2015，55（7）：803－807＋814.

② 郑山锁，张睿明，陈飞，龙立，周炎，郑捷. 地震人员伤亡评估理论及应用研究［J］. 世界地震工程，2019，35（1）：87－96.

第四节 天津市地震灾害风险评估与评价
——以宝坻区为例

一、 宝坻区房屋地震易损性分析

在本次易损性分析中，对不同的结构类型采用的易损性分析方法不完全相同，主要采用的是弹性谱法。对于典型建筑物，本书采取详查的方式进行调查，然后根据图纸和调查情况，按照《建筑抗震鉴定标准》（GB 50023—2009）进行验算鉴定，最后采用单体抗震性能分析的方法确定可能发生的震害破坏等级，主要是核查建筑物的抗震构造措施和采用有限元分析程序对建筑物进行建模分析。对于层数不超过 12 层且刚度无突变的剪力墙结构和框架—剪力墙结构，采用 PKPM 有限元结构分析软件建模、验算结构薄弱部位层间位移角的方法进行结构易损性分析，采用建研院编制的 PKPM 软件 SAT-WE 模块进行抗震验算。对于多层框架结构和多层砖混结构采用《建筑抗震鉴定标准》（GB 50023—2009）规定的"两级鉴定，综合评定"的方法进行结构的抗震能力评估，采用建研院编制的 PKPM 结构抗震鉴定模块进行结构的抗震验算。

一般步骤如下：（1）根据收集的重要建筑物的竣工图纸资料，读取结构的实际详细设计信息，包括建筑物结构构件的布置情况、截面尺寸、材料强度、承重构件配筋情况、荷载分布情况等，其中混凝土强度采用图纸注明的设计强度作为实际强度，对于进行了现场测试的建筑物采用混凝土的实测强度作为材料的实际强度，框架结构中混凝土柱内的钢筋配置采用图纸注明的配筋方式。（2）对于砖混结构建筑和框架建筑等，首先进行一级鉴定，即结构整体性态和抗震构造措施核查。一级鉴定的主要内容包括建筑总高度和层数、层高，建筑结构体系平立面的规则性，体系抗震薄弱环节，承重构件截面尺寸，构件连接和支撑情况，非结构构件布置情况，材料强度，地基类型和基础形式等，根据核查的情况确定结构的体系影响系数和局部影响系数。然后进行二级鉴定：采用 PKPM 有限元软件按照结构的实际设计方案建立三维计算模型，通过分析计算该结构模型的综合抗震能力指数，综合考虑两级鉴定的结果对结构进行抗震能力评估。（3）对于剪力墙结构和框架—剪力墙结构，直接根据建筑结构施工图提取结构构件设计信息，采用 PKPM 有限元程序对其建立三维计算模型，然后采用 SATWE 结构分析程序计算结构的承载力和变形情况，根据计算结果分析结构的易损性。

　　具体地，通过前期工作搜集的宝坻建筑部分结构图纸，参考搜集的图纸和相关的信息，利用 PKPM2010 – V3.1 抗震鉴定与加固模块进行计算，鉴定与加固分析的方法可分为两级。第一级鉴定以宏观控制和构造鉴定为主进行综合评价，主要对砌体结构的高度、层数外观质量结构体系、墙体材料的实际强度、房屋整体性连接构造的可靠性、局部易损易倒部位构件、自身及其与主体结构连接构造的可靠性等方面进行调查、检查、检测、评价。第二级鉴定以抗震验算为主，结合构造影响进行综合评价。本书通过部分结构图纸及前期调查反馈的信息，主要从第二级鉴定方法出发结合第一级鉴定加固方法，利用 PKPM2010 – 3.1 软件建立相应结构的模型，并且输入相应的建筑物相关信息，如建筑物结构总高度、建筑物层数、建筑物层高、建筑物结构类型、建筑物主要材料的强度等级、建筑物荷载的布置、地下嵌入深度、地震震源的远近信息、地震荷载、参考的抗震标准等参数，并在鉴定加固模块进行与建筑物结构抗震有关的抗震综合指数计算。最后，利用前期收集的图纸中的信息结合相应建立的模型，统计宝坻建筑群易损性的相关数据，如建筑物名称、ID、建筑物位置、建筑物的经纬度、建筑物尺寸、建筑物面积、建筑物层数、建筑物结构类型、建筑物用途、建筑物设防烈度、平面立面规则程度、建筑物结构现状、建筑物在不同遭遇烈度下的抗震综合指数、建筑物设防烈度、建筑物所在场地类别和场地环境等信息。本书结合前人研究总结的建筑物鉴定加固数据为建筑物设计及抗震鉴定计算提供更多的数据参考。

二、 地震易损性分析示例

本书以天津市宝坻区砖混结构建筑物蓝水湾（西区）29#为例做简要说明，相关工作具体如下：（1）熟悉蓝水湾（西区）29#建筑物的工程概况和图纸有关的设计信息。（2）统计图纸中的相关信息，如地址、建筑层数、砌体强度、层高、墙体厚度、构造柱尺寸、圈梁位置及尺寸、使用年限、钢筋等级等信息。天津市宝坻区蓝水湾住宅小区（西区）29#住宅楼为六层砖混结构，层高分别为2.50米、2.90米、2.90米、2.90米、2.90米、2.90米，结构主体外墙墙厚为390毫米，内墙厚为240毫米，墙体除图纸注明部位均采用MU10。构造柱截面为240毫米×240毫米，每层均设置240毫米×180毫米的圈梁。梁板钢筋均采用HRB335，柱子钢筋采用HRB400。按天津地区现行抗震标准，质量控制等级为B级，使用年限为50年。（3）建立模型：输入建筑物层数、建筑物层高、建筑物结构类型、建筑物主要材料的强度等级、建筑物荷载的布置、地下嵌入深度、地震震源的远近信息、地震荷载、参考的抗震标准等参数。（4）经过PKPM2010-3.1软件鉴定加固模块利用相应的建筑抗震规范进行结果输出计算，得到相应的计算文件，输出相应建筑的综合抗震指数，其步骤如图4-20至图4-26所示。

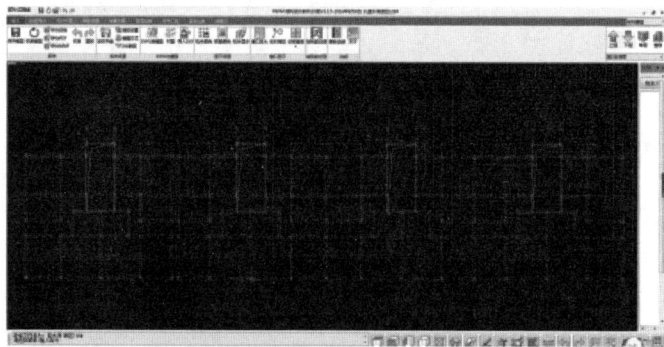

图4-20　第一步：建立标准层

城市公共安全与保险

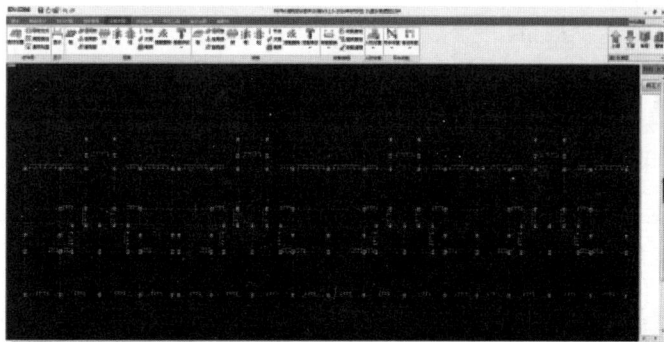

图 4 - 21　第二步：标准层布置荷载

图 4 - 22　第三步：建筑物参数的输入

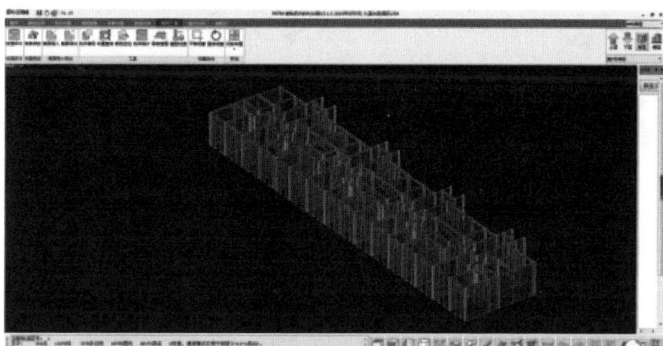

图 4 - 23　第四步：生成单层模型

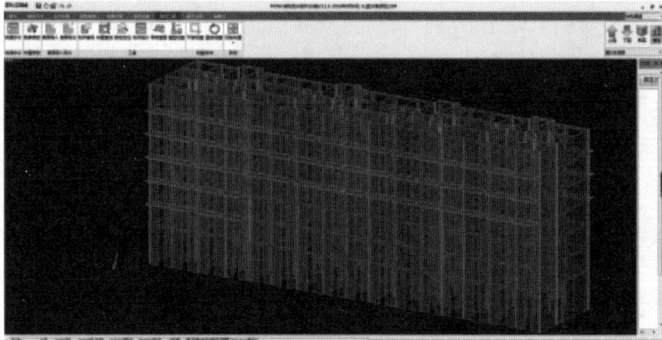

图 4-24　第五步：生成整体模型

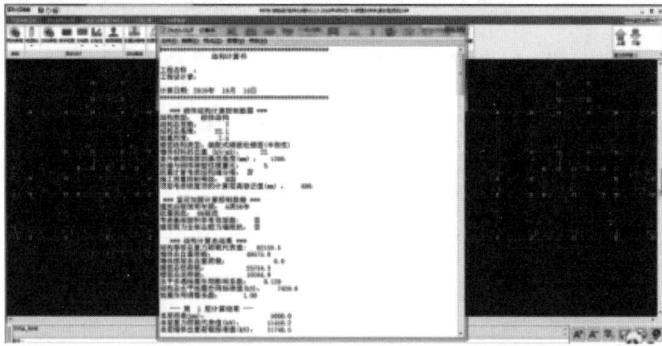

图 4-25　第六步：进入鉴定加固模块计算抗震综合指数

图 4-26　第七步：统计相关信息并做好数据总结

三、 宝坻区房屋建筑地震易损性评价

本次宝坻区易损性分析完成了城区典型结构 610 多栋和农村 500 栋房屋建筑的易损性分析。根据易损性分析得到的各类结构抗震能力指数与震害等级之间的关系，经过统计建立了宝坻区房屋建筑的地震易损性矩阵。

（一）震害等级与抗震能力指数、层间位移角的关系

确定砖混砌体结构楼层综合抗震能力指数与震害破坏等级之间的关系如表 4 – 21 所示。

表 4 – 21　砌体结构楼层综合抗震能力指数与震害破坏等级的关系

基本完好	轻微破坏	中等破坏	严重破坏	毁坏
$\beta > 0.9$	$0.75 < \beta \leq 0.9$	$0.6 < \beta \leq 0.75$	$0.45 < \beta \leq 0.6$	$\beta \leq 0.45$

框架结构楼层综合抗震能力指数与震害破坏等级之间的关系如表 4 – 22 所示。

表 4 – 22　框架结构楼层综合抗震能力指数与震害楼层等级的关系

基本完好	轻微破坏	中等破坏	严重破坏	毁坏
$\beta > 0.8$	$0.5 < \beta \leq 0.8$	$0.35 < \beta \leq 0.5$	$0.2 < \beta \leq 0.35$	$\beta \leq 0.2$

剪力墙结构和框架—剪力墙结构按照 SATWE 计算得到的薄弱楼层层间位移角确定结构可能发生的震害等级。剪力墙结构薄弱楼层层间位移角与震害破坏等级之间的关系如表 4 – 23 所示。

表 4 – 23　剪力墙结构薄弱楼层层间位移角与震害破坏等级的关系

基本完好	轻微破坏	中等破坏	严重破坏	毁坏
$\theta < 1/800$	$1/800 \leq \theta < 1/400$	$1/400 \leq \theta < 1/200$	$1/200 \leq \theta < 1/100$	$\theta \geq 1/100$

框架—剪力墙结构薄弱楼层层间位移角与震害破坏等级之间的关系如表 4 –24所示。钢结构薄弱楼层层间位移角与震害破坏等级之间的关系如

表4－25所示。

表4－24　框架—剪力墙结构薄弱楼层层间位移角与震害破坏等级的关系

基本完好	轻微破坏	中等破坏	严重破坏	毁坏
$\theta < 1/600$	$1/600 \leqslant \theta < 1/300$	$1/300 \leqslant \theta < 1/150$	$1/150 \leqslant \theta < 1/100$	$\theta \geqslant 1/100$

表4－25　钢结构薄弱楼层层间位移角与震害破坏等级的关系

基本完好	轻微破坏	中等破坏	严重破坏	毁坏
$\theta < 1/300$	$1/300 \leqslant \theta < 1/200$	$1/200 \leqslant \theta < 1/150$	$1/150 \leqslant \theta < 1/50$	$\theta \geqslant 1/25$

（二）宝坻区典型房屋震害矩阵

根据上述关系，最后获得了宝坻区典型房屋结构的地震易损性矩阵（见表4－26至表4－30）。宝坻区典型结构不同烈度下的破坏概率如图4－27所示。

表4－26　砖木结构破坏概率矩阵

破坏等级	地震烈度					
	6	7	7.5	8	8.5	9
基本完好	0.970338	0.372881	0.055084	0.000000	0.000000	0.000000
轻微破坏	0.016949	0.559322	0.245763	0.055085	0.000000	0.000000
中等破坏	0.012712	0.050847	0.622881	0.313559	0.038136	0.000000
严重破坏	0.000000	0.012712	0.059322	0.601695	0.330508	0.055085
毁坏	0.000000	0.004237	0.016949	0.029661	0.631356	0.944915

表4－27　砖混结构破坏概率矩阵

破坏等级	地震烈度					
	6	7	7.5	8	8.5	9
基本完好	0.980000	0.426966	0.314607	0.202247	0.044944	0.011236
轻微破坏	0.011236	0.134831	0.123596	0.112360	0.101124	0.000000
中等破坏	0.011236	0.382022	0.056180	0.089888	0.089888	0.022472
严重破坏	0.000000	0.056180	0.494382	0.404494	0.168539	0.078652
毁坏	0.000000	0.000000	0.011236	0.191011	0.595506	0.887640

表 4-28　框架结构破坏概率矩阵

破坏等级	地震烈度					
	6	7	7.5	8	8.5	9
基本完好	0.970000	0.465517	0.086207	0.043103	0.008621	0.008621
轻微破坏	0.025862	0.482759	0.465517	0.120690	0.060345	0.008621
中等破坏	0.008621	0.051724	0.422414	0.525862	0.120690	0.060345
严重破坏	0.000000	0.000000	0.025862	0.301724	0.715517	0.465517
毁坏	0.000000	0.000000	0.000000	0.008621	0.094828	0.456897

表 4-29　剪力墙结构破坏概率矩阵

破坏等级	地震烈度					
	6	7	7.5	8	8.5	9
基本完好	1.000000	0.950000	0.765000	0.580000	0.430000	0.280000
轻微破坏	0.000000	0.050000	0.210000	0.370000	0.335000	0.300000
中等破坏	0.000000	0.000000	0.025000	0.050000	0.210000	0.370000
严重破坏	0.000000	0.000000	0.000000	0.000000	0.025000	0.050000
毁坏	0.000000	0.000000	0.000000	0.000000	0.000000	0.000000

表 4-30　钢结构破坏概率矩阵

破坏等级	地震烈度					
	6	7	7.5	8	8.5	9
基本完好	1.000000	0.833333	0.114035	0.026316	0.008772	0.000000
轻微破坏	0.000000	0.149123	0.728070	0.228070	0.026316	0.008772
中等破坏	0.000000	0.017544	0.114035	0.605263	0.096491	0.008772
严重破坏	0.000000	0.000000	0.035088	0.140351	0.868421	0.982456
毁坏	0.000000	0.000000	0.008772	0.000000	0.000000	0.000000

（三）宝坻区典型房屋易损性曲线

建筑物易损性曲线是在确定性地震动作用下考虑了建筑材料和结构反应的不确定性，用条件概率描述建筑物发生某一破坏状态的一种方法。建筑物的破坏状态与它的抗力和地震作用大小有关。绘制它的易损性曲线有两种方法：一是给出一组不同大小的地震，如过去用过的 7 度、8 度、9 度等，分别计算对应

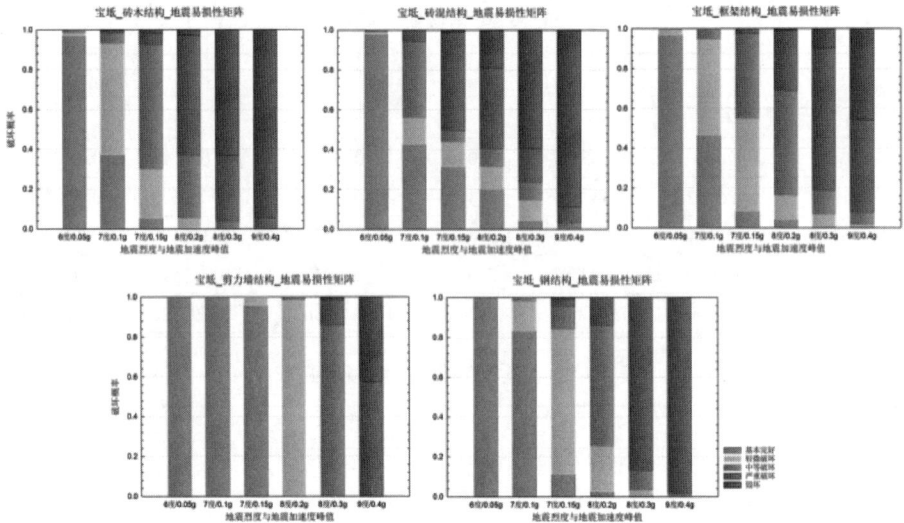

图 4 – 27　宝坻区典型结构不同烈度下的破坏概率

的易损性曲线；二是给出建筑物的抗力与地震作用大小之间的相对值，计算对应的易损性曲线。本书利用上述求得的不同地震动作用下的震害矩阵绘制相应的易损性曲线。根据大量震害统计，不同地震动作用下结构的破坏状态的超越概率符合对数正态分布，根据这一概率分布函数，对宝坻区砖混结构、框架结构、钢结构、砖木结构、剪力墙结构的震害矩阵，分析不同地震动参数下的破坏概率，按照对数正态分布函数，经统计分析求得轻微至毁坏四个破坏等级的均值和方差，具体见表 4 – 31 至表 4 – 40 和图 4 – 28 至图 4 – 32。

表 4 – 31　砖混结构破坏概率矩阵

破坏等级	地震烈度					
	0.05	0.1	0.15	0.2	0.3	0.4
基本完好	0.98	0.426966	0.314607	0.202247	0.044944	0.011236
轻微破坏	0.011236	0.134831	0.123596	0.112360	0.101124	0
中等破坏	0.011236	0.382022	0.05618	0.089888	0.089888	0.022472
严重破坏	0	0.05618	0.494382	0.404494	0.168539	0.078652
毁坏	0	0	0.011236	0.191011	0.595506	0.88764

表 4 – 32 砖混结构易损性曲线

极限状态	m_R	β_R	
轻微破坏极限状态	0.1199	0.5187	$F(IM) = \Phi\left[\dfrac{\ln(IM) - \ln(m_R)}{\beta_R}\right]$
中等破坏极限状态	0.1419	0.5146	
严重破坏极限状态	0.1831	0.4588	IM 为 PGA
毁坏	0.2771	0.2902	

表 4 – 33 框架结构破坏概率矩阵

破坏等级	地震烈度					
	6	7	7.5	8	8.5	9
基本完好	0.97	0.465517	0.086207	0.043103	0.008621	0.008621
轻微破坏	0.025862	0.482759	0.465517	0.12069	0.060345	0.008621
中等破坏	0.008621	0.051724	0.422414	0.525862	0.12069	0.060345
严重破坏	0	0	0.025862	0.301724	0.715517	0.465517
毁坏	0	0	0	0.008621	0.094828	0.456897

表 4 – 34 框架结构易损性曲线

极限状态	m_R	β_R	
轻微破坏极限状态	0.0994	0.4788	$F(IM) = \Phi\left[\dfrac{\ln(IM) - \ln(m_R)}{\beta_R}\right]$
中等破坏极限状态	0.1569	0.4318	
严重破坏极限状态	0.2475	0.2919	IM 为 PGA
毁坏	0.4266	0.3089	

表 4 – 35 钢结构破坏概率矩阵

破坏等级	地震烈度					
	6	7	7.5	8	8.5	9
基本完好	1.00	0.833333	0.114035	0.026316	0.008772	—
轻微破坏	—	0.149123	0.72807	0.22807	0.026316	0.008772
中等破坏	—	0.017544	0.114035	0.605263	0.096491	0.008772
严重破坏	—	—	0.035088	0.140351	0.868421	0.982456
毁坏	—	—	0.008772	—	—	—

表4-36　钢结构易损性曲线

极限状态	m_R	β_R	
轻微破坏极限状态	0.1187	0.3322	$F(IM) = \Phi\left[\dfrac{\ln(IM) - \ln(m_R)}{\beta_R}\right]$
中等破坏极限状态	0.1848	0.2948	
严重破坏极限状态	0.2385	0.2431	IM 为 PGA
毁坏	—	—	

表4-37　砖木结构破坏概率矩阵

破坏等级	地震烈度					
	6	7	7.5	8	8.5	9
基本完好	0.98	0.383562	0.059361	0	0	0
轻微破坏	0.018265	0.561644	0.255708	0.059361	0	0
中等破坏	0	0.054795	0.621005	0.324201	0.041096	0
严重破坏	0	0	0.059361	0.598174	0.342466	0.059361
毁坏	0	0	0.004566	0.018265	0.616438	0.940639

表4-38　砖木结构易损性曲线

极限状态	m_R	β_R	
轻微破坏极限状态	0.0930	0.2997	$F(IM) = \Phi\left[\dfrac{\ln(IM) - \ln(m_R)}{\beta_R}\right]$
中等破坏极限状态	0.1397	0.2175	
严重破坏极限状态	0.2005	0.2160	IM 为 PGA
毁坏	0.2837	0.2228	

表4-39　剪力墙结构破坏概率矩阵

破坏等级	地震烈度					
	6	7	7.5	8	8.5	9
基本完好	1.000000	0.950000	0.765000	0.580000	0.430000	0.280000
轻微破坏	0	0.050000	0.210000	0.370000	0.335000	0.300000
中等破坏	0	0	0.025000	0.050000	0.210000	0.370000
严重破坏	0	0	0	0	0.025000	0.050000
毁坏	0	0	0	0	0	0

表 4 - 40　剪力墙结构易损性曲线

极限状态	m_R	β_R
轻微破坏极限状态	0.2837	0.7294
中等破坏极限状态	0.5174	0.6386
严重破坏极限状态	0.8997	0.5368
毁坏	3.5914	0.9130

$$F(IM) = \Phi\left[\frac{\ln(IM) - \ln(m_R)}{\beta_R}\right]$$

IM 为 PGA

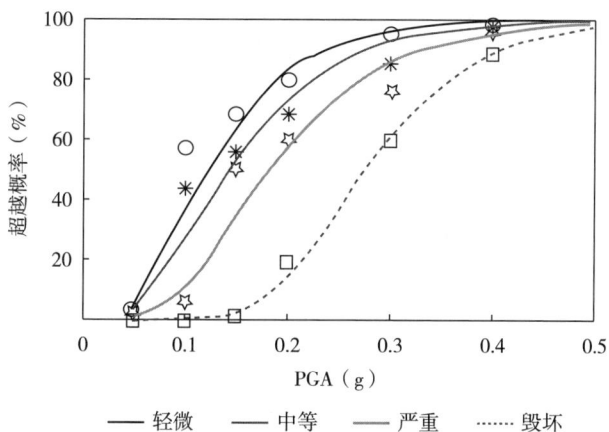

图 4 - 28　砖混结构地震易损性曲线

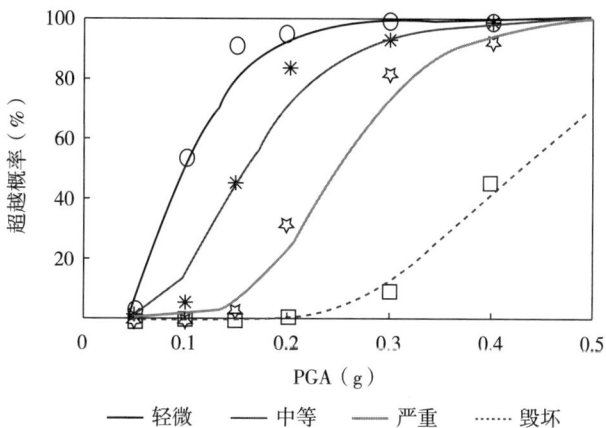

图 4 - 29　框架结构地震易损性曲线

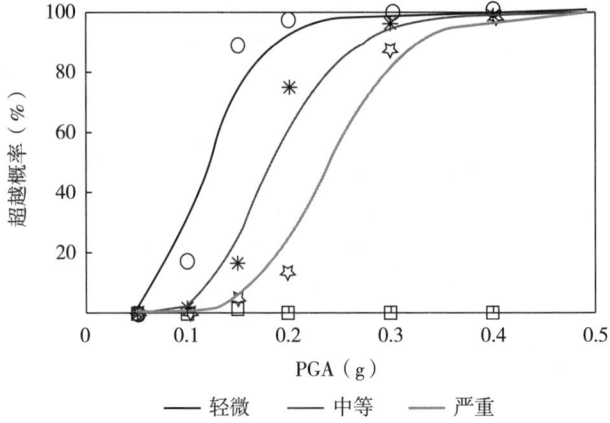

图 4 – 30　钢结构地震易损性曲线

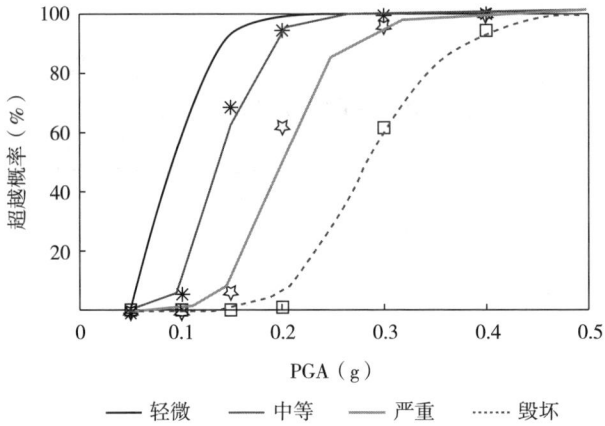

图 4 – 31　砖木结构地震易损性曲线

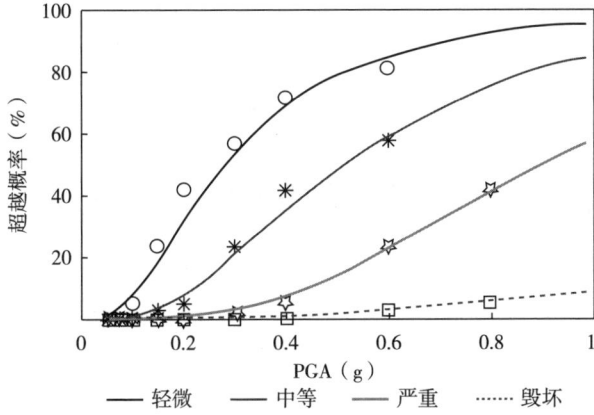

图 4 – 32　剪力墙结构地震易损性曲线

第五章

天津市突发重大环境灾害风险评估

第一节　天津市重大环境灾害风险源

突发重大环境灾害风险评估的界定、目的和重点

（一）环境风险评价的界定

建设项目环境风险评估是指对建设项目建设和运行期间发生的可预测突发性事件或事故（一般不包括人为破坏及自然灾害）引起有毒有害、易燃易爆等物质泄漏，或突发事件产生的新的有毒有害物质，所造成的对人身安全与环境的影响和损害进行评估，提出防范、应急与减缓措施。

环境风险评价的目的是分析和预测建设项目存在的潜在危险、有害因素，以及建设项目在建设和运行期间可能发生的突发性事件或事故（一般不包括人为破坏及自然灾害），引起有毒有害和易燃易爆等物质泄漏，对所造成的人身安全与环境影响的损害程度，提出合理可行的防范、应急与减缓措施，使建设项目事故率、损失和环境影响降到可接受的程度。环境风险评价应把事故对厂场界外人群的伤害、环境质量的恶化及对生态系统影响的预测和防护作为评价工作的重点。

（二）突发重大环境灾害风险总体状况

进入 21 世纪，伴随着经济的高速发展和人口的不断膨胀，全球环境与经济的冲突日益凸显，突发环境事件呈现出全球化、综合化、高端化的态势。城市所面临的环境风险也在不断增加，《中国统计年鉴》显示，2008—2019 年仅在北京、上海、天津和重庆四个超大城市发生的突发环境事件的次数就占全国突发环境事件次数的 30%，尤其是天津港"8·12"特大火灾爆炸事故等突发环境事件的发生，不仅社会影响恶劣，而且给人民生命财产安全和社会稳定带来严重危害。统计数据与现实案例表明：在自然因素和人为因素的双重扰动下，城市正逐渐被置于风险社会的发展困境中，并呈现出人为风险大量出现、风险冲破时空界限、风险监控难度及危害性后果增大的趋势，由各类风险引发的突发环境事件已经越来越引起广泛关注。

（三）天津市工业结构与环境灾害风险源

近年来，天津把调结构、换动能作为产业迈向高端的必由之路和关键举措。一手抓增量转型，大力培育战略性新兴产业；一手抓存量升级，加快对传统产业的高端化改造，全力以赴解决旧动能结构偏重问题。多年来坚持不懈，让如今的产业结构发生明显变化，石化、冶金、轻纺三大传统产业比重已从 2017 年的 44.6% 降至 2020 年上半年的 35.9%[①]。京津高新技术产业带集聚了电子信息、航空航天、新能源、新材料等产业集群；临海产业发展带，装备制造、石油化工等产业加速集聚；滨海新区龙头带动作用进一步发挥，工业产值占全市比重保持在 55% 左右；中心主城依托都市产业园和商业楼宇加快制造业与服务业深度融合；外围五区突出特色培育，形成高端装备、生物医药、新能源、新材料等一批特色产业集群。天津优势产业主要经济指标占全市规模以上工业比重见表 5－1。

---

① 2017—2020 年《天津市统计年鉴》。

表 5 - 1　天津优势产业主要经济指标占全市规模以上工业比重

产业	企业单位数比重（%）	利润总额比重（%）
电子信息产业	5.5	6
航空航天产业	0.5	0.2
机械装备产业	25.5	7
汽车产业	7.2	10.8
新材料产业	17.6	6.4
生物医药产业	3.4	6.9
新能源产业	2.1	1.9
资源循环及环保产业	1.9	1.1
石油化工产业	2.4	50.5
冶金产业	6.2	-0.8
轻纺工业	19.8	6.1

资料来源：根据《天津市统计年鉴》整理。

1. 天津滨海新区产业布局

天津滨海新区地处华北平原东北部、海河流域下游、天津市区东部。新区行政辖区包括原塘沽、汉沽、大港行政区用地，并将东丽区、津南区部分地区的经济发展功能纳入新区管理，陆域面积为 2270 平方千米。天津滨海新区是天津的东部经济区，在利用行政权力调动资源、制定规则、谋求区域合作、吸引投资和争取国家支持等方面具有明显优势，为城市发展提供了良好的条件。优越的地理位置和门类齐全的工业体系、广阔的中国北方经济腹地及现代化的港口设施，都为天津滨海新区向国际化都市迈进打下了坚实的基础。

目前，天津滨海新区形成了新一代信息技术产业集群、高端装备制造产业集群、生物医药产业集群、新能源汽车产业集群、新材料产业集群、新能源产业集群、节能环保产业集群、战略性新兴产业服务业集群共八大集群，并发展出包括电子信息产业、航空航天产业、机械装备产业、汽车产业、新材料产业、生物医药产业、新能源产业、资源循环及环保产业、石油化工产业、冶金产业、轻纺工业等 21 个优势产业。①

以国产操作系统与数据库、集成电路、高性能服务器等为代表的新一代信息技术产业集群。2018 年，天津滨海新区电子信息产业实现产值 1298.05 亿元，占工业总产值比重为 14.37%。② 2019 年，计算机通信和其他电子设备制造业投资增长 57.9%。③ 天津滨海新区作为天津市电子信息产业发展龙头和主要聚集区，拥有天津开发区电子信息产业、天津滨海新区软件和信息服务业两个国家新型工业化产业示范基地，以及国家集成电路设计产业化基地、国家火炬计划软件产业基地等一批国家级产业发展载体；集成电路、操作系统、数据库等基础软硬件领域自主可控优势明显，拥有 6 家产值超百亿元企业，以及展讯通信、天地伟业、中科曙光等 20 多家产值超 10 亿元企业。在集成电路领域，以中环半导体、飞腾 CPU、唯捷创芯等龙头企业为引领，形成从半导体材料、IC 设计到芯片制造的集成电路全产业链。

以航空航天、智能制造装备、海洋工程装备等为代表的高端装备制造产业集群。2018 年，天津滨海新区航空航天产业实现产值 29.41 亿元，机械装备产业实现产值 685.68 亿元，两项合计占工业总产值比重为 7.92%。④ 2019 年，航空航天产业产值增长 11.7%，空客 A320、空客 A330 累计交付飞机 482 架。⑤ 滨海新区是我国重要的高端装备制造产业基地和聚集区，拥有国家级航空产业新型工业化产业示范基地、新一代运载火箭产业化基地、航天飞行器产业化基地三大基地，空客 A320 亚洲总装线、空客 A330 完成和交付中心、中航直升机、彩虹无人机等龙头企业和"长征五号""长征七号"新一代运

---

① 李桐. 天津滨海新区年度发展报告 [C] //. 中国经济特区发展报告（2020），2021：297 - 312 + 436 - 437.

② 李桐. 天津滨海新区发展报告 [C] //. 中国经济特区发展报告（2019），2020：331 - 347 + 461.

③ 李桐. 天津滨海新区年度发展报告 [C] //. 中国经济特区发展报告（2020），2021：297 - 312 + 436 - 437.

④ 李桐. 天津滨海新区发展报告 [C] //. 中国经济特区发展报告（2019），2020：331 - 347 + 461.

⑤ 李桐. 天津滨海新区年度发展报告 [C] //. 中国经济特区发展报告（2020），2021：297 - 312 + 436 - 437.

载火箭、直播通信卫星、以载人空间站为代表的"一箭一星一站"重大项目。在航空航天装备领域，拥有大型民机总装、直升机制造、新一代运载火箭总装和测试、无人机制造、卫星遥感及应用等国内独一无二的航空航天产业链。

以新型疫苗、现代中药、细胞治疗、智能医疗等为代表的生物医药产业集群。2018 年，天津滨海新区生物医药产业实现产值 326.31 亿元，占工业总产值比重为 3.61%。2019 年，生物医药产业产值增长 12.6%，康希诺生物在香港联合交易所有限公司主板上市，成为港股疫苗第一股。作为全国重要的医药工业基地，天津滨海新区生物医药产业已形成全国最大的集产品研发、技术转化、生产制造、商业物流和展示交流于一体的生物医药产业链基地，先后被国家发展改革委、科技部认定为国家生物产业基地、国家医药产品出口基地和中药现代化科技产业基地，正在成为我国生物医药领域新药创制成果最突出、产业集群优势最显著的地区。天津滨海新区拥有各类生物医药企业总计 1500 多家，其中包括天药药业、金耀集团、中新药业、瑞普生物、凯莱英等本土大型医药企业，也包括葛兰素史克、诺和诺德、诺维信、施维雅、武田药业等跨国制药巨头，已经形成了具有较强竞争实力的优势企业群。

以电机电控、汽车零部件、整车制造等为代表的新能源汽车产业集群。2018 年，天津滨海新区汽车产业实现产值 1462.69 亿元，占工业总产值比重为 16.19%。2019 年，汽车制造业增长 13.7%，汽车产量同比增长 20.7%。天津滨海新区是我国重要的新能源汽车产业基地，已形成从动力电池、电机电控、汽车零部件到整车制造，以及汽车金融、汽车后服务等配套领域的全产业链布局，在纯电驱动系统、动力电池、电磁兼容试验等方面达到国际领先水平；拥有国能、恒天、萨博等为代表的整车制造企业，中国电子科技集团公司第十八研究所、国家锂离子动力电池工程技术研究中心等国家级试验检测机构，波士顿轮毂、优耐特、西门子、松正等为代表的电机电控企业，电机电控技术达到国际一流水平，产业规模不断壮大。一汽丰田、长城等重点汽车企业正向新能源汽车领域进军。

以新型功能材料、先进结构材料、高性能复合材料为代表的新材料产业集群。2018 年，天津滨海新区新材料产业实现产值 769.05 亿元，占工业总产值比重为 8.51%。① 2019 年，高技术制造业投资增长 36.5%，比前三个季度提高 33.4 个百分点，高于全市投资 22.6 个百分点。② 天津滨海新区新材料产业初步形成了八大新材料产业体系：以晶体硅材料、磁性材料、光纤维材料为代表的电子信息新材料，以锂电池正极材料、薄膜太阳能电池材料、光伏玻璃、LED 衬底和外延片为代表的绿色电池新材料，以无缝钢管、焊接材料、石油套管、高端特种用钢和合金为代表的新型金属材料产业集群，以氟材料、硅材料、合成树脂、涂料和膜材料为代表的化工新材料，以高性能碳纤维及制品为代表的航空航天新材料，以介入治疗材料、药物缓释为代表的生物医用新材料，以新型墙体材料、保温隔热材料、防水密封材料为代表的建筑新材料，以纳米材料、超导材料为代表的先导材料及技术。

以动力电池、太阳能发电、风力发电等为代表的新能源产业集群。2018 年，天津滨海新区新能源产业实现产值 372.84 亿元，占工业总产值比重为 4.13%。③ 2019 年，战略性新兴产业投资增长 15.7%，其中生物产业、新能源产业、新材料产业投资分别增长 86.1%、39.3%、28.1%。④ 天津滨海新区新能源产业形成了绿色电池、太阳能和风力发电三大产业集群，在绿色电池领域，建立起由研发设计、电池材料到电池生产及应用的完整产业链，聚集了力神、三星视界、巴莫科技等国内外知名绿色二次电池生产企业，锂离子电池生产能力和产值规模占全国三分之一以上，成为国内综合实力最强的绿色二次电池产业基地。

以节能产业、环保产业、资源综合利用产业等为代表的节能环保产业集群。2018 年，天津滨海新区资源循环及环保产业实现产值 25.87 亿元，占工

---

① 李桐. 天津滨海新区发展报告 [C] //. 中国经济特区发展报告（2019），2020：331－347＋461.

② 李桐　天津滨海新区年度发展报告 [C] //. 中国经济特区发展报告（2020），2021：297－312＋436－437.

③ 李桐. 天津滨海新区发展报告 [C] //. 中国经济特区发展报告（2019），2020：331－347＋461.

④ 李桐. 天津滨海新区年度发展报告 [C] //. 中国经济特区发展报告（2020），2021：297－312＋436－437.

业总产值比重为 0.3%。天津滨海新区作为我国重要的节能环保产业基地，拥有首个国家绿色发展示范区、北疆电厂等国家级循环经济示范试点，以及泰达和临港两大国家级循环经济示范园区。在节能领域，大力推动锅炉改燃、热泵系统利用、LED 灯替代传统光源、电机系统改造等重点节能项目，初步形成了以节能汽车和节能家用电器为主导，在节能建筑材料、节能型通用装备、节能型照明器具制造等方面具有较大竞争优势的产业格局；在环保领域，聚集霍尼韦尔环境自控、诺卫环境安全、威立雅水务等一批具有较强竞争力的国际知名企业，以及膜天膜、泰达环保、生态城环保、航天环境等一批自主创新能力强的高新技术企业，在环境污染防治专用药剂和环保装备及产品领域具有较大国内市场份额，新型膜材料、烟气除尘、脱硫脱硝等技术和产品处于国内领先水平；在资源循环利用领域，围绕汽车及装备制造、电子信息、生物医药、新材料等主导产业，引进电子线路板及废物回收、边角废料铸钢、生物发酵残渣加工、有机食品废物再利用等补链项目，初步形成了链条紧密、资源有效的资源循环利用模式。

以数字创意、科技服务、融资租赁等为代表的战略性新兴产业服务业集群。2018 年，天津滨海新区第三产业占比达 45.8%。2019 年，服务业增加值占全市生产总值的比重为 63.5%，比上年提高 1.0 个百分点。天津滨海新区加快发展现代服务业和新业态，五大开发区集聚发展各具优势的服务产业，形成于家堡金融核心区、东疆国家租赁创新示范区、"互联网＋高科技"产业等新兴产业集群、跨境电子商务综合试验区、保税区口岸经济、滨海高新区创新主体集聚区等一批新兴服务业发展重点集聚片区。在数字创意领域，作为我国北方重要的数字创意产业基地，滨海新区数字创意产业初步形成了以互联网信息服务、数字内容服务、动漫游戏、设计服务等为主的发展格局，拥有国家级文化和科技融合示范基地、国家动漫产业综合示范园、中国天津3D 影视创意园区、国家影视网络动漫实验园、国家数字出版基地等 8 个国家级园区，以及今日头条、华谊兄弟、博纳影业、光线传媒、乐视网、PPTV、优扬动漫等重点企业。在信息服务领域，滨海新区建成全国资讯服务总部基地、中小企业服务云、医疗健康云等服务平台；依托国家级软件和信息服务业基地，打造虚拟现实、动漫游戏、地理信息系统等特色服务平台；依托百亿亿次超级计算机、大数据处理等一批共性关键技术和产品，打造形成国内知名的自主安全信息产业链。在科技服务领域，依托中国铁路设计集团、中海油天津化工研究设计院等壮大专业化技术服务规模，做优石油化工、船舶、轨道交通、汽车等工程设计行业；依托58到家、谱尼测试、金域医学等做大检验检测、安全生产专业技术和专业化服务外包；依托忆云共享、汉柏科技、亿玛科技、普泰国信等做好综合科技服务，支持提供"互联网＋智能制造"解决方案服务。

2020年，天津滨海新区工业生产总体平稳。全年全区规模以上工业增加值比上年增长1.9%。在规模以上工业中，11大优势产业增加值比上年增长2.1%。其中，新能源产业、电子信息产业、汽车产业和生物医药产业分别增长25.0%、11.2%、8.0%和6.2%。新动能进一步发展壮大。全年全区高技术制造业产值比上年增长4.3%，增速高于全区规模以上工业总产值10.1个百分点，其中，计算机及办公设备制造业增长19.1%、医疗仪器设备及仪器仪表制造业增长12.9%。全区高技术服务业企业实现营业收入1854.91亿元，增长8.6%，其中信息服务、电子商务服务、检验检测服务、研发与设计服务、知识产权及相关法律服务营业收入分别增长11.6%、51.3%、10.7%、26.5%、50.4%。①

天津滨海新区形成的是高科技、高端制造的产业集群，有更高的土地附加值。其近海的环境容易发生灾害，一旦发生人为或自然灾害，损失较大。

2. 工业安全生产及风险

在工业快速发展的同时，也伴随着工业安全生产的问题。我国安全生产八大危险领域包括：（1）煤矿；（2）交通运输；（3）危险化学品；（4）消防；（5）渔业；（6）烟花爆竹；（7）非煤矿山，如井工开采矿山、尾矿库、排土场等；（8）非传统事故高发行业领域。

---

① 天津市政府网，https://www.tj.gov.cn/sq/tjgb/202203/t20220314_5828933.html.

从表 5-2 可以看出，2019 年大部分危险程度较高的产业经济效益指标为正，甚至产生较高的利润和利润率。例如煤炭和石油开采，市场集中度极高，营业收入利润率也显示出绝对盈利；金属加工业在天津企业数较多，但经营效益并不突出甚至出现亏损。

表 5-2　2019 年天津市危险相关产业经济效益指标

产业	企业单位数（家）	利润总额（万元）	营业收入利润率（％）
煤炭开采和洗选业	2	7558	28.4
石油和天然气开采业	3	5528791	56.4
黑色金属矿采选业	2	31946	6.0
非金属矿采选业	2	5232	2.1
开采专业及辅助性活动	6	－143676	－5.5
石油、煤炭及其他燃料加工业	34	777666	7.5
化学纤维制造业	3	－4055	8.1
非金属矿物制品业	251	104340	－8.8
黑色金属冶炼和压延加工业	271	－104936	2.9
有色金属冶炼和压延加工业	99	11251	－0.4
运输设备制造业	205	139729	2.8
电力、热力生产和供应业	86	236514	2.6
燃气生产和供应业	25	92427	5.4

2020 年，危险产业的增速发展也为天津市工业生产安全带来了隐患，一旦发生事故，将造成重大的人员和财产损失。2018 年，天津市安全生产委员会印发《关于在高危行业领域推行安全生产责任保险的实施意见》，对八大高危行业领域强制推动实施安全生产责任保险。同时，鼓励其他行业领域生产经营单位投保安全生产责任保险。2020 年，天津市对本市行政区域内的非煤矿矿山、危险化学品、烟花爆竹、金属冶炼行业的安全生产责任保险保费补贴 40％，2021 年，该保费补贴 30％。① 按照政府推动、市场运作，防补结合、重在预防，结合实际、提高效能，浮动费率、激励约束的原则，从建立安全

① 天津市应急管理局，https：//yjgl．tj．gov．cn/ZWGK6939/ZCWJ6371/gjzc/．

生产长效机制出发，充分运用责任保险经济手段加强和改善安全生产管理，建立安全生产责任保险与安全生产工作相结合的良性互动机制，发挥责任保险的风险管理功能，强化企业安全生产自我约束能力，预防各类事故发生，减轻企业事故风险和政府财政负担。

第二节　突发重大环境灾害风险评价方法

一、突发重大环境灾害风险源分析

（一）突发环境事件分类

根据事故的来源不同，突发环境事件分为自然因素（如自然灾害）导致的和人为因素引起的两种事故类型。

1. 自然因素

自然性突发环境事件，是指由不可抗力的自然因素如地震、海啸、洪涝等自然灾害或者冰川运动等自然因素所突然诱发的环境事件。自然灾害引起的突发环境事件因其发生突然、影响广泛、难以判断、蔓延迅速且后果不可逆转等特点，给周围生态环境和整个社会安全造成的污染和破坏不堪设想。而且，受全球气候变化的影响，自然灾害引起的突发环境事件将进入高峰期。日本"3·11"大地震灾害导致的核辐射再次引发对突发环境事件应急管理的广泛关注。我国自古以来，自然灾害就很频繁，灾史绵长，灾种繁多，灾域广袤，灾情严重，而且自然灾害十分容易引起次生环境问题，导致突发环境事件的发生。自然灾害对环境的影响主要分为两个方面：一是原生态环境影响。原生态坏境影响主要是指由各种自然因素引起的环境问题，其中自然因素包括如滑坡、泥石流、地震等自然灾害，这些自然因素极有可能在短时间内破坏生态系统的平衡，而受其影响，一些化工厂、核设施极有可能出现泄漏现象，使环境遭受一定程度的破坏。二是次生环境影响。次生环境影响是指人类在生产活动中破坏生态环境或致使环境受到污染等情况。地震引发的次生环境灾害属于突发环境事件的一种。地震可能引发的次生环境灾害主要有以下几个方面：

一是水源的污染及供水设施的损坏。地震造成的有毒有害物质泄漏、放射性物质泄漏及尸体的腐败等极易造成城镇饮用水水源的污染，给灾区供水带来严重影响。同时，地震对城镇供水设施的损坏也严重影响着灾后供水安全。如果灾民饮用受污染的水极易引起身体不适、疫病流行，甚至引发更为严重的伤亡。

二是城市污水管网和处理设施的破坏。地震强大的破坏力很容易造成城市污水管网破裂，致使污水四溢，流淌于城市之中，造成严重污染。同时可能对城市污水处理设施造成严重破坏，削弱城市污水处理能力，影响城市污水稳定达标排放，引起地表水环境的恶化。

三是有毒有害物质的泄漏。地震可能造成城镇天然气、煤气管道的泄漏，因而产生大量有毒有害气体，导致人员中毒伤亡。此外，城市中的有毒有害物质主要集中在有关的工厂和化工仓库。如果地震时库房倒塌、包装破坏，就可能造成有毒有害物质的泄漏，发生火烧、水淹、雨淋和散失。例如，在"5·12"汶川地震中，就有两家化工厂发生了液氨泄漏事故。

四是垃圾填埋场和尾矿库引起的污染。地面裂缝、塌陷、喷水冒砂等由地震引起的地面破坏，使原本埋藏于土地深处的固体废物裸露于地表，产生环境污染。如果遇到雨水天气或者城市水灾，则可能使这些废物四处漂浮、腐败，滋生有害微生物，同时将渗出有毒有害液体，污染水体和土壤。尾矿库在地震中一旦遭到破坏，大量矿石废渣中含有的重金属将极易造成水体及土壤持久性污染。

五是火灾和火灾造成的污染。地震容易引起城市天然气、煤气管道的泄漏，造成城市大火。大量塑料质地的建筑材料、电线、油料、化学纤维的燃烧将会产生有毒有害气体，给城市环境空气带来严重污染。同时，如果遇到自来水管道破裂或者阴雨天气，将会造成这些有毒有害气体渗入土壤、地下水，造成持久性污染。

城市公共安全与保险

六是水灾和水灾造成的污染。如果地震引发了海啸，或山崩壅塞河道，或扭曲、破坏堤坝造成河流水库决口，淹没城市，将对城市环境造成极大的破坏。水灾一旦发生，将会使泄漏的化学有毒有害物质、放射性物质、病毒和细菌、城市污水弥漫于城市，造成极为严重的环境污染。水灾还极容易造成城市中尸体的腐败，滋生蚊蝇，水体中细菌、病毒大量繁殖，引起疫病流行。

七是放射性物质泄漏。放射源主要集中在核电站、辐射防护研究单位、农业科学研究单位、煤田地质勘探单位及医疗防疫单位等。目前，各国核电站都是按照很高的抗震级别来建造，抗震系统较为完善，但是在面对特大地震时仍有发生泄漏的危险。例如，2011年3月12日发生在日本的9.0级特大地震就引发了福岛第一核电站核物质的泄漏，引起严重的核辐射污染和极大的公众恐慌。此外，由于其他放射源分布较散，一旦在工作时发生地震，或者个别单位不按规定包装、贮存，将有可能对空气和水造成污染。

八是生物多样性和生态系统的破坏。由于许多生物对地震有敏锐的预测性，因此，往往地震前就大量迁移，并在地震后相当长的一段时间才能回归。这样，区域生态系统的生物多样性就受到严重挑战。地震造成的直接灾害及次生灾害将会造成陆生生物的巨大伤亡。地震后造成的地质构造、河流水文的改变，将可能对区域生态系统造成巨大影响，破坏生物多样性的地理环境基础。例如，"5·12"汶川地震造成卧龙自然保护区遭受巨大破坏，从而导致大熊猫失踪。

2. 人为因素

人为因素导致的突发环境事件，是指由人为疏忽或故意破坏等行为导致的突然发生的环境事件。人为因素引发的突发环境事件主要是由第三方破坏、管道腐蚀穿孔、设备设施故障、误操作等因素造成。

（二）突发环境污染事件的风险源

根据突发环境事件的污染源特征可将风险源分为固定风险源、移动风险源及累积性环境风险源。本书将根据此分类标准重点从风险事故类型、事故演化过程及主要控制因素三个方面对这三类环境风险源开展评估与管理研究。

1. 固定风险源

石油加工、炼焦业，化学原料及化学制品制造业，医药制造业三类行业为突发环境污染事件固定源的重点行业，事故主要以火灾、爆炸、泄漏、化学腐蚀、中毒等事故引发的次生环境污染事件。由于原油是易燃易爆的液体，其加工过程危险性较大，火灾和爆炸是最为常见的事故类型，这些安全生产事故将造成人员、财产的巨大损失。此外，污染物进入环境介质也将对生态环境和人体健康有显著影响。本书以石油化工、炼焦业引起的突发性环境污染事故为主对事故类型、事故演化历程及主要控制因素进行分析。石油化工、炼焦业火灾及爆炸引起的环境污染事件情景见图 5 – 1、图 5 – 2。

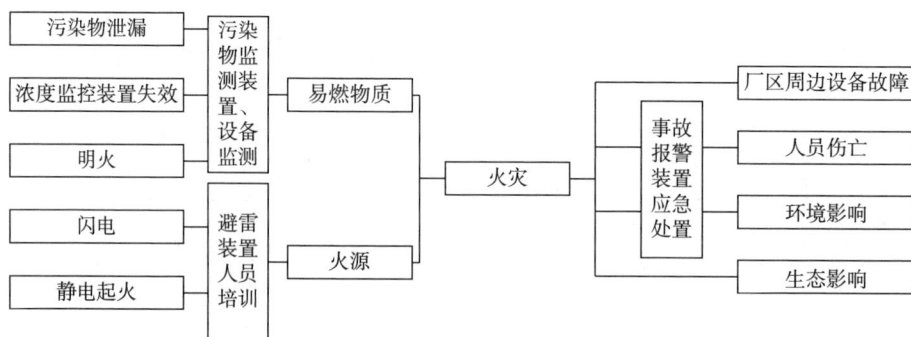

图 5 – 1　石油化工、炼焦业火灾引起的环境污染事件情景

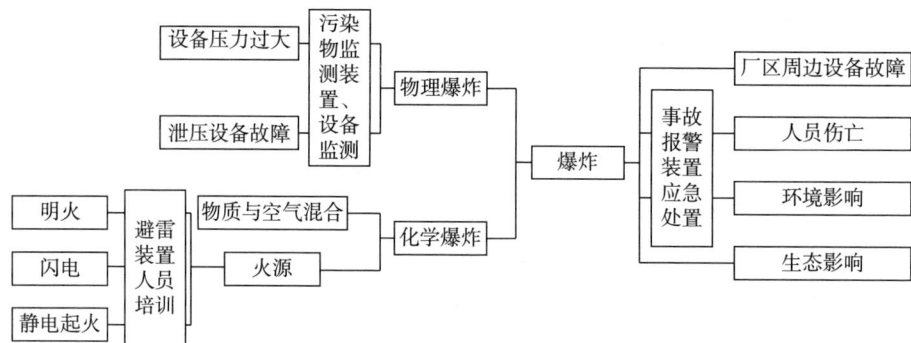

图 5 – 2　石油化工、炼焦业爆炸引起的环境污染事件情景

环境风险可以用发生风险的概率及风险导致损失的大小来表示。通过基于事故类型的蝴蝶结分析，可以得出企业固有环境风险事故发生概率由企业内危险物质属性及存量、设备设施安全程度、企业风险管理水平等因素决定，如图 5 – 3 所示。

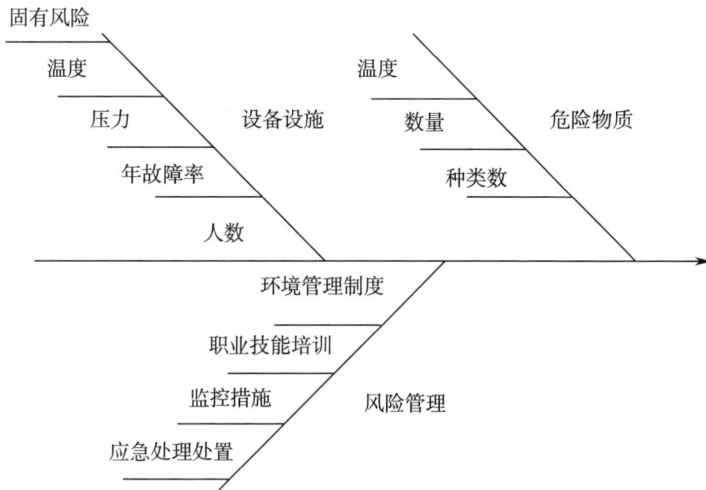

图 5 – 3　企业风险发生概率影响因素解析

企业环境风险由企业固有环境风险与企业布局环境风险综合决定。企业固有环境风险包括危险物质存量与性质、设备设施运行状况、企业管理水平等因素，企业布局环境风险包括事故影响区内人口密度、环境功能区划、自然保护区数量等。突发环境污染事件固定源环境风险如图 5 – 4 所示。

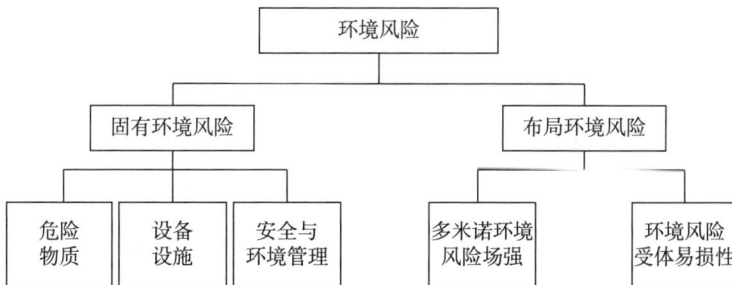

图 5 – 4　突发环境污染事件固定源环境风险

2. 移动风险源

移动风险源不确定性较大，道路运输作为货物运输的主要形式之一，具有成本低、运输量大的特点，道路运输业事故类型主要包括运输设备的故障或者破坏引发的危险物质泄漏、火灾、爆炸、中毒及烟雾五类。本书中提到的道路运输业火灾、爆炸事故中也涉及了油气泄漏事故的分析。

突发环境污染事件移动源涉及危险货物运输的交通运输业，其环境风险由危险货物运输量、运输设备运行稳定性、运输从业人员技能水平、运输企业及运输过程安全管理水平等因素共同决定（见图5-5）。运输设备的运行稳定性可以通过设备年检及维护频率、设备折旧率、设备运输资质等因素核算；运输从业人员的技能水平通过运输知识以及针对危险货物的安全运输知识的掌握情况、安全驾驶里程数、运输资质等因素表征；运输企业安全管理是指企业是否具备从事危险货物运输的资质；运输过程安全管理是指运输设备中导航定位系统及浓度、温度、压力等安全监控装置的安装和布设情况。

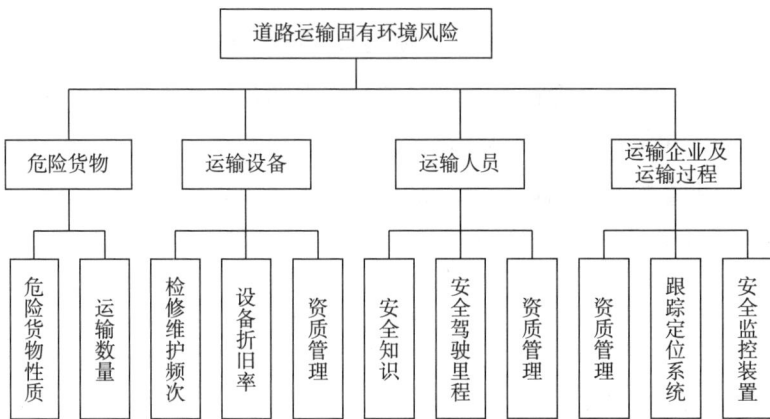

图5-5 交通运输业固有环境风险分析

道路运输的环境风险受体是指运输所经过的道路、水路及周边的环境，其脆弱性受到影响范围内人口密度与结构、生态系统结构、气候等因素的共同作用。但由于不确定性强、难以判定和分析等原因，对危险货物运输业环境风险受体分析的研究止步于定性分析，不做定量评估和计算。

3. 累积性环境风险源

累积性环境污染事件是我国近年来频繁面临的环境污染事件之一。自2004年以来，多地暴发重金属污染事件，"锡污染""铅中毒"等事件层出不穷。由于重金属污染具有一定的潜伏性和隐蔽性，污染事件的发生看似"突发"实则是由于长时间的累积造成的。本书以采矿业中的金属采矿业为例，进行重金属污染环境风险解析。金属采矿业的环境污染事故多是由于含重金属废水、粉尘、矿渣等长期在环境介质中累积，日积月累后导致地表水、地下水、土壤、底泥中重金属污染物含量超标，进而通过污染物的暴露与迁移转化对生态系统和人体健康造成影响。通过分析，建立金属采矿业污染物排放分析图（见图5-6）。

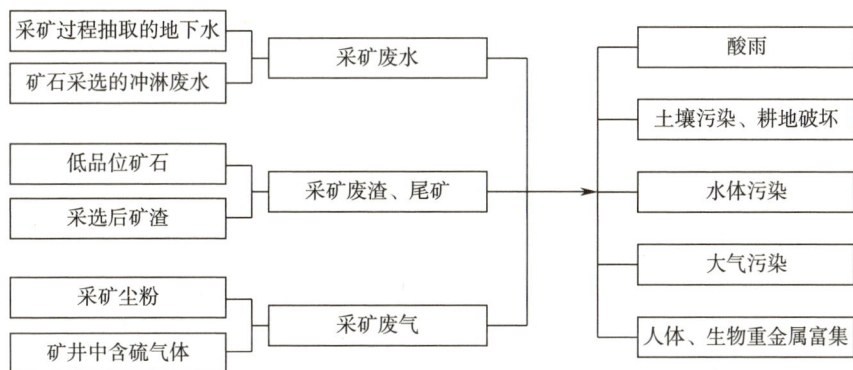

图5-6　金属采矿业污染物排放分析

金属采矿业环境风险的主导因素为重金属、硫化物的排放强度。污染物的排放强度与矿石的品位、矿石采选的工艺水平、污染物处理处置工艺及去除效率、企业管理水平等因素密切相关。此外，风险受体的脆弱度受到气象条件、土壤、大气、水体等生态系统结构及人口密度等因素的影响。但由于不确定性强、难以判定和分析等原因，对金属采矿业环境风险受体分析的研究止步于定性分析，不做定量评估和计算。

二、 突发重大环境灾害风险源评价模型构建及分级方法

危险指数评价法首先将环境风险水平解析为关于若干指标的函数，通过明确各个指标的计算方法核算评价对象的环境风险水平。本书采用危险指数评价法分别针对固定风险源中突发环境风险的石油化工和炼焦业、累积环境风险的金属采矿业，以及移动风险源中的道路运输业进行环境风险评价。具体做法是首先根据环境风险源申报指标体系细化并筛选环境风险源特征风险因子，进而构建环境风险源评估指标体系，建立单个指标的核算方法及环境风险源评估函数模型，最终基于算法的值域将环境风险源分为一般、较大、特大三个等级，通过环境风险源等级的划分明确管理重点，以提高环境风险源管理效率。

（一） 突发环境污染事件固定风险源评价分级模型构建

突发环境污染事件固定风险源环境风险由企业固有环境风险和企业布局环境风险综合决定。企业危险物质存量与危险性、设备设施的故障率、工作温度及压力、企业安全生产与环境风险管理体系、事故应急水平、监控布设、职业技能培训等因素共同影响固有环境风险，企业布局环境风险则受到企业布局的危险性和企业周边环境风险受体脆弱性的影响。石油化工和炼焦业环境风险源评价指标体系见表5-3。

表5-3　石油化工和炼焦业环境风险源评价指标体系

决策层	准则层	指标说明
危险物质S	属性（e，t，r）	根据《危险化学品目录（2002年版）》将危险物质分类，并分为易燃易爆指数、毒性危害指数、反应性指数
	数量C_1	厂区内各类危险物在储存、生产环节的存量
	种类数N_1	各类危险化学品的种类数

续表

决策层	准则层	指标说明
设备设施 E	设备固有风险水平C_1	贮罐、库房、反应釜自身事故发生水平，以事故案例数据库的统计数据为准
	温度 T	设备的工作温度，单位：℃
	压力 P	设备工作压力，单位：MPa
	设备年故障率 F	设备设施的年故障频率，单位：次/年
	设备设施个数N_2	系统内贮罐、库房、反应釜的个数
风险管理 M	环境管理制度N_{system}	企业 ISO 14000、ISO 8000、清洁生产审核开展情况
	职业技能培训M_{train}	员工职业技能掌握情况，以企业是否开展技能培训为评判依据
	监控措施$M_{monitor}$	厂区内视频监控、参数监控体系完备程度
	应急处理处置$M_{emergency}$	应急预案、应急演练完备程度与开展情况
企业布局风险 L	区域人口密度L_r	企业所在地区人口密度，单位：人/平方千米
	环境功能区L_0	区域大气环境功能区与环境功能区划。区域大气功能区，按照大气功能类别分为一级、二级、三级；区域水环境功能区划，按照水环境功能类别分为Ⅰ类、Ⅱ类、Ⅲ类、Ⅳ类、Ⅴ类
	重要环境保护目标L_p	分为取水口、自然保护区两大类，按照水体服务的等级，取水口分为重要城市主要水源地、县级以上城镇水源地、村镇集中式饮用水源地三类，自然保护区分为国家级、省级两类
	多米诺风险场强度L_d	多米诺风险场强度由风险源分布、事故类型、事故源强度等因素综合决定，以 1km 范围内生产型企业的数量作为考核指标

（二）突发环境污染事件移动风险源评估分级模型构建

突发环境污染事件移动风险源评估分级方法见表 5-4。

表 5-4　突发环境污染事件移动风险源评估分级方法

一级指标	二级指标	指标说明
X1 危险货物	X11 危险货物性质	危险货物的毒性、反应性、易燃易爆性
	X12 危险货物数量	运输危险货物的数量，单位：吨
X2 设备风险水平	X21 危险货物运输车标志	危险货物运输从业资格要求中明确指出，从事危险货物运输的车辆应当预备明显的警示标志，选项"有、无"
	X22 车辆折旧	实际使用年限和设计使用年限的比值
	X23 安全技术条件	爆破器材运输车：国家相关技术规定及要求 罐式集装箱：GB/T 16563 常压罐体：GB 18564 放射性物品：GB 11806 压力罐体：GB 150
	X24 车辆安全装置	分为罐体装置和车辆装置两部分内容 罐体装置包括泄压装置、压力表、液位计、惰性气体封顶、导除静电装置、隔热和熄灭星装置 车辆装置包括温控装置、切断总电源和隔离电火花装置、阻火器、防震装置、防水装置、防冻装置、防爆装置、防尘飞扬装置、防洒漏装置、防滑措施
	X25 车辆监控	包括 GPRS 监控系统、车速监控、车况监控、车厢内武力指标的参数监控
	X26 车辆维护	车辆维修及检测周期
X3 人员	X31 资质	运输人员是否具备危险货物运输资格证
	X32 业务水平	运输人员安全驾龄
X4 企业环境管理水平	X41 相关资质	运输企业有无获得危险货物运输资质
	X42 培训	定期开展人员专业技能、专业知识培训
	X43 安全责任制	完备的安全管理责任制
	X44 事故应急水平	完备的应急预案、定期开展应急演练

（三）累积性环境风险源评估分级方法

累积性环境风险源评估以金属采矿业为例，采用危害指数法，构建环境风险源评估指标体系及评估模型，建立重金属污染物排放、开采工艺、企业管理、风险受体等指标的环境风险源评价指标体系及评价方法。评价指标体系如表 5－5 所示。

表 5－5 金属采矿业累积性环境风险源评价指标体系

一级指标	二级指标	指标说明
污染物 M	废水排放	排放污水中各类重金属的浓度（毫克/升）
	废气排放	排放的气态污染物中重金属和 SO_2 的浓度（毫克/升）
	废渣排放	矿渣中重金属污染物的含量（毫克/升）
开采工艺 A	开采类别	分为露天开采、地下开采
	工艺先进程度	开采工艺是否为国内外先进工艺
企业管理 G	安全生产与环境风险管理体系	企业 ISO 14000 和 ISO 18000 标准化落实情况
	事故应急	应急预案、应急物资与应急演练具备和开展情况
	职业技能培训	职业技能培训开展情况
风险受体 T	制备覆盖率T_1	金属采矿业周边的植被覆盖率
	环境功能区划T_2	大气环境功能与水环境功能，大气功能区分为一级、二级、三级，水体功能区分为Ⅰ类、Ⅱ类、Ⅲ类、Ⅳ类、Ⅴ类

第三节 天津市突发重大环境灾害风险评价
——以化工行业为例

本节首先分别从城市和企业角度分析了天津化工行业突发重大环境灾害风险源；其次以某化工园区所有化工企业为分析对象，评估了企业的风险源情况，并对所有园区内的企业进行了风险分级；最后以粒碱企业为例应用 LAC 方法，定量分析了粒碱生产企业全生命周期不同类型环境影响结果，由大到小依次为 MAETP > HTP > ADP（fossil）> GWP > AP > ADP（elements）> EP > FAETP > TETP > ODP > POCP，其中，ADP 为非生物资源消耗、AP 为酸雨、EP 为富营养化、FAETP 为新鲜水水生态毒性、GWP 为全球变暖、HTP 为人体健康损害、MAETP 为海洋生物毒性、ODP 为臭氧层破坏、POCP 为光化学烟雾、TETP 为土壤生态毒性，因此粒碱生产企业对环境和人体健康存在潜在风险。在此基础上，重点定量分析了粒碱生产企业原料甲醇泄漏所产生的突发重大环境灾害后果，并对损失情况进行了评估，可以在一定程度上降低突发环境事件的发生，保障化工园区的安全。

一、 化工行业突发重大环境灾害风险评价

（一）天津化工行业突发重大环境灾害风险——以城市角度

1. 经济特点

2019 年，天津市地区生产总值为 14104.28 亿元，比上年增长 4.8%。其中，第一产业增加值为 185.23 亿元，增长 0.2%；第二产业增加值为 4969.18 亿元，增长 3.2%；第三产业增加值为 8949.87 亿元，增长 5.9%。工业企业盈利水平明显提高，全年全市工业增加值比上年增长 3.6%，规模以上工业增加值增长 3.4%，比上年提高 1.0 个百分点。在规模以上工业中，分门类看，采矿业增加值增长 3.0%，制造业增长 3.3%，电力、热力、燃气及水生产和供应业增长 6.0%；分行业看，39 个行业大类中有 20 个行业增长，规模以上工业在产品目录的 412 种产品中，有 221 种产量增长，占目录产品的 53.6%，增长面比上年扩大 2.8 个百分点。规模以上工业企业营业收入增长 3.5%，营业收入利润率为 6.5%。①

截至 2020 年，天津市涉及大气环境、水环境、土壤环境等重点排污单位共 1910 家，其中大气环境重点排污单位 445 家，其区县分布区域如图 5-7 和图 5-8 所示。石油化工企业是天津支柱性产业，也是最容易发生火灾爆炸的企业。天津市化工企业相对集中，且包含大批量危险源，发生重大事故的可能性也急剧增加。

① 《2020 年天津市统计年鉴》。

家
180
160
140
120
100
80
60
40
20
0

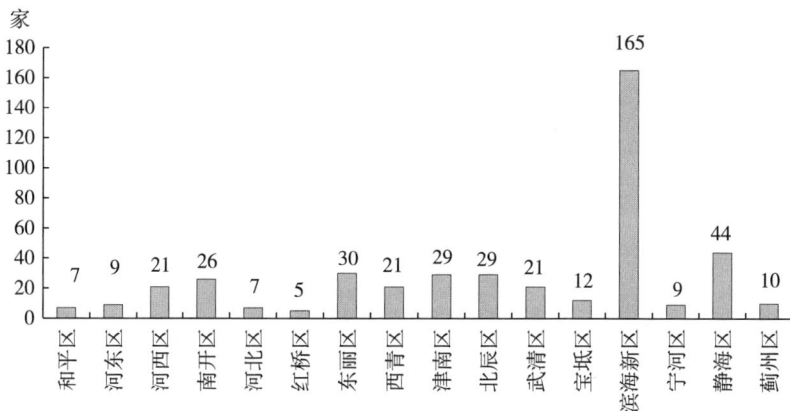

图 5 - 7　2020 年天津市各区县大气环境重点排污单位分布区域

2. 工业布局

经过近 70 年的发展，天津市形成了以滨海新区现代制造为主、中心城区高端都市工业和区县特色工业相互补充共同发展的产业空间发展格局，汇聚了航空航天、装备制造、石油化工、汽车工业、智能科技、生物医药、新能源新材料等七大优势产业。

2019 年，天津市规模以上工业增加值同比增长 3.4%，增速较上年提高 1.0 个百分点。分行业看，在规模以上工业 39 个行业大类中，20 个行业保持增长，17 个行业增加值增速快于天津市工业平均水平。重点行业拉动作用明显，汽车制造业、黑色金属冶炼和压延加工业、医药制造业、电气机械和器材制造业、石油和天然气开采业、开采专业及辅助性活动 6 个行业增加值合计拉动全市工业增加值增长 3.7 个百分点。装备制造业支撑作用显著，占规模以上工业增加值的 33.5%，比重较上年提高 0.7 个百分点，增长 6.7%，拉动天津市工业增加值增长 2.2 个百分点。

天津智能科技产业链优势正在加快形成，智能科技创新成果不断涌现，包括麒麟项目荣获"2018 年国家科技进步一等奖""天河三号"百亿亿次超级计算机原型机已经在天津研制成功。新一代人工智能、生物医药、新能源、新材料产业发展三年行动计划出台，实施航空航天、机器人等 13 个重点产业

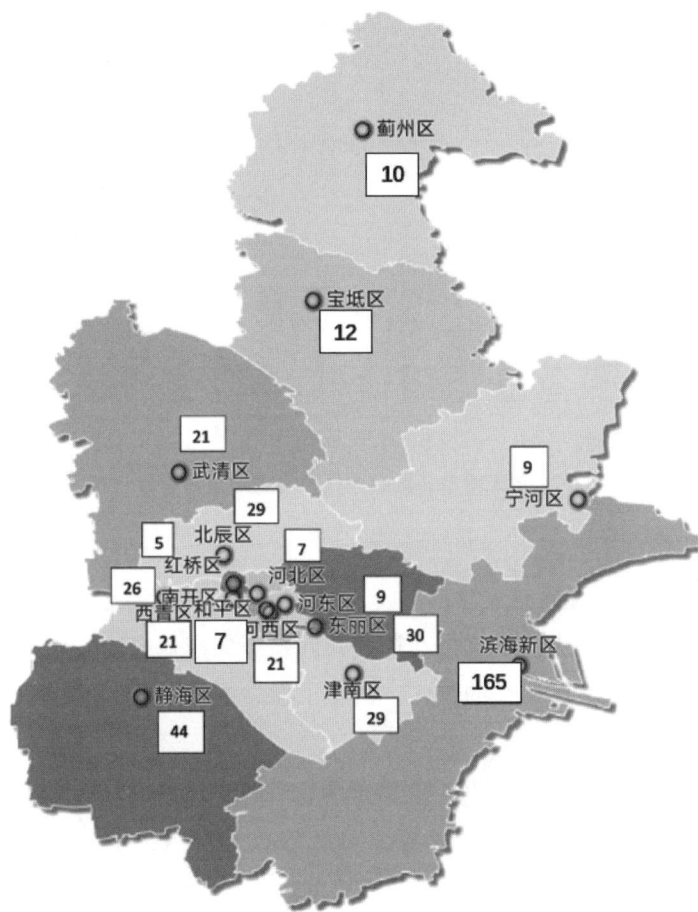

图5-8 2020年天津市各区县大气环境重点排污单位地图

发展三年行动方案，集成电路圆片、服务机器人、风力发电机组等重点产品产量成倍增长，先进制造业产值占工业产值的比重为 63.5%，工业企业利润增长 11.1%。

3. 港口情况

天津港位于海河下游段及其入海口处，是渤海湾中与华北、西北地区内陆距离最短的港口，是我国北方最大的对外贸易口岸，也是我国综合运输体系的主要枢纽和沿海主枢纽港，在环渤海地区港口群体中处于中心地位。天津港位居世界港口第六、国内港口第四、北方港口第一。该港集装箱吞吐量位居世界港口第十六、国内港口第六。鉴于天津港承运物质的规模较大、种类较多，其环境风险事故的发生概率及其影响也比较大，建设文明环保现代化的国际一流大港，实现经济增长和生态保护有机统一和可持续发展的目标，环境风险防范与管理工作将成为天津港发展的重要组成部分和重要条件。经过现状调研与历史风险事故统计分析，天津港主要的环境风险事故类型如表 5 - 6 所示。

表 5 - 6　天津港主要环境风险事故类型

风险类型	风险因素	风险原因	发生频率	危害
溢油或化学品泄漏	海上溢油或化学品泄漏事故	由船舶相撞、误操作、人为排入、船舶故障等造成	小	大
	码头溢油或化学品泄漏事故	主要由管道接口泄漏、误操作等造成	中	小
	罐区溢油或化学品泄漏事故	主要由管道结构泄漏、误操作等造成	小	小
火灾	船舶海上火灾事故	主要由人为因素导致	小	中
	码头火灾	主要由人为因素导致	小	小
	罐区火灾	主要由雷击、人为因素导致	小	大
爆炸	罐区爆炸	主要由火灾导致	小	特大
赤潮	赤潮生物过量繁殖	海水富营养化，水文气象和海水理化因子的变化	中	中

资料来源：邵超峰，鞠美庭. 天津港环境风险防范及管理对策研究 [J]. 海洋环境科学，2009，28 (2).

（二）天津化工行业突发重大环境灾害风险——以企业角度分析

1　化工企业的相关布局

2006 年中国化工、石化项目环境风险大排查结果显示，在总投资约 1 万亿元的 7555 个化工、石化建设项目中，81% 布设在江河水域、人口密集区等环境敏感区域，45% 为重大风险源。从世界上来看，化工行业要么在原料产地聚集，要么在市场需求地聚集。此外，化工企业选址一般选择交通条件便利、便于运输的地方，因为此行业无论是原料需求还是产品产出，量相对较大，交通运输是重要参考因素之一。我国东部沿海地区市场发达，再加上石油化工所用原油基本依赖进口，所以就基本形成沿海沿江的产业布局。现在，化工企业的大量布局给沿海和沿江沿河地区带来巨大的环境风险隐患，同时也增加了内河航运物流的危化品运输压力。2000—2018 年全国化工安全事故数量见图 5 - 9。

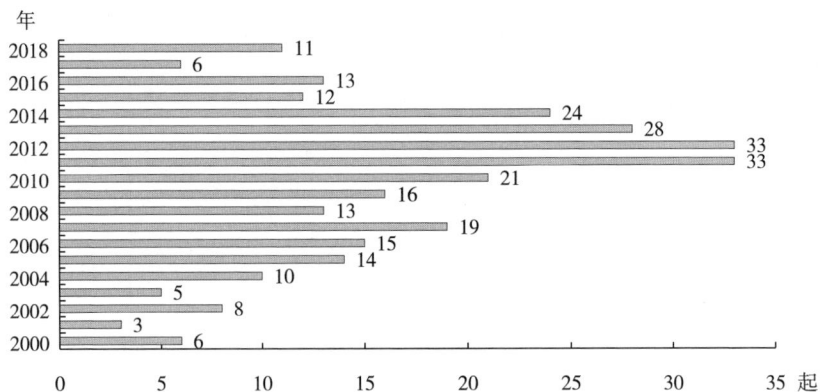

图 5 - 9　2000—2018 年全国化工安全事故数量

2. 危险品的堆放地点

天津港"8·12"特大火灾爆炸事故发生后，我国危险化学品行业存在的管理不规范等问题引发各方关注。与化工行业高速发展不同，我国危化品仓库短缺矛盾长期得不到缓解。大量正规小型危化仓库因处于城市近郊的环境敏感地带而被陆续关闭，使危化品仓储供求关系变得更为紧张。根据中国仓储协会危险品仓储分会估算，2014 年，中国危化品仓储供需缺口大约在 25% 以上，部分区域在 30% 以上。这也在一定程度上为管理不规范的企业提供了空间。巨大的危险化学品仓储物流需求正是我国化工行业高速发展的缩影，而管理水平不一、人员培训不到位等问题在整个化工行业都不同程度地存在。

3. 企业周边的居住点分布

根据 2006 年的数据，布设于城市附近或人口稠密区的化工厂有 2489 个，占总数的 1/3。此后十年间，居民区与化工厂在城市发展过程中相互包围，"化工围城"俨然是民间给予最直观的描述。如今，搬出城市人口密集区，迁入化工园区几乎已是政府和民间的共识。根据新闻百科统计的数据，在搬迁的 700 家化工厂中，有 88% 以上的化工厂都选择了搬进工业园。20 世纪 90 年代初，一些省市已经开始兴建工业园区，2000 年后，工业园区的建设速度明显加快。天津港"8·12"特大火灾爆炸事故后，滨海新区对区内 583 家危化企业开展全面整顿，列入取缔、关闭、搬迁方案的企业有 85 家。天津不再新批和新建化工企业，老化工企业将逐渐搬迁至南港工业区。天津市最大的两家化工企业天津化工厂（又称天津渤天化工厂）和大沽化工厂都在搬迁名录当中，它们都属于天津渤海化工集团公司。

二、 天津市某化工业园区突发重大环境风险评估案例研究

化工园区的数量和工业化程度与日俱增，企业在化工园区的大量集中标志着我国化工行业向科学化、集约化、专业化方向发展的大趋势。但在工业高速发展的同时，可能导致的环境风险也大大提升。原环境保护部有关资料显示，近年来，我国突发环境事件层出不穷，2006—2015 年，仅原环境保护部直接调处的突发环境事件就达 1318 起。因此，如何预防、控制和消除突发环境事件的危害，保障化工园区的安全已成为当前关注的重点。为此，本书以天津市某化工园区 30 家现有企业的固有风险源、风险受体、环境风险控制机制、突发环境事件发生情况进行调查评分，开展了化工企业环境风险控制水平现状分析，以此为化工园区环境风险应急管理提供依据。该评估流程如图 5-10 所示。

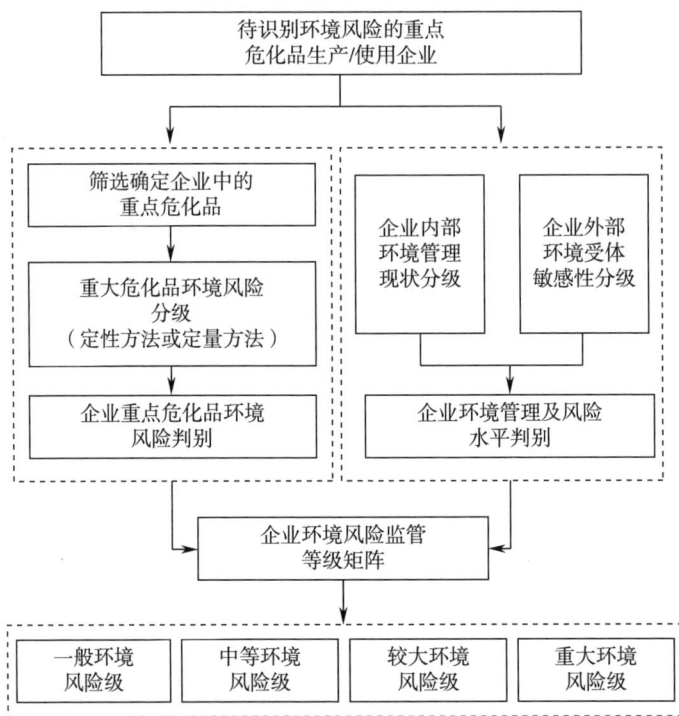

图 5 - 10　天津市突发环境事件风险评估流程

（一）天津市某化工园区概况

天津市某化工园区成立于 2001 年 10 月，以石油化工业为主导产业。该园区位于天津市港口北部，距主城区 35 千米，占地面积 45 平方千米。园区重点发展石油与天然气化工、基本有机化工原料、精细化工、高分子材料、生命医药、新型化工材料六大领域的系列产品。目前，一批国内外知名化工企业在园区投资落户，累计投资超过 50 亿美元。园区目前有石油化工与炼焦、化学原料制造、医药制造等企业 30 家，企业分布密集，如图 5 - 11 所示。

图 5 – 11 天津市某化工园区 30 家化工企业分布

（二）园区内环境风险源信息

在园区 30 家企业中，农药加工生产企业 3 家，化工企业 21 家，制药企业 2 家，染料、涂料加工企业 2 家，石油加工企业、危险货物液体运输码头各 1 家。企业名称及危险化学品年使用量/生产量/运输量如表 5 – 7 所示，园区环境风险源编号如图 5 – 12 所示。

表5-7 天津市某化工园区企业名称与危险化学品种类及存量

企业编号	企业名称	危险物质	存量（t）
1	农药生产企业A	3-氯-2-甲基苯胺/二氯乙烷/亚硝酸钠	250/3347.95/261.4
2	农药生产企业B	吡啶/百草枯/氰化钾/液氯	12000/10000/10000/250000
3	化工企业A	聚醚多元醇及其半成品/环氧丙烷/环氧乙烷/氢氧化钾/邻苯二甲胺/硅酸镁	35000/25000/3500/180/50/260
4	化工企业B	聚丙烯酸涂料/稀释剂	1200/1200
5	化工企业C		15/10/8
6	化工企业D	二甲胺/二甲基甲酰胺/二甲基乙酰胺	35000/40000/10000
7	化工企业E	一氧化碳/甲醇	300000/200000
8	化工企业F	环氧树脂/固化剂/聚合乳液/甲醇/甲基丙烯酸甲酯/甲醛/苯乙烯/环氧氯丙烷/苯酚	500/500/3000/0.5/1/2/1/3/10
9	化工企业G	醋酸/醋酐/醋酐乙烯/氢醌/对苯二醌	600000/100000/300000/16.5/4
10	化工企业H	三氟乙酰乙酸/2,4-二氯苯乙酮/戊唑醇	200/300/500
11	化工企业I	硫酸/硝酸/乙醇/氢氧化钠/硝化棉	11268/10950/4065/3030/15000
12	制药厂A	丙酮/乙醇/甲醇/醋酸乙酯/精盐酸	8/4/8/8/7
13	化工企业J	环氧乙烷/环氧丙烷/甲醇/C10	40/45/46/20
14	制药厂B	盐酸/硫酸/醋酸/氯磺酸	12/18.4/21.6/17.7
15	化工企业K	苯甲酰氯/液氯/甲苯/醋酸	300/112/253/48
16	化工企业L	丙二醇甲醚/间苯二甲腈/间苯二甲胺/液氨/间二甲苯/甲醇/醋酸/环氧丙烷	4825/2000/600/148.08/208.416/643.8/524.6/1718
17	农药生产企业	二氯喹啉酸/二甲四氯/甲醇/代森锌锰	300/500/0.65/10
18	化工企业M	丁二烯/苯乙烯/煤油/氯	1500/453/4/1.5
19	化工企业N	环氧乙烷/甲醇/环氧丙烷/正丁醇	50.46/900/30/20
20	化工企业O	液氨/氢气	106/0.0356
21	化工企业P	氢气/氨水	8.01/80.77
22	染料加工企业	氢氧化钠/乙酸/亚硝酸钠	12603/1653/1653
23	石油化工企业	机械油/聚异丁烯/双丁亚酰二胺/石油/甲醇/化工助剂/易燃品/有毒品	64/29.75/8.75/317.9/31.64/2000/35/40
24	化工企业Q	三氯氢硅/甲基氢二氯硅烷/氯丙烯/甲醇/乙醇/液氨/乙二胺/烯丙基缩水甘油醚/氢氧化钾/甲基丙烯酸甲酯	8/10/24/12/12/24/10/10/5/5

续表

企业编号	企业名称	危险物质	存量（t）
25	涂料生产加工企业	甲苯/油漆	260/100
26	液体储运码头	苯酚	80000
27	化工企业 R	脂肪醇/壬基酚/环氧乙烷/氢氧化钠/硫黄	27000/15000/15000/ 12000/12000
28	化工企业 S	氟草烟/除草剂/甲苯/三乙胺/氨水	200/100/2.5/2.5/2
29	化工企业 T	苯、环乙烷/异丙醇/液氨/三氯化磷	0.65/1/0.2/1
30	化工企业 U	液氯/丙烯/石油	300/800/1200

注：资料经整理汇编而成。

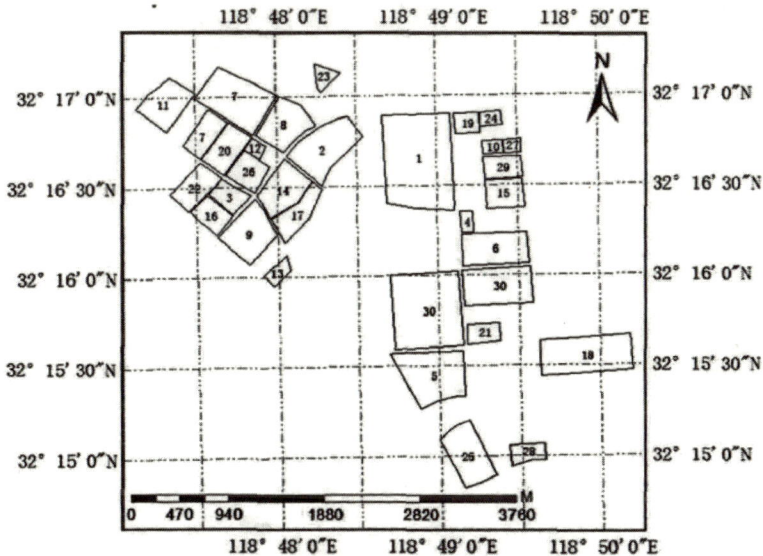

图 5-12 天津市某化工园区环境风险源编号

（三）环境风险源评估分级结果

将天津市某化工园区内环境风险源信息运用突发环境污染事件固定源评估分级模型进行处理，得到园区内各个企业环境风险源风险水平及风险等级数据（见表 5-8）。

表5－8　环境风险源评估结果展示

企业编号	危险物质	设备设施	企业环境风险管理	布局环境风险	风险水平	风险等级
1	12.08	37.32	45.50	45.00	30.73	一般
2	25.00	10.63	25.00	50.00	24.01	一般
3	50.00	40.92	59.25	55.00	50.81	较大
4	5.00	25.88	51.75	50.00	24.05	一般
5	9.58	3.73	38.25	30.00	14.23	一般
6	5.42	26.38	51.75	45.00	24.02	一般
7	75.00	67.98	72.00	55.00	67.03	特大
8	22.03	14.38	51.75	50.00	30.09	一般
9	34.00	53.92	56.75	55.00	48.91	较大
10	4.85	6.73	43.25	45.00	15.88	一般
11	22.50	33.25	72.00	45.00	39.46	较大
12	12.00	9.53	43.25	55.00	22.84	一般
13	15.63	34.93	51.75	35.00	31.53	一般
14	14.38	9.45	58.00	55.00	25.66	一般
15	56.00	14.74	54.50	35.00	35.42	较大
16	53.00	33.63	63.00	30.00	42.84	较大
17	32.50	15.19	58.00	35.00	31.64	一般
18	28.13	41.49	59.50	50.00	43.17	较大
19	26.25	28.83	68.75	44.80	39.07	较大
20	5.63	16.32	53.25	55.00	22.78	一般
21	3.13	15.38	68.75	40.00	19.07	一般
22	9.58	7.45	51.75	45.00	20.19	一般
23	65.00	39.88	55.00	45.00	50.33	较大
24	20.50	26.25	43.25	50.00	32.84	一般
25	15.00	9.85	48.25	35.00	22.35	一般
26	37.75	45.66	38.25	55.00	43.63	较大
27	18.50	34.44	48.25	35.00	32.21	一般
28	21.67	56.75	54.50	30.00	37.66	较大
29	9.38	17.18	48.25	50.00	24.97	一般
30	25.00	42.38	25.00	30.00	29.85	一般

从环境风险源评估分级结果中可以看出，天津市某化工园区特大环境风险源企业1家，较大环境风险源企业10家，一般环境风险源企业19家，分别占园区企业总数量的3.33%、33.33%和63.33%。评估结果具有较高区分度，且符合环境风险管理工作的开展需求，评估方法具有实用性和可操作性。

编号为7的化工企业E具有特大环境风险，该化工企业由于涉及多类危险物质和反应釜、贮罐等高危设施。且企业的危险物质种类多、存量大，厂区内危险设备设施数量较多。此外，企业管理水平不到位也是造成其环境风险较高的原因。

该园区可以从危险物质管理、设备设施维护与管理、安全环境管理体系完善等方面入手，降低各个企业的环境风险。严格控制厂区内储存场所、生产场所中危险物质的存量，使用通过安监部门审核的设备设施并定期对设备进行维护和检修，建立健全人员培训、安全环境管理、事故应急体系以降低环境风险。

由于该园区内环境风险企业较多且布局较密，某一设备一旦发生故障极有可能影响到周边企业，造成"多米诺骨牌效应"。因此，对于工业园区来说，除了企业自身环境风险管理以外，也要重点控制"多米诺骨牌效应"环境风险。从图5-12、图5-13我们可以看出，该园区内编号为7、8、11、2、20、12、26、3、22、16、14、17、9的13家企业聚集在园区西北部，在这一区域内，有特大环境风险企业1家、较大环境风险企业4家、一般环境风险企业8家。应当高度重视该风险企业密集区的"多米诺骨牌效应"防范工作，开展设备间安全距离的测算工作，对于实际距离小于安全距离的危险设备设施，应当设置隔离墙、防火墙等装备，减小"多米诺骨牌效应"发生的可能性。

三、 化工行业选取

（一）粒碱生产企业

碱不仅是人民生活中的必需品，还是冶金、石油、机械、纺织、造纸、玻璃等多种工业都离不开的原材料。中国创建最早的制碱厂是天津塘沽的永利制碱厂，全称为永利化学工业公司塘沽制碱厂。它就是今天的天津碱厂的前身。永利制碱厂筹建于1916年，与1914年创建的久大盐业公司塘沽制盐厂是姐妹厂，均为中国天津早期的著名实业家范旭东所创建。在范旭东创建永利制碱厂之前，中国所用的碱完全依赖于称雄世界的英国卜内门公司生产的"洋碱"，备受压榨。中华人民共和国成立后"永利"和"久大"先后公私合营，1955年两厂合并，称永利久大沽厂，1968年3月更名为天津碱厂。现在的天津碱厂纯碱年产量达70多万吨，占全国总产量的1/4以上，畅销20余个国家和地区（见图5-13）。产品除纯碱外，还有再制盐、烧碱、农业氯化氨、工业氯化氨、小苏打、碳氧、重灰、氯化钙、偏硅酸钠等13种化工产品，全部产品的优质率达95%以上，多次荣获国家级、部级和市级嘉奖。

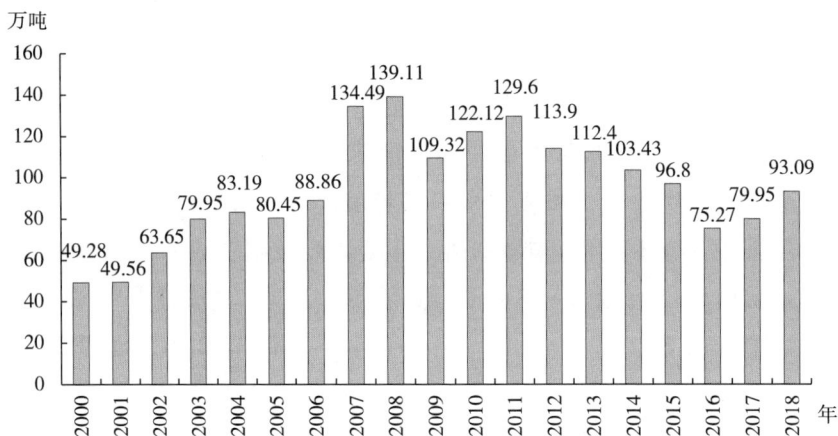

图5-13 天津碱厂烧碱（折100%）产量

（二）醇基燃料生产企业

近年来，我国在大气环境治理力度方面持续加强，但到目前为止，空气污染影响依然较为严重。由于汽车尾气、工业废气，以及为满足暖气供应而大量燃烧化石能源等因素叠加，导致区域雾霾问题依然成为社会民生关注的话题。面对化石能源紧张与环境污染加剧的局面，国内许多企业开始使用醇基燃料，这对保障国家能源安全、调整能源结构、促进节能减排、应对雾霾天气等都具有十分重要的意义。但与其他国家相比，中国生物燃料的市场占比相当低。相关资料显示表明，我国仅仅占发达国家的47%。我国现有醇基燃料行业从业者超过20万人，其中陕西、山西、贵州和甘肃是醇基燃料发展大省。据不完全统计，全国各类醇基燃料生产厂家已有1万多家，醇基燃料已在餐饮业领域广泛地替代柴油和液化气。自2009年起，天津市就开始大力推广醇基燃料的使用，天津市是我国唯一推广醇基燃料应用的城市。

（三）化工行业突发重大环境灾害风险评价——基于LCA方法

1. 研究目的

本节的研究目的是分析评价天津市某化工有限公司生产的粒状氢氧化钠在原材料获取、生产加工阶段的资源能源利用情况及污染排放情况，为相关企业技术研发方向、政府保护环境、节能减排和维护市民身体健康等政策的制定提供相关建议和参考。

2. 研究范围

（1）粒碱生产工艺。天津市某化工有限公司采用大锅熬制法，将原料液体烧碱的浓度从45%提高到99%以上，经造粒塔生产出粒状氢氧化钠。在铸铁锅中熬制固碱，大体可分为蒸发脱水、熔融和澄清三个阶段，即加热将水分蒸发，直至熔融状态，经澄清后进入造粒塔制成粒状烧碱。在熬制固碱过程中，有物理变化和化学变化。为了减轻对铸铁锅的腐蚀，要添加硝酸钠加速杂质的氧化、沉淀。为使烧碱颜色达到质量要求，在430℃左右时添加硫黄进行调色。如果加入的硫黄过量，会生成红色的硫化亚锰和硫铁络合物等硫化物，使碱的颜色呈粉红色，此时可用硝酸钠进行反调。生产工艺流程见图5-14。

（2）醇基燃料使用操作规程。清洁能源醇基燃料经燃烧器加热，燃烧器采用即时气化燃烧引射式自适应配风燃烧技术，其工作过程是把醇基液体燃

```
                        ┌──────────┐
                        │  原料配比  │
                        └────┬─────┘
                             ↓
                        ┌──────────┐
                        │  高位罐   │
                        └────┬─────┘
                             ↓
                        ┌──────────┐
              ┌────────→│  熬制后锅  │
              │         └──────────┘
   ┌──────┐   │         ┌──────────┐
   │ 硝酸钠 │──┼────────→│  熬制中锅  │
   └──────┘   │         └──────────┘
              │         ┌──────────┐
              └────────→│  熬制前锅  │
                        └────┬─────┘
                             ↓
   ┌──────┐              ┌──────────┐
   │ 硫磺  │─────────────→│  保温锅   │
   └──────┘              └────┬─────┘
                             ↓
                        ┌──────────┐
                        │  造粒塔   │
                        └────┬─────┘
                             ↓
                        ┌──────────┐
                        │  冷却器   │
                        └────┬─────┘
                             ↓
                        ┌──────────┐
                        │  粒碱包装  │
                        └────┬─────┘
                             ↓
                        ┌──────────┐
                        │  成品检验  │
                        └────┬─────┘
                             ↓
                        ┌──────────┐
                        │  成品入库  │
                        └──────────┘
```

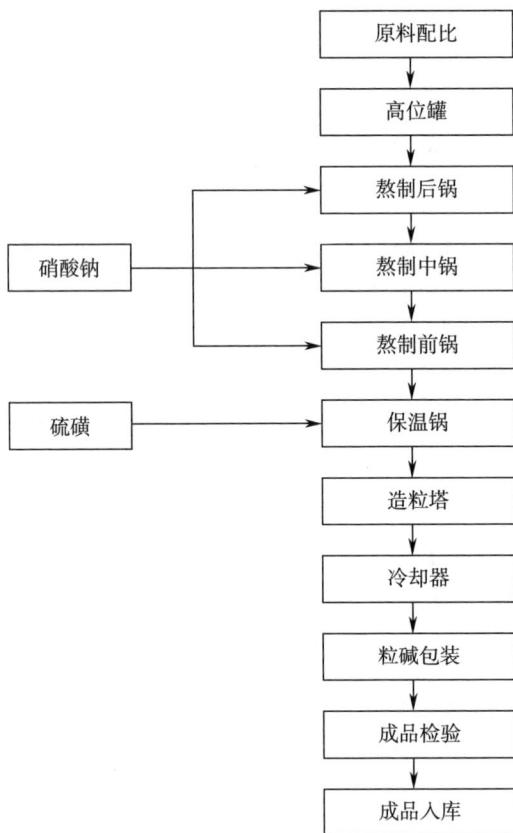

图 5 – 14　天津市某化工有限公司制碱生产工艺流程

料完全汽化后，从引射器预混入空气，再从火孔板喷出燃烧，该燃烧方式燃烧效率高、火力猛、火焰温度高，为大锅熬碱设备提供热源。

　　醇基燃料工业燃烧器的工作运行顺序一般应符合下列基本要求：燃烧器启动时，风机启动→前扫气 13 秒→点火电极产生火花同时预热燃料阀开启→预热火焰建立→15 秒预热燃料阀关闭，同时小火燃料阀开启，小火火焰建立→30 秒大火燃料阀开启，大火火焰建立，正常燃烧（温度自动或手动调节燃烧器负荷）。燃烧器关闭时，所有燃料阀关闭，主火焰熄灭→后扫气→停机（见图 5 – 15）。

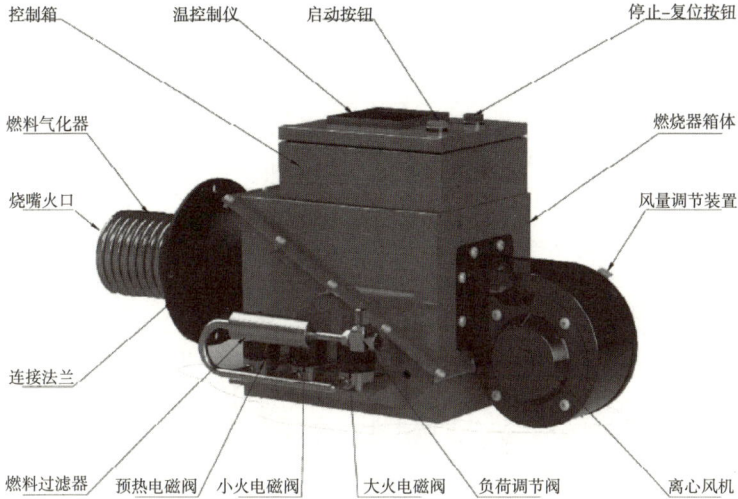

图 5 - 15 醇基燃料工业燃烧器说明

3. 清单分析

公司粒碱生产的主要原料为45%氢氧化钠溶液。以连续的三个生产批次（24h）作为一个统计周期进行能源输入输出的实际测量，并对监测结果进行了修正。其监测结果见表 5 - 9。原材料获取阶段主要资源消耗清单及主要排放清单见表 5 - 10、表 5 - 11。

表 5 - 9　粒碱生产工艺能源输入输出表　　　　　　　单位：吨

输入		输出	
物料名称	发生量	物料名称	发生量
45% 液碱	237	99% 粒碱	105.6
硝酸钠	0.0160	液碱损耗	0.001
硫黄	0.0051	二次蒸汽	129.5
醇基燃料	17		
电	18MJ		

表 5-10　原材料获取阶段主要资源消耗清单　　　单位：千克

序号	物质名称	消耗量	序号	物质名称	消耗量
1	原油	1.12E+04	16	铁矿石	1.05E+00
2	硬煤	3.73E+04	17	黏土	1.10E+00
3	褐煤	7.71E+04	18	岩盐	2.66E-01
4	天然气	4.72E+04	19	锰矿	1.10E-01
5	泥炭	1.96E+01	20	白云岩	1.03E-01
6	铀	1.21E+00	21	钼矿	5.26E-03
7	水	5.86E+08	22	氟化钙	4.85E-08
8	空气	2.31E+06	23	铬矿	1.65E-02
9	惰性岩石	1.33E+06	24	钾盐矿	2.70E-02
10	铝土矿	6.79E+01	25	玄武岩	9.97E-02
11	高岭土	4.92E-02	26	膨润土	1.98E-02
12	金银铜矿	2.11E-01	27	氯化镁	1.30E-03
13	土壤	2.33E+00	28	山石	8.71E-03
14	石英砂	5.48E+02	29	镍矿	2.47E-03
15	碳酸钙	1.67E+00	30	钛铁矿	4.07E-03

表 5-11　原材料获取阶段主要排放清单　　　单位：千克

序号	物质名称	物质量	序号	物质名称	物质量
空气排放物					
1	二氧化碳	3.34E+05	9	氨	8.93E-04
2	一氧化碳	4.21E+02	10	非甲烷总烃	2.33E-04
3	二氧化硫	7.19E-01	11	硼化物	1.62E-04
4	氮氧化物	2.91E-01	12	颗粒物	1.50E-04
5	氧化亚氮	2.69E-03	13	铅	5.33E-05
6	氯化氢	2.33E-02	14	镍矿	8.23E-05
7	氟化氢	5.47E-04	15	三价铬	1.30E-05
8	硫化氢	1.77E-04	16	锌	5.85E-05

续表

序号	物质名称	物质量	序号	物质名称	物质量
水体排放物					
1	BOD	5.39E+00	6	SS	5.25E-02
2	COD	2.91E+02	7	硫酸	3.07E-04
3	TOC	2.93E-01	8	铁	3.68E-03
4	有机氯化物	1.04E-05	9	三价铬	3.24E-05
5	溶解性固体	5.06E-04	10	镍矿	1.92E-05
固体排放物					
1	放射性物质	3.12E-03	4	熔渣	8.07E-8
2	危险废物	2.01E-05	5	尾矿	1.63E+02
3	覆盖层	1.51E+02	6	废料	1.60E+01

4. 影响评价

清单分析的过程侧重于定量，呈现评价对象在评价范围内的输入和输出；而影响评价是对清单结果的整理和分析，通过量化和分类环境影响负荷，系统地呈现影响情况。通过 GaBi 软件计算，得到研究对象各阶段环境影响潜值结果如表 5-12 所示，采用标准化基准（2000 年全球当量），标准化结果如表 5-13 所示。

表 5-12　环境影响潜值结果

环境影响类型	全生命周期	原材料获取阶段	生产加工阶段
ADP/kg Sb - Equiv.	3.07E-03	3.05E-03	7.19E-06
ADP/ MJ	7.20E+03	2.80E+02	2.99E+03
AP/kg SO_2 - Equiv.	2.48E+00	1.01E+00	3.96E-01
EP/kg Phosphate - Equiv.	3.37E-01	4.03E-02	5.96E-02
FAETP/kg DCB - Equiv.	3.98E+00	1.34E+00	1.65E-01
GWP/kg CO_2 - Equiv.	6.82E+02	8.39E+01	3.00E+02
HTP/kg DCB - Equiv.	1.01E+02	8.21E+01	7.88E+00
MAETP/kg DCB - Equiv.	5.30E+04	2.79E+04	1.70E+04
ODP/kg R11 - Equiv.	7.19E-07	7.19E-07	8.17E-11
POCP/kg Ethene - Equiv.	-2.62E-01	5.34E-02	3.15E-02
TETP/kg DCB - Equiv.	1.22E+00	9.45E-01	1.62E-01

表5-13　标准化结果

环境影响类型	全生命周期	原材料获取阶段	生产加工阶段
ADP（elements）	8.50E-12	8.45E-12	1.99E-14
ADP（fossil）	1.89E-11	7.37E-13	7.87E-12
AP	1.04E-11	4.24E-12	1.66E-12
EP	2.13E-12	2.55E-13	3.77E-13
FAETP	1.69E-12	5.69E-13	6.99E-14
GWP	1.62E-11	1.99E-12	7.11E-12
HTP	3.91E-11	3.18E-11	3.05E-12
MAETP	2.72E-10	1.43E-10	8.72E-11
ODP	3.17E-15	3.17E-15	3.60E-19
POCP	-7.12E-12	1.45E-12	8.56E-13
TETP	1.11E-12	8.67E-13	1.49E-13

注：ADP：非生物资源消耗、AP：酸雨、EP：富营养化、FAETP：新鲜水水生态毒性、GWP：全球变暖、HTP：人体健康损害、MAETP：海洋生物毒性（对环境和人体健康危害）、ODP：臭氧层破坏、POCP：光化学烟雾、TETP：土壤生态毒性（是否会造成环境污染）。

由标准化结果可知，全生命周期不同类型环境影响结果由大到小依次为 MAETP > HTP > ADP（fossil） > GWP > AP > ADP（elements） > EP > FAETP > TETP > ODP > POCP。

5. 风险评估

（1）液碱。

企业生产粒碱所用的原材料为45%的氢氧化钠溶液，按照《危险化学品目录》（2015版），该原材料属于危险化学品，编号为1669、CAS号为1310-73-2，储存在两台设有围堰的1500立方米的储罐中。使用时，通过专用的碱液输送泵和输送管道进入熬碱大锅，并严格执行企业《45%氢氧化钠溶液使用安全管理制度》。企业所使用的辅助材料为硝酸钠和硫黄，在碱液蒸发浓缩过程中起到调色的作用，在大锅熬制过程中加入，防止铁锅腐蚀和对液碱进行调色。按照《危险化学品目录（2015年版）》，均属于危险化学品。其中，硫黄编号为 1290，CAS 号为 7704 - 34 - 9；硝酸钠编号为 2311，CAS 号为 7631 - 99 - 4。购买的硫黄和硝酸钠均为 25 千克包装，分开存储在具有标识的专用库中，库中沙池、干粉灭火器等消防设施完善，并严格执行危险化学品硫黄和硝酸钠的管理制度。

氢氧化钠的侵入途径为吸入、食入、经皮吸收。

氢氧化钠的危险特性为与酸发生中和反应并放热；遇潮时对铝、锌和锡有腐蚀性，并放出易燃易爆的氢气；本品不会燃烧，遇水和水蒸气大量放热，形成腐蚀性溶液，具有强腐蚀性，具体详见表 5 - 14。

表 5 - 14　氢氧化钠危害情况

危害类型	表现
健康危害	本品有强烈的刺激和腐蚀性，粉尘刺激眼和呼吸道，腐蚀鼻中隔；皮肤和眼直接接触可引起灼伤，误服可造成消化道灼伤，黏膜糜烂、出血和休克
环境危害	对水体可造成污染。燃烧（分解）的产物可能产生有害的毒性烟雾
燃爆危险	本品不会燃烧，具强腐蚀性、强刺激性，可致人体灼伤

（2）醇基燃料。

全国部分城市禁止使用醇基燃料外，也有个别城市在推广醇基燃料应用，而且运行情况正常。自 2009 年起，天津市就开始大力推广醇基燃料的使用，并于 2010 年由天津市安全生产监督管理局制定了《天津市醇基液体燃料及专用燃烧器使用安全管理暂行规定》，对醇基燃料的生产、储存、使用提出了相对明确的要求。因此，天津市成为我国唯一推广醇基燃料应用的城市。必须明确的是，目前正在广泛使用的醇基燃料的主要原料之一——甲醇（CH_3OH，又称木醇、木精）无色、易挥发、易燃，使用不当会对人体造成危害。因此，甲醇早在 2002 年就被国家列入《危险化学品名录（2002 年版）》危险货物（编号 32058），并在 2011 年被列入国家首批重点监管的化学品名录中（CAS 号 67 - 56 - 1）。因此，醇基燃料也应纳入危险化学品范畴，应该按照相关安全标准和规定进行严格管理。

甲醇的侵入途径为吸入、食入、经皮吸收。

甲醇的危险特性表现为以下几个方面（见表 5 - 15）：

表 5 – 15　甲醇危害情况

危害类型	表现
健康危害	急性中毒：吸入高浓度的甲醇蒸气，常先有兴奋，后转入抑制，表现为乏力、头痛、酩酊感、神志恍惚、肌肉震颤、共济运动失调，严重者出现定向力障碍、谵妄、意识模糊等；甲醇蒸气可引起眼及呼吸道黏膜刺激症状，重者出现化学性肺炎。吸入液态甲醇可引起吸入性肺炎，严重时可发生肺水肿；摄入引起口腔、咽喉和胃肠道刺激症状，可出现与吸入中毒相同的中枢神经系统症状 慢性影响：神经衰弱综合征为主要表现，还有眼及呼吸道刺激症状，接触性皮炎，皮肤干燥等
环境危害	对环境有危害；对大气可造成污染
燃爆危险	其蒸气与空气可形成爆炸性混合物，遇明火、高热能引起燃烧爆炸。其蒸气比空气重，能在较低处扩散到相当远的地方，遇火源会着火回燃。若遇高热，容器内压增大，有开裂和爆炸的危险

第一，对中枢神经系统有麻醉作用；对视神经和视网膜有特殊选择作用，引起视神经及视网膜病变；可致代谢性酸中毒。

第二，浓度较大的醇基燃料火灾危险性属于甲类，火灾危险性大。外部辐射强度增大，同浓度的醇基燃料的点燃时间缩短，热释放速率峰值增加，放热总量增加，火灾危险性增大。在相同辐射强度条件下，随着燃料浓度的增加，醇基燃料的点燃时间缩短，热释放速率峰值增加，放热总量增加，火灾危险性也增大。

第三，甲醇有较强的毒性，对人体的神经系统和血液系统影响最大，它经消化道、呼吸道或皮肤摄入都会产生毒性反应。

第四，甲醇在体内不易排出，会发生蓄积，在体内氧化产生甲醛和甲酸，且都有毒性，破坏脑神经细胞，产生永久性损害，甲酸进入血液后，会使组织酸性越来越强，损害肾脏、导致肾衰竭。

第五，由于甲醇及其代谢物甲醛、甲酸，在眼房水和眼组织内含量较高，致视网膜代谢障碍，易引起网膜细胞、视神经损害及视神经脱髓鞘，破坏视觉神经细胞。最初表现为眼前黑影、闪光感、视物模糊、眼球疼痛、畏光、复视等。严重者视力急剧下降，可造成持久性双目失明。

第六，工业甲醇中的杂醇油摄入后会导致眩晕、头痛，对中枢神经系统抑制。患者常有头晕、头痛、眩晕、乏力、步态蹒跚、失眠、表情淡漠、意识浑浊等症状。重者出现意识蒙眬、昏迷及癫痫样抽搐等。严重口服中毒者可有锥体外系损害的症状或帕金森氏综合征。

第七，皮肤长期接触可引起皮肤脱脂、干燥、皲裂、皮炎。

第八，甲醇对呼吸道黏膜有强烈的刺激作用，患者有恶心、呕吐、上腹痛等症状，可并发肝脏损害。少数病例伴有心动过速、心肌炎、S－T 段和 T 波改变、急性肾功能衰竭等。

第九，甲醇在体内抑制某些氧化酶系统、抑制糖的需氧分解，造成乳酸和其他有机酸积聚及甲酸累积而引起酸中毒。其症状为二氧化碳结合能力下降，严重者出现紫绀，呼吸深而快呈 Kussmaul 呼吸。

第十，人吸入空气中甲醇浓度 39.3～65.5 克/立方米，30～60 分钟，可致中毒。一次口服 15 毫升或 2 天内口服累计达 124～164 毫升，可致失明，有报告一次口服 30 毫升可致死。

四、 粒碱生产企业环境风险评价

环境风险评价包括风险识别、源项分析、后果计算、风险计算和评价、风险管理。其环境风险评价工作程序见表 5－16。

(一) 风险识别

1. 重大危险源识别

《建设项目环境风险评价技术导则》（HJ 169—2018，以下简称导则）中规定，风险源即"存在物质或能量意外释放，并可能产生环境危害的源"。而危险物质指"具有易燃易爆、有毒有害等特性，会对环境造成危害的物质"。导则的附录 B.1 中列明了重点关注的 385 种危险物质名称及临界量。环境风险评价工作等级标准见表 5－17。

表 5 – 16　环境风险评价工作程序

步骤	对象	方法	目标
风险识别	原料、辅料、中间和最终产品、工厂综合评价法	检查表法、评分法、概率评价法	确定危险因素和风险类型
源项分析	已识别的危险因素和风险类型	定性定量	确定最大可信事故及其概率
后果计算	最大可信事故	大气扩散计算水体扩散计算综合损害计算	确定危害程度危害范围
风险评价	最大可信事故风险风险评价指标体系	外推法等级评价法	确定风险值和可接受水平
风险可接受水平	可接受风险水平不可接受风险水平	代价利益分析	确定减少风险措施
风险管理应急措施	事故现场周围影响区	类比法模拟	事故损失减至最少

表 5 – 17　环境风险评价工作等级标准

类别	剧毒危险性物质	一般毒性危险物质	可燃、易燃危险性物质	爆炸危险性物质
重大危险源	一	二	一	一
非重大危险源	二	二	二	二
环境敏感地区	一	一	一	一

　　但导则未给出重大危险源的计算公式。在实际风险评价过程中，一般采用《危险化学品重大危险源辨识》（GB 18218—2009）中关于重大危险源的辨识指标来确定是否为重大危险源。《危险化学品重大危险源辨识》（GB 18218—2009）4.2 规定，单元内存在危险化学品的数量等于或超过规定的临界量，即被定为重大危险源。单元内存在的危险化学品的数量根据处理危险化学品种类的多少区分为以下两种情况：

一是单元内存在的危险化学品为单一品种，则该危险化学品的数量即为单元内危险化学品的总量，若等于或超过相应的临界量，则定为重大危险源。

二是单元内存在的危险化学品为多品种时，则按下式计算，若满足下式，则定为重大危险源：

$$\frac{q_1}{Q_1} + \frac{q_2}{Q_2} + \cdots + \frac{q_n}{Q_n} \geq 1$$

式中，$q_1, q_2, \cdots, q_n$——每种危险化学品实际存量，单位为吨（t）。

$Q_1, Q_2, \cdots, Q_n$——与危险化学品相对应的临界量，单位为吨（t）。

2. 风险识别范围

风险识别范围包括生产设施风险识别和生产过程所涉及的物质风险识别。生产设施风险识别范围：主要生产装置、储运系统、公用工程系统、工程环保设施及辅助生产设施等。物质风险识别范围包括主要原材料及辅助材料、燃料、中间产品、最终产品及生产过程中排放的"三废"污染物等。根据有毒有害物质放散起因，风险识别的类型分为火灾、爆炸和泄漏三种类型。

目前，许多燃料油添加都是改性后的工业甲醇。甲醇易燃、挥发度高，其蒸气与空气能形成爆炸混合物，浓度达6%～35%会产生爆炸，如果残留在燃料油里很容易挥发，对人体产生严重的损害。

根据企业提供的生产工艺资料和实际调查情况，该项目在生产和运行过程中涉及的主要危险化学品原料包括腐蚀性物质（如45%液碱）、有毒物质（如45%液碱、甲醇、硫黄）、易燃易爆物质（甲醇）、硝酸钠。本书风险评价中物质的危险和有害因素主要体现在生产原材料的化学性危险和有害因素。依据导则，按附录A.1对项目所涉及的有毒有害、易燃易爆物质进行危险性识别和综合评价，筛选环境风险评价因子如下：该化工企业涉及的有毒物质为液碱；易燃物质为乙酸正丁酯（或乙酸异丁酯）和乙酸，上述有毒、易燃物质临界量如表5－18所示。主要原材料和产品的理化性质及物质危险性如表5－19所示。

表5-18 有毒、易燃物质临界量

序号	物质名称	临界量，吨	
		生产场所	储存区
1	氢氧化钠		
2	甲醇	2	20

表5-19 主要原材料和产品的理化性质及物质危险性

物质名称	状态	相对密度（空气/水）	熔点（℃）	危险性
氢氧化钠	白色不透明，易潮解的棒状、片状、粒状、块状或液体	2.12	318.4	不燃；与酸发生中和反应并放热；遇潮时对铝、锌和锡有腐蚀性，并放出易燃、易爆的氢气；遇水和水蒸气大量放热，形成腐蚀性溶液 本品有强烈刺激性和强腐蚀性、粉尘刺激眼和呼吸道，腐蚀鼻中隔；皮肤和眼直接接触可引起灼伤；误服可造成消化道灼伤、黏膜糜烂、出血和休克

工业醇基燃料是由甲醇和添加剂化合而成的一种新型能源。它是一种液体燃料，燃点也很高，燃点在430℃以上，最高可达470℃，具有较高的抗爆性能，不容易发生火灾事故。该燃料无压力、不自燃、不易爆炸，储存和运输安全方便，泄漏易发现，着火可用水直接泼灭，相比汽油、液化气、天然气都具有更高的安全性。2014年8月21日，天津市滨海新区大港产品质量监督检查所对企业的醇基燃料进行了监测，如表5-20所示。

表5-20 醇基液体燃料检验结果

序号	检验项目	单位	标准要求	实测结果	结论
1	外观	—	均匀的透明液体，无恶臭	浅黄透明液体	合格
2	醇含量（%）	—	≥ 92	98	合格
3	密度（20℃）	克/立方厘米	≤ 0.85	0.81	合格
4	机械杂质（%）	—	< 0.05	0.014	合格
5	凝点	℃	< -30	< -31	合格
6	引燃温度	℃	> 200	> 200	合格
7	PH	—	6~8	7	合格
8	50%馏出温度	℃	< 80	69	合格
9	稳定性（-20℃）	—	不分层	不分层	合格
10	甲醛试验	—	品红不呈蓝色	品红不呈蓝色	合格

（二）源项分析

1. 最大可信事故概率

根据使用危险品行业的有关资料对引发风险事故概率的统计介绍，该类化工企业主要风险事故发生概率与事故发生频率如表 5 – 21 所示。

表 5 – 21　该类化工企业主要风险事故发生概率与事故发生频率

事故名称	发生概率（次/年）	发生频率	对策反应
输送管、输送泵、阀门、槽车等损坏泄漏事故	10^{-1}	可能发生	必须采取措施
贮槽、贮罐、反应釜等破裂泄漏事故	10^{-2}	偶尔发生	需要采取措施
雷击或火灾引起严重泄漏事故	10^{-3}	偶尔发生	采取对策
贮罐等出现重大火灾、爆炸事故	$10^{-3} \sim 10^{-4}$	极少发生	关心和防范
重大自然灾害引起事故	$10^{-5} \sim 10^{-6}$	很难发生	注意关心
气体钢瓶阀门损坏泄漏事故	4.7×10^{-4}次/年/瓶	很难发生	关心和防范
钢瓶大裂纹引起大量泄漏	6.9×10^{-7}次/年/瓶	很难发生	关心和防范

由此可见，输送管、输送泵、阀门、槽车等损坏泄漏事故的概率相对较大，发生概率为10^{-1}次/年，即每 10 年大约发生一次。贮槽、贮罐、反应釜等破裂泄漏事故的概率为10^{-2}次/年，属于偶尔可能发生事故。而贮罐等出现重大火灾、爆炸事故的概率为$10^{-3} \sim 10^{-4}$，属于极少发生的事故。气体仓库最大事故概率是由钢瓶阀门内结构因素引起的少量泄漏，其概率为4.7×10^{-4}次/年/瓶，钢瓶大裂纹引起大量泄漏的事故概率为6.9×10^{-7}次/年/瓶。

综合上述分析，本环境风险评价发生事故主要部位为反应釜和贮罐等管道、阀门破损造成泄漏，主要事故类型为有毒品泄漏后造成大气污染扩散事件和贮罐重大火灾、爆炸事件。

2. 危险化学物品泄漏量

本书考虑到物质泄漏最大量，重点计算按贮罐区来计算甲醇泄漏量。甲醇贮罐泄漏按液体泄漏公式和液体蒸发量公式计算。根据企业提供资料，甲醇贮罐为 3 只地上立式贮罐,贮罐最大容积为 280 立方米,该贮罐的尺寸为直径 7.0 米×7.3 米,最大充装系数为 0.95,贮罐最大贮存量为 279.3 吨,罐内液面高为 6.9 米。在此主要考虑管道、阀门破裂的泄漏,裂口尺寸取物料管内径的 100%,管内径为 40 毫米,则裂口面积为 0.0012 平方米,乙酸罐体内压力为常压(101325 帕),C_d 取 0.64,甲醛密度为 791.8 千克/立方米,裂口之上液位高度取 6 米,则按照伯努利方程计算得到乙酸泄漏速度为 6.598 千克/秒。考虑 0.5 小时事故泄漏应急时间,则 0.5 小时内的甲醇泄漏量为 11.88 吨,约占总贮量比例的 4.3%。由于甲醇贮罐无围堰,因此甲醇泄漏时会沿着车间地面流淌,假设液体瞬间扩散到最小厚度为 1 厘米的液膜时即停止流淌,则形成液池面积约为 1500 平方米。由于甲醇的闪点为 12℃,沸点为 64.7℃,沸点高于液体贮存的常温,因此甲醇泄漏在围堤形成液池后将产生质量蒸发,而不可能产生闪蒸和热量蒸发。根据表 5 - 22 中的参数计算得到,甲醇质量蒸发速率 Q_3 为 0.24 千克/秒。

表 5 - 22　甲醇质量蒸发速率 Q_3 计算参数

参数	M	n	a	p	T_0	u	r
取值	32	0.25	4.685×10^{-3}	1520(20℃)	298	2.1(NE)	34

假设在甲醇泄漏 30 分钟的应急时间内,液池通过泡沫灭火覆盖,甲醇蒸发得到控制,则可计算得到蒸发量,如表 5 - 23 所示。

表 5 - 23　甲醇泄漏 30 分钟内得到控制情况下的泄漏量及蒸发量

项目	泄漏速率 (千克/秒)	泄漏质量 (千克)	泄漏体积 (立方米)	蒸发速率 (千克/秒)	蒸发质量 (千克)
计算值	8.749	11880	15	0.24	432

(三)后果计算

1. 计算参数

本书选用有毒有害物质在大气中扩散的多烟团模式进行分析,甲醇贮罐泄漏后果计算参数选择如表 5 - 24 所示。

表 5 - 24　甲醇泄漏预测参数选取

参数	蒸发速率（千克/秒）	泄漏源高度（米）	持续时间（分钟）	烟团数（个）	全年平均风速（米/秒）
取值	0.24	0.5	30	60	2.1（NE）

2. NE 下风向甲醇泄漏落地浓度

甲醇泄漏主导风向 NE 下风向落地浓度预测结果如表 5 - 25 所示，污染物浓度扩散情况见图 5 - 16。

表 5 - 25　主导风向为 NE 下风向，甲醇泄漏落地浓度（风速为 2.1 米/秒）

预测内容	不同稳定度下风向落地浓度		
	B	D	F
最大落地浓度点	C_m = 1242 毫克/立方米（下风向 44 米处）	C_m = 645 毫克/立方米（下风向 115 米处）	C_m = 16189 毫克/立方米（下风向 59 米）
半致死浓度范围（13791 毫克/立方米）	不出现半致死情况	不出现半致死情况	不出现半致死情况
短时间接触容许浓度（20 毫克/立方米）	下风向 320 米	下风向 780 米	下风向 1729 米
居住区允许浓度（0.2 毫克/立方米）	下风向 2826 米	下风向 2790 米	下风向 2077 米

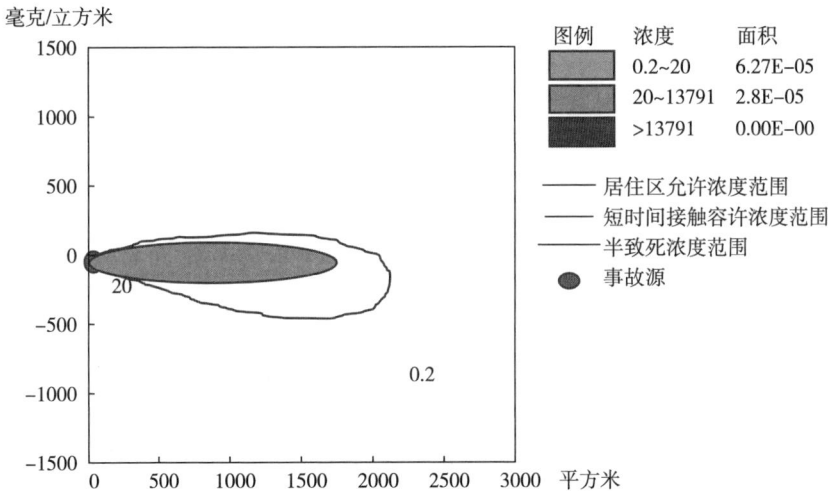

图 5 - 16　NE 风向甲醇泄漏、F 稳定度扩散分布（风速为 2.1 米/秒）

根据表5-25计算结果，主导风向为NE下风向，甲醇泄漏落地浓度情况为：在B稳定度下，最大超标距离可达2826米；在D稳定度下，最大超标距离可达2790米；在F稳定度下，最大超标距离可达2077米。根据《工作场所有害因素职业接触限值　第1部分：化学有害因素》（GBZ 2.1—2007）短时间接触容许浓度，主导风向NE下风向甲醇落地浓度为：在B稳定度下，浓度超过容许接触浓度范围距离可达320米；在D稳定度下，浓度超过容许接触浓度范围距离可达780米；在F稳定度下，浓度超过容许接触浓度范围距离可达1729米。

（四）风险计算和评价

1. 甲醇泄漏的危害后果分析

据调查，甲醇贮罐距离西厂界（公司生活区）约225米，距离东厂界约75米，距离南厂界约250米，距离西南厂界约175米，距离北厂界约420米。厂界内NE下风向40～175米范围内为仓库、锅炉房和机修车间，操作工人数约为20人。

主导风向为NE下风向，甲醇泄漏危害范围区域分布如表5-26所示。

表5-26　NE下风向甲醇泄漏危害区域分布情况

项目	在不同稳定度下		
	B	D	F
半致死浓度范围内人口分布	死亡人数为0	死亡人数为0	死亡人数为0
短时间接触容许浓度范围内人口	厂内职工20人	厂内职工20人；某镇约5%居民（2500人）	厂内职工20人；某镇约10%居民（5000人）
居住区允许浓度范围内人口分布	厂内职工20人；某镇约30%居民（15000人）	厂内职工20人；某镇约30%居民（15000人）	厂内职工20人；某镇约25%居民（12500人）

由表5-26可知，主导风向为NE下风向，甲醇泄漏挥发，B、D、F稳定度均未出现半致死浓度。短时间接触容许浓度范围内人口分布情况为：B稳定度为厂内职工约20人；D稳定度为厂内职工约20人、某镇居民约2500人；F稳定度为厂内职工约20人、某镇居民约5000人。居住区允许浓度范围内，B、D稳定度均为厂内职工20人、某镇居民约15000人，F稳定度为厂内职工

20 人、某镇居民约 12500 人。

2. 致死的人数 C 和风险 R 计算

根据前面分析，可能因甲醇贮罐阀门等损坏发生泄漏事故，事故发生的概率为 0.1 次/年，必须采取措施。NE 风向下因发生污染物致死确定性效应而致死的人数 C 和可信灾害事故对环境造成的风险 R 计算结果如表 5 – 27 所示。

表 5 – 27　NE 风向下因发生污染物致死确定性效应而致死的人数和风险

甲醇泄漏	不同稳定度		
	B	D	F
C	0	0	10
R	0	0	1

从表 5 – 27 计算结果可见，最大可信灾害事故风险值 R_{max} 为在 NE 风向下、F 稳定度、风速为 2.1m/s、甲醇贮罐满罐等条件下泄漏造成的环境风险，其风险值 $R_{max} = 1$（死亡人数/年）。因此，该类化工企业的环境风险隐患是存在的，但在国家近年环境污染事故死亡人数的范围之内。一旦发生甲醇泄漏，将会产生人员伤亡的风险。因此，企业必须采取切实可行措施，努力降低甲醇泄漏的环境风险。

五、　该类化工企业环境风险损害评估

（一）　环境风险损害评估内容

环境损害评估是对环境损害进行调查、分析实现损害量化和货币化，为损害赔偿和环境修复提供方案和依据的活动。突发环境事件应急响应终止后，应及时开展污染损害评估，评估结论作为事件调查处理、损害赔偿、环境修复和生态恢复重建的依据。损害评估属于突发环境事件应急中的后期工作之一。

（二）　损失价值评价指标体系的构建

根据损失与人类生产、生活的密切程度，以及统计方法的不同，将突发环境事件的损失分为直接经济损失和间接经济损失。间接经济损失主要指环

境功能损失，即突发环境事件造成外部性的、不易被财务量化的自然资源破坏及生态服务功能下降的损失。与直接经济损失相比，生态环境损失与人类利益相关的密切程度低。《突发环境事件应急处置阶段环境损害评估推荐方法》（以下简称《推荐方法》）明确，损害评估工作内容包括计算应急处置阶段可量化的应急处置费用、人身损害、财产损害、生态环境损害等各类直接经济损失，划分生态功能丧失程度，判断是否需要启动中长期损害评估。因此，应急处置阶段的直接经济损失评估是突发环境事件环境损害评估的一项重要工作内容。同时，《中华人民共和国突发事件应对法》《国家突发环境事件应急预案》《突发环境事件调查处理办法》等规定，直接经济损失是确定突发环境事件级别、追究事故责任及进行行政处罚的重要依据。按照《推荐方法》中关于直接经济损失的界定，直接经济损失评估的内容包括与突发环境事件有直接因果关系的人身损害、财产损害、应急处置费用，以及应急处置阶段可以确定的其他直接经济损失。本书考虑到方法的实用性与普适性，将直接经济损失归纳为实物价值损失和处置、修复与管理费用两大类。其中，实物价值损失包括人员伤亡、财产损毁、预期收入减少与临时生产生活成本增加，处置、修复与管理费用分为应急处置费用、事后处置费用、污染修复费用及调查评估费用。突发性环境事件损失价值评价指标体系与评价技术/方法的选择，以及突发环境事件环境污染及生态损失项目核查表如表 5–28、表 5–29 所示。

表 5–28　突发性环境事件损失价值评价指标体系与评价技术/方法的选择

损失类别/损失价值评价指标体系				评价技术	具体评价
目标层	要素层	指标层	涉及的具体内容/解释		
直接经济损失	实物价值损失	人员伤亡	因环境污染事故和事件而支出的医疗费、误工费、护理费等一般性医疗支出费用，造成人身伤残的特别损害，造成死亡的特别损害	直接市场价值评估法	疾病成本法、人力资本法，并结合《最高人民法院关于审理人身损害赔偿案件适用法律若干问题的解释》进行
		财产损毁	因环境污染事故和事件直接造成的资产性财产损毁、减少的实际价值，不包括国家和集体所有的自然资源	直接市场价值评估法	

续表

损失类别/损失价值评价指标体系				评价技术	具体评价
目标层	要素层	指标层	涉及的具体内容/解释		
直接经济损失	实物价值损失	预期收入减少	产量下降、订单减少、质量下降等	直接市场价值评估法	生产率变动法、剂量—反应法
		临时生产生活成本增加	为维持生产和生活运行临时采取的措施所增加的成本	揭示偏好法	防护支出法
	处置、修复与管理费用	应急处置费用	污染控制和现场抢救费用、清理现场费用、人员转移安置费用、应急监测费用等	直接市场价值评估法	按实际发生费用进行评价
		事后处置费用	应急处置状态后所发生的恢复费用，如搬迁、后续监测及科研等	直接市场价值评估法	重置成本法
		污染修复费用	应急处理后，制定、实施污染修复方案和监测、监管产生的费用，详见环境保护部环境规划院编制的《环境污染损害数额计算推荐方法（第 I 版）》	直接市场价值评估法	按实际发生的费用：虚拟治理成本法、修复费用法
		调查评估费用	现场预调查、勘察监测、风险评估与损害评估发生的费用	直接市场价值评估法	按实际评估发生的费用

表5－29 突发环境事件环境污染及生态损失项目核查表

影响对象			直接经济损失							
			实物价值损失				处置、修复与管理费用			
			人员伤亡	财产损毁	预期收入减少损失	临时生产生活成本增加	应急处置费用	事后处置费用	污染修复费用	调查评估费用
外界损失承受者	生产部门	1 2 ：			✓					
					✓					

续表

影响对象			直接经济损失							
			实物价值损失				处置、修复与管理费用			
			人员伤亡	财产损毁	预期收入减少损失	临时生产生活成本增加	应急处置费用	事后处置费用	污染修复费用	调查评估费用
名称	社会群体	1								
		2								
		⋮								
	管理部门	1					✓	✓		✓
		2					✓	✓		✓
		⋮								
肇事者			✓	✓						

注：在涉及的损失项目对应表格中打"✓"。

（三）直接经济损失评估工作流程

直接经济损失评估按照工作流程主要分为以下三个阶段：基础数据资料收集整理、数据审核和评估报告编写。各工作阶段并非完全独立，可根据实际工作情况交叉进行或同步开展。直接经济损失评估工作流程如图 5 – 17 所示。

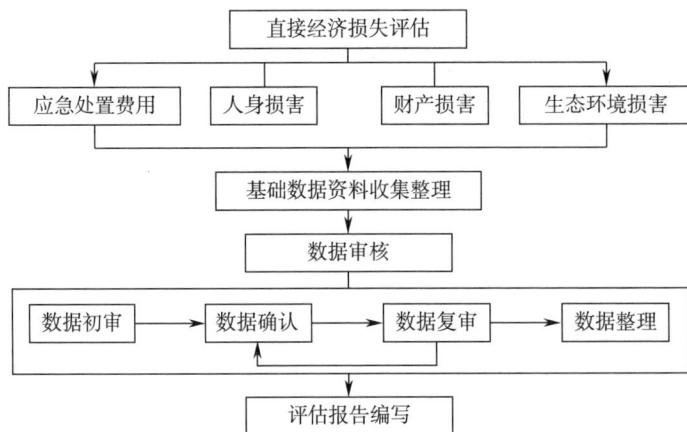

图 5 – 17　直接经济损失评估工作流程

城市公共安全与保险

化工行业往往是工业城市的支柱型产业，而且又是最容易发生突发环境灾害的产业。化工园区在为拉动国民经济增长、保障社会需求作出贡献的同时，也因为园区内化工企业集中，使用的原料和最终的成品多为有毒有害、易燃易爆物质，其生产流程长、工艺琐碎，自身聚集着多种多样的潜在风险因素和环境风险源，故存在发生重大突发性环境污染事故的可能性；且一旦发生环境事故，往往引发连锁反应，造成大量有毒化学品高强度通过各种途径侵入环境，对自然环境和人民群众的生命健康都会造成严重的危害。

| 第六章 |

城市公共安全风险管理机制与体系创新

在明确了对天津市公共安全与突发重大环境灾害风险源的分类后，进一步对天津市自然、人为灾害风险及突发重大环境灾害风险等进行有针对性的风险评价。在此基础上，本章基于当前天津市灾害风险管理体系的短板与不足，结合全新的灾害风险管理思想，对天津市的灾害风险管理体系进行重构，为构建嵌入保险机制的天津市公共安全与突发重大环境灾害风险管理体系提供总体思路、原则及实施方案。

第一节　天津城市灾害风险管理考察

公共安全风险与突发重大环境灾害风险严重威胁着人民的生命财产安全和城市经济健康发展，二者可以同时发生，也可以互相转化。天津港"8·12"特大火灾爆炸事故是一起由安全生产事故直接演变成突发重大环境灾害的事件。回顾历史、痛定思痛，需要厘清全国与天津市现有的、传统意义上的城市公共安全与突发重大环境灾害风险管理缺陷与短板，并在此基础上长远考虑新型城市公共安全与突发重大环境灾害风险管理体系。

一、　我国灾害风险管理体系总体框架

我国十分重视城市综合减灾抗灾救灾工作，不断积极探索构建科学合理的城市灾害风险管理体系。在党中央、国务院的领导下，我国灾害风险管理工作水平不断加强，形成了政府应急管理机构和部际联席会议牵头协调的应急式灾害风险管理体系。2018 年应急管理部成立以后，整合了 11 个部门的 13 项职责，逐步形成了现有的灾害风险管理框架。概括来看，这一框架主要包括六个工作体系（见图 6 – 1）和五个环节。

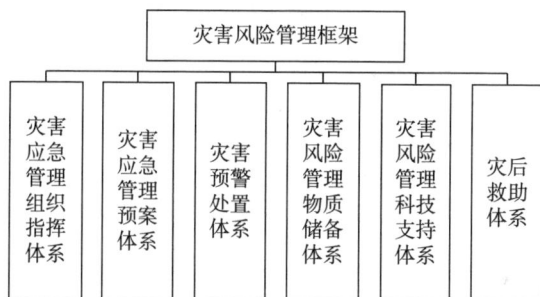

图 6 – 1　当前阶段我国灾害风险管理主要工作体系

（一）灾害应急管理组织指挥体系

国家减灾委员会作为灾害应急救助中央层面最高综合协调机构，由国务院统一领导（2018 年后，国家减灾委员会隶属于应急管理部），协调各部委、军队、武警、红十字会等 34 个单位，主要负责研究制定国家减灾工作的方针政策和规划，组织协调和指导全国防灾、减灾救灾工作。

（二）灾害应急管理预案体系

我国制定了《国家自然灾害救助应急预案》《危险化学品事故灾难应急预案》《国家核应急预案》等一系列预案，应急管理部负责协调各部委组织编制国家应急总体预案和规划,指导各地区、各部门编制相应的预案与工作方案,推动应急预案体系建设和预案演练。

(三) 灾害风险管理预警处置体系

灾害风险管理预警处置体系主要包括灾情会商和应急响应两大机制。中央及各地方灾害信息管理部门已基本形成灾情会商机制,每月应急管理部领导各组成单位进行灾情会商和抗灾救灾的综合协调,对灾害发生作出科学的研究准备。

当灾害发生之后,根据国家的响应等级和各级政府制定的响应等级标准,从中央到地方依次作出程度不等的响应,并依据响应等级采取不同的救援行动和措施,从而形成了我国灾害应急响应等级体系。

(四) 灾害风险管理物资储备体系

国家从 1998 年开始着手建设救灾物资储备制度,目前已经在沈阳、哈尔滨、天津等 20 个城市建立了中央级生活类救灾物资储备点和 35 个综合仓库,还在交通枢纽城市、人口密集区域、易发生重特大自然灾害区域建设 7 个综合性国家储备基地,确保一些多灾、易灾地区能够被地方性救灾物资储备仓库的有效输送范围覆盖。中央、省、市、县四级救灾物资储备网络已基本形成。

(五) 灾害风险管理科技支持体系

在减灾救灾科技应用方面,我国已成功建立环境与灾害监测预报小卫星 A、B 卫星星座系统,于 2008 年成功发射了环境减灾一号 A、B 卫星,实现对地球全方位监测和地面灾害的实时跟踪。2020 年 9 月,我国成功发射应急减灾二号 A、B 卫星,接替在轨超期运行的环境减灾一号 A、B 卫星,这进一步提升了应急管理业务监测能力。随着国家减灾卫星应用系统的加快建设,以及覆盖国家、综合区域、省级行政区三级空间技术减灾应用网络体系的逐步形成,灾害风险管理的科技水平将逐步提升。

（六）灾害风险管理灾后救助体系

目前我国的灾后救助管理形成了政府统一领导、部门配合、社会参与的工作机制，力求高效、迅速、全面地实现灾后的救助与恢复重建。

此外，我国灾害风险管理在实际工作中分为五个主要工作环节，包括灾害风险识别与评价、灾害预防与预警、灾害信息交流与发布、应急处置与救援和灾后恢复重建等，使现有的工作流程形成较为完整的闭环，具体环节如图6-2所示。

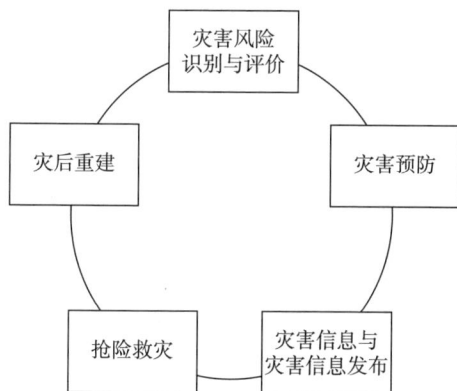

图6-2　当前阶段我国灾害风险管理主要工作环节

二、 天津市灾害风险管理基本情况

天津市是我国沿海自然灾害多发区之一，受陆地灾害源和海洋灾害源的双重作用，致灾因子众多。在众多自然灾害中，天津市多以地震、洪涝、冰雹、风暴潮、暴雨、地面沉降等灾害为主。此外，在城市化进程和工业发展的推动下，天津市的地形、地貌、下垫面性质及河流汇流条件在一定程度上发生了改变，从而为城市灾害风险管理带来新的挑战。天津市政府高度重视防灾减灾救灾工作，扎实推进防灾减灾能力建设，高效有序开展抗灾救灾工作，天津市的综合减灾能力明显增强，防灾减灾工作成效显著。天津市针对灾害风险管理相关工作的开展与国家的自然灾害防治、综合防灾减灾与应急管理等工作保持一致，在具体工作环节和工作内容等方面，结合了城市发展实际。

（一）天津市灾害风险管理重点工作

天津市灾害风险管理相关工作的开展，重点体现在应急管理组织指挥、应急管理预案、预警处置、物资储备、科技支持和灾后救助等方面。

1. 灾害应急管理组织指挥

天津市形成了政府统一领导、部门分工负责、灾害分级管理、属地细分管理为主的防灾减灾救灾领导体制。成立了天津市自然灾害救助应急指挥部，初步建立了完整、统一、高效的自然灾害救助应急指挥协调体系；基本建立起覆盖市、区、街道乡镇、社区（村）的四级气象防灾减灾组织管理体系；成立了市区两级防震减灾领导小组和抗震救灾指挥部。各涉灾部门主动作为、紧密配合，建立起相应的应急联动和协作机制。

2. 灾害应急管理预案

天津市委、市政府、应急管理部门、民政部门等分别出台或修订了《天津市突发事件总体应急预案》和自然灾害救助、地震、气象、森林火灾等一系列市级专项应急预案。积极推动区、街道乡镇和社区（村）制定、修订应急预案，初步形成了横向到边、纵向到底的预案体系，为提高全市救灾应急能力奠定了坚实基础。

3. 灾害风险管理预警处置

在地震方面，天津市初步建成地震立体监测台网，全市地震监测能力提升至 1.0 级，渤海海域监测能力达 2.5 级；在地质水文方面，建成覆盖全市地面沉降监测网络及水文自动测报系统；在大气气象方面，基本建成气象灾害综合监测网，建成环渤海海洋气象共享网站和海河流域精细化预报平台。此外，天津市综合预警处置系统中涵盖水情、雨情、汛情、潮情等数据的信息系统相继投入使用，整合多种预警信息发布资源和信息发布渠道的预警信息发布平台基本建成，实现快速、及时、准确提供预警信息，为提高社会防灾减灾能力提供保障。

天津市政府目前已经专门成立天津市灾害应急管理机构，主要由办事机构，专项应急指挥机构，应急专家组，区、委局应急机构，基层应急机构及企事业单位应急机构组成（见图6-3）。

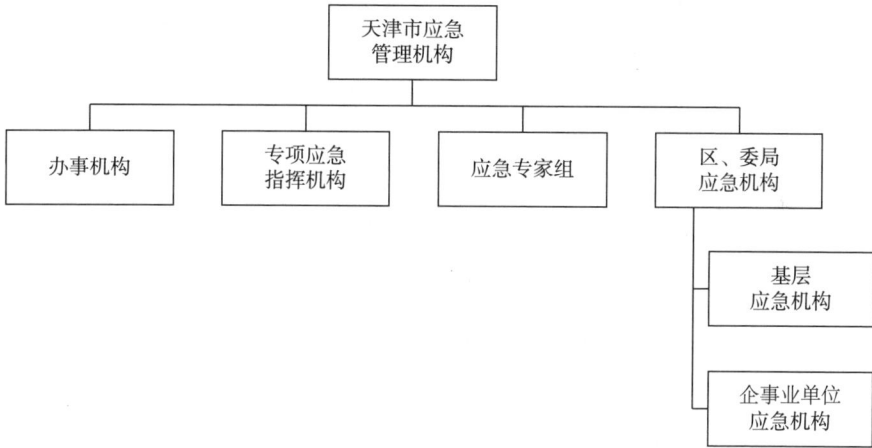

图6-3 天津市灾害应急管理机构

4. 灾害风险管理物资储备

在国家灾害风险管理物资储备的整体部署下，天津市在"十三五"期间基本建立了以各区、各部门和重点企事业单位应急物资管理为支撑的应急物资保障体系，编制了全市应急物资目录，绘制了应急物资主要储备库分布图。民政部门救灾物资储备品种扩展到12个，储备规模进一步扩大，能够满足受灾群众的基本生活所需。建立应急物资保障工作联络员制度和应急物资储备联动共享机制，确保储备物资随时能够投入使用。

5. 灾害风险管理科技支持

天津市在运用卫星、遥感等科学技术方面的能力不断增强，地震、气象、水文、地质、农业、海洋等自然灾害监测能力稳步提高，灾害预警信息发布覆盖面不断扩大，有关灾害的信息报告与传递速度不断加快。

6. 灾害风险管理灾后救助

天津市初步形成了以市综合应急救援总队为骨干，以部门、行业、驻津部队、预备役部队和民兵应急救援力量为补充，以社会力量为辅助的应急救援队伍体系。在"十三五"期间，组织形成了16支共4万人的市级专业应急救援队，预备役和民兵应急救援队规模达5000人。各区相应成立综合应急救援总队。累计培训各级灾害信息员5016人、防震减灾灾情速报员3500余人，年均培训气象信息员5500余人，基本建成了市、区、街道乡镇、社区（村）四级灾害信息员队伍。①

（二）天津市灾害风险管理具体实施情况

2018年国家应急管理部和天津市应急管理局成立之前，天津市各相关部门各自出台了该部门的灾害风险管理工作指引，在天津市应急管理局成立后，整合了各部门灾害风险管理办法，形成了综合治理的基本工作体系，具体实施情况体现在以下环节（见图6-4）。

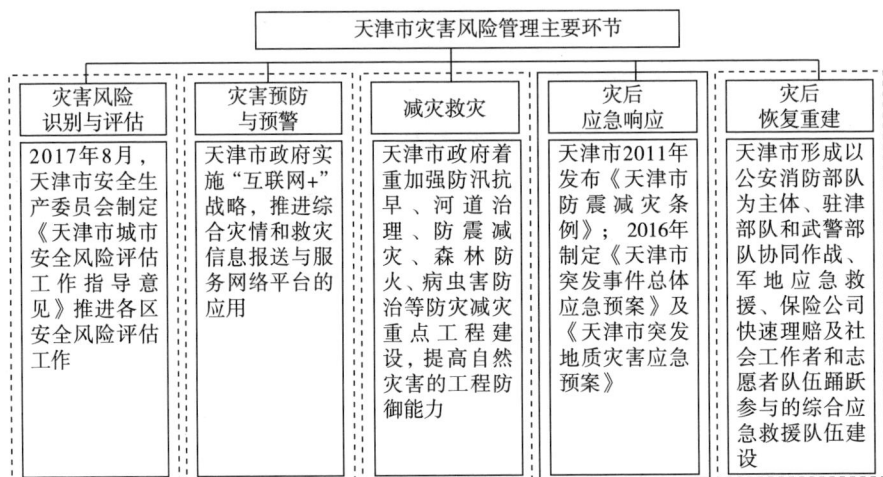

天津市灾害风险管理主要环节				
灾害风险识别与评估	灾害预防与预警	减灾救灾	灾后应急响应	灾后恢复重建
2017年8月，天津市安全生产委员会制定《天津市城市安全风险评估工作指导意见》推进各区安全风险评估工作	天津市政府实施"互联网+"战略，推进综合灾情和救灾信息报送与服务网络平台的应用	天津市政府着重加强防汛抗旱、河道治理、防震减灾、森林防火、病虫害防治等防灾减灾重点工程建设，提高自然灾害的工程防御能力	天津市2011年发布《天津市防震减灾条例》；2016年制定《天津市突发事件总体应急预案》及《天津市突发地质灾害应急预案》	天津市形成以公安消防部队为主体、驻津部队和武警部队协同作战、军地应急救援、保险公司快速理赔及社会工作者和志愿者队伍踊跃参与的综合应急救援队伍建设

图6-4 天津市灾害风险管理主要环节

---

① 天津市应急管理门户网站。

1. 灾害风险识别与评估

天津市目前已初步建立了统一、规范、高效的安全风险分级管控预防机制，利用专业的第三方风险评估机构大大提升了安全生产整体预控能力，夯实遏制重特大事故的坚实基础，为天津经济社会发展创造了良好安全环境。

2. 灾害预警

天津市拓展信息获取渠道和手段，有效利用各类信息资源，加强对灾情信息的收集、汇总、分析、评估、处理和应用，提高信息处理与分析水平，为防灾减灾救灾工作提供决策服务；充分利用公共通信、卫星通信、广播电视、互联网、导航定位等技术和移动信息终端等设备，提高信息获取、远程会商、公众服务和应急保障能力，以实现各级各类应急指挥平台互联互通，有效提升防灾减灾救灾信息的传递能力。

3. 减灾救灾

天津市政府正在加快实施重点河道治理及蓄洪区、滞洪区安全设施建设，完善城市供排水工程体系，推动做好风暴潮和山洪灾害防御工作。

天津市推进公共基础设施安全加固工作，重点提升学校、医院等人员密集场所安全水平，幼儿园、中小学校校舍达到重点设防类抗震设防标准，提高重大建设工程、生命线工程的抗灾能力和设防水平；实施交通设施灾害防治工程，提升重大交通基础设施抗灾能力；新建、改建、扩建工程全部达到抗震设防要求，推动开展城市既有危旧住房抗震加固，提升城市住房抗震设防水平；结合危房改造、灾后恢复重建等工程，推进农村困难群众危房与土坯房改造，提升农村住房设防水平和承灾能力；加快实施自然灾害隐患重点治理和居民搬迁避让工程。

4. 灾害应急管理

2021 年制定的《天津市突发事件总体应急预案》提出，需要采取应急处置措施予以应对自然灾害、事故灾难、公共卫生事件、社会安全事件。该预案包括总体应急预案、专项应急预案、部门应急预案、企事业单位应急预案、基层应急预案及大型活动应急预案等六类应急预案。同年，天津市政府应急办研究制定了《天津市突发地质灾害应急预案》，规范应对突发地质灾害事件，提高突发地质灾害的应对能力，避免或最大限度地减轻地质灾害造成的损失，维护人民生命财产安全和社会稳定。在 2019 年天津市应急管理局发布的《"十四五"应急管理领域市级专项规划编制目录清单》中明确由救援协调和预案管理处、科技与信息化处、市消防救援总队等五家单位牵头，针对应急管理基础薄弱或关键重点进行攻坚，实现天津市的综合防灾减灾救灾、安全生产等工作的效果提升。

5. 灾后救助

为了加强减灾救灾队伍实操能力，天津市安全委员会、防灾减灾委员会、应急管理局定期开展专业化、集成化、模拟化、实战化的培训和演练，随时为突发重大灾害做好准备。此外，为了提高灾情信息采集与运输能力、应急指挥能力、应急救援能力及后勤保障能力，积极引进了北斗定位导航、卫星传输等应急通信设备，排水、破拆与支护、钻探掘进等大型应急救援专业设备，以及应急广播设施、救灾专用车辆、无人机等技术设备。

三、 天津市灾害风险管理体系的不足

自 2018 年以来，基于中国应急管理部的成立，在大应急管理的工作框架下，天津市政府在以"一案三制"为核心的应急管理体制机制建设过程中，在灾害风险应对方面虽然已取得较为明显的成绩，但是仍需清楚地认识到，天津市整体灾害风险管理工作还存在很多不足，尤其是自上而下的风险管理机制，在范围和内容上存在局限性，风险管理主体资金实力和专业水平也是关键的限制性因素。具体来看，主要存在以下四个方面的不足（见图 6 - 5）。

主体上仅依靠政府部分单方面的力量，忽视了市场力量的培育，制度上缺少灾害财务风险的筹资机制，以及转移和分散机制等非工程灾害风险管理工具的缺失，严重限制了天津市灾害风险管理体系和能力现代化的进程。全

应急预案体系建设有待进一步	城市安全评估不到位	灾害保险覆盖不足，没有充分利用市场	公众参与灾害风险管理的程度不高
预案是应急管理体系的核心。天津市目前缺乏对预案内容的可操作性、预案的适用条件、预案应对突发灾害的实际效果检验等问题的探讨；缺少一个综合的防灾行政体制，各部门为主的立法使各项防灾对策很难协调，缺乏统一的指导、监督和评估机构	目前，虽然天津市安全生产总体形势持续稳定向好，但还存在重点行业重点监管企业本质安全基础薄弱，安全生产技术服务能力严重缺乏等问题。应加强安全风险评估管控，防范遏制生产安全事故	天津市涉及灾害保险的相关法律法规不完善；保险在地震、洪涝和极端天气等风险管理中的保障作用发挥不足。也正因为保险机制未能有效嵌入，对灾害风险的事前防范、分散和转移工作的效率不高	民众是灾害的直接受害群体，使民众充分了解灾害风险管理的重要性和掌握自救互救的方法是十分必要的，并且政府在制定救助或应急预案时，也应该充分了解公众的需求，这方面有待加强

图 6 - 5　天津市灾害风险管理存在的不足

国大型城市均在开展利用巨灾保险等非工程性灾害风险管理工具作为灾害治理体系组成部分的试点及实践活动，而天津市在这方面进展缓慢。

第二节　国外典型城市风险管理实践经验

　　城市作为人口和经济活动的聚集地，拥有大量和共享的基础设施，汇集了各类人才等人力资本、产业集群等社会资本及资金等经济资本，在各国经济发展中具有非常重要的地位。在信息化和经济全球化时代，城市在促进社会交往、资本积累和知识流动方面的优势持续增强。超级大城市不仅数量在增加，而且辐射的地域范围也在不断扩大。城市公共安全与突发重大环境灾害等风险管理水平关乎城市的稳定和发展，甚至会影响整个国家的稳定与繁荣，成为各国政府及大型城市政府关注的焦点。

　　面对风险，世界各大型城市均布局了适合自身灾情及社会经济状况的风险管理体系，并通过实践不断修正完善。这些大城市的成功经验，为我国城市风险管理提供了素材与思路。在天津市城市公共安全与突发重大环境灾害风险管理体系重构上，可以借鉴这些成功经验，建设更科学完善的风险管理体系。

一、 伦敦城市风险管理机制

（一）变革背景

伦敦是英国的首都、第一大城市及第一大港，是欧洲最大的都会区之一，也是世界四大世界级城市之一（钟开斌，2011）[①]。在应对各类风险和突发事件的过程中，在英国2004年颁布的《民事紧急状态法》等相关法律框架及英国中央政府的统一部署下，伦敦逐渐探索出了一套以全面风险登记为主要特征的城市风险管理体系，全面提高了城市整体风险防范和应急管理能力。

在经历了2005年伦敦地铁恐怖袭击、2007年夏季洪水和2009年全国范围的大流感等突发重大恐怖事件、自然灾害和公共卫生事件之后，在面临复杂的国际国内安全局势、传统公共安全问题和非传统安全问题相互交织，自然灾害和恐怖主义的威胁不断加大，公共卫生事件形势严峻等一系列背景下，英国中央政府深刻总结国家公共安全管理及突发重大事件应急管理中存在的问题，对现行的应急管理制度进行了大幅度改革。英国中央政府的应急管理顶层制度设计上发生了重大转变：在突发事件方面，从以往防范以国家安全为主的单一外来威胁为主，转向以防范自然灾害、人为事故和公共卫生等相互交织耦合的复杂风险；在中央与地方关系方面，从以往中央主导的自上而下的管理模式，向以地方响应为基础的自下而上模式的转变；在参与主体方面，从局限于公共部门为主的封闭系统，向跨部门、跨行业、跨地区的开放式、整合式模式转变；在风险沟通和信息发布方面，从以往局限于政府内部的秘密运作模式，向强调信息公开透明的开放模式转变。这些转变强调了风险管理作为应急管理的核心，实现风险管理的关口前移。

[①] 钟开斌. 伦敦城市风险管理的主要做法与经验 [J]. 国家行政学院学报，2011 (5)：113 - 117.

（二）管理框架及内容

在中央政府应急管理顶层制度的统一部署下，伦敦从风险管理架构、风险管理的具体流程等方面均作出了相应的大规模调整。

在风险管理架构方面，伦敦共有 7 类不同性质的机构参与全市风险管理工作，共同构成了以伦敦地区复原力论坛为平台，以伦敦地区复原力项目委员会、伦敦风险顾问小组为辅助，以伦敦复原力小组、伦敦消防和应急规划局为枢纽，以地方复原力论坛、市区复原力论坛为基础的城市风险管理组织体系。该体系中既有与中央政府协调的伦敦地区复原力论坛，又有负责确定本地区风险管理，制定本地区资源配置方案的伦敦地区复原力项目委员会，还有城市每个区都建立的市区复原力论坛，负责该区的应急响应综合协调。

在风险识别和风险评估方面，伦敦下属各区及伦敦各级政府发布《风险登记册》，记录对伦敦各区可能产生潜在影响的各种自然灾害和人为事故风险信息，评估该风险在近 5 年内发生的可能性及潜在影响后果，给风险赋值打分。[①] 按照"风险 = 可能性 × 影响"的标准，风险顾问小组评估确定每年的风险矩阵图，并根据对健康、社会、经济和环境四个方面的影响，综合考虑人员伤亡、财产损失、对基础设施和社区服务的影响、对经济和环境的影响等方面，将风险分为低、中、高、极高四个等级，在此基础上确定风险优先级。《风险登记册》成为有效监控和处置风险，以及为当地应急预案编制明确工作重点的关键性工具。伦敦建立了风险登记的更新和发布制度，各区县《风险登记册》编制完成后，要根据地区风险态势变化、复原力论坛讨论结果等对风险进行更新。同时，将每次登记情况在伦敦消防队网站上进行公布。

（三）主要经验

伦敦将应急管理工作的基础和重心转移到风险管理上。用科学的方法发现

---

① 游志斌. 英国政府应急管理体制改革的重点及启示［J］. 行政管理改革，2010（11）：59 – 63.

风险、测量风险、登记风险、沟通风险并处理风险是风险管理的关键环节，而将风险管理规范化、制度化、标准化、程序化等是其能够有效运行的根本保障。

首先，构建中央、地区、城市、各区县等各层级能够兼容的应急管理体系。每个层级之间除了职责范围不同，其职责内容、管理权限、管理方式均能协调一致，统一管理规范，为各层次的风险提供了统一的管理框架。

其次，突出风险评估在风险管理中的核心地位，将关口前移。在 2004 年以前，英国在应对各种重大突发事件时，工作重心在事后救援上。2004 年颁布《民事紧急状态法》之后，才逐步实现了应急管理关口前置，更注重事前预防。① 此后，风险识别、监测、评估、登记及在此基础上的计划、预案编制、宣传教育、风险沟通、应急演练等工作，成为应急管理和风险治理的核心。

制度建设，立法先行。立法为风险管理工作提出了明确的要求和强有力的保障，是伦敦能够顺利完成风险管理转型的前提和保障。

风险沟通，公开透明。除了实时更新和及时发布风险评估结果和风险登记情况，伦敦各区域还会根据风险态势变化对本地风险进行动态更新，风险评估结果、风险源、风险发生概率、风险可能后果、风险区域分布、风险等级矩阵、风险预警信息、灾害态势及发展情况等都会及时向社会公开。此外，政府还为个人、企业或社会组织提供应对灾害风险的措施、对策及建议，实现宣传教育功能，提高社会各界的风险防范意识和能力。

二、 纽约市风险管理机制

（一） 发展背景

纽约市在 1941 年就成立了市民防御办公室，1984 年更名为纽约市应急管理办公室（OEM），1996 年该机构成为市长直属机构，2001 年升级为正式职能部门，成为纽约市应急管理的常设机构和最高指挥协调部门（刘晓亮，

---

① 游志斌. 西方国家维护国家安全的战略着力点：应急管理［J］. 人民论坛·学术前沿，2020 （23）：66 - 73.

2017）。纽约市 OEM 下设健康和医疗科、人道服务科、危机复苏科和国土安全委员会四个单元，分别对应不同的工作职能。其所定义的危机事件几乎涵盖所有可能对人们的生命和财产安全造成威胁的每种突发事件，包括地震、飓风和暴风雨等自然灾害，建筑物倒塌、爆炸、煤气泄漏等人为事故灾害，传染病暴发及生物灾害、恐怖袭击、社会秩序动荡等政治事件。

纽约市应急管理办公室的主要职责包括风险监控、风险预防和危机处理等三个方面。在风险预防阶段，《纽约减灾规划》等文件的出台形成了纽约市的风险清单，针对市民和商业企业不同的危机项目，建立了一系列的危机反应机制和应急系统。[①] 与此同时，OEM 监控中心持续进行危机监控。在危机应急处理阶段，纽约市建立了一系列的反应系统，提供了信息、组织、通信及物资装备上的充分保障。在灾后恢复阶段，根据《灾后救济法》等法律规定，可从地震、洪水、恐怖活动巨灾保险等公共协助项目获得资金支持，以便更好地安排灾后恢复工作。

纽约市主要通过三个阶段项目运作模式，将监测预警、决策响应和危机应对阶段有效融合，构建了一套完整的城市公共安全风险防控机制体系。首先，在危机准备阶段，通过设计、开展警示和市民梯队等项目，帮助市民和商业界做好灾害应对准备。其次，在危机反应阶段，采用城市危机管理系统、城市应急资源管理系统、911 危机呼救和反应系统、移动数据中心等一整套灾害事件后快速反应应对机制进行完善。最后，在危机恢复阶段，设计了针对公共机构、商业界和居民的危机恢复项目，构成完备的危机恢复体系。纽约市以具体项目方式，按照不同阶段面临的主要问题和解决方案，针对不同的群体，设计出一整套完备项目体系，将各种机制整合，实现了常规化有效运行。

（二）经验借鉴

第一，风险管理多方参与机制。纽约市城市风险管理除了行政管理体系

---

① 刘晓亮. 特大城市安全风险管理的国际经验和对上海的启示 [J]. 科学发展, 2017 (9)：47 – 56.

内的公权力主体参与外，还有行政管理体系外的私主体参与。在行政管理体系内，纽约市应急管理办公室与警察局、消防局等机构开展城市内部机构的紧密配合，通力合作，共同设计并组织实施应对危机事件的应急方案。在横向上，纽约市 OEM 还与其他州开展跨州合作；在纵向上，展开与联邦一级的政府机构——联邦危机管理署（FEMA）、国家气象服务中心（NWS）等保持日常合作关系，互通信息，共同进行培训和演练活动等。此外，纽约市 OEM 在许多项目上还与私人保险公司、其他类型公司及非营利机构等开展广泛合作，以保证纽约市的商业活动和居民生活能够在危机中尽快恢复。

第二，科技创新手段支撑综合治理。纽约市 2012 年颁布了地方性开放数据法案——《纽约市开放数据法案》，配合 2013 年纽约市市长颁布的 306 号行政命令，鼓励各个部门展开面向城市治理的大数据开发和应用，以解决城市治理中的难题。纽约市成立了市级大数据分析团队，统一协调、指导和推进应用大数据实施城市风险治理创新，整合贯通政府部门数据的采集、管理、应用和安全工作，强化数据共享和协同应用。

第三，立法先行。美国安全风险管理领域的法律非常完备，主要表现在：明确政府在安全管理中的社会职责、限定政府相应部门的权责边界、细致规定政府内部的协作关系、保障和强化政府与私营部门的合作。此外，在系统防御、财政保障、灾后救助和特殊抚恤方面都有相关的法律规定。相应地，州政府也制定了中央部署下的州立法。

第四，地震、洪水、恐怖袭击等巨灾保险制度作为财务工具，起到了重要支撑作用，极大减轻了政府负担，使其能够将精力放在灾害事件紧急应对上。

三、 东京城市安全风险管理体系

（一）风险管理与应急管理体系介绍

东京在 2002 年提出建设面对多样危机的多元体制战略，并于 2003 年 4 月建立了知事直管型危机管理体系。① 该体制设置了局长级危机管理总监、改组灾害对策部、综合防灾部，建立面对各种危机的全政府机构统一应对机制。自卫队、警视厅、消防厅都派遣职员在危机管理总监的管理之下。东京建立了一套包括社区风险评估、全民安全风险教育、多元主体参与合作、风险信息公开、跨区域合作等一系列常规化、程序化的风险防控工作指导体系。此外，东京还对灾害发生后政府一系列指挥协调运作机制的开展，通过工作任务表等方式，进行精细化设计，并向社会公开。

在应急管理法制方面，由于国情及灾情的原因，日本有关防灾与危机管理的法律非常完备，东京在国家法律的框架下，也制定了完善的地方性法规。一旦国家制定了某方面的法律，东京都会马上制定相应的条例和实施规则或细则，也会根据本身需要另行制定一些条例和规则。此外，东京还采用与各种社会力量、周边地区或城市制定双边规则或签订合同的形式，保证灾害发生时相互救援与合作，为合作建立法律保障关系。

东京的应急预案建设也非常完善，过去曾经发生或者未来可能威胁东京的各类安全风险问题都建立了相应的应急预案，并通过各种手册、规划或指南等方式呈现，相关内容都通过官方网站向社会公开。近年来，包括东京在内，日本政府在全国普遍加强预案的制度性设计，构建了系统连贯、规范明晰、相互衔接的预案体系，严格以风险分析和评估为前提开展预案设计。

（二）经验借鉴

日本东京作为东亚的代表性大城市，与中国的城市在文化、传统和理念上更为接近，在城市公共安全及灾害风险管理方面有众多可借鉴之处。

首先，东京在灾害风险管理上推行全民参与的模式，所谓全民参与主要是防灾减灾的预防教育、规划和预案编制的参与、建立防灾的自主组织和加

---

① 费欢. 特大城市公共安全风险管理比较与借鉴 [J]. 中国公共安全（学术版），2018（1）：33－40.

强社区建设。重视加强防灾市民组织的建设，在不断加强预防的同时，促进行政、企业、地区和社区（居民）及志愿者团体等的携手合作和相互支援，建立一个在灾害发生时携手互助的社会体系。

其次，重视城市圈的合作，形成应急管理合作圈。当发生大规模的灾害或严重特大事故时，需要整个城市圈的合作和与周边农村的合作。通过合作，形成一个大都市防灾与危机管理的合作圈。东京认为发生大规模灾害时，光靠东京政府一己之力很难单独应对，必须与首都圈周围其他地方政府合作，签订相互救援合作协定。一旦东京发生灾难，附近都市县都会挺身而出。在协定中，对于救灾物资的提供和调拨、公务员的派遣（主要指医疗和专业技术人员）、救援车辆、船只的供应、医疗机构接收伤员、教育机构接收儿童和学生，以及火葬场、自来水设施的修复和供应、垃圾和下水处理等方面，都有详细的合作规定。这一点与我国在灾害应对时的对口帮扶政策有相似之处。然而，我国的对口帮扶是自上而下的事后行政安排，而东京采取的合作协议是自下而上的事前行为。

四、 国外经验总结

通过分析伦敦、纽约和东京三大城市的应急管理体系，总结出如下特点：

从发展阶段上看，它们都已经历了由单项防灾向综合防灾，再转向危机管理的现代化阶段。

在组织机构建设方面，三个大城市均建立了常规的应急管理组织机构，注重部门之间的协调对接。

在规划和计划方面，三个城市进入了后工业化发展阶段，兼顾发展和防灾，以人为本，把防灾规划与经济发展规划相结合。

在参与主体方面，它们都提倡多元化参与，危机应对网络化，地区合作区域化。无论是伦敦、纽约还是东京都建立中央、区域和地方的整体联动机制，特别是东京，还在市内建立市民避难圈，对外建立了首都圈相互应急救援协作机制。

在信息的沟通与披露方面，三大城市都是以政府为主导，建立发言人制度，友好和有效地与媒体合作，对市民进行公开、透明、及时、便民、多渠道、多层次、多方面的危机信息沟通。政府信息的公信度很高，容易赢得公众的支持和信任。在技术支撑系统建设上，三者都积极研究开发和建设信息系统，加强信息的统一性和共享性。

在政府财力和社会保障方面，东京和纽约除了由强大的政府财力支撑和保障，还通过政府、商业机构、居民三者分担的形式，构建起了一个安全的多层次的社会保障和金融支撑体系。多层次的社会保障体系有助于灾后的救助、救济和恢复重建，包括对生命、财产、民事责任，以及政府救灾支出的各种政策性及商业性保险制度和政府的公共保障制度。

第三节　城市灾害风险管理体系：
内容、框架及相关分析

灾害风险管理需要把握的是工程性防灾减灾管理基础设施建设与财务性风险转移与损失补偿机制下保险制度的有机结合，精准识别我国灾情的主要特征，结合城镇化背景下政府、企业、城镇居民等各类受灾主体的风险暴露状况，找准利用传统风险管理手段的弱项短板。巨灾的出现会给政府带来巨大的财政支出压力，这是当前城市灾害风险管理工作所面临的直接问题。因此，基于联合国《2015—2030 年仙台减少灾害风险框架》倡导的防灾减灾指引和我国灾害风险管理战略部署，研究将保险机制融入灾害风险管理的全新体系，建设有效保障各类受灾主体经济利益的巨灾保险制度迫在眉睫。同时，建设新型的灾害风险管理体系是国家防灾减灾体系、国家治理体系与治理能力现代化建设的必然要求，构建风险控制型管理模式与财务性风险转移和保险保障机制有机结合的新型灾害风险管理体系势在必行。

一、 灾害风险管理基本观点的全新解读

灾害风险管理是人们对于在社会生活中可能发生的自然和人为灾害风险进行识别、评价、控制和防范化解的主动行为，是各经济主体通过风险管理工具对可能发生或已发生的灾害实施有效的控制并减轻、处置、转移其损失后果，在经济、社会成本有限的情况下获得最大安全保障的管理过程。灾害风险可以通过工程性措施与财务性风险转移安排等方式进行管理。前者旨在从物理意义上对灾害风险进行预测、预防、预警、应急管理、减灾和救灾等资源配置；后者旨在运用金融保险机制对灾害损失进行风险分散和经济补偿，尝试对接资本市场消除灾害对社会经济发展的影响基础上，通过强化事前风险管理，进行资源的二次配置并从根源上消除或减轻灾害风险。二者既是工程防护、机制构建和金融保险工具在防范重大灾害风险工作的有机结合，也是提高城市韧性、支撑城市灾害风险高效管理的必备条件。

以上关于灾害风险管理概念的界定，是在对灾害风险管理概念和范畴常规认知（预防和控制等工程性、物理性的防灾、减灾、预警、应急、灾后重建等政府主导的行政工作）基础上，将巨灾保险制度和商业化的风险分散与损失补偿保险保障机制根植于灾害风险管理的概念和范畴中，赋予了灾害风险管理及灾害风险治理全新的理念。通过引入保险机制诠释和创新灾害风险管理的思想理论研究，在风险管理领域串联起自然科学与社会科学，使来自不同学科、不同专业的研究学者对灾害风险和风险管理的认知与灾害风险综合治理对策的研究，以及对巨灾风险和巨灾保险的研究都有了更真切、更透彻、更清晰的全新认知。基于这样的概念界定，促使专家学者从各自擅长的领域和其专长的学术思想出发，去共同研究同一事件或事物背后所蕴含的属性特征，通过跨学科和多方面的知识与理论的交融，对灾害风险管理进行更准确辨识和科学研究。

同时，根据党和国家提出的做好国家防灾减灾救灾体系建设的战略部署，

要求保险业发展成为服务国家治理体系和治理能力现代化的重要支撑的战略思想，本书对灾害风险管理概念的界定明确为：城市灾害风险治理能力建设实质内容就是新型的灾害风险管理体系建设，而保险机制科学化、制度化融入灾害风险管理体系的各个环节是构建新型城市灾害风险体系、提高城市应对各类灾害风险韧性的重要创新点与突破点。

二、 新型灾害风险管理体系构建的思想与框架

（一）基本思想

新型的灾害风险管理体系并非在传统灾害风险管理体系上的修正，而是构建工程性防灾减灾救灾机制与非工程性的防范化解灾害风险机制（如保险）有机结合的灾害风险治理体系，通过保险机制的融入，打通灾害风险管理工作的各个环节，实现我国灾害风险治理体系在政府主导下的科技信息化、市场化、社会化发展目标。

首先，在新型灾害风险管理体系下，财务性风险转移保险保障机制作用的发挥，可以弥补原有的以政府为单一参与主体的使用工程控制手段为主的灾害治理所存在的缺陷和短板。一方面释放保险服务于国家治理和社会管理的功能，另一方面促进了政府管理创新，通过保险市场化的运行机制对广大受灾主体面临的巨灾风险进行风险管理与转移，使保险成为社会治理不可或缺的重要手段。

其次，通过嵌入保险风险管理机制，实现政府财政的巨灾风险转移和分散，在新型灾害风险管理体系下创新巨灾保险产品，完善巨灾保险制度，革新保险仅支付保险赔款的固化认知，充分释放保险和巨灾保险事前灾害风险管理的职能，把保险定位在国家治理体系之中，把建设巨灾保险制度上升为国家的意志，将巨灾风险扼杀在萌芽之时、成灾之前。

最后，在商业保险机制和巨灾保险制度融入灾害风险管理体系的过程中，同时实现以下几个方面：一是在引入灾害风险事前、事中、事后全过程的风险管理的过程中，促进风险预防、提升风险预防和风险应急能力，开展风险

管理教育，实施科学的风险管理标准等；二是通过引入竞争性的保险机制，提高灾后经济损失补偿水平和效率；三是创新保险资金使用方式，参与防灾减灾设施项目建设，多途径参与社会治理；四是实现保险和巨灾保险对受灾主体和政府的风险保障，促进受灾主体加强风险管控，解决政府涉灾资金使用、城市规划、市政建设等一系列连锁性问题，重新梳理和设计社会各方主体利益价值的共赢模式，促进灾害风险管理转向全社会良性互动，积极向好。

基于以上认识，本书提出，针对天津市所面临的严峻的公共安全风险局势，结合天津市经济发展水平和当前阶段的防灾减灾工程措施标准，积极探索建立一种新型的城市综合灾害风险管理体系：政府主导，市场（保险）和社会多元主体参与，有效利用和调配政府与市场的各种资源，通过对传统灾害防御基础设施建设、灾害风险防范的保险财务安排、信息共享机制建设、救援力量建设、新兴科技方案运用和普及社会公众防灾减灾知识技能等方式的综合利用，全方位提升城市公共安全风险治理能力的现代化水平，实现对灾害风险的全过程、多层次、多渠道、多手段管理。构建新型的综合灾害风险管理体系的同时，也是保险机制深度融合于社会治理体系的过程，包括短期、中期和长期风险的融合；灾前的风险预测与评估、风险控制和灾后恢复重建的融合；主动性风险预防、工程性风险控制与财务性风险转移的保险保障机制的融合；在操作上，安全预防、减灾救灾、应急管理和风险转移等措施的融合。

（二）基本框架

在科技发展的新时代下，城市面临的重大灾害风险呈现出系统性特征，以政府为主体的、着重灾后救助与灾害重建的城市灾害风险管理已不能适应维护现代城市公共安全与突发重大环境灾害要求，需要拓展政府、市场和社会多元参与的，涵盖防灾、减灾、救灾和灾后重建全过程的，工程性防御措施与财务型风险分散与化解机制及其配套的保险风险管理服务相结合的全新的灾害风险管理与综合防范体系。因此，本书提出，结合中国现阶段的经济发展水平和相对较低标准的防灾工程措施及我国的巨灾国情，可以建立一种新型的灾害风险综合管理体制，构建灾害风险管理新体系。本书结合系统科学、灾害学、风险管理与保险学、社会治理等理论，运用保险的商业化运行机制及其针对各种风险的防范、化解与保障功能，将保险机制嵌入城市公共安全风险管理体系中，充分释放保险的风险分散与风险管理功能，如图 6 - 6 所示。

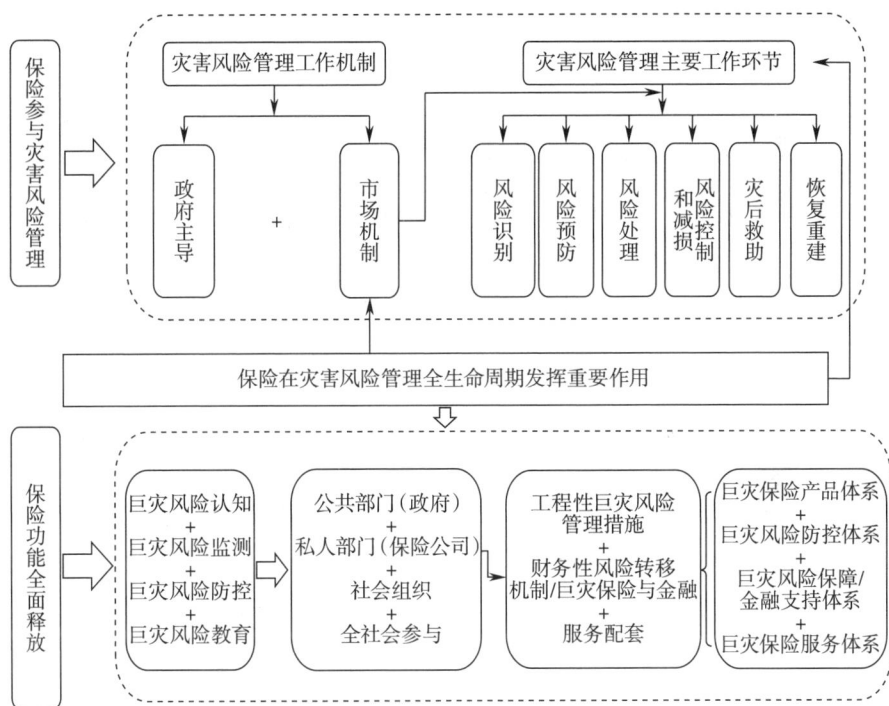

图 6 - 6　保险在灾害风险管理中的功能体现

灾害风险综合管理体制所提到的综合包括短期、中期和长期风险的综合；灾前的风险源科学预测与预防、灾中的损失控制和灾后救助的综合；主动性风险预防、工程性风险控制与财务性风险转移的保险保障机制的综合等。政府、市场和社会多元主体参与，有效利用和调配政府与市场的各种资源，实现对灾害风险的全过程、多层次、多渠道、多手段管理，在操作上，安全预防、减灾救灾、应急管理和风险转移保险保障等措施系统化。

新型灾害风险管理体系体现了工程性防灾减灾机制与非工程性防范风险机制的结合，通过扩大灾害保险覆盖面和覆盖深度，形成自下而上的作用机制，即受灾体（灾害保险投保人）提高风险防范意识，主动参与防灾减灾，保险公司基于保险责任和自身利益积极发挥风险防范与风险控制功能。因此，商业保险在很大程度上发挥了社会和公共安全社会管理职能，具体来看，主要体现在以下几个方面：

一是基于保险风险管理的本质属性，保险机制科学化嵌入，建立全面风险管理机制。在参与城市灾害风险综合防范的各领域、各环节建立起集风险防范、救助、管理于一体的全面风险管理机制，甚至是实施综合管理运营。保险机构在承保的过程中，会对引起风险事故的风险因素进行全面的分析梳理，并探寻各种降低风险发生频率、减轻风险损失的方法。相应地，会涉足相关领域，进行全方位、各环节与整个链条的风险排查，以及安全、科学、有效的管理运营。

二是保险功能社会管理层面全面的释放，探索大保险服务发展格局。在城市灾害风险综合治理的视角下，保险社会管理功能就发展成了保险社会治理功能，承接部分政府公共服务职能，并在此基础上，积极扩展保险服务的范围边界，实现保险的风险认知、风险监测、风险防控和风险教育等功能，连通私人部门与公共部门、社会组织，实现全社会参与综合风险管理。同时，基于保险资金融通功能，创新保险参与风险管理和综合防范方式，包括投融资功能，保险资金可充分发挥其长期、稳定的优势，通过股权投资、债券投资等方式为城市灾害风险综合治理系统的防灾减灾技术开发、基础设施建设和灾后重建工程等提供有力的资金支持；保险可以利用其金融属性，在全国金融市场甚至全球金融市场创新性地开发使用金融衍生产品，达到在更广阔的空间范围和时间范围内分散风险的目的，创新城市灾害风险治理方式，提高治理水平。

城市公共安全与保险

（三）新型城市灾害风险管理体系构建基本思路和基本框架

如前文所述，新型城市灾害风险管理体系是指在现有传统灾害风险管理体系基础上融入保险与巨灾风险金融机制的灾害风险管理体系。本部分将着重介绍保险机制融入的基本思路和基本构建框架。

在新型城市公共安全与突发重大环境灾害风险管理体系（见图6-7）中，将保险在灾害风险管理中可以表现出的特有功能和机制科学化、制度化地融入传统的工程性灾害风险管理体系中。保险是化解灾害风险的切实有效的风险分散工具，其体现的本质功能包括对灾害风险的科学化防灾减损管理，市场化、财务性风险分散化解机制，辅助社会安全治理的职能和作用等。其中，通过保险的风险管理机制和巨灾风险损失补偿机制，以市场化运行模式，分担广大受灾主体面临的巨灾风险，并承担经济损失补偿义务，成为社会治理不可或缺的重要手段。将灾害保险与巨灾保险制度化融入城市公共安全与

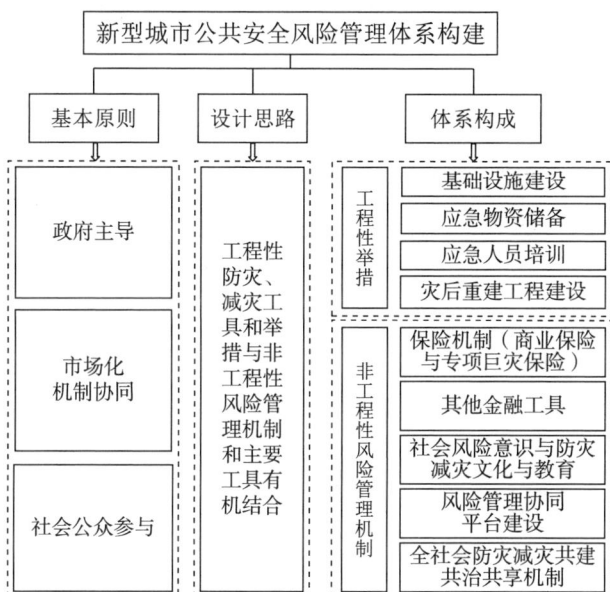

图6-7　新型城市公共安全与突发重大环境灾害风险管理体系设计

突发重大环境灾害风险预防和管理中，有助于推动创新城市的管理机制，特别是对韧性城市建设具有重要的现实意义。

城市公共安全与突发重大环境灾害风险管理需要多方面的共同努力。

第一，需要政府部门建立相关的制度体系，并且建设有各类灾害风险源与风险信息的数据管理系统，为科学评价和评估各类型灾害风险状况，以及相应的风险管理方案与保险制度设计打好基础。

第二，创新拓展商业保险参与分散化解各类灾害与巨灾风险的功能和制度，创新构建与工程性灾害风险管理体系有机结合的灾害与巨灾保险体系，推动商业保险全面介入参与推动巨灾风险管理的专业性、科学性和可持续性发展，提高灾害管理的精准性和灾害管理的精细化，形成多元主体参与的灾害风险管理体制。

第三，建立健全风险教育宣传机制和体系，助力自下而上全面提升各类受灾体的风险意识和风险管理积极主动性。

第四，由于引发城市突发重大环境灾害的主体大多是企业，所以相关企业一定要具有该类型灾害风险与风险管理意识，从自身出发，由专业人员做好排查预防和应急工作。

第四节　城市公共安全风险管理机制与体系创新
——以天津市为例

天津市正处于高速发展阶段，面临着比以往更多、更复杂、影响更大的风险，无论是自然灾害、人为因素、还是技术创新中的不确定性，风险都无处不在。城市公共安全风险管理，是城市发展的基础和保障，可以说没有有效的城市灾害风险管理体系，就没有城市的明天。接下来，本书从发现天津市城市公共安全与突发重大环境灾害风险管理中的缺陷与短板入手，构建一个符合天津市实际情况的公共安全风险管理体系。

一、体系设计

(一) 基本思路

天津市城市公共安全与突发重大环境灾害风险管理体系设计的基本思路是在新型城市公共安全与突发重大环境灾害风险管理体系的大框架下，根据天津市地震、洪水、火灾事故、公共卫生事件、安全生产事件等自然或人为灾害特征及其风险评价状况，将保险机制与工程性灾害风险预防与处置措施相结合，通过政策性和商业性的保险，科学化、制度化地融入城市公共安全与突发重大环境灾害风险管理体系各阶段关键环节，做到各主体权责明确，实现事前预防、事中快速响应和事后经济补偿的全流程灾害事件预防、处置与恢复机制运行（见图6-8）。

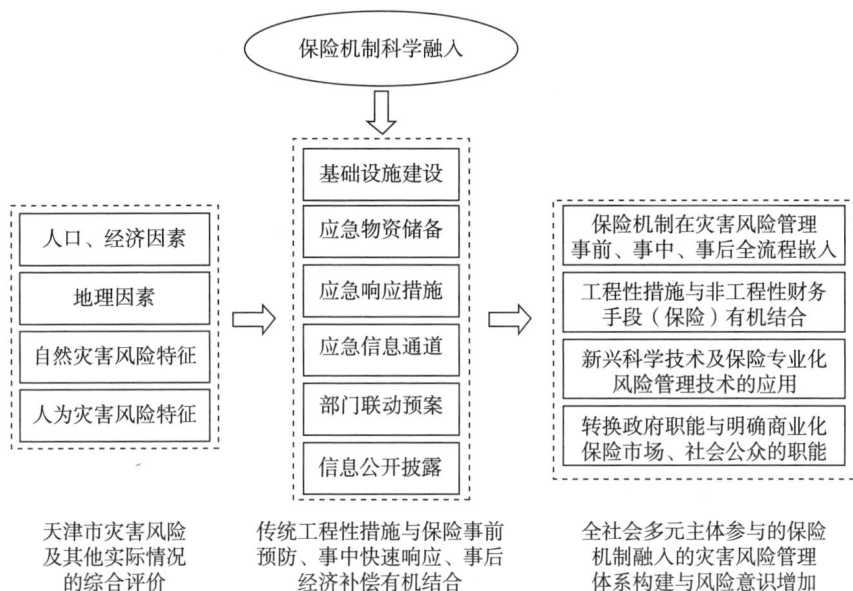

图6-8 天津市城市公共安全与突发重大环境灾害风险管理体系设计基本思路

（二）参与主体

就目前天津市的经济发展水平和灾害防御工程措施来说，维护城市公共安全，单方面的依赖政府是远远不够的。我们需要的是一种综合的灾害风险管理体系，即依靠政府、市场和社会多元主体的参与，有效利用和调配政府与市场的各种资源，实现对灾害风险的全过程、多层次、多渠道、多手段管理。天津市灾害风险管理体系的构建，要形成政府主导、私人部门协调、全社会共同参与的机制，依法、科学应对公共安全与突发重大环境灾害风险，并做好事前的风险转移、风险防范、风险监测和事后的应急管理工作（见图6-9）。

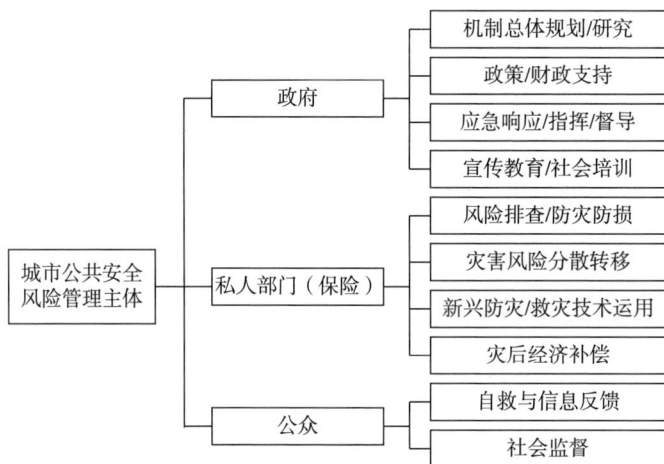

图6-9　天津市城市公共安全与突发重大环境灾害风险管理主体

二、体系运行和管理机制

（一）政府部门主导

政府作为新型城市公共安全与突发重大环境灾害风险管理体系中的参与主体，既是城市公共安全的守护者，同时也是公共安全风险造成的基础设施损毁等巨灾风险损失的受害者。因此，天津市应急管理局及其他涉及城市公

城市公共安全与保险

共安全风险管理的相关政府部门需要建立健全灾害管理综合协调机制、完善相关法律法规、建立城市安全评估体系，更好地发挥政府职能。除此之外，推动保险机制嵌入城市公共安全风险管理，还需要做到以下几点。

第一，政府给予保险科学融入城市公共安全与突发重大环境灾害风险管理的政策支持。一是立法保障。政府与天津市人大常委会法制法规部门共同建立健全涉及地震、洪水、安全生产、公共卫生、环境污染等方面的专项法律法规，在顶层设计层面对新型城市公共安全与突发重大环境灾害风险管理体系提供完备的法律保障，为后续工作的开展提供法律指引。二是行政支持。政府进一步加强天津市重点自然灾害风险源和高污染风险企业的风险监督力度，开展应急监测处置能力标准化建设，建立环境应急网络体系，提高环境应急监测处置能力。制定完善的环境应急预案，建立细分区域、重点企业、部门预案报备制度。三是财政支持。财政出资大力推动提升灾害风险管理能力的现代化水平，同时提升科技和保险在新型灾害风险管理体系建设过程中的效能发挥和相互作用。

第二，政府做好保险机制科学融入城市公共安全与突发重大环境灾害风险防范的总体规划。一是在进一步落实完善城市公共安全总体规划的基础上，着力加强工程性灾害防御措施的建设，系统地引入保险保障机制，提供实现二者有机结合的政策引领，力争对城市面临重点灾害风险的防范实现全覆盖。城市公共安全各领域保险保障都无所不在、不可或缺，必须在总体规划中明确保险保障的重要地位，在各项具体措施中配套保险项目。二是制订城市公共安全总体规划应划分重点易发风险领域，充分发挥保险在重点领域的突出作用。重视引入并加强灾害快速应对处理机制和重大突发事件处置快速理赔机制，避免发生系统性、传染性风险。三是实现政府职能转换与创新，科学利用灾害风险管理和保险保障效能，综合运用现代城市管理方式加强组织协调，制定各项应急预案和应对措施，为保险功能充分释放提供良好的运作机制。

第三，政府进行保险机制科学融入城市公共安全与突发重大环境灾害风险的研究。一是设立专门研究机构，加强保险机制科学融入城市管理风险及应对措施的研究，为城市风险管理定制服务，为城市公共安全规划建设的完善，不断提供新鲜权威的理论与实践依据。二是确立专项研究方向，专门就地震、洪水、安全生产、危化品运输等领域开展防御措施与保险保障的研究。三是建立专业的研究基地，在理论研究基础上开展城市公共安全风险的预防实践活动。结合宣传、教育、培训工作，把公共安全与突发重大环境灾害风险研究成果转化成政府的风险管理理念和行动指南，以及居民的科学风险认知和防灾自救技能。

第四，政府开展保险机制科学融入城市公共安全与突发重大环境灾害风险管理的宣传教育。一是在政府层面，利用行政学院培训授课讲座、专题会议以会代训、城市应急管理学习等方式，对市、区、街道、社区各个层级的行政领导进行利用保险保障为城市公共安全与突发重大环境灾害风险管理服务的重要意义和实施方法的学习宣传，增强他们对保险保障在城市风险管理方面具有重要作用的意识，提高他们利用保险保障综合组织协调应急处置的实际能力。二是在企事业单位层面，进行公共安全方面的宣传教育，重点开展预防火灾人群疏散、人身意外伤害防护与救助等专项培训演练，督促检查包含保险保障在内的各项安全措施的落实，排除安全隐患。三是在社会公众层面，利用新媒体等普及城市公共安全知识和防范常识，全面提高公众防范城市公共安全风险、灾害风险和保险保障的意识。

(二) 私人部门 (保险) 参与

保险业的积极参与，充分发挥城市公共安全与突发重大环境灾害风险管理的重要作用，是新型的综合灾害风险管理体系的核心特征。保险功能的充分释放需要从四个方面入手，实现从主体责任分配，到产品服务优化的事前灾害风险管理目标。

第一，积极配合政府，利用市场机制化解灾害风险。现代保险业讲全局讲责任，积极参与政府所制定的城市公共安全与突发重大环境灾害风险防范总体规划、专业研究，发挥自身特有的保障补偿、社会管理职能作用，真正

城市公共安全与保险

成为政府的"减压阀"和广大市民的"保护伞"。[①]

第二，参与巨灾保险制度建设，丰富巨灾保险产品。根据天津市灾害风险的特点和重点，深入市场调研，了解市场的巨灾风险保障需求，在填补传统的商业保险保障险种空白的前提下，致力于开发政策性、专业性、具有可持续性的巨灾保险产品。重点深入开发地震、洪水、环境污染、公共卫生等关系到人民生命健康、行业安全及社会经济发展的巨灾保险产品，推动财政巨灾指数保险的落地，切实转移政府、企业、居民所面临的巨灾风险。

第三，加强防灾技术应用，强化事前灾害风险管理。在提高保险机构自身防范风险专业技术、加强保险责任期内防灾减损安全措施的同时，应积极引进专业技术性强的专门安全保障机构，共同对重要的保险标的进行科学考察论证，确定安全保障措施，使城市公共安全与突发重大环境灾害风险的重点项目风险降到最低。

第四，提升服务品质，实现保险机制在新型灾害风险管理体系的全方位嵌入。城市是数十万名甚至数百万名公众群居聚集的区域，城市公共安全与突发重大环境灾害风险管理和风险防范，以及保险保障是庞大繁杂的系统工程，保险必在承保、防灾、理赔全过程中，应全心全力全方位地做好服务。除做好常态化的商业保险服务之外，对突发公共安全事件要特事特办，在配合政府做好巨灾保险产品设计和推广工作、协同投保人做好事前的风险监测与防范工作的前提下，进一步在事故发生时的应急缓解工作及事故发生后的理赔恢复工作中发挥积极作用，真正体现保险业在城市公共安全与突发重大环境灾害风险保障中的特有作用。

总而言之，要充分利用商业保险长期稳健的保障功能，保险公司不仅可以在灾后损失环节发挥保险的损失补偿作用，而且保险公司具有更加专业的风险管理团队和更前沿的技术，在灾害风险识别、预防、预警等灾前环节，以及防灾减灾和财务风险转移过程中，都将发挥重要的作用。因此，要充分

---

① 王和. 我国巨灾保险的定位、创新与路径［J］. 保险研究，2020（6）：29–40.

发挥市场在资源配置中的决定性作用，利用保险商业化的运行机制促进防灾减灾资源的有效配置。

（三）社会公众参与和监督

对于普通居民来说，应以社区为单位积极参与到灾害风险管理之中，包括志愿服务、社会监督和其他形式的实际工作，提升保险意识和风险管理意识，提高对自救互救知识的掌握。公众的社会监督也是对城市公共安全与突发重大环境灾害风险管理体系的正向约束，形成风险实时监测机制，保证数据的真实性和完整性，配合保险公司做好防范应急工作，把事故发生的可能性降到最低，促进体系的不断修正和优化。

对于一般意义上的企业和社会团体，也是灾害风险管理体系建设过程中的重要的防灾减灾队伍，综合市场导向与社会价值，发挥各行业的专业优势、畅通信息渠道，以提高城市的综合防灾减灾能力。在政府的领导下，深入贯彻《中共中央　国务院关于推进防灾减灾救灾体制机制改革的意见》，坚持以人民为中心的发展思想，坚持以防为主、防抗救相结合，努力实现从注重灾后救助向注重灾前预防转变，从政府单一主体应对各单一灾种向多主体参与的综合减灾转变，全面提升天津市抵御自然灾害与突发重大环境灾害的综合防范能力。

三、 天津市城市公共安全风险管理体系运行

（一）公共安全风险分析与评估

公共安全风险分析与评估是天津市城市公共安全风险管理的第一步，即在明确天津市灾害风险管理对象和目标特征的基础上，精确锁定包含天津市的地震、洪涝、风暴潮等自然灾害，以及安全生产领域、环境污染及公共卫生领域等人为灾害的全面灾害风险来源，收集相关基础资料、数据以建立天津市乃至与天津市公共安全风险管理紧密相关的更大范围的京津冀地区灾害风险管理数据库（见图 6 - 10）。

```
┌─────────────────────────────────────────────────┐
│                  明确区域范围                      │
└─────────────────────────────────────────────────┘
                        ⇓
┌─────────────────────────────────────────────────┐
│                 数据收集与处理                     │
└─────────────────────────────────────────────────┘
                        ⇓
┌─────────────────────────────────────────────────┐
│                   风险辨识                         │
├──────────────┬──────────────┬────────────────────┤
│   GIS工具     │   RS工具      │      GPS工具        │
└──────────────┴──────────────┴────────────────────┘
                        ⇓
┌─────────────────────────────────────────────────┐
│                   风险分析                         │
├──────────────┬──────────────┬────────────────────┤
│  致灾因子分析  │   暴露性分析   │      脆弱性分析      │
└──────────────┴──────────────┴────────────────────┘
                        ⇓
┌─────────────────────────────────────────────────┐
│                   风险评估                         │
├──────────────┬──────────────┬────────────────────┤
│   风险分级     │   风险叠加     │      经济影响        │
└──────────────┴──────────────┴────────────────────┘
                        ⇓
┌─────────────────────────────────────────────────┐
│                城市公共安全防灾规划                │
└─────────────────────────────────────────────────┘
```

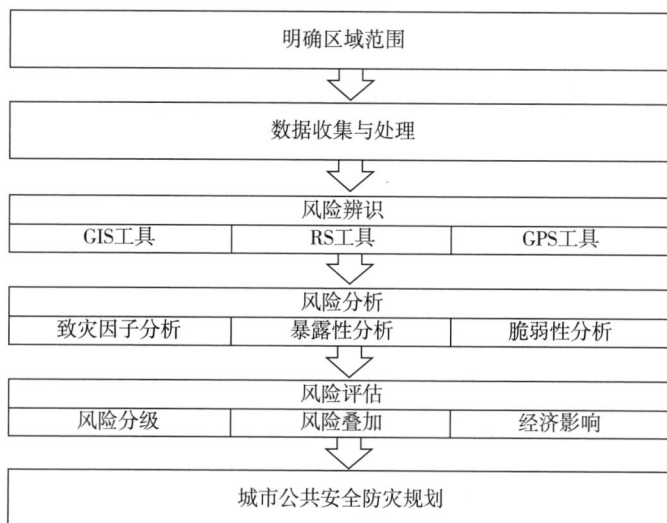

图 6－10　天津市公共安全风险分析与评估流程

　　天津市公共安全的风险分析和评估采取政府主导、私人部门参与的模式，政府主导所承担的内容包括总领公共安全风险分析工作的统筹安排，制定规划天津市各相关领域的单位部门须提供的城市灾害风险监测数据和历年统计数据等信息的制式模板和扩充方案；在私人部门参与层面，各行业的具体单位和企业需要配合政府进行自身生产运营的全面安全风险分析，形成天津市灾害特征与产业经济风险暴露相关联的城市公共安全风险源的全面数据。特别是广义保险业的机构作为专业从事风险管理工作的主体，在灾害发生历史数据和灾害对经济损失、医疗支出、施救费用等方面积累大量可比较、可量化的资料，并具备对实践数据较为成熟的风险分析与评估的能力，能够在多主体构建的风险识别和评估工作网中发挥至关重要的作用。具体来看，保险公司一方面从承保的角度，对天津市范围内影响实际承保工作的公共安全风险进行发生频率和潜在损失的综合识别，从而优化承保决策和进一步精细化与实际风险挂钩的动态费率水平等；另一方面在评估过程中，保险业能够提出符合天津市的风险评估结果和经济社会发展、人民生活安居乐业要求的减量风险管理方案，实现为各个主体减轻公共安全风险可能造成的严重损失提供财务性质的风险管理综合风险应对策略。因此，将保险业风险识别与评估和社会其他各主体的风险评估进行有机结合，才能够更精准、合理地确定真实风险状况，从而量化风险损失，为全面防控风险、防灾减损和设计损失补偿的保险产品提供支撑。

保险公司利用自身优势并基于天津市完善的灾害风险、脆弱性和风险暴露数据进行动态评估，有助于其合理地设计保险产品并为其科学定价。从保险业的实践情况来看，优化灾害风险的评估、防控工作，提前预报、预警灾害隐患能够有效减少60%以上传统灾害的发生所带来的经济损失。通过发挥各方面的风险防控作用，构建合理风险评估体系，能够定期进行安全隐患排查、监管工作，实施分级、分区域管理和动态防控监管，进而逐步实现对天津市危险地区、重点风险源头的标注工作，长效化风险的动态识别和多维度监控。

天津市灾害风险源包含自然灾害风险源和人为事故灾害风险源。其中，自然灾害风险源选取了洪水、地震风险；人为事故灾害风险源囊括了城市公共安全所可能涉及的人为风险。

天津市地震和洪水灾害风险识别与评价，充分考虑天津市的脆弱性特征和人口、经济分布，利用新兴科技的场景应用及保险科技的赋能，实现对风险科学识别，并传导生成对应的灾害风险管理方案（见表6-1）。

表6-1　天津市自然灾害风险识别与评价

洪水风险	地震风险
通过天津市历史调查、水文分析及洪水模拟计算绘制洪水风险图，综合考虑地表植被、房屋建筑的分布状况与各种防洪工程如水库、闸门、泵站、排水渠系、堤防及起连续性阻水作用的公路、铁路等的影响	通过基于GIS地震预警系统对天津市地震风险进行识别，通过地震观测仪器所记录到的数据进行分析预报，进行地震风险评价，在一定程度上可以达到减轻震灾的目的

天津市人为事故灾害风险识别与评价，更加侧重于综合管理，在生产、运输等过程中搭建全领域的综合灾害风险数据库，进行对照性识别和模拟识

别，提高风险识别与评价的准确性（见表6-2）。

表6-2　天津市人为事故灾害风险识别与评价

公共卫生领域事故风险	各领域灾害评估数据、历史统计数据等进行关联，建立灾害数据库，并进行汇总风险分析，得到综合的风险识别与评价方案
危险化学品运输领域事故风险	
能源领域事故风险	
食品和水源供应领域事故风险	
信息和通信领域事故风险	
社会安全领域事故风险	

（二）减灾能力建设

天津市减灾能力建设包括灾害预警和检测系统、风险图绘制和相应的土地使用规划、针对灾害风险的建筑规范制定和执行、针对特定灾害的减灾投资及提高公众公共安全风险意识。

针对天津自然灾害风险损失发生低频但损失程度大的特征和人为灾害风险高度集中于安全生产的特征，政府通过合理的渠道确保自然灾害预警信息有效传达到最广大的人民群众中，实现企业和个人的灾害风险信息联动，做好对各类风险的防范准备。将灾害预警机制常规化，绘制风险图，将预警信息应用于相应的土地使用规划及针对灾害风险的建筑规范制定和执行，从信息层面提升灾害源头预防与治理能力。天津市的灾害风险事件预警系统须包括分布式处理系统及移动终端，具体如图6-11所示。

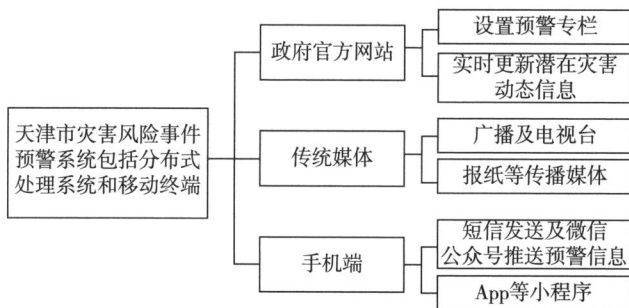

图6-11　天津市系统和终端的预警方式

　　调查天津市重点区域自然灾害风险、人为灾害风险隐患，编制灾害频发易发区县级以上行政单元灾害风险图。在灾害风险图的基础上优化天津市地区基础防灾设施建设，在设计本地区城市建设规划时要将减灾防灾功能纳入规划，尤其是交通、电力、给排水、消防、防洪等基础设施承担着地区防灾救灾的主要功能，直接面对灾害的考验，更要重点加强其防灾和保障能力建设，做好建设标准的设定和施工质量的监管与验收。此外，防灾设施的建设布局还要充分考虑本地区灾害的特点，做到合理布局，并使它们与相关部门之间保持畅通的联络，形成防灾设施的联动机制。其中，自然灾害风险预防重点涉及洪水风险预防和地震风险预防，具体工程性预防手段如表6-3所示。

表6-3　天津市自然灾害风险工程性预防手段

洪水风险预防手段		地震风险预防手段	
防洪规划	进行天津市防洪规划时，首先要对所在河流或地区的自然条件、社会经济情况、洪水与历史洪灾等进行勘察、调研，获取必要的资料，据以拟订比较方案，包括主要防洪工程措施的规模，再结合综合规划，通过比较或优选，编制河流防洪、城市防洪、海岸防洪等规划，并选定主体防洪工程（如堤、河道整治、分洪工程、水库等）和防洪非工程措施（如洪水预报警报系统、洪泛区管理、行洪道清障、洪水保险、防洪调度、超标准洪水紧急措施等）的规模	加强原有建筑物抗震能力	加强天津市房屋抗震的基础工作，充分利用工程性措施，降低人身伤亡和财产损失
工程设计	根据天津市规划选定的工程措施选择工程位置（如坝址、堤线、分洪区等）；再根据工程等级标准和防护对象的要求，做好勘测、试验、计算，提出工程总体布置和主体建筑物设计的各项工程特征值、工程量和投资估算等。大型工程还应编制施工规划或施工组织设计	严控建筑物抗震标准	地基要严格处理，夯实打牢；房屋布局和结构要合理；房屋要矮，各部位高低最好一致；科学减少屋顶重量；砌墙沙灰饱满，增加墙体的抗拉强度和整体性；多层建筑物应尽量使用框架结构，至少应使用地梁、圈梁，增加房屋的整体性
防洪日常管理	检查检测、养护维修，对天津市各区域主体建筑物进行经常性的维修和定期大修，以保持工程设施的完好安全，保证能在正常和非正常情况下灵活运用		

续表

	洪水风险预防手段	地震风险预防手段	
防洪研究	天津市政府应当建立洪水专家库，定期或不定期与洪水专家进行交流，研究更新防洪计划，以更好地应对和预防洪水灾害	市政府对建筑物抗震指标监督	结合天津市各区域的地理位置、地质条件、周围环境等综合因素，及时检查在建建筑物工程、对技术指标不达标、工程所用材料未能达到抗震要求的，应及时向施工单位发出警告，暂停其施工，予以严厉处罚等

与自然灾害不同，人为灾害具有主观性，通过采取某些相应措施是可以提前预防或避免人为事故的频繁发生的。因此，必须正视人为灾害，发挥主观能动性，逐步建立完善天津市人为灾害防范体系，减少或避免人为事故灾害的产生（见表6－4）。

表6－4　人为事故灾害风险预防

公共卫生领域事故风险	
危险化学品运输领域事故风险	应当建立综合性灾害管理机构，结合已有的灾害
能源领域事故风险	预警系统和数据库，进一步完善天津市的灾害管
食品和水源供应领域事故风险	理具体操作规范及防灾减灾应急预案体系建设，
信息和通信领域事故风险	优化地区相关防灾基础设施建设
社会安全领域事故风险	

在保险层面，能够在工程性减灾措施之外，从财务角度推进天津市的减灾能力建设。从保险的风险管理职能来看，保险是以合同形式订立的契约，保险法和保险合同中明确载明，被保险人有维护保险标的安全的义务，且保险人在征得被保险人同意后可以对标的采取安全预防措施。因此，在风险发生前，保险公司在追求自身利益的驱动下对标的采取有针对性的预防性措施，通过市场手段达到减灾效果。另外，保险费能够投资于防灾防损的基础设施建设。通过保险费的市场化运作与工程性的风险管理方案结合，将保险费运用到投入灾前的工程建设中，有效减少受灾体的暴露性和脆弱性，降低潜在风险水平。由于工程设施与众多投保人的切身利益息息相关，从而吸引人们

对于积极防灾防损的关注度，形成风险防范意识不断增强的良性循环。

总体来看，实现政府、私人部门和社会公众在天津市灾害风险管理的共同参与，提升减灾能力需要各主体各部门的有机结合，是减灾能力建设的目标。公共部门通过搭建灾害风险管理框架，建立综合性灾害管理机构，进一步完善天津市的灾害管理具体操作规范及防灾减灾应急预案体系建设，优化地区相关防灾基础设施建设并起到监督作用；私人部门则进行具体的工程性的工程建设和非工程性的自身经营过程中的风险管理，保险业则从财务角度进行减灾资金安排；社会层面上以加强教育和宣传为主，提高民众的自我风险防范意识和技能，发挥基层的合力作用。

（三）灾害应急准备

天津市灾害应急准备主要包括应急管理机构整体工作部署、具体的应急准备预案、应急响应技术、应急物资储备及信息传递与公开等。天津市应急管理局在整合天津市安全生产监督管理局的职责，天津市政府办公厅的应急管理职责，天津市公安局的消防管理职责，天津市民政局的救灾职责，天津市国土资源和房屋管理局的地质灾害防治、天津市水务局的水旱灾害防治、天津市农村工作委员会的森林防火等相关职责，以及天津市防汛抗旱指挥部、天津市减灾委员会、天津市抗震救灾指挥部、天津市森林防火指挥部的职责等基础上，建立了协调统一的安全风险管理体系。

依照《国家自然灾害救助应急预案》和《中华人民共和国突发事件应对法》制定符合天津市实际情况的自然灾害和人为事故应急预案，加快防灾减灾应急预案体系的建设，加强各灾害层面应对突发事件的应急管理工作机制，根据灾害发生的实际情况及时修订调整预案安排，根据日常演练效果查找不足、改进预案体系，使其真正发挥防灾减灾的作用。

根据天津市自然灾害特点、居民人口数量和分布等情况，可以按照合理布局、规模适度的原则，设立救灾物资储备库，建成市、区、街道乡镇、社区（村）四级救灾物资储备及管理体系，确保自然灾害发生 12 小时之内、人为灾害发生 6 小时之内，受灾人员基本生活得到初步救助；在资金准备方面，财政、民政等部门，根据《中华人民共和国预算法》《自然灾害救助条例》等规定，建立和完善救灾资金分担机制，督促政府加大救灾资金投入力度；在通信和信息准备方面，通信运营部门应依法保障灾情传送的畅通。自然灾害救助信息网络应以公用通信网为基础，合理组建灾情专用通信网络，确保信息畅通。充分利用现有资源、设备，完善灾情和数据产品共享平台，完善各部门间灾情共享机制。

另外，应加强信息建设，及时披露灾害信息。作为权威信息的掌握者和控制者，政府将能够预见的灾害通过合理的渠道及时、准确地告知民众，使之做到提前防范；对不能预见的突发灾害，在事件发生之初，第一时间通报情况并对民众提供指导与帮助。通过建立权威的信息发布机制，可以引导民众排除不安定因素，消除恐慌心理，从而保持社会稳定，降低灾害所带来的衍生危害。

保险在灾害应急准备方面能够发挥重要作用。一方面体现在提前安排并及时补充财政救灾资金。保险是在灾害之前对于可能的风险作出规划和安排，对于保费的规模和灾后可能得到的资金补偿额度是能够预先确定的，给财政预算带来了极大的便利，且不需要背负偿还债务的负担，提高了应对灾害的反应效力，并降低灾害的宏观经济成本。从保险的角度来看，风险是可以用价格进行衡量的，通过成本效益分析，能够促进以后风险管理和决策的完善。另一方面体现在第一时间快速查勘定损。灾害损失的评估，对于政府根据灾情分配拨款额度有重要意义。若仅仅依靠政府力量评估损失，则会产生耗时长、资金落实慢和无法精准了解灾民具体需求的问题。保险公司由于常年从事大量的理赔工作，通过其覆盖面广的营销网络，能够快速定损并落实理赔，提高灾害应急水平。

从主体责任分析角度来看，公共部门需要承担搭建灾害信息平台、制定完备的应急预案、准备应急物资、建设应急队伍等短时高效处置灾害的职责；私人部门作为受灾群体，也要做好必要的应急物资储备。对于企业经营中断的快速恢复等方面制定符合自身发展情况的应急预案，在接受救助救援的同时能够开展及时有效的自救。而社会公众层面可以探索开展以社区为单位的灾害应急物资准备，并通过保险等手段实现风险管理的提前安排，在一定程度上提高天津市整体应急准备能力。

（四）灾后恢复与重建

在常规意义上，除天津市灾后经济生活恢复与基础设施重建之外，相关的恢复工作还包括对灾害损失和重建需求评估、对灾害风险的重新评价及在重建规划中考虑减灾和风险管理等。根据天津市灾情市情特点，建设综合的防灾减灾救灾大数据体系，重点推进遥感技术的深层应用及灾损评估体系建设，提高自然灾害统计核查和信息共享及服务能力（见表6-5）。

表6-5　灾后损失评估和救助手段

灾后损失评估手段	灾后损失救助手段
卫星遥感监测	救灾物资储备应急使用
地面网络监测	损坏设施抢险、抢修
水面、水下监测	救灾力量科学调度、救灾计划实施
防御工程损失评估	保险公司经济补偿与专业援助

重大灾害发生后，政府需组织有关专家赴灾区开展灾情评估，全面核查灾情，定期向社会通报各地救灾资金下拨进度和恢复重建进度，还应向灾区派出督查组，检查、督导恢复重建工作。卫生部门做好灾后疾病预防和疫情监测工作，组织医疗卫生人员深入灾区，提供医疗卫生服务，宣传卫生防病知识，指导群众搞好环境卫生，进行饮水和食品卫生监督，实现大灾之后无大疫。发展改革、教育、财政、住建、交通、水利、农业、卫生、广播电视等公共或私人部门，组织做好灾区基础设施、基础服务的恢复重建工作。

重视保险在恢复与重建环节能够发挥的关键作用。一方面，保险的损失经济补偿功能在保险赔付过程中发挥商业化资金使用的效率。保险虽然不能够绝对防止灾害中对生命、财产和社会发展造成损失的可能性，但能够结合投保标的实际受损情况赔偿直接经济损失，保险赔款产生了金融上的缓冲时间，可缓解集体损失或支出造成的因灾致贫、社会安定等问题。同时，保险赔款是长期恢复资金的重要来源，减轻政府救济的财政负担和压力，也避免灾害风险的进一步扩大和间接损失的加剧，减少负外部性问题的影响；另一方面，保险分散居民、企业和政府的巨灾风险，通过在灾前的保险财务安排，以市场化手段消除目前举国体制的灾害应对所存在的弊端，实现调动全社会力量和资金资源的集中与重新分配。

总的来看，在恢复与重建环节，公共部门仍承担主导责任。一方面，紧盯灾情信息，组织灾情核定和补偿分配，防控公共卫生事件等可能的次生灾害；另一方面，恢复基础设施建设，提高灾害预警能力，进一步完善灾害风险管理体系。在私人部门层面，各个企业在已恢复基础设施的支持下有序复工复产，在保险赔付金额的支持下进行厂房重建和受灾员工安抚补偿等工作，同时可以以财政巨灾指数保险的形式为政府财政提供保障，为全社会重建提供经济活力和动力。在社会层面，民众积极参与重建，通过捐赠和志愿服务等形式能够对灾后恢复产生积极作用。

（五）立法和制度框架建设

国家层面及天津市地方政府在新型城市公共安全风险管理体系中的核心工作是立法和政策支持；另外，还涉及协调机构建设和实体化、协调机制建设及社会公众参与的政策引导等。一是迅速展开灾害管理的立法研究工作，进一步完善现有的灾害法律、法规体系，并及时研究出现的新型灾害的特点和成因，有针对性地制定相关法律法规，做到防治工作法治化、规范化；二是对现有法律法规中的薄弱环节如灾情统计、民众救灾救援义务等进一步完善；三是通过制度、标准的完善，加强自然灾害各类专业救援队伍建设，提高自然灾害救助能力，探索培育、发展相关社会组织和志愿者队伍的引导，政策和激励措施鼓励其在救灾工作中发挥积极作用；四是完善救灾捐赠管理相关政策，建立健全救灾捐赠动员、运行和监督管理机制，规范救灾捐赠的组织发动、款物接收、统计、分配、使用、公示反馈等各个环节的工作；五是通过深入推广防灾减灾救灾宣传活动，正确解读和传递相关政策信息，组织好"防灾减灾日""国际减灾日"等系列活动，增强公民防灾减灾意识，积极推进社区减灾活动，推动减灾示范社区建设（见图6-12）。

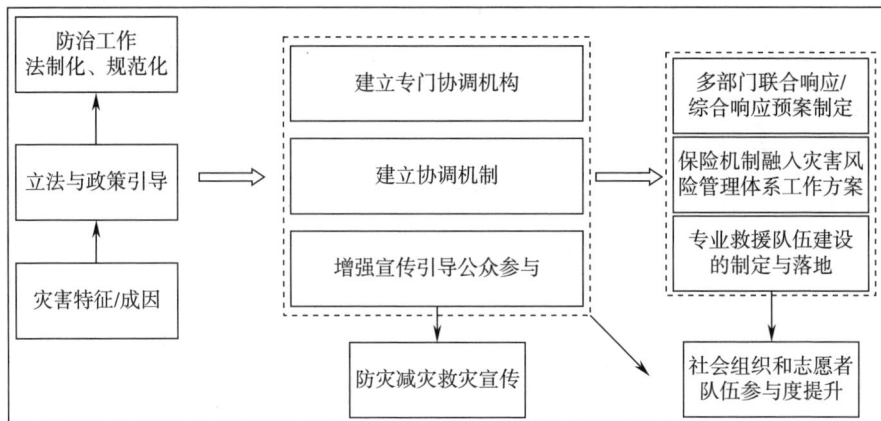

图 6 - 12　立法和制度框架

（六）公共安全风险融资体系建设

天津市公共安全风险融资体系建设是事前和事后融资安排、风险共保体、灾害储备金及备用信贷等一系列财务性的安排，保险和巨灾保险在其中的作用尤为突出。在政府的主导下，金融保险机构积极参与，通过市场化手段积极探寻多种筹资渠道，实行政府和其他经济主体各方面相结合的保障资金投入机制。特别是加强巨灾保险制度创新和体系建设，探索实施公益性和具有一定强制性的巨灾保险制度，从而有效分散风险，减少政府压力及灾害损失。实践中，针对自然灾害和人为事故灾害，相应现有的保险险种如表 6 - 6所示。

表 6 - 6　现有重大灾害风险应对的保险险种

灾害类型	具体险种
自然灾害应对保险	台风、洪水保险（损失补偿性、指数型）
	地震保险（损失补偿性、指数型）
人为事故应对保险	安全生产责任保险
	环境污染责任保险
	公众责任险

同时，参考建立巨灾保险基金的形式，建立公共安全风险储备金，进一步提高灾后损失补偿机制的多元化。当前，我国安全生产领域发生的巨灾补偿以政府救助补偿和企业责任赔偿为主、社会组织的慈善与公益渠道资金为辅，商业保险补偿渠道发挥的作用十分有限。本书认为，天津市可设立城市公共安全灾害风险保险基金，实行在政府主导下开展商业保险公司具体运作的原则。依据城市突发灾害风险事故的大小来区分政府是否进行补贴及补贴额度等问题。在城市公共安全灾害风险保险展业和服务上，商业保险公司能够发挥非常重要的作用，城市公共安全灾害风险保险基金的运作也离不开保险公司的积极参与。

四、 天津市城市突发重大环境灾害风险管理体系运行

（一）突发重大环境灾害风险管理框架

面对更加复杂的突发重大环境灾害风险，制定完备、有效的天津市突发重大环境灾害风险管理框架，在天津市城市公共安全与突发重大环境灾害风险管理体系中进一步针对各类自然、人为因素所造成的高污染行业安全生产事故、危险物品爆炸及泄漏等突发重大环境灾害进行全流程风险管理，将保险机制科学融入其前端、中端、后端，完成天津市城市突发重大环境灾害管理不断迭代、不断优化的闭环管理体系（见图 6-13）。

（二）突发重大环境灾害风险管理体系运行设计

1. 运行机制

天津市城市突发重大环境灾害风险管理体系的运行是面向多种不确定性风险因素引发的环境污染灾害事件及其负面的、具有传染性的次生影响。运行机制需要从灾害风险管理的前端、中端、后端进行完备的设计以保障运行的效率，同时需要将新型灾害风险管理——工程性防御措施、应急处置与财务性的保险机制有机结合，对环境污染风险评估、风险控制、信息传递和决

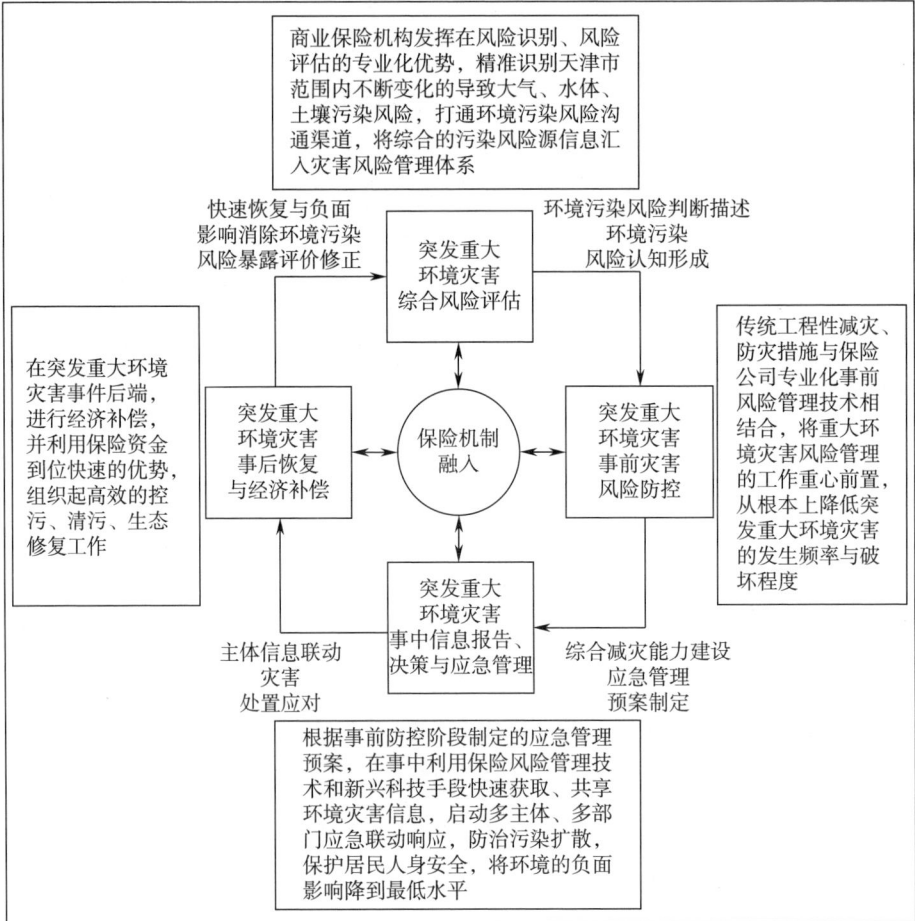

图 6 – 13　天津市城市突发重大环境灾害风险管理框架

策、预案制定与响应、污染灾害事件的控制与影响消除等方面的不同阶段的能力建设形成直接的提升。

政府是城市突发重大环境灾害风险管理体系顺畅运行的核心保障,但其职能在新型体系中发挥重大变化,将更集中于城市发展总体规划的制度及落地监督工作中,统筹安排各部门在相应负责领域的能力整合与引导其他各社会主体积极参与到突发重大环境灾害风险的实际管理工作和志愿服务中。突发重大环境灾害有别于传统意义上的灾害，往往是由于致灾因子本身直接或间接作用于有毒有害物品或造成大规模爆炸引起的，因此政府对于防止突发重大环境灾害的关注点不能仅停留在环境污染事故本身，而需要制定系统的产业发展规划、安全生产规范、危险品运输规范等政策，甚至涉及全面人口经济发展规划。引入商业化保险手段加强环境灾害风险管理能力建设，是天津市城市突发重大环境灾害风险管理体系顺畅运行的重要保证，是政府迈出职能转变的关键一步。在这一过程中，天津市政府及各职能部门需要在环境灾害风险管理的各阶段与保险机构进行对接，对原有的单一依靠工程性防御措施和事后紧急处置、救援的固有体系进行结构性升级。这既需要地方规章与政策的积极引导，保障基础设施建设、安全工作流程、保险事前风险管理等运行方案的落地，也需要政府制定相应的学习培训方案，加大对企业、社会团体、个人的宣传，从源头降低突发重大环境灾害事件的发生频率和损失程度。

保险机制科学融入的程度是决定天津市城市突发重大环境灾害风险管理体系成功与否的关键。首先，扭转固有的保险仅承担保险事故发生后损失赔付的简单思维，发挥保险的本源属性，将风险管理工作前置，实现从环境风险基本特征到环境风险科学评价的前端风险识别，在环境风险防控过程中为保险与政府开展传统工程性措施防灾减灾能力建设提供有效的对接关联接口。其次，在进行事前风险防控能力提升的过程中，对不同类型的突发重大环境灾害事故或复杂的综合灾害事故形成了具体应对策略和应急管理方案，在事发、事中阶段做到灾害信息的畅通共享，根据实际情况和工作预案进行精准决策，第一时间将环境灾害风险事故对生态环境、人民群众生命健康和财政的危害控制在既定范围。再次，在突发重大环境灾害风险事故事后恢复期，为清除污染与生态恢复提供技术支持和经济补偿，缓解政府短期的人力、物资投入压力和解决长期灾害应急财政资金严重不足的问题。最后，通过对已有的突发重大环境灾害风险管理工作进行评估，实现体系运行机制的迭代升级，完成天津市新型城市突发重大环境灾害风险管理的闭环管理体系。

2. 优化方向

天津市城市突发重大环境灾害风险管理优化方向如下。

（1）信息保障机制。

信息保障重在制度上的建设和法律上的完善，辅以科学合理的技术手段。具体包括完善监测预警体系、加强信息共享、促进信息公开等方面。

第一，建立完善监测预警体系。本书认为，天津市政府应建立一套统一指挥、行动一致的监测预警系统，全面掌握环境灾害风险的前端信息。对高风险行业企业定期严格排查，发现不合格的企业，限期停业整改。定期高频同步更新企业的基础数据，提升风险预警能力和信息整合能力。

第二，加强信息传递、决策能力。创建京津冀互联信息——环境安全信息联动云平台，准确掌控强制保险覆盖的高风险企业的环保管理信息和应急物资、应急处置、突发事件发生情况等相关信息资源，提高环境防风险应急处置能力。

第三，促进信息公开。加强利用互联网等新兴媒体，更及时、更友好、更低成本地向公众普及风险管理知识、应急自救及互助常识等。同时，通过对天津市各区域环境污染风险的信息公开，动员社会力量参与风险隐患的排查、汇报，以及高风险企业生产、运输等行为的监督。

（2）减灾能力建设。

加强城市突发重大环境灾害减灾能力建设，既包括政府的能力，也包括每个公民的能力。具体来说包括保障政府减灾投资、加强教育和宣传工作、提高减灾科技水平等方面。

第一，天津市政府应不断加强防汛抗旱、防震减灾、防寒保畜、防风抗潮、森林防火、病虫害防治等防灾减灾重点工程建设。加快实施天津市重点河道治理及蓄滞洪区安全设施建设，完善城市供排水工程体系，推动做好风暴潮和山洪灾害防御工作。

第二，落实天津重点企业防范风险主体责任，建立高风险、重污染企业进入、评价、退出机制。通过规范化管理，并利用商业保险的专业风险管理技术对重点风险源、重要和敏感区域定期进行专项检查，切实加强企业防范突发环境事件的能力。

第三，在传统防御措施的基础上，引入 GIS、GPS、RS 等新兴科学技术，利用移动通信网络、低功耗传感器、卫星定位、大数据处理等，用更少的人力投入实现过去不可想象的大规模、实时化、智能化的灾害监测、预警及联动。

第四，建立天津市城市突发重大环境灾害风险管理范式。摒弃已经无法适应新形势的理念，以全新的视角和创新的思维去分析和解决风险难题，加强城市规划中的减灾规划，推进企业灾害保险和再保险，构建以社区为单位的安全屏障。

（3）科学构建天津市城市突发重大环境灾害风险综合管理、风险决策机制。

第一，强化环境灾害风险管理科学研究工作。基于天津市重大环境灾害的特征，对突发重大环境灾害风险识别，依托保险公司专业优势建立完善的信息数据库，联合行业专家、智库展开有针对性的环境灾害应对策略研究，打通环境灾害风险管理在理论与天津市实践层面的通道，形成可复制、可优化迭代的突发重大环境灾害风险方略与工作方案。

第二，实现风险评估结果对事前风险管理工作的有效指导。制定环境风险评估规范，完善环境风险防范相关技术政策、标准、工程建设规范，论证环境风险管理体系中各项标准的科学性、准确性，并不断修正，政策推动标准对天津市环境灾害风险管理工作的规范。做到"用好评估标准，严守标准底线"，推动环境污染责任的落实。

第三，实现突发重大环境灾害风险预防体系、突发重大环境灾害应急管理体系和突发重大环境灾害损失补偿体系的全方位整合与覆盖。将法规、政策的制定和执行、工程技术、日常管理和应急管理等纳入体系，通过运用以人工智能和大数据处理为代表的新兴科技手段，探索建立与完善环境与健康风险管理制度。

五、 新兴科技手段应用

（一）RS（遥感）技术

RS 技术集中了空间、电子、计算机通信和地学等学科的最新成就，是当代高新技术的一个重要组成部分。可以应用在风险识别中，采用收集统计数据、实地调查、遥感影像法及价值估算法，用于自然灾害风险区暴露要素评价。可以确定灾害影响的范围，辅助预测灾害的发生，提供自然灾害风险评估的重要数据来源。中国已经成功发射了多颗返回式卫星，为资源、环境研究和国民经济建设提供了宝贵的空间图像数据，广泛应用于气象观测、地质预测、灾害监测及环境监测等方面。

（二）GIS 等技术

GIS 技术即地理信息系统，融合计算机图形和数据库于一体。利用 GIS 技术可以构建城市突发性自然灾害应急管理系统框架，具有强大的空间信息采集、管理、分析和输出功能。全球定位系统（Global Positioning System，GPS），具有性能好、精度高、应用广的特点。随着全球定位系统的不断改进，硬件、软件的不断完善，应用领域正在不断地开拓，目前已遍及国民经济各种部门，并开始逐步深入人们的日常生活。灾害风险评估方法将 GIS、GPS 与多智能体、神经网络、元胞自动机等复杂系统仿真建模手段相结合，模拟在人类活动干扰下灾害发展的演化过程，形成对灾害风险的可视化表达的工具集，实现灾害风险的动态评估。

（三）复杂网络分析方法

利用复杂网络分析方法确认风险的不同阶段。通过分析系统中因子相互关联作用的拓扑结构，描述复杂多灾种灾害风险的性质和功能；在通过建立风险因素网络节点的基础上，分解不同节点间的直接影响和间接影响，构建网络动力学并进而探索节点间能量疏运的最优传导路径，最终给出风险的演变模式的系统分析方法。

（四）世界气象组织全球通信系统（GTS）

目前，我国从世界气象组织全球通信系统（GTS）接收的观测数据兼有TAC（字符编码）和 BURF（表格驱动编码）两种格式。国家气象信息中心实现了两种数据格式的实时整合入库，使全国综合气象信息共享平台（CIMISS）全球观测数据完整性大幅提高。一直以来，从 GTS 接收的全球地面、海洋、探空和飞机观测数据，是 CIMISS 存储的全球气象观测数据的主要来源，也是气象业务和科研中常用的基础性数据。

综上所述，通过网络技术支撑条件和主要仪器设备与 GIS 技术、复杂网络分析方法、数据库技术、多媒体技术、虚拟现实技术等有机结合，使研究结果可视化，实现城市灾害风险评价、灾情评价与管理对策等信息的共享和应用，向决策部门和地方有关部门提供及时、准确、权威、生动直观、信息丰富的信息服务和辅助决策支持。

第七章

城市公共安全风险保障综合方案

　　作为重大灾害风险管理与损失补偿的重要方式，巨灾保险与国家应急管理在管理对象、周期和参与主体上均存在相重合的部分。第一，在管理对象上，国家应急管理与巨灾风险管理的对象均为自然灾害、人为事故等可能造成严重损失的重大突发事件。第二，在管理周期上，国家应急管理分为事前预防与准备及监测与预警、事中应急处置与救援、事后恢复与重建三个主要阶段。与之对应，巨灾保险经营周期同样分为事前核保识别风险，划分风险单位，通过保险费和免赔等机制调节投保个体风险管理水平，定期检查监测投保单位安全管理执行情况，及时预警风险隐患并采取防灾措施，出险时及时协助减少灾害损失，事后查勘定损并支付保险赔款，为灾后重建提供资金支持，并通过下一期保险费率等机制提升投保标的防灾防损水平，进入下一承保周期。第三，在参与主体上，国家应急管理涉及政府多个部门及多种社会力量的广泛参与，而巨灾保险的参与主体同样由政府、市场和社会公众构成。这些相同之处为两者协同提供了合作基础。

　　作为一种有效的公共安全风险融资手段，自然巨灾保险和突发重大环境灾害保险制度是天津市城市公共安全和突发重大环境灾害风险管理体系的重要组成部分。自2013年起，我国四川、云南、深圳、宁波、广东、厦门和黑龙江等地陆续开展了多种形式的巨灾保险试点，而天津市的巨灾保险制度尚属空白。本章从分析国外应对巨灾的保险制度安排着手，希望能通过国外的先进经验，结合天津市自然灾害和突发重大环境灾害风险特点，在天津市城市公共安全和突发重大环境灾害风险管理体系下，构建应对地震、洪水等自然灾害和突发重大环境灾害风险的巨灾保险体系，提出相应的巨灾保险综合方案，作为城市公共安全风险综合保障方案的核心部分。

第一节　城市公共安全风险保障：巨灾保险设计基础

一、 关于巨灾保险机制与金融支持体系

根据本书第二章第一节对巨灾保险和巨灾风险金融支持体系的概念界定，巨灾保险机制在微观层面激励居民、企业、政府主动参与巨灾风险防灾防损，在遭遇极端自然灾害、人为事故及其他重大灾难时获得制度化经济补偿，以进行灾难救助和灾后重建。在宏观层面，巨灾保险体现的是一个机制——巨灾保险机制，是全社会应对巨灾风险的风险管理制度体系的重要组成部分。巨灾保险机制涵盖了巨灾保险产品体系、巨灾保险承保风险分散体系和巨灾保险政策支持体系等。

巨灾保险产品体系包含普通商业灾害保险、专项巨灾保险产品、商业补充性巨灾风险产品、平滑政府财政遭受救灾和恢复重建巨额支出冲击风险的财政指数型保险与金融融资策略。构成巨灾保险体系的主要商业灾害保险和专项巨灾保险依附于大众化的家庭财产保险、汽车保险、人身保险的自然灾害风险附加险，是真正意义上的巨灾保险基础。

巨灾保险政策支持体系包含政府制定的支持专项巨灾保险落地实施的配套政策、针对巨灾保险投保人的保险费补贴制度、针对巨灾保险的保险人及投保人的税收减免或优惠制度、巨灾保险准备金或巨灾基金的管理制度及巨灾保险推行方案管理制度等。

巨灾保险承保风险分散机制和体系包括共同体承保机制、巨灾再保险机制、巨灾债券、其他巨灾风险金融支持体系等。

　　巨灾风险金融支持体系是巨灾保险机制的延伸，包括保险链接银行、债券、证券、信贷等其他金融市场工具，主要有巨灾债券、巨灾期权、巨灾保险信用贷款等金融衍生工具。巨灾保险在巨灾风险金融支持体系中起到基本的保障和增信的作用，金融支持体系可以极大扩充灾害风险金融的融资渠道，平滑巨灾冲击。

　　巨灾保险作为金融支持体系的核心和基础，其制度设计是本书关注的重点内容。针对天津市的巨灾保险机制构建，应先明确思路和确定基本原则，然后再探索实施的可行路径。

二、 巨灾保险设计：基本思路

　　天津市巨灾保险制度的设计，需要与中央对巨灾保险的部署保持一致。以十三届全国人大四次会议审议通过的《"十四五"规划和2035年远景目标纲要》提出的"统筹发展和安全，建设更高水平的平安中国；完善国家应急管理体系；发展巨灾保险；提高防灾减灾抗灾救灾能力"等发展目标和任务为指引，在多层次巨灾风险保险保障机制科学化、制度化融入我国应急管理体系的大框架下，紧密依据天津市灾害风险的时空分布特点和经济社会等层面的影响综合评估，将专业化、市场化的风险管理与合理化、完备化的政策支持体系相结合，一方面化解微观受灾个体难以独立应对巨灾损失以致难以维持基本生产生活水平的保障缺口风险，另一方面化解涉灾财政资金"无灾不可用、有灾不够用"的预算缺口风险，[1] 设计与事前预防、事中快速响应和事后经济补偿及恢复重建的灾害风险管理体系全流程对接的巨灾保险制度框架，论证并构建巨灾保险方案所需要配套的协同推行路径、实施方案和政策支持体系，弥补天津市当前城市公共安全管理体系中的缺陷和短板，提升全市社会灾害韧性和抗灾救灾能力。

三、 巨灾保险设计：基本原则

　　与全国专项巨灾保险发展的原则相一致，天津市巨灾保险制度的设计遵

---

[1]　魏钢. 从财务和财政科学的视角重新认知灾害和保险 [J]. 农经，2018 (12)：24 - 29.

循政府主导、市场化运作与社会参与相结合原则。

明确界定政府职能、市场行为边界和社会参与深度是巨灾保险机制与制度建设的重点问题。天津市巨灾保险制度拟构建政府、市场和社会齐心协力、齐抓共管、优势互补、分工合作的机制。

政府主导是巨灾保险发展的关键保障，这是巨灾保险作为准公共产品的一大特征。政府的主导作用体现在明确巨灾保险的定位，提供政策指引和充分的政策扶持，完备相关的体系化配套制度安排，积极推动模式创新，对巨灾保险市场加以适当的干预并制定有效的激励政策，对巨灾保险的切实落地发挥指导、宣传与促进作用。

市场是巨灾保险制度建设中的核心环节，政府与私人保险公司合作的PPP 模式也是国际先进巨灾保险制度的必然路径选择。[①] 从突发重大灾害风险管理角度来看，保险业作为一个承保、应对、管理风险的行业，从研发产品、精算定价、核保核赔的各个环节，不仅具有识别、衡量和分析风险的专业技术，而且具有能够掌握和提供灾害损失信息的优势；从损失补偿的角度来看，保险公司依靠其覆盖面广的营销网络，能够快速查勘定损及时开展理赔工作；从资金融通角度来看，保险费和赔付带来的资金流通能够进一步激发和释放灾后经济活力，助力投资灾后重建项目从而带来社会各生产环节灾后的全面复工和振兴，推动全市社会经济水平和社会生产力的恢复甚至进一步增长。

社会参与是巨灾保险制度有效实施的必要力量。保险本身就具备互助性的特点，通过依据合理的概率预测和精算定价缴纳保险费构成保险基金，形成一种经济上的互助关系。巨灾保险不同于一般商业保险，对大数法则提出挑战，因此对保险覆盖率和巨灾风险的逐层分散提出了更高的要求。另外，社会各主体主动对风险暴露进行有效的灾前防范，及时组织力量（适度、科学参与）进行灾后救援和重建，能够减少巨灾事件及其次生灾害造成的损失，促进巨灾保险制度的可持续发展。

需要特别指出的是，巨灾保险得以有效运行的基本原则是巨灾保险的治

[①]　王瀚洋，孙祁祥. PPP 巨灾保险的理论评述［J］. 财政研究，2020（11）：115 – 128.

理结构保障。事实上，巨灾保险的被保险人包括居民、企业和政府，巨灾保险制度原则上应建立以利益冲突为划分界限的治理结构，明确被保险人，作为保险技术不对称的损益方，需通过中国银保监会发牌监管的保险经纪为其提供专业服务，包括：（1）评估巨灾风险；（2）建议适合试点的保险区域；（3）分析和量化灾害风险及其财务和财政或有支出责任，涉及相关灾害风险的频度和强度及其关联应急救灾和恢复重建的财政或有支出责任等；（4）配置和采购对称于相应灾害风险的最优解保险方案；（5）保险期间监测保险范围内的灾害风险动态，配合被保险人和保险公司防灾防损，并且准备理赔工作；（6）代表各类别被保险人进行巨灾损失索赔等。

四、 巨灾保险设计：实现目标

天津市巨灾保险设计的目标是要建立起能够与其他工程性灾害风险管理措施相衔接的，可以链接其他金融市场的保险机制，使其成为非工程性灾害管理体系的核心工具。

在当前天津市防灾减灾学术研究和应急管理实践中，未对工程性与非工程性的措施进行系统性的综合考虑。而在风险管理端的实际需求中，将巨灾保险与工程性的防灾减灾工程有机衔接的呼声越发强烈。当前的工作重点是，推动覆盖灾前、灾中、灾后的灾害风险管理体系全流程的现代化建设，实现天津市灾害应对从灾后救急向灾前预防、减轻灾害风险的重心转移。

单一的防灾减灾措施的局限性得到了不同程度的验证。技术的不断升级和大量投入，使工程性减灾措施的效果在短期内相对显著，但其仍存在缺陷：一是减灾工程的规划往往只考虑对局部地区单灾种的防御，而缺乏系统性意识和统筹兼顾的布局；二是减灾规划还没有与城市经济发展计划完全融合，土地利用与建设规划仍未充分考虑致灾因子，以致一些城镇和建筑物坐落在潜伏灾害威胁严重的地区；三是部分减灾工程由于技术水平限制，不足以抵抗建设之初难以预见的灾害强度，无法与当前防灾要求相适应。

非工程性的措施主要是通过政策、规划、管理、经济、法律、教育等手

城市公共安全与保险

段削弱、消灭或回避灾害源，限制或疏导灾害载体，保护或转移受灾体，保护和充分发挥工程性措施的作用，减轻次生灾害与衍生灾害等。其具体包括制定减灾预案、灾害的预报和预警、强化人口管理、保护环境、提高全民的灾害意识等。非工程性制度的实施必须有工程性的实体作为支撑，工程性措施也必须通过非工程性的途径实现作用的全面发挥，二者相辅相成，需要共同深入发展。

巨灾保险是非工程性措施的一大重要组成部分。在巨灾保险制度的顶层设计中，应将巨灾保险机制与减灾工程相结合，与其他非工程性措施相结合，以防灾减损为共同目标，采取防范措施，实现减少风险暴露、提升风险意识、承担风险责任、逐渐降低保费水平、扩大保险需求的良性循环（见图 7-1）。

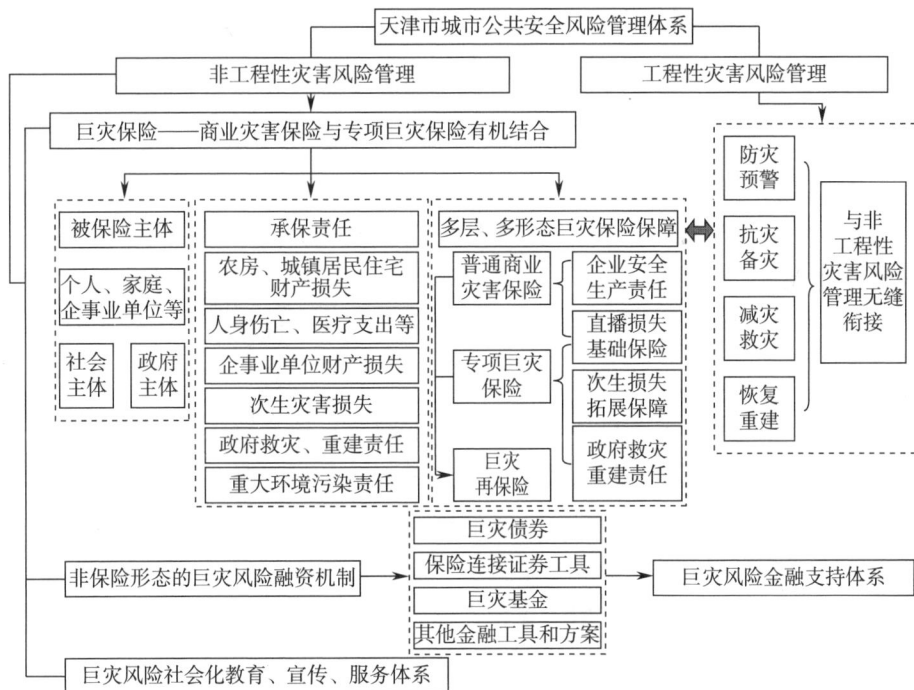

图 7-1　嵌入天津市城市公共安全风险管理体系中的巨灾保险体系

五、 巨灾保险及金融支持体系在天津市的实施路径

我国部分试点城市实践探索的经验证明，巨灾保险不仅在应对威胁城市公共安全的灾害损失风险方面充分发挥风险管理和经济保障作用，而且通过巨灾保险机制创新，对城市中各种突发重大灾害事件引发的各层面、各类型受灾体的抗损失、对次生灾害风险的防范治理和经济韧性能力，乃至整个城市的风险治理能力的提升都会发挥重要的支撑性作用。本书从天津市城市发展巨灾风险实际情况出发，科学解读巨灾保险制度，提出创新构建巨灾保险的理论框架、体制机制与制度建设方案。

首先，明确定位。天津市的巨灾保险是在我国巨灾风险管理体系框架下的重要组成部分，是应对巨灾风险的有效手段，是非工程性质的财务风险转移工具。具体而言，巨灾保险是一种将突发重大事件导致的人身伤亡、财产损失、责任风险等各种直接与衍生灾害风险，通过针对灾害风险发生规律、损失特点而制定多样化的、充分结合风险分散和转移机制，在城市综合防灾减灾——灾害风险管理体系下与各利益方分工合作共同对巨灾风险进行管理的保险解决方案、风险管理工具与政策制度安排。

其次，从外延来看，在天津市巨灾风险管理体系框架下，应包括工程性的防灾减灾与重建，以及非工程性的财务安排和社会教育等，两类措施各司其职、缺一不可且需要有机衔接。物理角度的应对处置措施和工程建设多年来始终没有停步，而保险作为非工程性的重要工具，需要在市政府顶层设计层面上系统地、全方位地有机嵌入，实现巨灾风险管理体系各主体地位分工清晰，形成社会合力，提升风险管理组织实施能力。发挥保险在个人和组织之间、各部门之间的桥梁作用，实现在巨灾风险管理方面的社会信任与社会协作，以达成保险的市场化风险管理机制对地震灾害风险管理行动的一致性的有效串联，实现有效防范化解巨灾风险，实质性提升地震灾害风险管理体系的综合化、精细化和多元化。

再次，聚焦巨灾保险的本质属性，是人类应对风险事故和损失发生不确

定性的一种财务制度安排，是以市场化的风险分散转移机制和经济保障为基础，在人民生命、社会、生产经营各领域及政府涉灾财政等面临巨灾风险时提供风险损失保障。天津市巨灾保险制度体系应该从保险的本源出发，充分发挥其特有的风险管理、损失补偿、资金融通和社会管理基本职能，使其充分融入国家防灾减灾救灾体系，服务于创新政府管理和实现治理能力现代化，协助政府完成灾害和应急管理职能转换。保险机制在前端实现灾害风险的防范，并贯穿巨灾风险管理体系的全生命周期，真正实现政府层面和全社会层面的"应而不急"。

最后，从巨灾保险内涵来看，构建天津市的非工程性巨灾保险制度体系应当包括专项巨灾保险、商业性的涉及巨灾风险保障的灾害保险，财政巨灾指数保险、安全生产责任保险、环境污染责任保险和政府公共安全责任保险，以及各种巨灾保险相应的风险分散体系、政策支持体系及监督管理体系。该体系体现为在天津市政府主导的顶层设计框架下，第一，应开展针对地震和洪水灾害的巨灾保险制度建设，将其作为社会治理的一部分，为全体市民提供基本保障，发挥社会安全防护网的作用。第二，积极推进商业灾害保险的开发和创新，充分发挥商业灾害保险机制损失补偿功能作用，基于商业化运行特征的现代保险服务业，分担政府一部分的社会管理职能，辅助顶层制度。第三，要积极推行公共安全相关责任保险的产品开发和配套政策支持，如安全生产责任保险、环境污染责任保险和公共安全政府责任保险等。多层次保险制度在为各受灾体提供基本保障基础上，进一步培育商业保险机制的风险承担能力，政府和保险业积极合作，相互促进，从而实现良性循环，逐步有效化解城市突发重大灾害风险。

第二节　国外典型巨灾保险制度与借鉴

始终依靠财政善后的灾后重建模式给政府带来巨大压力，寻求新的方法和路径为灾后快速恢复生产生活秩序提供可靠保障是各个国家和地区都面临的重要课题。保险以其化解风险的本质属性及合理调配资金的能力在巨灾风险管理领域应该发挥作用，巨灾风险又因其发生频率较低，但一次发生损失巨大、范围较广的特殊性而无法由一般保险公司所提供的单一保险产品进行覆盖，在巨大的需求与供给缺口下，以政府和保险公司合作（Public – Private Partnership，PPP）的巨灾保险应运而生。

巨灾保险的风险管理、损失补偿、资金融通和社会服务等功能对于应对重大灾害有不容忽视的作用。风险管理是保险业的核心竞争力，巨灾保险凭借其专业优势可在风险识别和分类、风险降低、风险转移和风险沟通等专业领域释放其风险管理功能。在危机发生前通过风险识别与分类进行风险降低和转移；在危机发生时发挥其社会服务功能，阻断或减少损失程度；在恢复重建阶段，发挥对受灾群众的经济补偿和对应急财政的资金融通功能。因此，巨灾保险制度作为应对城市灾害风险管理的非工程性工具，在发达国家得到了广泛的应用，特别是在灾情严重的大型城市更是创建布局了巨灾保险制度。

一、 地震保险制度

（一）美国加州地震保险制度

美国加州是美国受地震影响最为严重的地区之一，美国历史上十大地震中有90%都发生在加州。加州拥有15700条已知地质断层，其中500多条处于活跃状态，并且大多数居民生活在距离活跃断层30公里的范围内。

1994年前，地震保险由商业保险公司进行市场化运作。1994年，北岭大地震造成直接经济损失高达300亿美元，保险公司受理超过30万件索赔。巨额赔付使部分保险公司破产或退出市场。1995年，加州政府立法规定，凡是在加州经营房屋保险的保险公司必须同时提供地震保险。1996年，加州地震保险局（California Earthquake Authority，CEA）成立，标志着加州地震保险制度的建立。

加州地震保险制度的运行核心机构是CEA。CEA既不是政府部门，也不属于商业保险机构，而是政府特许经营并参与管理的公司化组织。CEA通过市场筹资组建，最初有 12 家保险公司参股，截至 2020 年，共有 25 家保险公司加入。加入 CEA 的会员保险公司将承保的地震保险分保给 CEA，并可以获得一定比例的销售佣金和营业费用。未加入 CEA 的保险公司则需单独向投保人提供地震保险，并承担相应责任。CEA 负责进行风险分散，并开展相关研究教育工作。

目前，CEA 已成为加州最大的地震保险公司，占整个住宅地震保险市场的 65%，加入 CEA 的会员保险公司占加州住宅保险市场的 80%。2009—2019年，CEA 的有效保单数量总体呈现出平稳增长。2017 年保单数量达 102.17 万件，同比增长 9.70%，是有史以来第一次超过 100 万件大关。CEA 的财务状况强劲，其 AM Best 评级为 A –（优秀），赔付能力已超过 180 亿美元。[①]

（二）　新西兰地震巨灾保险制度

新西兰位于环太平洋火山地震带上，极易发生地震、火山爆发和海啸，平均每年发生大小地震近 3000 次。1929—1942 年，新西兰经历了一段地震活跃期，特别是 1942 年首都惠灵顿发生 7.2 级大地震，损失惨重，灾后重建进程缓慢。这次灾害促使新西兰制定改革措施。1944 年，新西兰通过了《地震与战争损害法案》（*the Earthquake and War Damage Act 1944*），次年，成立了地震与战争损坏委员会。此后 1988 年、1993 年对法案进行完善，取消战争破坏保险，通过《地震保险委员会法案》（*the Earthquake Commission Act 1993*），原地震与战争损坏委员会正式更名为地震委员会（Earthquake Commission，EQC），专门负责地震保险事务。新西兰地震保险制度运行的核心机构是 EQC。EQC 是新西兰政府全资拥有的法人，其职责是经营地震保险、管理自然灾害基金（Natural Disaster Fund，NDF）、进行风险分散安排、开展自然灾害相关的研究和教育活动。

新西兰地震保险制度运行模式为强制投保，政府作为再保险人进行承保。投保时，保险公司充当"中介机构"的角色，将收取的保险费在扣除一定服

---

①　资料来源：https://www.earthquakeauthority.com/.

务费后全数交给 EQC。EQC 通过收取保险费及资金投资，积累资金，同时进行再保险安排。保险事故发生后，被保险人需要在两年内向 EQC 提出理赔申请，EQC 与各保险公司合作进行理赔。

EQC 数据显示，2009—2020 年保险费收入逐年增长，从 8600 万新西兰元增长至 4.46 亿新西兰元，增长约 5.2 倍。[①] 2010 年、2011 年坎特伯雷地区大地震发生后，保险费曾出现爆发式增长。

新西兰地震保险制度最大的特征是其政府主导的模式，主要体现在以下几个方面。首先，出台《地震保险委员会法案》等法律法规，为地震保险制度的实施提供法律依据。其次，政府全资建立 EQC，专门管理地震保险事务。再次，建立自然灾害基金，资金来源于缴纳的地震保险费及产生的投资收益，由 EQC 负责该基金的具体运作。最后，在风险分散机制中，超过 56 亿新西兰元的损失全部由政府承担，政府负有无限清偿责任。可见在政府主导模式下，主要由财政资助保障计划的持续性，政府主要甚至全部承担巨灾保险责任。该模式的优点在于政府的无限信用保障了灾后的偿付能力，但同时也产生了一个最大的问题，即政府主要在代际间分散巨灾风险，缺乏经济持续性，若发生特大地震，政府将面临很大的财政压力。在坎特伯雷大地震发生前，截至 2010 年 6 月 30 日，NDF 累积共 59.26 亿新西兰元。但在 2010 年 9 月和 2011 年 2 月坎特伯雷地区接连发生了 7.1 级和 6.3 级地震，造成巨大的人员伤亡和房屋损毁。截至 2011 年 6 月 30 日，EQC 共收到超过 36 万次的理赔申请。EQC 预计坎特伯雷大地震带来的直接损失高达 118 亿新西兰元，远超过 NDF 的累计总额。[②] 近年来，EQC 也一直致力于进行坎特伯雷大地震相关的理赔工作。

（三）土耳其地震巨灾保险制度

土耳其位于地中海和黑海之间，地处安纳托利亚断层带，地质构造不稳，

---

① 资料来源：https://www.eqc.govt.nz/.
② 陶正如，李铭家. 新西兰地震保险的启示 [J]. 自然灾害学报，2021，30（3）：24-34.

属于地震多发地区。1925—1988 年，平均每年因地震死亡 100 人、5600 栋建筑物被损毁。长期以来，土耳其并没有专门的地震保险制度，地震保险多为火灾保险或家庭财产保险的附加险在市场上销售，投保率极低。1999 年，土耳其发生了两次大地震——马尔马拉大地震和都兹大地震，造成了巨大的人员伤亡和财产损失，这促使了土耳其政府建立专门的地震保险制度。2000 年，在世界银行的帮助下，土耳其巨灾保险共同体（Turkish Catastrophic Insurance Pool，TCIP）成立。同时，土耳其政府出台《强制地震保险法令》，强制所有符合规定的城市居民住宅所有权人必须购买地震保险。

土耳其地震保险制度运行的核心机构是 TCIP。TCIP 隶属于土耳其财政部的一个非营利机构，其管理委员会由来自政府部门、保险行业、学术机构的成员组建而成。其职能为制定符合精算原理的地震保险费率、设计风险分散机制、建立长期的巨灾准备金及开展相关研究教育工作。TCIP 整体采用外包模式，自身的运营管理通过招标委托给外部机构，每期授权 5 年。地震保险的营销承保、核损理赔等业务委托给保险公司及其代理人，以及保险公估机构。保险公司销售地震保险可获得一定比例的佣金。截至 2016 年，共有 31 家保险公司和 16000 家代理机构代表 TCIP 销售地震保险。

2016 年，土耳其全国 TCIP 保险覆盖率为 43%，在各地区中，马尔马拉的保险覆盖率最高，为 53%。2001—2016 年，保单数量从 242.8 万件增长至 762.8 万件。2011 年凡省（Van）地震发生后，保单数量连续两年增长超过 25%。2006—2011 年，复合年均增长率为 8%，2011—2016 年复合年均增长率为 15%。[①]

（四）日本地震保险制度

日本地震保险制度的研究萌芽可追溯至 1881 年，但由于各种原因搁置并未进行下去。1923 年，日本神奈川县发生 7.9 级"关东大地震"，死亡和失踪人数超过 14 万人，房屋损毁达 44 万间，经济损失大约 300 亿美元，地震保

---

① 资料来源：https：//dask. gov. tr/en/policy - production.

险制度问题再次被提上日程。日本分别于 1934 年、1949 年、1953 年和 1963 年四次完成了《地震保险制度纲要》《地震保险法纲要》《地震保险实施纲要》和《地震保险承担纲要》，构建了地震保险的雏形。

1964 年发生的新潟 7.5 级大地震真正推动了日本地震保险制度落地实施。震后，日本政府设立地震保险专门委员会，开始全方位论证地震保险制度建设的相关问题。1966 年，日本推出《地震保险法》和《地震再保险特别会计法》，标志着日本地震保险制度的正式确立。同年 5 月 30 日，由当时日本的 20 家财产保险公司投资 10 亿日元共同组建公司形态的日本地震再保险株式会社（Japan Earthquake Reinsurance，JER），作为日本地震保险的中枢组织，通过分别与财产保险公司和政府之间形成再保关系并负责管理地震保险保费，从而扮演起政府与商业公司间桥梁的角色。自 1966 年 6 月 1 日起，日本地震保险开始全面推广。

日本的地震保险分为住宅地震保险和商业地震保险两种。通常所指的地震保险是指具有政策性的住宅地震保险，由 JER 参与运作，而其他商业性质的地震保险则通过商业保险市场提供。本书所介绍的地震保险为政策性住宅地震保险（以下简称地震保险）。

日本地震保险保障的标的是居住用建筑物（包括店铺、住宅并用的建筑物）及其生活用家庭财产，但不包括不作为居住使用的建筑物，一个或一组价值超过 30 万日元的贵金属、宝石、骨头、货币、有价证券（支票、股票、商品券等）、储蓄证书、印花税、邮票、汽车等。承保风险范围包括地震、火山喷发或由此引发的海啸（或地震）为直接或间接原因引起的火灾、损毁、埋没或流失，分为全损、大半损、小半损和部分损失四档，分别获赔保额的 100%、60%、30% 和 5%。[①]

原则上，日本地震保险通过住宅建筑物和家财火灾保险（住宅火灾保险、住宅综合保险、店铺综合保险等）的附加险进行投保，不能单独投保。火灾

---

① 资料来源：https：//www. mof. go. jp/english/policy/financial _ system/earthquake _ insurance/out-line _ of _ earthquake _ insurance. html.

保险自动默认涵盖地震保险，须通过在保险合同申请表的"地震保险确认"栏上盖章，才能取消对地震保险的附加。另外，即使在签订火灾保险合同时没有签订地震保险合同，也可以在保险期间中途追加签订地震保险合同。

地震保险的保险金额占主合同（作为附加险的地震保险所在的火灾保险称为主合同）保险金额的30%~50%。其中，居住用建筑物保额上限为5000万日元、生活用家庭财产保额上限为1000万日元。

保险费率采用差异化费率，不同地区保费不同，且每个地区保险费率可根据被保建筑物结构的不同划分成两种计算方式。此外，根据被保建筑物抗震情况及建筑物年限设置了四种折扣率可以作为保险费的抵扣。

地震保险的保险期限有一年期、长期（2~5年）及短期三种。

日本的地震保险运行首先是商业保险公司通过火灾保险附加险的方式向居民承保地震保险，然后将承保的地震保险业务全额分保给JER。JER再将风险一部分回分给商业保险公司，另一部分转分给政府，最后一部分自留。当发生地震保险事故时，投保人向其投保的保险公司提出索赔，保险公司理赔后向JER提出再保险赔付请求，JER根据再保险合同的约定向财产保险公司和政府提出赔付请求，自身也承担一定的赔付责任。

日本地震保险制度的风险分散机制分为三层：第一层在一次地震中支付的保险金额低于1259亿日元的部分完全由民间（包括财产保险公司和JER在内）承担；第二层在1259亿日元到2661亿日元的部分由政府和民间各承担50%；第三层超过2661亿日元的部分由政府承担99.8%、民间承担0.2%。一次地震保额支付的上限为12万亿日元，其中民间需承担2249亿日元、政府承担117751亿日元。[①]

日本地震保险制度自1966年建立以来稳步发展，居民风险意识不断提高，投保率逐渐上升。截至2020年，全国有效保单数量从1409万件增加到2036万件，附带率（投保火灾保险时搭配地震保险的比率）从53.7%增长到

---

① 资料来源：2021年日本地震再保险现状［J/OL］. chrome - extension：//ibllepbpahcoppkjll-babhnigcbffpi/https：//www. nihonjishin. co. jp/disclosure/2021/disclosure. pdf.

68.3%，保费收入从 1712 亿日元增长到 3280 亿日元。

二、 洪水保险制度

（一）英国洪水保险制度

英国洪灾保险制度可以追溯到 1531 年发布的第一部对洪灾保险进行规范的法律，从此，洪水保险就成为英国家庭财产保险的一部分，一直与家庭财产保险捆绑在一起，洪水保险的覆盖率达 95%。这种高覆盖正是得益于其有效的洪水保险制度安排——政府与保险人之间的"君子协议"。2000 年秋季大洪水后，英国保险人协会与政府签订了关于洪水保障的"君子协议"。根据协议，英国保险人协会的成员公司根据《洪水保险供给准则》承诺，除特殊情况外，会继续对现有居民和小企业客户提供洪水保障。政府的职责主要有三个方面：一是加大防洪工程建设投入、根本性缩减洪泛区开发及提高防洪工程决策效率等。二是经过多次修订，政府与保险公司的职责分工更为明确：政府不参与保险公司的经营管理活动，不承担赔付责任，主要负责维护现有的防洪设施。三是商业保险公司以市场化方式经营运作洪水保险，承担赔付责任。

近年来，英国的洪灾暴发次数呈现不断增长的趋势，严重的洪水灾害带来的损失已经远远超出了保险公司的承保能力，巨额的保险理赔也使保险业深受打击，英国的保险业面临着入不敷出的情况。在这种情况下，2013 年英国政府推出了洪水再保险（Flood Re）制度。[①] 由保险业和政府共同成立独立运营的再保险机构，定期从保险公司收取再保险费。当发生洪水保险索赔时，先由保险公司进行赔付，再由再保险机构履行再保险义务。英国的洪水再保险制度是由政府干预的市场化运作，但是保险公司为寻求利润最大化，有意弱化政府干预行为，政府为完成再保险制度向完全市场化的过渡也在自我弱化干预行为。

---

① Swiss Re，最新科技手段—瑞士再保险洪水地图助力洪水风险解决方案 [EB/OL]. 2020. https：//www.swissre.com/china/news－insights/natural－catastrophes/flood－risk－solution.html.

市场化的洪水保险模式在英国得以成功，是基于英国发达的保险市场和再保险市场，并建立在相对完善的保险法律体制、人们有足够的支付能力和浓厚的灾害防范和保险意识的基础之上。英国是世界上最为古老和发达的保险市场之一，也是世界再保险市场的中心之一，承保力量、管理基础雄厚，为市场化洪水保险机制能够在英国有效运行提供了必要的保证。

（二）美国国家洪水保险计划

美国的洪水保险始于19世纪末，当时随着社会和经济发展，洪水保险也得到迅速发展。这段时期美国洪泛区内居民数量不多，洪水风险损失总赔付额不高，开展洪水保险的保险人能够正常运行。1927年，密西西比河发生大洪水，7个州的170个县518万公顷土地被淹没，致使70万人无家可归，13.5万座建筑倒塌或损坏，为美国历史上最严重的洪灾之一。① 这次大洪水导致大量保险公司的经营陷入困境，纷纷退出洪水保险市场，最终使洪水保险出现长期缺失，居民受灾后只能从政府和慈善机构获得救助。1936年，美国政府为了减轻洪灾损失颁布了《防洪法》，主要内容是采取工程措施控制洪水。政府在洪泛区的防洪工程建设吸引了开发商的大规模开发，导致产业聚集度提高，防洪工程建设和灾民救助方面的财政需求越来越大。在这一背景下，美国政府从20世纪50年代开始尝试建立国家洪水保险。

在1956年《联邦洪水保险法》、1968年《国家洪水保险法》、1969年《国家洪水保险计划》和1973年《洪水灾害防御法》等相关法律法规的推动下，历经了从堤防防洪到工程与非工程措施相结合的防洪政策，从自愿保险到强制保险的国家洪水保险计划两大转变，目前美国已建立了国家通过法律确立并采用一定经济措施引导，以政府保险机构（联邦保险管理局）为管理主体，商业保险公司参与销售经营，社区参与，居民及小企业购买的"强制性"国家洪水保险制度。

---

① 中国保险报.美国洪水保险制度［EB/OL］. http：//www.cbimc.cn/zt/2014－05/08/content_109176.htm.

美国洪水保险制度采用政府与市场合作的模式，其特点是具有很强的"政策性"。第一，美国政府以洪水保险最终承保人的身份参与到洪水保险制度建设中，并承担最终的赔偿责任。这一制度安排较好地解决了商业保险公司可能出现的偿付能力不足的问题，保证了洪水保险制度的持续健康发展。第二，为保证洪水保险制度能够高效地实施，美国政府设立了联邦一级的专门管理机构——联邦保险管理局（FIA），负责国家洪水保险计划的管理，以便有力推动和组织国家洪水保险制度的实施。第三，美国将采取防洪减灾措施作为社区参加洪水保险计划的先决条件，再将社区参加全国洪水保险计划作为社区中个人参加洪水保险的先决条件，这就对地方政府形成了双重的压力，使洪水保险计划达到分担联邦政府救灾费用负担和减轻洪灾损失的双重目的。第四，美国洪水保险利用商业保险公司的服务网络，发挥其人才、技术和设施的优势，对国家洪水保险单进行销售和理赔工作，保证承保和理赔的高效率，并降低国家经营洪水保险的费用，但商业保险公司不承担洪水保险业务的最终赔偿责任。

自美国实施强制性洪水保险制度以来，洪水保险规模急剧扩大，从 20 世纪 80 年代末期的 2000 亿美元，扩展到 2019 年的 18000 亿美元。洪水保险制度在洪水风险管理体系中发挥了重要作用。特别是 2005 年美国历史上最大的飓风"卡特里娜"，洪水保险赔付金额在损失中的占比高达 39.34%，这一比例在某些年份如 1992 年和 2009 年，分别高达 58.22% 和 61.82%，[①] 为灾后恢复重建提供了强有力的资金支持。

三、 有益经验借鉴

第一，立法先行。从以上国外典型巨灾保险发展情况来看，立法先行是巨灾保险制度构建的通行做法，法律、法规有效保障了巨灾保险制度实施效力和保险市场稳定，后续在实践中根据情况变化对法律制度不断进行修订完善。

---

① 资料来源：https：//www.floodsmart.gov.

第二，市场化运作。英国洪水保险是纯商业化运作模式，保险公司在定价、销售、理赔等多方面均独立运行，美国加州的地震保险也通过保险公司进行销售、理赔。保险费厘定按照风险地图，制定费率的统一规范，反映了风险情况。保险费完全由被保险人支付，政府不提供保险费补贴。

第三，设立专门管理机构。美国的联邦保险管理局（FIA）和英国的保险人协会作为洪水保险的管理机构，协调政府与保险业的关系，各机构职能分工明确，灾害面前反应迅速高效。日本的 JER、新西兰的 EQC 和加州的 CEA 等，都是为地震保险专门设立的地震保险管理机构。

第四，全国统一模式。无论是美国政府主导的模式还是英国的纯商业化模式，在一个国家内都采取统一的保险模式。

第五，建立了政府与保险公司的长期合作机制。英美国家洪水保险中政府与保险公司在合作中起到不同作用，有明显差异的分工，然而均建立了适合本国灾情和国情的长效的合作机制，双方在合作中分工及责任明确。

第三节　天津市典型自然灾害风险保障综合方案

地震和洪水灾害是天津市面临的主要自然巨灾风险，而专门针对自然巨灾风险的巨灾保险制度在天津市尚属空白。目前，市场上的商业财产保险均是以个人和企业为保障对象，一般把地震巨灾风险列为除外责任不予承保，虽然大多数商业财产保险承保洪水巨灾风险造成的损失，但因为巨灾风险造成的损失额度往往远超一般商业财产保险的赔偿限额，因此，目前市场上的商业财产保险并不能够充分保障地震和洪水等巨灾风险给个人和企业带来的财务损失风险，也不能保障巨灾风险给政府财政带来的灾后救助压力。[①] 全国城乡居民住宅地震巨灾保险虽然可以为天津市地震灾害居民住宅损失提供保障，但由于天津

---

① 魏华林，李文娟.历史纬度上的大地震风险分析与保险责任辨析［J］.保险研究，2008（9）：31－35.

市未出台保费补贴和强制投保的相关政策，所以该产品在天津市属于纯商业保险性质，居民投保意愿低，产品覆盖率较低，起不到真正保障作用。①

本节旨在针对天津市地震和洪水灾害风险，进行能够充分保障个人和企业及财政损失风险的保险体系构建，重点设计保障基本个人住房和人身安全的政策性基础巨灾保险制度、保障次生与衍生巨灾损失的拓展保障制度、保障政府财政救灾与重建损失风险的巨灾指数保险制度及衍生金融解决方案，形成天津市的综合风险保障体系，增强天津市抵御灾害的韧性与弹性，确保在地震和洪水灾害给经济社会带来巨额财务损失的情况下，经济社会仍然能够迅速恢复、有效运行。

一、 设计思路

从国内外保险实践来看，地震自然灾害风险大多作为附加险依附于财产保险等主险，地震等自然灾害风险频度概率远低于常规财产保险保障的灾因，但其灾害后果覆盖范围广，不具有商业保险的可保属性，针对地震等自然巨灾的巨灾保险设计，可以以商业灾害保险附加险的形式销售，旨在快速实现能够获得基础保障的足够的数量，含附加险形式承保巨灾风险的保单，其属性不是专门的巨灾保险产品形态，其反映的是群体商业灾害保险保单在一个灾因危险单位（区域）形成的一次灾因事件可能造成的集体损失规模。从商业灾害保险附加保单保障程度来看，其保障的巨灾风险损失是个人和家庭所遭受的限定的直接财产损失。巨灾风险是单次灾因的累计风险和财务负担，政府是最大的受灾体，对巨灾风险的保障，如地震等重大自然灾害风险，绝对不单是居民和企业的基本需求，也绝不可能仅仅是普通的商业灾害保险所能解决的。②

---

① 资料来源：城乡居民住宅地震保险调研材料。
② 魏钢. 巨灾风险的认知与保险的矛盾、应用、验证［EB/OL］.（2021 - 02 - 03）［2020 - 10 - 21］. https：// www. zhonghongwang. com/show - 278 - 195551 - 1. html.

对于个人、企业和政府面对地震和洪水自然巨灾风险，从保障主体来看，分别构建保障个人和企业等社会主体财产损失，以及保障政府财政损失风险的巨灾保险制度体系；从承保范围来看，构建保障巨灾造成的直接经济损失的保险体系（包括居民生命安全的人身保险体系、个人和企业房屋及房内附属物等财产、公共设施等公有财产损失的财产保险体系），以及保障巨灾次生灾害损失的保险体系（包括安全责任保险、信用保证保险、环境污染责任保险、公共安全政府责任保险、营业中断保险和复工复产保险等）；从推行模式来看，构建政府强制或采用补贴等形式鼓励投保、保障灾后基本需求的政策性保险体系和自愿投保的满足高层次需求的纯商业保险补充机制。①

基于以上各承灾体的脆弱性、易损性及对损失的敏感性，本书提出了保障个人和企业等社会主体人身和财产损失的商业性巨灾保险、政府主导的专项巨灾保险及保障政府财政损失的保险和金融支持体系的建设思路。

其中，基础的商业性巨灾保险和政府主导的专项巨灾保险保障人们灾后恢复重建的最基本需求，为群众的生命及财产损失提供基础保障。政府主导的专项巨灾保险可以采用强制投保或统保方式，给参保人群提供保险费补贴以鼓励其投保，并在保险费率上按照最低的风险费率计收。这部分保险仅保障死亡风险、居民个人物质财富的最大部分：居民住宅及影响灾后社会稳定的责任与信用问题。政府主导的专项巨灾保险的保险费和保险金额都较低，仅保障居民灾后最基本的需求。

对于个人和企业较高层次的保障需求，构建能够保障个人和企业等社会主体较高层次损失风险的商业保险体系。商业保险公司可以开发保险责任拓展到地震和洪水等巨灾损失的主险或附加险产品，如健康保险、意外伤害保险、家庭财产保险和企业财产保险等。在商业巨灾保险体系中，个人可以选择保额较高的人身伤亡保额、住院医疗费用最高赔付额等，企业的办公建筑及室内财产可投保商业保险。投保商业性巨灾保险无法获得保费上的补贴，但可采取政府优惠政策支持的商业化运营模式，如对保险公司巨灾保险业务在税收上的减免，以及对人们购买商业巨灾保险的支出抵扣个人所得税等措施。

而保障政府财政损失风险的财政巨灾指数保险则是一种涉灾支出风险管理机制的创新。① 在推进城市治理体系与治理能力现代化的进程中，政府、社会和市场均是治理主体，政府通过购买公共服务把一部分治理职能下放给效率更高的市场和社会，而政府本身更加集中于政策制定、制度建设和维护职能。财政巨灾指数保险本质上是政府购买巨灾风险管理相关的公共服务，包括防灾减灾、备灾救灾、灾后补偿与恢复重建等灾害风险管理各环节。②

相比于目前的财政备灾救灾减灾预算支出，购买巨灾指数保险这部分财政预算支出本质上是财政涉灾支出机制的转变，从以前的巨灾面前财政应急应灾准备、财政拨款、财政兜底等形式的财政备灾救灾减灾预算支出，变成更加确定、更加透明的财政预算支出项目。一方面，财政巨灾指数保险盘活财政备灾救灾减灾预算资金，提高财政预算资金效率，推动建立规范透明、标准科学、约束有力的财政涉灾机制③；另一方面，财政巨灾指数保险减轻与平滑了巨灾年间财政救灾减灾支出的大幅波动和不确定性，稳定年际财政预算，进而稳定了其他方面如经济社会发展方面的财政预算支出，最大限度地减轻巨灾等不确定性事件对经济社会发展产生的不利影响。

此外，巨灾债券、应急信用额度融资工具等创新方案，将巨灾风险分散的范围从保险和再保险市场延伸到资本市场，是保险和再保险的补充和延续，

---

① 刘玮，郭静. 保险平滑政府自然灾害涉灾支出波动风险研究——以地震巨灾财政指数保险为例 [J]. 保险研究，2021（1）：22-39.

② 李强. 普惠性巨灾保险在我国的创新发展研究——以云南"临沧模式"为例 [J]. 保险职业学院学报，2021，35（5）：5-12.

③ 魏钢. 从财务和财政科学的视角重新认知灾害和保险 [J]. 农经，2018（12）：24-29.

也可以作为政府巨灾风险或有资金工具，用于提高公共财政韧性。[①]

巨灾风险承灾体面临的巨灾风险及相应的巨灾风险损失保障如图7－2所示。

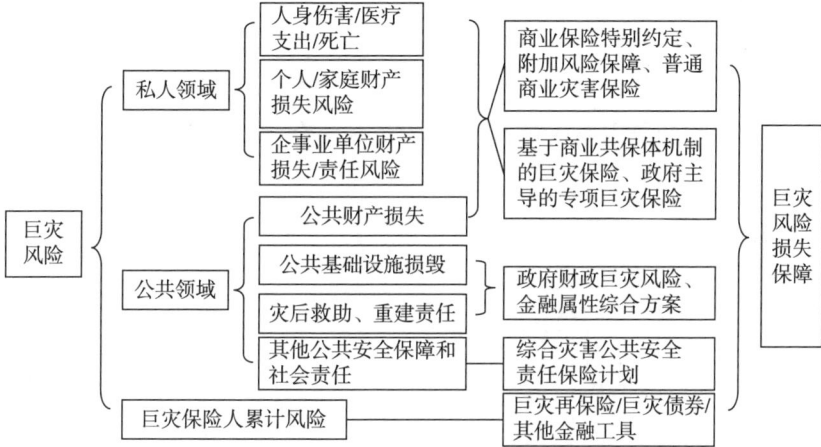

图7－2　巨灾风险与巨灾风险损失保障

二、　制度模式：商业灾害保险与专项巨灾保险有机结合

针对天津市地震和洪水巨灾风险特点，构建基础性和拓展性的专项巨灾保险，完善现有的、保障个人和企业财务损失风险的商业巨灾保险制度，发展财政巨灾指数保险，创新巨灾融资方案，构建商业灾害保险与专项巨灾保险有机结合的综合保险保障体系。

（一）构建专项巨灾保险制度体系

目前，我国已经有多个城市开展了巨灾保险试点实践，部分城市建立

---

① 黄一凡，孟生旺. 中国地震指数保险设计与定价研究［J］. 统计研究，2022，39（4）：108－121.

了单一灾种的巨灾保险制度，如四川和云南部分城市建立了城乡居民住宅地震巨灾保险制度，更多城市构建了综合灾种的巨灾保险制度，如宁波、深圳、湖南、广州、厦门等地都建立了包括台风、洪水、暴雨等多种灾害的巨灾保险制度。2015 年，天津开始有计划地进行巨灾保险制度建设探索，依托自贸区建设、京津冀协同发展、"一带一路"建设等战略契机，作出了一系列有益的尝试，但尚未实现最初的体系化的专项巨灾保险制度建设的目标。基于天津市面临的最主要的地震和洪水灾害风险，应加快建设巨灾保险制度（见图 7 – 3）。

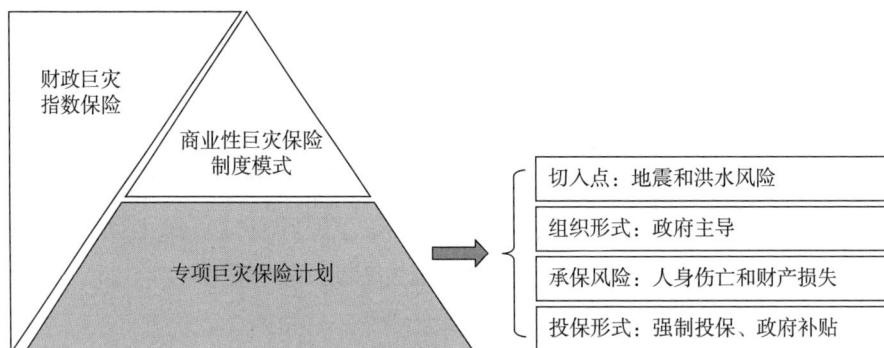

图 7 – 3 专项巨灾保险制度模式

由于巨灾保险具有准公共产品属性，应将更多群众纳入保障中，因此，专项巨灾保险也可以通过法定保险的方式实施。购买巨灾保险由财政提供一定比例的保费补贴，对于购买巨灾保险的低收入人群和残疾人等困难人群，政府对其提供全额保费补贴。专项巨灾保险的基础保障范围包括由于地震或洪水造成的基础定额人身伤亡保障和基本个人或家庭住宅损失，保障的主体为个人或家庭的人身伤亡和财产损失，保费低且有政府财政的补贴，但保障水平较低，仅能满足灾后最基本需求。

在发展专项巨灾保险的同时拓展针对多灾种和衍生灾害风险的保障产品，进一步保护受灾群体的间接损失。

（二）完善现有商业性巨灾保险制度

目前，天津市有部分承保地震和洪水巨灾风险的商业保险，但仍具有以下不足：一是以个人和企业为保障对象，不能保障巨灾风险给政府带来的财政救助责任。二是风险保障不全面，目前，市场上的一些商业灾害保险普遍把地震风险列为除外责任，而地震风险又是天津市面临的主要自然巨灾风险。三是保障水平低。虽然一般的商业保险普遍没有把洪水风险列为除外责任，但因为天津市的保险深度和保险密度都很低，并设有较低的赔偿限额，并不能充分补偿洪水巨灾风险给个人和企业造成的财务损失。

存在以上不足的原因有认知上和保险设计架构的错位问题。现有的附加地震灾害风险的保费远远高于一般商业保险，保障程度低。

针对以上的几个不足，以及专项巨灾保险未能涵盖的风险暴露部分，可以通过商业巨灾保险进行补充。具体方向：一是可以将地震等自然巨灾风险作为个险和企业财产保险的附加险销售；二是创新发展专项巨灾保险产品和专项巨灾计划；三是政府因重大灾因而需支出的应急救灾和恢复重建的或有资金需求，可以通过购买指数类和传统保险对冲，但必须通过银保监会发牌监管的保险经纪机构提供专业服务和管理。

完善商业性巨灾保险制度的路径包括以下方面（见图7-4）。

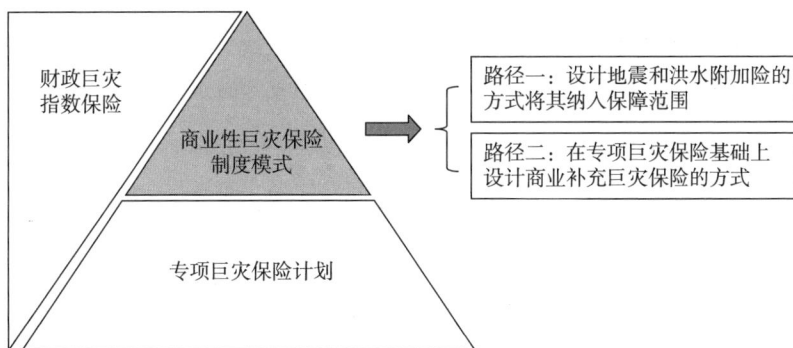

图7-4　商业性巨灾保险制度模式

第一，设计地震和洪水附加险，将地震、洪水灾害纳入承保范围。通过设计地震和洪水附加险，将其附加在现有的各种保险产品上，从而达到拓展保险责任范围的目的，这种方式更为灵活，给消费者更多的选择。

第二，在专项巨灾保险基础上设计商业性补充巨灾保险的方式，由保险公司作为主导承担商业性补充部分的责任。这部分保险费没有政府补贴，但由于可以获得更多的投保人，所以在费率上可以较为优惠。

（三）建立财政巨灾指数保险制度

在目前政府财政主导的灾害救助模式下，潜在财政损失风险巨大。根据天津市地震灾害和洪水灾害风险特点，为天津市政府设计保政府财政风险损失、覆盖地震、洪水两种致灾因子的财政巨灾指数保险制度（见图7－5）。基于预先设定的，如地震震级、连续降雨量等触发巨灾的参数作为支付赔偿的依据，当上述参数达到一定阈值即触发值时，由保险公司按照合同向政府支付相应的保险赔付金额，无须经查勘定损，赔付金额视巨灾参数所对应的等级而定。因此，该种形式的指数保险能够保证灾害发生后巨灾赔付款能够迅速赔付给地方政府，再由政府统一安排救灾，能够大大提升政府灾害救助能力和效率。

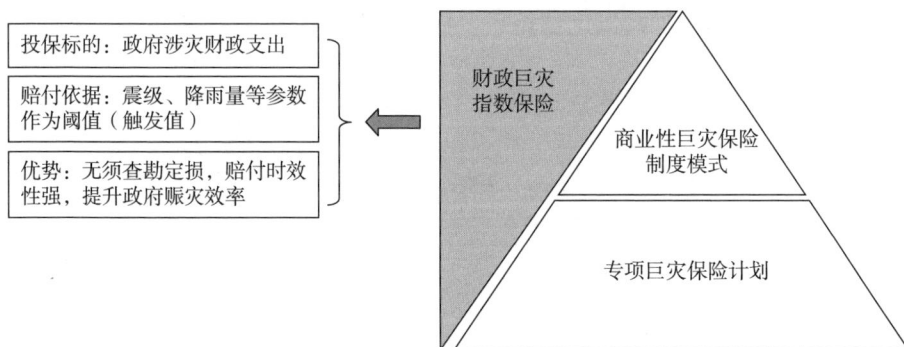

图7－5　财政巨灾指数保险制度模式

三、 制度设计

由于地震、洪水等自然灾害的巨额损失和风险的不确定性，天津市仅依靠财政进行救灾，必然会给当地政府财政造成巨大压力。与此同时，巨灾保险作为具有准公共产品性质的特殊商品，仅通过商业保险公司经营巨灾保险，又会面临供需双冷的保险市场失灵问题。因此，单纯依靠政府财政和商业保险机构进行巨灾风险管理均存在很大的局限性。[①] 从各国或灾害严重城市的地震、洪水等巨灾风险管理实践来看，虽然普遍引入巨灾保险来进行巨灾风险管理，但政府通常在巨灾保险制度设计和运作过程中发挥着重要的作用（见图 7 - 6）。通过政府、市场和公众三者的合作构建多元化、多维度巨灾保险制度体系是最适合目前天津市社会经济和保险业发展现状的选择。

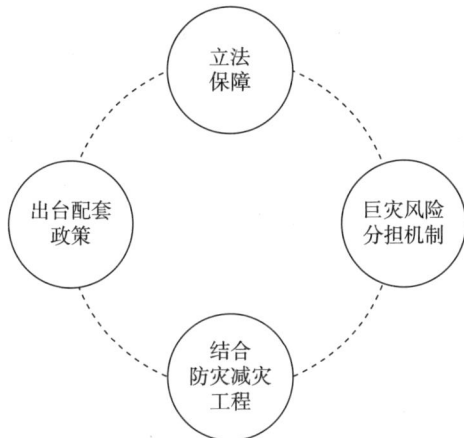

图 7 - 6　政府在巨灾保险体系设计中的作用

天津市政府的突出作用主要体现在以下四个方面：首先是立法保障。通过地方性法规的形式确立巨灾保险制度模式，确立商业保险机制和政府参与

---

① 王和. 我国巨灾保险的定位、创新与路径 [J]. 保险研究，2020（6）：29 - 40.

程度。其次是巨灾风险分担机制设置，即巨灾损失如何在商业保险公司、再保险市场、政府甚至资本市场之间分配的问题。再次是天津市相关配套政策的支持。比如，出台相关税收优惠政策，规定巨灾保险与政府救助、银行贷款政策挂钩等。最后是天津市巨灾风险管理体系建设。巨灾保险是巨灾风险管理体系的重要组成部分，着重发挥灾后损失补偿的作用，是巨灾风险管理的一种财务手段。天津市政府应当将巨灾保险与政府主导的工程性质的巨灾风险管理措施结合起来，将灾后损失补偿和灾前的防灾减灾结合起来，调动全市社会力量和资源完善覆盖灾前、灾中和灾后全过程的巨灾风险管理体系。

（一）专项巨灾保险设计

专项巨灾保险制度设计关键是要解决好顶层设计、运行机制、保费分担机制和损失分担机制等问题。

一是顶层设计。顶层设计是专项巨灾保险运行的制度保障，除了立法保障，还体现为把天津市政府的政策支持制度化。具体而言，就是把巨灾保险的购买与相关税收优惠政策、政府保险费补贴、银行贷款政策等符合天津市经济金融发展现实情况的政府优惠政策或者有关部门的监管政策或准入政策等挂钩，这样既有利于个人和企业把巨灾保险作为一种城市公共安全灾害风险管理手段，也有助于把巨灾保险的职能前移，以充分发挥巨灾保险事前的风险管理职能。

二是运行机制。鉴于天津市目前的商业保险并没有涵盖地震风险，且对洪水风险的保障程度很低，不能充分保障地震和洪水灾害给个人和企业带来的财务损失风险，天津市政府应发挥主导作用，推动形成承保地震和洪水风险的天津市地震及洪水巨灾保险共保体。共保体采用商业化运营模式，政府需要出台一系列相关的税收优惠等配套政策措施，并做好巨灾风险管理前端的灾前防灾减灾和宣传等工作。

三是保费分担机制。在巨灾保险制度建设的初期，个人和企业的灾害风险管理意识不强，为推动巨灾保险制度实施，可以建立起合理的保费分担机制。例如，我国深圳巨灾保险、四川地震保险均有这种机制设置，有效推动了巨灾保险制度的落地。

四是损失分担机制。把商业共保体的责任限额限定在其可承受的范围内，对超过其承受能力的部分通过向国际再保险市场分保、资本市场分散和政府兜底等方式予以分担。政府做好基础的制度设计和配套政策支持，有利于充分发挥商业保险的积极性。

专项巨灾保险内容与运行详见图 7-7。

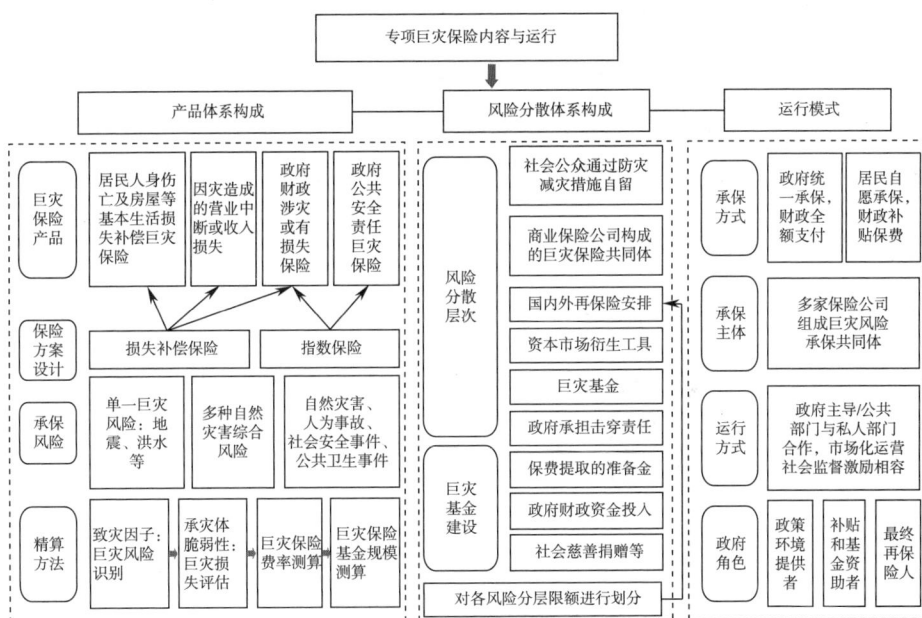

图 7-7　专项巨灾保险内容与运行

1. 天津市地震巨灾保险

目前，我国已经建立起全国城乡居民住宅地震巨灾保险制度，构建了住宅地震共同体。因此，天津市的地震巨灾保险可以采用全国城乡居民住宅地震巨灾保险的方式，按照其保险标的、保险费率、保障范围和理赔服务进行推行。

为了提高地震巨灾保险的投保率，保障更多人群的地震风险，政府可以采取强制投保的方式。根据天津市各区的财政情况及地震灾情，对灾情严重且财政状况良好的区县，可按照区域进行政府财政全额支付的统一投保。对于地震灾情较轻的区县，可以采取自愿投保，政府财政按照一定比例进行补贴的模式。

2. 天津市洪水巨灾保险

我国目前尚未建立起全国一致的洪水巨灾保险，但在部分城市，如宁波、深圳、湖南等地都建立了适合本地区灾情的综合性洪水巨灾保险。因此，天津市可以根据海河流域的灾情状况，建立台风、暴雨及洪水巨灾保险，保障灾害时居民人身伤亡和住宅损失。以高精度洪水地图支撑，精确统计流域范围内的洪水风险暴露情况，厘定区域性洪水风险保费，以更科学的现代化的手段和机制构建专项洪水巨灾保险，对洪水风险进行针对性管理。可以依据洪水灾害地图及区域财政情况，决定是否采取政府统保形式或自愿投保财政补贴的推行模式。

（二）商业性巨灾保险设计

商业性巨灾保险设计的关键是如何充分利用市场力量，将商业性巨灾保险产品与专项巨灾保险制度有机结合，充分发挥商业性巨灾保险满足更高层次需要的补充作用。商业性巨灾保险设计要从符合天津市灾情特征的商业灾害保险产品供给、与天津市开展的专项巨灾保险产品有机衔接及天津市为商业性巨灾保险优惠支持政策三个方面考虑。

首先，天津市的商业保险机构或者全国性保险机构的天津分支机构应从天津市地震、洪水等危害城市公共安全的风险特征出发，提高巨灾产品设计及风险管理水平和能力，增加商业性灾害保险产品供给。专项巨灾保险产品仅涵盖了自我保障能力较弱且损失较大的居民人身伤害和居民住宅，而对于财务保障能力相对较强的企业厂房及相关财产未提供基础性保障，对于居民的更高保障需求也需要个性化的补充。因此，商业性巨灾保险产品的开发有其必要性。商业性巨灾保险产品可以以主险或附加险的形式，一是在专项巨灾保险保障的内容下提高保额；二是扩展范围，针对不同投保主体开发多种类型的产品。政府应充分鼓励并调动商业保险公司开发巨灾保险产品或涵盖巨灾责任的保险产品，利用市场机制，在市场竞争下实现巨灾保险产品的不断探索和完善。

其次，天津市政府对商业性巨灾保险应提供支持和税收优惠政策。由于巨灾保险承担的相应风险较高，从精算公平的角度可能计算的费率也会更高，导致由产品价格高造成的需求不足问题。[①] 对此，天津市政府可以对经营巨灾保险产品的公司提供一定的配套政策支持，如税收减免等，通过降低保险公司的费用成本从而降低保险费，进一步提高购买需求。另外，天津市政府可通过防灾减灾基础设施的完善，以及降低标的物风险暴露程度或增强其抵御风险的能力，从而部分降低损失概率，达到降低保费的效果。

最后，商业性巨灾保险产品与专项巨灾保险产品的有机衔接。在制度方面，明确二者互为基础和补充的地位和角色。通过政府主导和政府引导的方式，统一于天津市巨灾保险保障体系中；在保障范围方面，应从天津市实际风险保障缺口和居民实际需求为标准进行界定和划分，开发符合天津市居民实际保障需求的商业性保险产品，使补充能够落到实处；在操作方面，天津市的商业保险公司或全国性保险机构天津分公司的全部经营行为应在天津市政府的引导下，以及天津市银保监局、天津市保险行业协会的规范和监督下进行。

综上所述，天津市拓展性商业性巨灾保险设计架如图 7-8 所示。

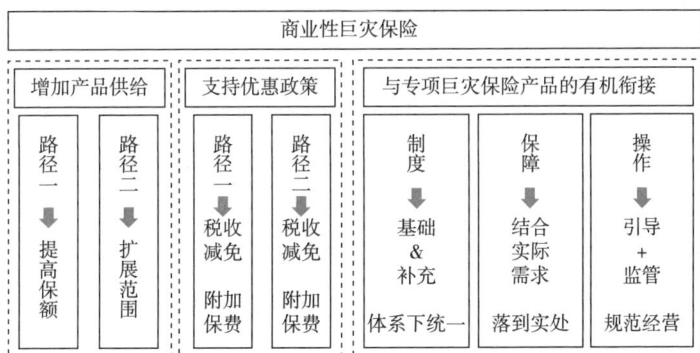

图 7-8　天津市拓展性商业性巨灾保险设计

---

① BROWNE, M. J., HOYT, R. E. The Demand for Flood Insurance：Empirical Evidence［J］. Journal of Risk and Uncertainty, 2000（20）：291-306.

（三）财政巨灾指数保险设计

财政巨灾指数保险的核心问题是运行机制、多层次风险分担机制和与政府主导的灾害风险管理体系的对接问题（见图7-9）。

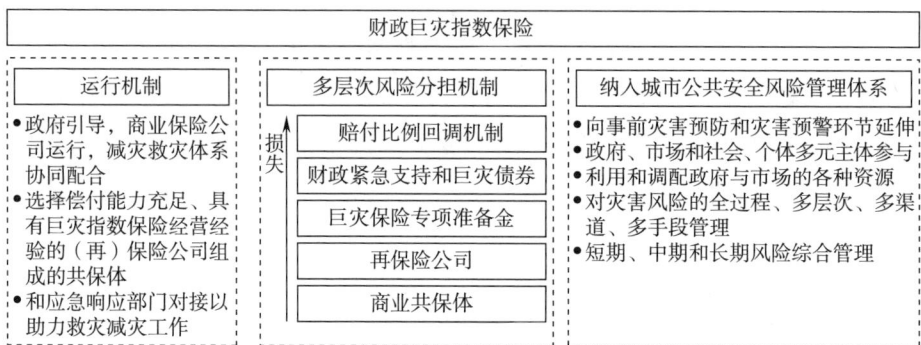

图7-9　财政巨灾指数保险设计

一是要明确政府引导、商业保险公司运行、减灾救灾体系协同配合的运行机制。由于财政巨灾指数保险本质上是财政巨灾救助的重要补充，由财政出资向商业（再）保险公司购买，但涉及与现有的巨灾风险管理机制对接，政府往往发挥着重要的引导作用。在承保公司的选择上，政府可选择偿付能力充足、具有巨灾指数保险经营经验的（再）保险公司组成的共保体作为财政巨灾指数保险经营主体。在与目前的巨灾风险管理机制对接的过程中，应注重和各部委协调以巧妙引入财政巨灾指数保险；和应急响应部门对接以助力救灾减灾工作，提升救灾减灾效率；和政府财政预算部门对接以提升灾后损失补偿效率和灾后恢复能力建设，完善现有的巨灾风险管理体系。[①]

二是要建立多层次的风险分担机制。按照国际上巨灾风险分级负担的原则，损失分层方案要设定总体限额，由共保体、再保险公司、巨灾保险专项准备金、财政支持等构成分担主体。共保体承担涉灾支出投保部分的第一层

---

① 李强. 完善灾害防治金融保险支持体系——基于自然灾害综合风险普查数据科学运用视角［A］. 第十一届国家综合防灾减灾与可持续发展论坛，国家减灾委员会专家委，兰州，2021. 5.

财政损失；参与巨灾保险再保险经营的再保险公司，承担巨灾保险分入保险费对应的第二层损失；巨灾保险专项准备金按照相关部门的具体管理办法提取，以专项准备金余额为限，承担第三层损失；由财政提供支持或通过巨灾债券等资金安排承担第四层损失，在损失超过前三层分担额度的情况下进行资金补充；在第四层财政支持和其他紧急资金安排无法全部到位的情况下，由国务院保险监督管理机构会同有关部门报请国务院批准，启动赔付比例回调机制，以前三层分担额度及已到位的财政支持和紧急资金总和为限，对巨灾保险合同实行比例赔付。

三是把财政巨灾指数保险纳入城市公共安全风险管理体系。把财政巨灾指数保险制度纳入目前以应急响应、灾难救助、灾后公共设施修复重建、灾后社会救助为主的自然灾害救助体系，并向事前灾害预防和灾害预警环节延伸，建立以财政巨灾指数保险为主线的城市公共安全风险管理体系，政府、市场和社会、个体多元主体参与，有效利用和调配政府与市场的各种资源，实现对灾害风险的全过程、多层次、多渠道、多手段管理。灾害风险综合管理的"综合"包括短期、中期和长期风险的综合；灾前的风险源科学预测与预防、灾中的损失控制和灾后救助的综合；主动性风险预防、工程性风险控制与财务性风险转移的保险保障机制的综合；在操作上，主要是安全预防、减灾救灾、应急管理和风险转移等措施的综合。

财政巨灾指数保险作为城市公共安全风险管理体系下财务性风险转移保险保障机制，可以弥补政府作为单一主体的以工程控制手段为主的灾害治理所存在的缺陷和短板，一方面释放保险服务于国家治理和社会管理的功能，另一方面创新政府管理[①]。通过保险的损失补偿机制分担政府灾后损失补偿义务，以市场化的运行机制，成为社会治理不可或缺的重要手段。国家已将具备风险保障、损失补偿及社会治理和管理功能的保险定位在国家治理体系之

---

① 刘玮，郭静. 自然灾害财政成本估算：基于面板数据的 PVAR 实证［J］. 中国人口·资源与环境，2021，31（7）：138 – 149.

中，建设灾害风险管理与巨灾保险制度已上升为国家的意志。[①]

巨灾保险基本架构详见图 7 – 10。

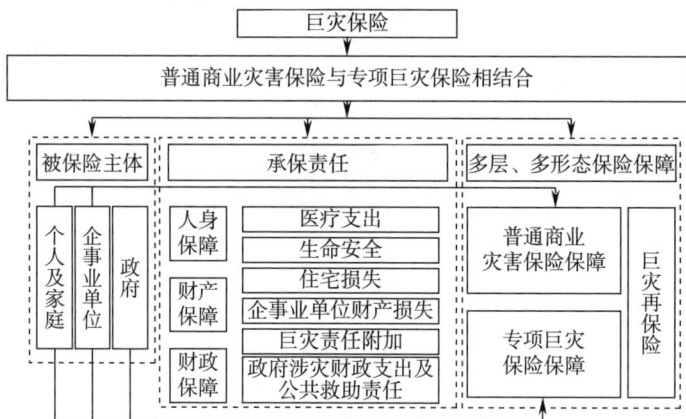

图 7 – 10　巨灾保险基本架构

第四节　天津市突发重大环境灾害风险保障综合方案

随着技术进步和人类社会不断向前发展，除自然灾害外，人类自身行为活动也可能会引发公共安全事故，对城市公共安全造成威胁。天津市除面临地震、洪水等自然诱因造成的巨灾风险以外，还面临巨大的人为诱因带来的突发重大环境灾害风险。

一、设计理念

经过现状调研与历史风险事故统计分析，天津市主要的风险污染事故类

---

① 卓志. 改革开放 40 年巨灾保险发展与制度创新［J］. 保险研究，2018（12）：78 – 83.

型包括溢油、泄漏、火灾、爆炸、赤潮等，这类事故主要涉及石油加工、炼焦业，化学原料及化学制品制造业，医药制造业三类行业①。一旦发生火灾、爆炸等安全生产事故，将直接造成人员伤亡和巨额财产损失，同时还可能导致污染物或者放射性物质等有毒有害物质进入大气、水体、土壤等环境介质，造成生态环境破坏或环境质量下降，危及公众身体健康和财产安全，进一步引发次生环境污染事件。因此，本书重点关注的突发重大环境灾害事故主要是由企业的安全生产问题或是污染控制不达标引发的火灾、爆炸等突发重大事故，以及其有可能造成的次生环境灾害。

与自然灾害的受灾体相同，突发重大环境灾害的受灾体也包括个人、企业和政府三个主体。尤其是在面临极端的重大灾害时，个人和企业可能无力承担巨额损失，灾害的损失后果层层传导、不断放大，最终被转嫁到政府的身上，所以政府通常是极端灾害的最大受灾主体。从我国过去的经验来看，国家财政是突发重大环境灾害事故中的主要后盾，事故发生后一般都由政府来支付大部分赔偿金，但这种方式不能与市场经济相适应。首先，突发重大环境污染灾害风险具有随机性特点，如果没有提前的资金储备，政府财政对于这种突发事件不能很好地应对②；其次，如果形成企业造成事故都由政府来买单的习惯，企业将会忽视安全生产和环境保护。③ 因而，必须找到更为适合的赔偿方式，利用商业保险机制可以有效地解决这些问题。本书针对天津市实际的突发重大环境灾害特定领域风险，围绕个人、企业和政府三个承灾主体，特别是针对企业和政府进行保险设计（见图 7 - 11）。其中，针对个人的保障主要以商业保险为主，而保障政府则是一种新型的制度设计。

---

① 资料来源：https：//www. tj. gov. cn/zwgk/szfwj/tjsrmzf/202005/t20200519 _2365810. html.

② 李小荣，牛美龄. 突发公共事件与金融关系研究进展 ［J］. 经济学动态，2020 (7)：129 - 144.

③ PAUL A. R, HANNELORE WH. Charity Hazard—Areal Hazardtonatural Disaster Insurance？ ［J］. Environmental Hazards，2007 (7)：321 - 329.

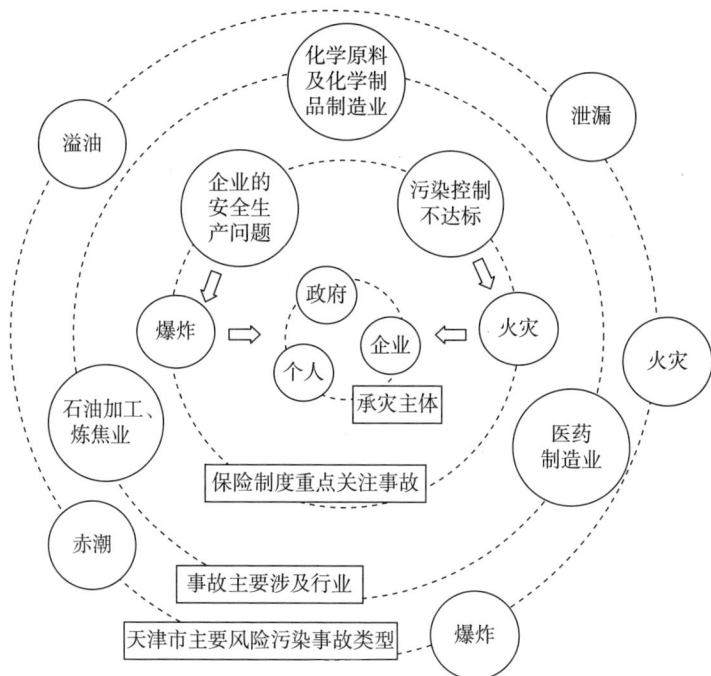

图 7-11　天津市突发重大环境灾害保险设计思路

二、 制度模式

为了全面提升天津市突发重大环境灾害风险保障水平，本书所设计的保险模式从个人和家庭、企业、政府三个承灾体的实际需求出发，综合运用意外伤害保险、家庭财产保险、企业财产保险等商业保险，将商业保险和财政指数保险相互结合，把保险机制嵌入天津市社会保险和应急管理体系中，逐步建立起一个完备的突发重大环境灾害保险体系（见图 7-12）。

作为突发重大环境灾害的直接承灾主体，绝大部分个人和家庭抵御风险的能力很弱，遭受灾害损失后很难依靠自身力量恢复和重建，通常需要外部力量提供支持。从我国目前的情况来看，发生灾害事故后人们大多依赖国家

城市公共安全与保险

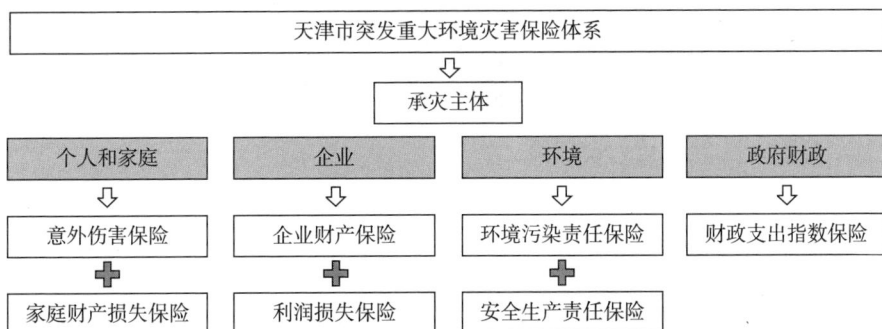

图 7-12　天津市突发重大环境灾害保险体系

来提供援助，而保险作为一种重要且有效的风险转移工具的作用往往被忽视，这导致的后果不仅是国家面临巨大的财政资金压力，同时个人和家庭只能获得极低的损失补偿，远不足以弥补灾害带来的人身伤害和财产损失。因此，个人和家庭有必要运用保险手段来保障人身和家庭财产安全，意外伤害保险和家庭财产损失保险即可满足这一层级的突发重大环境灾害风险保障需求。

在企业层面，对于企业自身的损失，企业财产保险和利润损失保险可以有效保障企业因自然灾害或意外事故，包括突发重大环境灾害导致的直接财产损失和停产停业带来的利润损失。但目前我国企业财产保险的投保率非常低，2016 年我国企业财产保险保费收入仅占财产险的 4.2%。[①] 因此，通过建立健全天津市突发重大环境灾害保险，可以有效激发此类商业保险的市场活力，充分发挥企财险的保障作用。

突发重大环境灾害除给企业自身造成损失外，还会使企业员工和周边居民造成损失，对生态环境造成破坏，而针对这一部分的风险，目前天津市已经开始建立由环境污染责任保险和安全生产责任保险共同构成的保险保障机制，接下来应不断完善现有的保险制度，与企业财产保险相互结合补充，提升企业这一层级的受灾体的保险保障水平，减轻政府负担。

---

① 资料来源：《中国保险年鉴（2017）》。

突发重大环境灾害发生概率小但损失程度高，一旦发生事故，企业将面临巨额经济损失和赔偿责任，但此时企业往往自顾不暇，无法承担应尽责任，灾害的后果最终很有可能被转嫁到政府身上，因此为政府提供保障也是加强全社会抵抗风险的最后一道屏障。

三、 制度设计

（一）天津市现有突发重大灾害特定领域风险保险分析

在突发重大灾害特定风险领域，目前天津市个人和企业都有商业保险提供保障，但还存在许多不足，需进一步完善现有的商业保险。而针对政府的保险保障则为空白，因此本文提出保障政府的财政指数保险机制，帮助政府分散风险。

1. 个人和家庭层面

在人身保险方面，2011 年 4 月天津市人力社保局、天津市财政局和天津市卫生局联合印发《天津市基本医疗保险意外伤害附加保险暂行规定》，从城镇职工大额医疗费救助资金和城乡居民基本医疗保险资金中筹集保险费，为城镇职工和城乡居民基本医疗保险的参保人员向受托商业保险公司购买意外伤害保险。该保险的赔付标准为：意外伤害死亡给付 5 万元；意外伤残给付 2 万 ~3.5 万元不等；因意外伤害导致的 6000 元以下的医疗费用按 70% 的比例给付，而 6000 元以上按照 80% 的比例给付，最高支付限额为 35 万元。

得益于这一制度的建立，不少在天津港 "8·12" 特大火灾爆炸事故中受伤的居民从保险公司处得到了赔付。[①] 目前的全民意外伤害保险固然在一定程度上发挥了作用，但仍然存在保障程度不足的问题，与市场上售卖的意外伤害保险相比，该保险的保险金额非常低，对于受灾群众来说只是杯水车薪。

天津港 "8·12" 特大火灾爆炸事故造成大量周边居民房屋不同程度受

---

① 资料来源：天津保监局发布的《2016 天津保险业社会责任报告》，2017。

损，但极少有居民为房屋及屋内财产购买家庭财产保险。该事故发生后，天津市政府启动租房补贴发放工作。然而，这笔安置补贴只是在一定程度上对受灾居民进行补偿，无法完全覆盖房屋的实际损失，同时也加重政府的财政负担。

2. 企业层面

为了响应国家环保部关于开展环境污染责任保险的有关要求，2017年6月，天津市环保局联合中国保监会天津监管局发布《关于开展环境污染责任保险指导意见》，重点鼓励和推动以下企业参加环境污染责任保险：涉及重金属污染物产生和排放的企业，包括重有色金属矿（含伴生矿）采选业、重有色金属冶炼业、铅蓄电池制造业、皮革及其制品加工业、化学原料及化学制品制造业；高环境风险企业，包括石油天然气开采、石化、化工、医药行业，生产、贮存、运输、使用、经营危险化学品和放射性物品的企业，产生、收集、贮存、运输、利用、处置危险废物及二噁英排放企业；环保部及本市规定的其他高环境风险企业。

虽然出台了这一文件，但由于没有强制企业投保环境污染责任保险，加之企业环保意识缺乏，只是鼓励投保的态度无法有效推进环境污染责任保险制度的建立。因此，目前在天津市并未形成大规模、完善的环境污染责任保险体系，需要借助当前开展突发重大环境污染灾害风险管理的机会进一步推动此项制度的建立，使其成熟化。

早在2011年，天津市安全监管局、中国保监会天津监管局就联合制定了《天津市安全生产责任保险实施办法》，指出，矿山、交通运输、建筑施工、危险化学品、烟花爆竹等生产经营单位应当投保安全生产责任保险。鼓励民用爆炸物品、冶金、船舶修造和拆解、电力、建材，以及人员密集场所、进入受限空间作业、高处悬吊作业等危险性较大的生产经营单位，根据实际需要投保安全生产责任保险。该实施办法中还提到"本办法所称安全生产责任保险包括公众责任保险和团体意外伤害保险。安全生产责任保险的保险范围主要是被保险人在生产经营过程中因发生生产安全事故造成参保人员伤亡、第三者人员伤亡或财产损失的经济赔偿、事故应急救援和善后处置费用"。

2018年4月，天津市安全生产委员会印发《关于在高危行业领域推行安全生产责任保险的实施意见》，载明，取消安全生产风险抵押金制度，建立健全安全生产责任保险制度，在矿山、危险化学品、烟花爆竹、交通运输、建筑施工、民用爆炸物品、金属冶炼、渔业生产等高危行业领域强制实施。保险范围变成"投保生产经营单位从业人员和第三者的人身伤亡赔偿、第三者财产损失、应急抢险救援费用以及医疗救护、事故鉴定、法律诉讼等费用。对从业人员接触有毒有害物质或具有其他严重职业病危害的生产经营单位，可以增加对职业病的保险"。可以看出，最新出台的规定彻底取消了风险抵押金制度，扩大了强制推行安全生产责任保险的行业范围，进一步明确了保险责任范围，这意味着天津市正在不断完善安全生产责任保险。

从实际运营的情况来看，2011—2017年，天津市累计有15631家企业投保安全生产责任保险，参保人员达19.2万余人，总保额为8890亿元，保险费累计4352万元，保险公司出险理赔的金额为1422万元。[①] 总体来看，安全生产责任保险在全市范围已有初步的市场基础，接下来重点在于由自愿投保的商业保险到强制部分领域企业投保的制度衔接和转变。既要保证重点领域实现全面投保，也要鼓励和吸引其他行业的潜在风险源企业积极参保。

由于天津市经历了天津港"8·12"特大火灾爆炸事故，因此对安全生产事故尤为重视，在事前预防和监管方面逐步建立了十分完备的安全生产监督管理体系。2017年，天津市安监局建立了重大危险源的重大隐患自查自报平台，目前全市已有1万多家企业已经与自查自报平台联网。[②] 这个自查自报平台和危化品监管的安防网不同，它具有一个可随时查看的手机终端工具，可以供各企业自查自报。比如，本企业都存在什么问题，是否进行了整改，实时将自身企业的隐患向自查自报平台推送，监管部门也能随时看到各企业的基本情况、存在的问题及整改情况。企业法人及管理人员无论身在何处，只

---

① 资料来源：调研数据整理。
② 相关平台功能现已随着机构改革并入应急管理部。

需要通过移动端登录系统，即可随时查看企业的实时问题，进行管理履行职责。

因此，在现行的完备的安全生产监管体系下，对于事故发生前的监管已经形成了完善的网络平台。在此基础上，保险制度更多的是要起到社会保障功能作用，在事故发生时更好地进行保障，维护社会稳定和补偿部分财产损失。

（二）天津市突发重大灾害特定领域风险保险设计

1. 针对个人和家庭的保险设计

目前，天津市出台的全民意外伤害保险已经覆盖了火灾、爆炸、泄漏等重大安全事故风险，但额度较低且针对性不强。因此，天津市可借鉴宁波市突发公共安全事件救助保险的建设经验，由政府为全市居民投保突发公共安全事件救助保险，在灾害事故发生后，无法找到责任人或责任人无力赔偿的情况下，由保险机构为受害人提供人身伤亡救助抚恤，根据灾害情况分档，为受灾居民提供救助赔偿。

考虑到此类事故涵盖在商业意外伤害保险和家庭财产保险的保障范围内，政府还应当鼓励居民购买意外伤害保险，对目前天津市的全民意外伤害保险进行补充。根据目前天津市高危化工企业的分布情况，对潜在风险集中区域的企业和住宅进行风险识别、评价和分级，鼓励高风险级别的房屋业主购买家庭财产保险。商业保险不影响公共安全险的赔付，二者相互结合、互为补充，可以有效提高对居民的灾害保障水平（见图7-13）。

2. 针对企业的保险设计

（1）环境污染责任保险设计。

目前，天津市并未强制推行环境污染责任保险，但按照国际上各个国家发展的趋势及我国的政策走向，环境污染责任保险的强制推广几乎是必然的。因此，环境污染责任保险的全面推行还需要一系列配套保障措施。例如，市场化的保险费率浮动机制要求污染风险高的企业承担更高的保险费率成本，

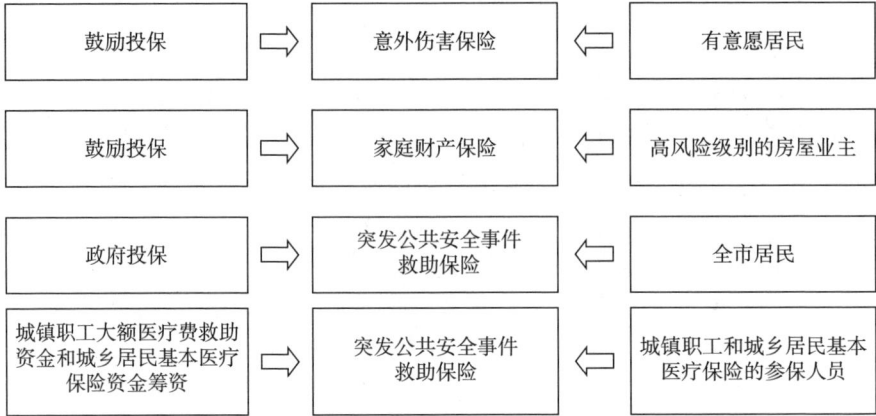

图7-13 针对个人和家庭的突发重大环境灾害保险设计

但保险公司与污染企业信息不对称可能导致污染企业产生道德风险问题，通过提供虚假的信息骗取较低的环境污染责任保险费率，因此就要求有较为畅通的信息沟通机制予以各个参与主体保障。政府应提供专项资金，建立环境污染事故防范与应对保障体系，并将环境污染责任保险纳入保障体系当中，充分发挥保险机制在环境污染治理的事前预防与事后补偿的作用。保险监督部门及环境监管部门应通力合作，将环境污染防范治理措施与保险机制功能的发挥充分结合，通过制定严格的监管政策规范保险市场的运作。

环境污染责任保险所涵盖的主体包括保险公司、政府、企业及第三方环境风险评价机构等，各主体承担的功能各有不同。对于政府来说，需要明确在高危行业采取强制的方式推行环境污染责任保险①，由于投保环境污染责任保险的保险费负担意愿和环保意识的普遍缺乏，即使是经营效益好的企业往往也没有参保的偏好，只有进行强制保险，才能有效提高环境污染责任保险的参保率。此外，政府方面还需要保险监管部门和环境保护部门共同协作，由保险监管部门制定保险行业相关的监督管理办法，规范环境污染责任保险

---

① 陈冬梅，夏座蓉. 环境污染风险管理模式比较及环境责任保险的功能定位 [J]. 复旦学报（社会科学版），2011（4）：84-91.

市场，由环境管理部门通过征收排污费、环境税，确立赔偿标准及配合保险公司制定相关政策[①]，共同保障环境污染责任保险的顺利实施。对于保险公司来说，其承担的是风险分担的功能，通过界定环境污染责任产品的属性为企业提供风险防范方案。对于企业来说，其可以通过环境污染责任保险来降低赔付污染受害主体的资金风险，通过高效实施突发重大环境灾害预防政策保障社会利益。在环境污染责任保险的实施中，环境风险评价是重要环节，政府可以选择第三方环境风险评价机构对企业进行环境风险评价、环境风险监察和环境风险级别复核。这样做的目的一方面为环境污染责任保险费的确定提供依据，另一方面为企业主动防范环境损害事故的发生奠定基础（见图7－14）。

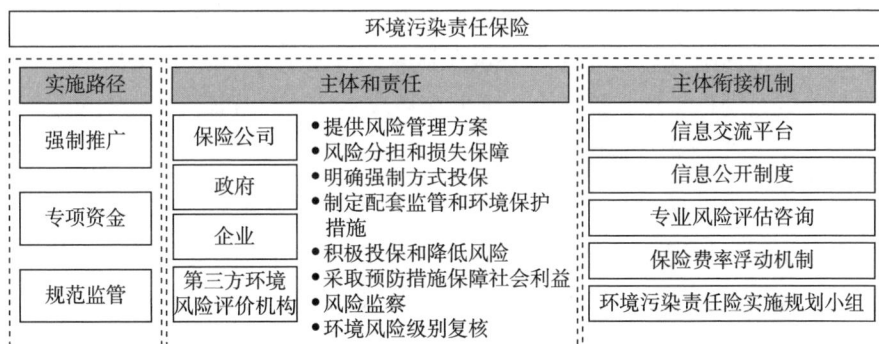

环境污染责任保险		
实施路径	**主体和责任**	**主体衔接机制**
强制推广	保险公司 政府 企业	• 提供风险管理方案 • 风险分担和损失保障 • 明确强制方式投保 • 制定配套监管和环境保护措施 • 积极投保和降低风险	信息交流平台
专项资金			信息公开制度
			专业风险评估咨询
规范监管	第三方环境 风险评价机构	• 采取预防措施保障社会利益 • 风险监察 • 环境风险级别复核	保险费率浮动机制
			环境污染责任险实施规划小组

图7－14　针对企业的环境污染责任保险设计

为了保障各主体之间功能衔接，首先，需要建立一个有效的信息交流平台，保障各个主体之间信息交流的畅通。环境保护部门应该定期定点对潜在的污染企业的经营水平、污染风险及管制措施等信息向社会公开。这一点，天津市环保局走在制度的前沿，通过建立天津市重点排污企业自行监测信息发布平台及污染源环境监管信息公开平台，实现了透明化监管，定时向全社会进行潜在污染企业信息的全方位披露，从政府的层面保障了各个主体之间

[①]　竺效. 论环境污染责任保险法律体系的构建［J］. 法学评论，2015，33（1）：160－166.

信息交流的畅通。① 保险公司需要借助第三方环境风险评价机构的调查确定企业的污染风险，进而界定赔偿标准及厘定环境污染责任保险费率。第三方环境风险评价机构还可以帮助环境管理部门根据企业潜在的污染风险对其进行分类，也可以为高污染风险行业的企业提供风险规避的专业咨询。天津银保监局在对保险行业进行监管的同时，应通过与环境保护和环境风险评价机构多方主体的协调沟通，协助保险公司出台具有针对性的环境污染责任保险产品。其次，在环境污染责任保险的赔偿范围、保费界定及赔偿标准的制定方面，应充分发挥市场机制的作用，结合投保企业及保险机构的利益博弈进行相应的调整。保险公司应该根据企业的资金补偿能力、污染风险防范能力及污染治理水平确定保险费率，建立保险费率浮动机制。最后，可尝试建立环境污染责任保险实施规划小组，将保险公司的风险分散功能、第三方环境风险评价机构的风险分析功能及天津银保监会和环境管理部门的监督管理功能纳入统一的行动框架中，能够大大降低交易成本，提高政策实施的效率。

（2）安全生产责任保险设计。

目前天津市已经对重点行业作出了强制投保安全生产责任保险的要求，因此，在实行过程中需要对可能产生的各种情况作出预案，尤其是针对各个保险公司有可能出现的由于承保经验不足带来的可能的亏损，政府应该从技术上和政策上予以支持，让安全生产责任保险的强制推行起到其应该发挥的作用。在安全生产责任保险强制推行的同时，利用相关数据监测平台的数据帮助保险公司更好地进行核保和费率的制定，使保险公司在此过程中提高自身的承保能力，从而给其他地区的保险公司以积极承保的信心，进一步将安全生产责任保险制度推广到整个中国市场，提高我国存在安全隐患的行业的投保意识和风险意识。

此外，安全生产责任保险在天津市已有初步的市场基础，接下来，天津市安全生产责任保险的建立既要保证重点领域实现全面投保，又要进一步鼓

① 资料来源：https://sthj.tj.gov.cn/YWGZ7406/WRYJGXX3239/WRYJC6835/GJZDJKQYWRYJDXJCJG5002/.

城市公共安全与保险

励和吸引其他行业的潜在风险源企业积极参保。因此，在保险产品设计上，既要依据现行安全生产责任保险的现状进行强制推广，又要不过多增加企业负担，使企业安全生产责任保险的潜在需求转化为现实购买力。[①]

一是在保障范围的设计上，要做到范围全面。安全生产责任保险要以工伤保险全覆盖为前提，与工伤保险的范围不重叠，保障对象及待遇与工伤保险形成有机衔接和必要补充。主要包括第三人的死亡、伤残（含医疗费用）和财产损失，以及抢险救援、事故鉴定、法律服务等方面。同时，还应根据不同企业缴费能力和对风险防范需求状况的不同，在工伤保险标准的基础上，增加雇员死亡赔偿附加险，供投保人自行选择，更加人性化。

二是在保障额度的设计上，要根据安全事故的级别、企业规模、所在行业发生事故后应急救援和善后处理的难易程度，明确单次赔偿限额、保险年度累计赔偿限额，赔付按优先顺序进行，即对第三人人身伤亡赔偿参照工伤保险标准执行，在赔付顺序上首先考虑人员伤亡赔偿，其次才是抢险救援等相关费用的赔付。

三是在保险费率设计上，减轻企业负担始终是安全生产责任保险项目设计努力的目标，因此，要在充分测算各类不同企业安全生产投入、事故损失、风险抵押金等各项安全生产费用开支的基础上，合理确定安全生产责任保险费率的水平，让企业真正感到没有过多地增加企业负担，并能享受投保安全生产责任保险所带来的实惠。理论上讲，安全生产责任保险的费率设计要不高于投保企业应缴存的风险抵押金的同期贷款利息，在此基础上，要建立浮动费率机制，即对同一类型企业实行统一费率标准上的浮动费率机制[②]，将企业安全生产标准化、安全生产先进企业评比、企业事故状况等纳入保险费率调整范围，目的在于激发投保企业自觉履行安全生产主体责任，推动安全生产管理措施的落实；同时，还应建立有效的费率调整机制，即约定费率在一

---

① 向飞丹晴，赵大伟. 政府在高危行业推进安全生产责任保险的作用和对策 [J]. 经济管理，2009，31（6）：143 –147.

② 唐金成，周苏靖. "平安中国"视角的安全生产责任保险发展研究 [J]. 西南金融，2017（8）：61 –66.

定限额内调整，周期性地检视和调整保险费率，为安全生产责任保险的稳定运行奠定基础。

四是在投保及理赔操作流程上，要做到科学合理、简单易行。在投保时，只需提供企业类型（安全生产许可证和营业执照）和企业规模证明等相关资料即可办理投保手续，理赔出险后，投保企业可通过保险专人客服电话报案，实现全天候 24 小时对接。

在运行机制上，建立健全安全生产责任保险工作协商沟通机制，妥善处理各方关系，实现安全生产风险责任补偿制度的有效完善。推行安全生产责任保险是一项复杂的工作，关系到各方面利益的调整，不仅涉及面广，而且政策性强。在运行初期，需要各相关利益方密切合作，建立沟通协调机制，履行好各自的职责，特别要注意处理好各方利益关系，要妥善处理好与工伤保险的关系。工伤保险是法定的强制性社会保险，是建立安全生产责任风险补偿制度的重要基础，而安全生产责任保险是以工伤保险全覆盖为前提，其保险范围与工伤保险范围不重叠，不管是保障对象还是保障范围，都是工伤保险的有效补充，因此，企业除依法参加工伤保险外，仍要参加安全生产责任保险。

同时，还要妥善处理好保险与企业安全生产管理的关系，建立事故预防与安全生产责任保险联动机制，是安全生产责任风险补偿制度的核心和根本所在，是保险业风险控制和社会管理功能的集中体现。[①] 因此，可以由保险公司组织开展公益性、社会性的安全生产宣传活动，组建专家团队辅助企业进行安全生产教育和管理，积极参与企业的日常安全管理、风险评估、技术升级、应急救援等各个环节，建立完善投保企业事故预防机制，推动安全生产工作重心下移、关口前移，及时发现和消除事故隐患，当发生事故时，要积极参与抢险救灾，主动、迅速、准确、合理地履行安全生产责任保险的赔偿责任（见图 7 - 15）。

---

① 参见：2019 年 8 月 27 日，应急管理部就《安全生产责任保险事故预防技术服务规范》举行的发布会。

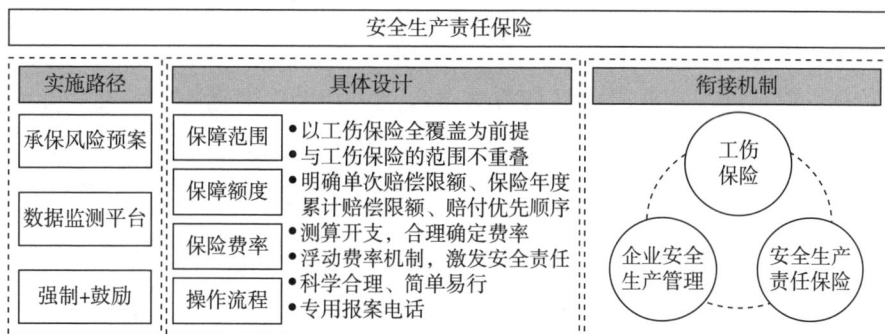

图7－15　针对企业的安全生产责任保险设计

3. 针对政府的财政指数保险设计

与自然诱因引发的突发重大环境灾害类似，人为诱因引发的突发重大环境灾害事故也具有发生频率很低且损失巨大的特点，因此同样适用于指数保险的设计思路。

为建立完善的应对突发重大环境灾害的创新型保险制度，针对人为诱因造成的爆炸、火灾等事故，本书为天津市设计了政府为被保险人的财政指数保险，即基于预先设定的触发巨灾赔付的事故等级参数作为支付赔偿的依据，当上述参数达到一定阈值即触发值时，由保险公司按照合同向政府支付相应的保险赔付金额，无须经查勘定损，赔付金额视巨灾参数所对应的等级而定。因此，该种形式的指数保险能够保证灾害发生后巨灾赔付款能够迅速赔付给政府，再由政府统一安排救灾，这样大大提升了政府灾害救助能力和效率。灾害事故等级划分可参考《国家突发环境事件应急预案》的标准，按事故后果的严重程度（如死亡或重伤人数、疏散转移人数、直接经济损失等），将突发重大灾害事件划分为四个等级，从一级到四级灾害事故的严重程度依次递减，并分别触发不同数额的保险赔付，但需结合天津市灾害事故的实际数据设定赔付阈值。财政巨灾指数保险应以天津市的年度应急应灾预备费和估计的突发重大环境事故损失额度为依据，设定保障限额和相应的保险费。

与巨灾财政指数保险制度类似，天津市突发重大环境灾害财政指数保险的建立同样应采取"整合承保能力、准备金逐年滚存、损失合理分层"的运行机制。突发重大环境灾害属于巨灾的一种,在传统的保险理念中不具备可保条件,但可以采取联合共保的方式解决这一难题,即选择偿付能力充足、具有巨灾指数保险经营经验的保险公司组成的共保体作为财政巨灾指数保险经营主体,使巨灾风险在各保险公司间得到分散。[①] 此外,共保体还可以和应急管理部门、政府财政预算部门等各部委协调以建立灾害预防机制,助力救灾减灾工作,提升救灾减灾效率,提升灾后损失补偿效率和灾后恢复能力建设(见图 7 – 16)。

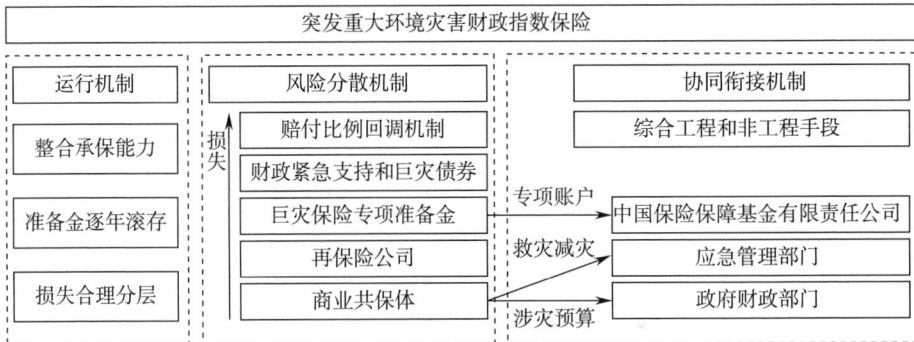

图 7 – 16 针对政府财政的指数保险设计

除共保体外,财政巨灾指数保险还应该充分运用再保险手段,把风险分担者的范围扩大至全球。为保障突发重大环境灾害财政指数保险的正常运行,天津市政府还需建立巨灾保险专项准备金制度。运行初期,可暂由中国保险保障基金有限责任公司设立专门账户代为管理,使政府的应急应灾预备费能够在不同年度间流动滚存,提高资金运用效率。按照"风险共担、分级负担"的原则,损失分层方案设定总体限额,让共保体、再保险公司、巨灾保险专项准备金、财政支持等主体共同分担财政损失。

无论是运用应急应灾预备费还是建立专项准备金制度,财政指数保险建

---

① 刘玮,郭静. 保险平滑政府自然灾害涉灾支出波动风险研究——以地震巨灾财政指数保险为例 [J]. 保险研究,2021 (1):22 – 39.

立和施行的各个环节都离不开政府的支持，天津市政府应当担任顶层设计和利用"汲水效应"刺激新兴业务的职责，将财政巨灾指数保险制度化。由政府部门牵头，调动商业保险公司的积极性，引导各参与主体间协调配合，使天津市在公共安全保险领域走在全国的前列。

巨灾保险的准公共产品性质决定了传统的单一制度和方法难以支撑其运行和发展，在现代化的多灾种巨灾治理思想框架下，需要综合运用工程及非工程手段化解巨灾风险，而保险作为一种非工程手段，它所能发挥的作用主要体现在灾后重建的财政资金供给上，财政巨灾保险制度正是这一思想的具体实践。把财政巨灾指数保险纳入天津市突发重大环境事件应急管理体系，运用保险机制平滑财政年度资金预算，在灾后公共设施修复重建、灾后社会救助环节中提供来自市场的资金支持，有效利用和调配政府与市场的各种资源，实现对灾害风险的综合管理。在现代化的灾害风险综合管理体系下，这种财务性风险转移保险保障机制可以弥补政府作为单一主体进行灾害治理所存在的缺陷和短板，有助于创新政府管理，充分发挥保险服务于国家治理的功能。

第八章

政策与法律支持

第一节　政策与法律支持：基本思路

天津市地震、洪水等自然灾害巨灾保险制度及突发重大环境灾害巨灾保险制度在构建的基本思路、制度模式和制度设计方案确定后，需要进一步明确巨灾保险制度运行需配套的政策与法律支持体系，通过政策及法律法规等机制强化"政府主导、市场化运作、社会参与"巨灾保险的顶层设计，并确保制度的落地实施和顺利运行，充分释放巨灾保险防范化解城市公共安全自然灾害风险的作用。

商业性灾害保险可基于自愿的原则，由商业保险公司自行运作。由政府主导政策性、社会化的针对个人、家庭、企业等社会群体面临的巨灾风险损失的专项巨灾保险，具有准公共商品的属性，有社会治理的效能，需要政府各相关机构和部门制定配套的政策及部门间协调机制，来保障其落地实施，因此，本节关于与所设计的巨灾保险方案相配套的政策与法律支持是基于该专项巨灾保险方案的实际运行而提出。

确保专项巨灾保险运行的政策和法律支持主要包括城市典型灾害巨灾保险实施条例和相关政策，针对特定类型专项巨灾保险实施法定保险的推行办法和政策，针对特定人群或群体的巨灾保险保险费补贴办法和政策，巨灾保险基金及其归集、管理等办法和相关政策。同时，还需要如政府、财政局、民政局、应急管理局、地震局、气象局、水利局、消防等多部门的协同。

根据本书所设计的嵌入天津城市公共安全体系中的巨灾保险综合方案，与之相匹配的政策制定的具体思路和内容需考虑如下几个方面。

一、　政策与法律制定服从于中央政策精神和统一部署

严格与中央顶层制度部署的巨灾保险保持一致，坚持"政府主导、市场参与、兼顾政策性目标和风险分散效率"的基本原则，这一原则既是全国城乡居民住宅地震巨灾保险的指导，总领了我国巨灾保险制度建设的发展模式与方向，也是对政策性居民住宅地震巨灾保险、商业地震灾害风险保障产品体系、财政地震巨灾指数保险三条并行建设路线之间相互作用关系及各路线内部运行的规范。

二、　巨灾保险的推行遵从于不同属性和保障领域的巨灾保险属性特征

本书前述设计的嵌入天津城市公共安全体系中的巨灾保险综合方案包括商业性普通灾害保险和政策性、社会化的具有准公共产品属性的专项巨灾保险产品、政府财政专项巨灾指数保险计划等，该综合方案的承保与推行模式是不能够划一实施的。政策性、社会化的具有准公共产品属性的专项巨灾保险产品，需要在政府的主导下，可以有选择性、分不同地区以法定保险的形式推行专项巨灾保险，可以针对不同群体，实行巨灾保险保险费补贴政策；鼓励商业保险机构充分发挥专业化服务优势和承保实力创新研发提供市场化运行的基础性或补充性巨灾保险产品。

三、　巨灾保险的定价与理赔

（一）保险定价

基于我国地震巨灾保险试点实践具体情况，政策性专项住宅地震专项巨

灾保险的定价是其政策属性和公益属性的体现，基准费率包括基本费率、折扣费率和长期系数。需要通过政策性文件规定的形式，将保险费率维持在收支平衡范围，同时进行以市级财政为主的中央、市、区县三级财政保费补贴安排，提升保险可负担性并减少对巨灾风险定价的扭曲，进行差异化定价，在反映实际风险的基础上，形成费率杠杆对防灾防损工作的促进。

（二）理赔方式及赔付标准

专项巨灾保险的理赔方式和赔付标准，需要通过整体化的政策方案进行匹配，是全国统一标准和区域调整过程的结合，这一工作需要与巨灾保险在全国范围内进行差异化推广落地的过程相适应。同时，对于政策性专项巨灾保险及部分商业灾害风险保障产品体系，保险机构各级分支机构均成立专门理赔查勘团队，负责地震灾害的查勘定损工作，保险机构协同市应急、民政等部门完成巨灾保险金的快速支付（涉及责任保险的在必要的勘察后和责任审核后进行垫付），给予被保险人经济补偿和灾后的精神慰藉。

四、 巨灾保险基金与管理

《中华人民共和国预算法》提到了"财政预算预备费"，而关于巨灾基金，我国目前尚无理论上、政策上和法律上的统一性认知。[①] 在政策性专项巨灾保险制度建设中，涉及设立巨灾保险专项基金及巨灾保险基金的归集与管理等问题。通过收取的巨灾保险保费提取及其他来源积累全市统筹的巨灾保险基金，需要从立法和政策上有明确指引，有效帮助既形成巨灾风险的有效分散层级，又通过科学管理放大资金规模。政府需要针对本书提出的专项巨灾保险方案，通过立法和相关政策设立专项巨灾保险基金，明确职能与职责，可以确保在最大限度保障基金安全性的前提下，科学管理和对冲。政策性巨

---

① 魏钢. 巨灾风险的认知与保险的矛盾、应用、验证？［EB/OL］.（2021 - 02 - 03）［2020 - 10 - 21］. https：// www. zhonghongwang. com/show - 278 - 195551 - 1. html.

灾基金管理机构的成立与运行，需要规范化的内部组织体系和运行准则，而其中对于巨灾保险基金的管理需要匹配高效的投资管理机制，首要注重资金的安全性，在此基础上，科学布局基金投资方式、久期管理、应用管理等。

巨灾保险基金衔接了政府财政的最终风险分层，在不考虑财政指数保险的情况下，是在常规保险运行机制中的最后方向，其基金管理政策稳定性关乎着整个风险分散的综合能力。[①] 由于初期资金池的规模无法实现快速扩展，需要政府的资金支持。随着巨灾保险基金屏障的不断增厚，可以削减终层的风险压力，进而实现财政指数保险的跨期动态调整。

五、　税收及相关政策

政策性专项巨灾保险虽可以提供较为基础的巨灾风险保障，但仍会因"一次事故、集体损失"而使巨灾保险承保人产生较高的经营风险，并有可能引发系统性的金融风险。可以分别针对商业保险公司提供的商业性灾害保险和由商业保险公司作为专项巨灾保险风险分层承保人参与提供的巨灾保险，制定不同的税收和其他相关政策。

在税收方面的支持性政策的作用效果同样具有差异化特征和动态调整机制，一方面，引导商业保险公司的巨灾风险承保与保险服务水平的提升，完成从增量到提质的转变，提升政策性专项地震巨灾保险的供给活力，促进集体智慧对保险方案的迭代优化；另一方面，税收优惠超出简单的税收减免的限制，成为巨灾保险交易市场风险总量控制的具体指标，成为政府主导巨灾保险市场的一项政策工具。[②]

在税收优化方面，需要有针对参与以巨灾风险承保共同体形式提供巨灾保险的商业保险公司和再保险机构的税收方案，消除当前财税机制中涉及保

[①] 田玲，彭菁翌，王正文. 承保能力最大化条件下我国巨灾保险基金规模测算［J］. 保险研究，2013（11）：24-31.

[②] 杨京钟. 巨灾保险财税政策的国际经验及中国借鉴［J］. 中国软科学，2012（6）：33-42.

险行业的相关制度要求的模糊性，将风险的或有负债属性和共同体的新型组织特征纳入税收机制的考量之中。例如，提升专项巨灾保险共同体的增值税信息协同性，业务形成时由出单公司代开增值税发票，其成员公司份额税款自动通过信息平台向出单机构"发出"增值税专用发票，消除出单公司资金占用成本和税收管理成本。

第二节　政策与法律支持体系：顶层设计

通过国际上较为成功的巨灾保险实践经验可以看出，巨灾保险体系需要有一套完善科学的法律法规体系的支撑。中共中央办公厅、国务院办公厅印发的《关于推进城市安全发展的意见》强调，坚持安全发展理念，精细化制定城市经济社会发展总体规划及具体领域的城市规划、城市综合防灾减灾规划等专项规划，居民生活区、商业区、经济技术开发区、工业园区、港区及其他功能区的空间布局要以安全为前提，把安全放在首位。加强建设项目实施前的评估论证工作，将安全生产的基本要求和保障措施落实到城市发展的各个领域、各个环节。天津市需要贯彻落实该意见精神，综合运用精细化治理、韧性城市治理和"以政府及其职能部门为元主体，多元社会主体协商共治"等治理工具和技术，切实防范和治理城市安全的隐患和风险，以及善后处理的救援抢险，确保"平安城市"建设落到实处。

巨灾保险的立法工作需要紧扣其政策目标，在国家关于巨灾保险条例这一特别法尚在酝酿、制定的过程中，需要着力明确地方性巨灾保险的性质、类别、实施主体、保障主体、合同形式、经营规则、监督与法律责任等问题，将铺开巨灾保险多线运行的工作规范化。针对居民、企业和公共财政的地震巨灾保险，补充相应的操作规范办法，如"天津市地震巨灾保险实施办法"；在突发重大环境灾害风险管理方面，出台"天津市关于投保环境灾害保险的实施办法"等。在充分统辖的基础上，给予各区域结合实际风险状况进行差异化作业的自由度，将"统"与"分"的关系限定在明确的范围内。

针对城市面临的巨灾保险，须逐步建立和完善市级统筹的巨灾基金管理制度立法，通过统筹巨灾风险基金强化其政策性和公益性，优化对承保巨灾风险的风险分散机制，实现巨灾保险信息共享和管理来规划和推动巨灾保险的迭代，更有效地落实国家相关灾害防控政策。

专项巨灾保险综合方案中的政府公共财政地震巨灾指数保险，涉及启动中央及地方政府财政涉灾预算改革问题，同样需要以地方性法规的形式限定运行模式、组合资金工具途径、风险分散机制等问题，更具复杂性，通过相应的立法建立新型公共财政响应灾害风险预算融资制度，实现更高阶段的巨灾风险分散目标。

一、 政策支持

在中央政府统一部署下，天津市政府可以从天津市自身情况出发，制定出确保专项巨灾保险制度和运行体系落地实施的政策制度、法律制度、管理制度和相关政策。特别需要确立巨灾保险综合保障体系的搭建、不同属性和保障领域的专项巨灾保险方案中推行模式、巨灾保险基金、巨灾风险承保分层、损失保障程度、保险费补贴等问题的具体政策性制度。

体系架构与组织。政策性专项巨灾保险是由政府主导，天津市推行专项巨灾保险综合方案，从专项立法和政策支持，到专项巨灾保险基金的归集和管理等，都需要由政府统筹规划和指导，明确政府在巨灾保险综合方案运行中扮演的角色和分工；保险公司主体的参与，需要通过监管机构出台与天津市推行专项巨灾保险综合方案相适应的监管指引和办法，天津保险市场上的商业保险公司基于监管指引，根据其经营实际一方面创新开发普通灾害保险承保巨灾风险的产品与服务，另一方面作为专项巨灾风险分层承保人，参与到专项巨灾保险之中。

巨灾保险综合方案的保障水平。综合方案中的政策性专项巨灾保险产品提供的基础性保险保障，其保障范围包括针对人身伤害的基础定额人身伤亡给付和针对财产损失居民住宅的基础性损失补偿，而对于个人和家庭更高保险额和更广泛责任的人身伤害和健康责任、住宅内附属物及其他财产的损失补偿保障，以及本身承担风险能力较强的企业主体遭受的巨灾损失，均不在政策性专项巨灾保险的承保范围内。

专项巨灾保险产品的推行。政策性专项巨灾保险要实现广覆盖的基础保障，针对风险高发的特定城市地区，即地理位置位于地震带上的城市和地区，可以采取强制投保的模式。通过法律的强规范性手段，提高高风险地区整体抵御风险的能力，在权利义务对等的条件下，对高风险地区居民灾后最基本生活水平进行优先保障，从而先易后难，逐步推进，这也是风险保障最优化和社会福利最优化的均衡决策。

巨灾保险综合方案的实施。在政府的主导下，推动具备一定资质、偿付能力充足、业务经营能力优秀的商业保险公司形成巨灾保险共同体，作为地震巨灾、洪水巨灾保险业务运营和管理的核心机构，成员公司承担保险产品的销售、保险理赔服务、再保险方案的组织安排、保险业务的管理等职能，贯穿投保、理赔、结算等全流程。

巨灾风险分担机制。巨灾风险分担机制包括风险分散机制和保费分担机制。保费分担机制可以确定投保人和政府保费补贴共同承担的方式，确定政府根据各地区灾害风险特点和灾情情况、经济发展情况和财政财力，提供适宜本地区的巨灾保险保费补贴的政策。在巨灾保险制度推行初期，为增强居民的风险意识和投保积极性，保费补贴比例略高，待制度成熟及风险防范管理机制完善后，保费也会随着相应风险暴露的降低而调整，由此逐步扩大个人承担比例，或采取多渠道缴费等分担机制。对于低收入困难群体和残障人士等特殊人群，可以由政府对其提供全额的保费补贴。

政府主持设立巨灾保险基金。巨灾保险基金是巨灾保险综合方案运行的重要支撑。巨灾保险基金的主要来源包括巨灾保险综合方案实施初期政府财政一次性投入、每年巨灾保险保费专项准备金的提取部分、社会捐赠和慈善捐款等，它体现的都是巨灾这种低频高损风险在时间跨度上的纵向分散。设立全市统筹的多层次巨灾保险基金，构建巨灾保险基金管理、投资、使用、统筹制度体系，是天津市城市公共安全和突发重大环境灾害风险分散的现实需求。

二、法律支持

我国多地区试点实施的巨灾保险体现了立法先行是发展专项巨灾保险制度的前提条件，而且，各试点地区也都为巨灾保险的顺利实施制定了地方性的法规方案和政策。本书提出的专项巨灾保险和金融支持体系，需要天津市政府组织相关政府机构与相关领域专家研究出台针对典型城市灾害的巨灾保险计划及实施的立法指引、管理规章，包括对产品体系定位、基金管理、方案运行、财税支撑、社会组织、监督管理。

第三节　组织与协同

保险的特有功能能够在城市治理、经济建设、公共服务的方方面面得到充分释放，建设保险型城市，防范化解城市突发重大灾害事件风险，核心在于构建科学化、制度化并融入城市公共安全风险管理体系的灾害保险体系。具有天津市典型灾害风险特点的巨灾保险综合方案体现的正是与城市公共安全风险管理体系有机融合的巨灾保险体系，而且是巨灾保险与金融支持体系的综合，需要政府的统筹规划组织和政府各相关部门、参与承担巨灾风险的各类承保人、相关社会组织和社区等各层面主体的协同支持。

一、政府主导、各相关部门的协同

（一）风险特征评价与城市灾害风险管理工作的衔接

通过对以地震、洪水为代表的自然灾害风险，以公共卫生、安全生产为代表的人为灾害风险，以及天津市化工行业突发重大环境灾害风险的评估，能够准确掌握天津市城市灾害风险源的基本特征，作为风险管理的前端基础工作，天津市灾害风险评估在全面覆盖全市各区域、各灾种灾害风险的同时，需要在评估阶段即充分体现新型城市公共安全与突发重大环境灾害风险管理体系的思想，为后续的灾害风险管理工作提供有效的对接口。在多主体参与风险评估工作中，将风险信息的获得与传递规范化、长效化，确保风险基础信息和评估信息能够服务于政府、企业、个人的日常风险预防工作，[①] 并能够实现工程性防灾减灾方案和财务性风险管理方案对数据平台已有资料的二次利用。

灾害风险特征评价是开展城市公共安全风险管理具体工作的基础，本书提出对影响城市公共安全的风险进行有效管理，需要通过工程性措施与非工程性的风险管理机制有机结合。前者旨在对灾害风险的预测、预防、预警、应急管理、减灾和救灾等；后者旨在运用保险机制对灾害损失进行风险分散和经济补偿，尝试对接资本市场消除灾害对社会经济发展的影响基础上，通过强化事前风险管理，从根源上消除灾害风险。这一灾害风险管理基本概念全新解读的具体体现，需要从各个流程坚持落实新型城市公共安全与突发重大环境灾害风险管理体系的建构。

(二) 城市灾害风险管理工作的系统性、先进性和综合化

提供能够保障公众生命财产安全的环境，是各级政府最基础也是最重要的公共产品，这已成为全世界的共识。城市灾害风险并非不可预测、不可预防的，遵循一定的科学规律，利用合理的手段，可以达到有效防范化解城市灾害风险的目的。

当前，城市灾害风险管理的任务繁杂且重复，快速城镇化导致的人口与风险标的的聚集、整体发展的不平衡，使城市暴露指数上升。从概率论的角度来看，发生特定的城市公共安全事故和突发重大环境灾害风险事故在时间维度上是必然的，因此需要我们在原有的灾害风险管理工作上进行改变、确立新理念、完善技术，构建科学体系，不再是"头痛医头、脚痛医脚"的传

---

① 金太军，徐婷婷. 应对突发公共事件的政府协调能力：框架、问题与思路 [J]. 学习与探索，2013 (5)：37 - 43.

统模式，也不是亡羊补牢、补苴罅漏的事后补救模式，而是高度科学的、社会各方参与的、有理论有模型的、综合运用前沿技术的、可以量化降低安全风险的全新模式。本书提出的城市灾害风险管理体系和方案，综合了传统的工程性工具措施和非工程性的包括先进的保险与金融支持机制和社会化的教育机制，能够体现城市灾害风险管理工作的系统性、先进性和综合化。

（三）巨灾保险体系与城市灾害风险管理体系的融合

保险机制科学化、制度化融入的城市灾害风险管理体系，在现有的安全管理、应急管理、防灾减灾管理基础之上，使系统内的各功能体系得到重组和优化，使其成为一个能够做到事前科学预防，事中有效控制，事后把影响降到最低、损失降到最少的转移，更有效地综合应对各类灾害风险对城市安全的威胁。为此，需要切实做到以下三个"转变"。

第一，转变风险管理观念，从以单体事件为中心转向以风险为中心。单体事件的发生难以预测，但潜在风险则可以通过科学手段和专业技术进行辨识的。为使风险降到最低，就必须克服围绕具体事件制定管理措施的局限，要从更为系统的角度审视城市风险，以风险分析作为政策和管理的依据。当前，尤其需要通过各种形式，加强对社会各界尤其是各级领导干部的城市风险意识教育。

第二，转变风险应对原则，从习惯灾害的补救转向自觉"未雨绸缪"的事前风险控制。在当下的复杂环境下，不能存有任何侥幸心理，政府财政投入应更多考虑保险的工作，并进行制度性的保险安排。从单纯事后应急转向利用保险进行事前、事中预防控制。当城市进入风险管理阶段，除了日常安全管理、应急管理工作外，更需要关注事前阶段的风险管理，真正将问题扼杀在萌芽之时、成灾之前。在地方政府层面，需要加快建立城市运行风险预警指数分析和发布机制，运用保险科技手段，对城市风险进行集成分析，实时预警可能发生的风险，及时采取应对措施。

第三，转变工作主体，从行政单方主导转向发挥市场作用、鼓励社会参与，引入保险机制。面对纷繁复杂的风险应对压力，仅凭政府单方的人力、物力、财力难以支撑，必须充分发挥市场在资源配置中的决定性作用。保险是风险分散的有效工具，利用好这一工具，对于城市公共安全风险管理建设具有重要的意义。

（四）新科技在城市安全风险管理中的应用

政府需积极推动商业保险在城市安全风险管理中发挥作用，在总体规划、风险研究、政策支持及保险宣传教育上都要作出努力，其中，特别需要加强科技在城市安全风险管理中的应用，充分发挥信息化的支撑作用，依靠智慧城市建设过程中的物联网、云计算、大数据计算等技术，实现城市公共安全体系的数字化、网络化和智能化，构建一个可感知的、可自动度量的、富有生命力的城市安全管理体系；综合运用射频识别、红外感应、卫星定位、激光扫描、视频监控等技术，建设具有强大信息感知和通信能力的应急网络和平台，以满足日益增长的应急体系中设备设施和业务环境的动态监控、风险管理、突发事件预警，以及统一指挥调度和应对的需求，提升城市安全运行水平、风险管理能力和城市韧性。

安全生产科技创新是遏制重特大事故的重要支撑，是城市灾害风险管理尤其需要关注的重点，需要政府、企业与个人共同协作，加快科技研发与成果运用，建设安全技术防控工程，努力提升安全生产科技支撑保障能力。加强顶层设计，运用信息化实现大数据技术和网格管理技术融合应用，完善公共安全网格化、安全隐患信息系统、安全管理信息系统等的建设，整合信息资源、软硬件资源和政府的管理服务资源，实现公共安全管理技术的体系集成，加强信息互通和资源共享，形成信息准确、渠道畅通、沟通及时、责任到位、反应快捷的信息网络体系，实现城市安全预防、预警体系和辅助决策支持的科学化、现代化，提高公共安全管理的效率。

二、 商业保险公司积极作为

商业地震巨灾保险制度作为补充，从产品开发角度上需要对现有商业巨灾保险市场进一步完善、从与政府应急管理体系的有机衔接上需要体系化的设计。

第一，科学设计地震、洪水等单一灾种巨灾保险，包含各种自然灾害风险的综合性巨灾保险、人为事故灾害保险、巨灾责任保险、财政巨灾指数保险等多种保险方案，供政府相关部门进行选择，并对各种保险产品提供技术上、服务上的支持。

第二，进一步丰富商业巨灾保险的产品供给，拓展商业巨灾保险展业销售。增加产品供给的路径有以下几个方面：

一是通过扩展已有在售产品的责任范围至地震或洪水等巨灾风险。虽然目前商业保险公司可以事先在保险合同中附加条款，将事先难以估算发生概率与损失分布的地震巨灾风险约定为除外责任而规避风险，但由于市场竞争的缘故，越来越多的保险公司也逐渐开始承保巨灾损失，在实际地震事件发生时，采取通融赔付的方式。随着我国地震损失模型的不断开发与完善，在合理的精算定价基础上，保险公司可以考虑产品责任范围的扩展和巨灾责任承保的清晰化。

二是商业保险公司可以开发承保地震风险的附加险产品，包括定期寿险产品、健康保险产品、家庭财产保险、企业财产保险、火灾保险等，这种方式更为灵活，能够提供给消费者更多的选择空间，也对保险公司的展业销售能力提出更高的要求，通过专业营销团队的推广，地震巨灾风险管理和地震巨灾保险的概念能够更快深入人心，提高人们的风险意识。

三是商业保险公司可以开发作为专项巨灾保险补充的专项商业补充性巨灾保险产品。从保障额度补充，以地震巨灾保险赔付额度作为免赔额，向投保人提供更高保险额的人身伤害和住宅损失保险赔付。从保障主体补充，纳入企业主体的损失，包括员工的人身伤害和企业厂房设备损失。从保障范围补充，在横向的承保标的上，可以纳入对居民住宅的室内附属物及财产的赔付责任、企业的生产资料损失等；在纵向的时间额度上，不仅承保的巨灾风险造成的直接损失，还包括次生灾害造成的一系列损失、生产和营业中断造成的长期间接经济损失等。

第三，多家保险公司积极合作，构建巨灾保险共同体，集合行业的力量共同承担巨灾风险，保证每家保险公司在重大灾害来临时的偿付能力，同时，增强技术、资金和资源上的优势。

第四，商业保险公司无论是经营商业补充性巨灾保险，还是参与经营专项巨灾保险产品，都需要将工作重心从传统的营销转移到灾前防灾防损措施的建议及激励机制设计上。同时，风险沟通与风险防控队伍，以及平台建设、防灾减灾技能技术与服务的开发、风险管理知识的教育与普及、风险管理服务等，都需要有创新性的提升。

第五，商业保险公司可加强与学校或科研院所的合作。产学研合作对于商业保险公司开发创新巨灾保险产品、强化科技赋能，提升巨灾风险管理技术和能力有重要作用。近年来，随着科技的发展，特别是感测技术、卫星遥感、物联网、大数据、人工智能等，为巨灾风险治理提供了全新的视角和可能，通过建立全面监测和动态反馈的巨灾风险管理技术平台，能够实现科学管理和动态预警，有效降低巨灾风险可能导致的损失，且地震模型的研发为创新巨灾产品提供可能。

三、 社会公众积极参与

进行巨灾保险制度建设，需要充分发挥社会制度优势。社会主义制度下的巨灾风险管理针对的是广大人民群众的生命、财产安全和社会及国家安全，旨在增强国家抗灾韧性和平安中国建设。因此，保险作为灾害及巨灾风险的管理者，在社会治理中扮演着不可替代的角色，通过保险机制科学化、制度化嵌入城市灾害风险管理体系，使之发挥其特有的支撑性功能，一方面分担政府部门的相关职责，另一方面与巨灾风险管理体系中的相关部门，如防灾减灾、应急、生产安全、卫生管理、气象、地震、环境保护、农业等部门紧密合作，形成合力。同时，有巨灾保险机制的融入，还可以促进保险在推动全社会各界民众风险管理意识的提升和巨灾风险管理教育、宣传和普及中发挥重要作用。

　　可以通过建立舆情平台，借助社会第三方力量，监督社区和企业投保情况，监督社区和企业是否按照地震风险管理指导要求而敦促采取必要的风险管理措施、是否为企业建筑物配备地震逃生设备紧急通道等；政府和社区可以通过设立专职管理部门，召集和管理社会志愿者，提供风险识别预警、防灾防损等志愿服务，还可以通过邀请高校和部门专家通过普及地震风险与防范知识，充分利用各类科普平台和设施，通过多种渠道，开展形式丰富的防震减灾科普教育，提高防震减灾意识和水平。

　　社会公众能够有"居安思危"的危机意识，是城市公共安全风险管理的基础，也是衡量一个城市公共安全管理水平高低的重要标准。在危机意识的培养过程中，必须厘清政府与公民、企业等的主体责任，增强企业与公民的社会与安全责任主体意识。企业和公民作为安全责任主体指的是安全风险管理主体和结果承担主体。预防安全风险需要兼顾防灾防损和保险安排，我国社会公众的环境灾害和公共安全风险防范意识普遍薄弱，知识、经验和能力不足，防灾防损与救援少有预案。因此，政府及其相关机构，一方面，需要通过各类媒体开展系统性的安全法治普及教育宣传，如包含保险保障在内的城市公共安全风险管理的宣传教育，生产安全、消防安全、交通安全和应急知识宣传，提高社会公众的安全风险意识与责任主体意识；另一方面，加强全民安全和居民逃生救护技能的培训，强化公众自然灾害常识教育，帮助其掌握正确的减灾防损技能，引导公众建立适当的风险认知和防范策略，增强公众安全素质。唯有政府、企业和个人及社会各方面不断努力，使城市具备抗灾能力和自我恢复能力，早日实现韧性城市的目标。

第四节　总　结

　　天津市作为一个工业发达的海滨城市，其面临着自然灾害和人为灾害的双重风险，尤其是在天津港"8·12"特大火灾爆炸事故之后，城市安全问题成为人们越来越关注的问题。本书的研究是在结合天津市工业经济特点的基础上从自然灾害和人为灾害双重角度出发，为天津市城市公共安全的建设提供了包含保险机制的灾害风险应急方案及配套的保险制度设计。

首先，本书从相关概念的界定及基础理论分析的角度出发，对城市公共安全、影响城市公共安全的风险及突发重大事件等进行概念界定，分析城市公共安全风险管理与城市发展、韧性城市建设之间的逻辑关联，界定了灾害风险与巨灾风险的概念和内涵，以及国内外关于巨灾保险的创新理论，梳理总结了关于城市公共安全管理、城市公共安全风险评估、巨灾风险等研究成果及学术发展。

其次，在灾害风险概念界定的基础上，分析天津市地理地貌特点，从天津市的地理位置、水文气象、人口状况、工业布局及灾害发生历史方面对天津市面临的城市公共安全问题进行了分析。分析表明，虽然天津市地震、洪涝灾害及爆炸火灾等发生频率虽低，但是一旦发生，损失惨重，会对居民的生命财产造成较大威胁，也将会影响政府财政的正常运营。对此，本书主要针对地震和洪涝灾害，以及爆炸、火灾灾害进行风险源分析和风险评价研究，其中，本书对天津市面临的自然灾害和人文灾害风险进行的定量和定性分析结果表明，在地震和洪涝方面，2013—2015 年的城市防灾减灾综合能力较弱，需要立即采取措施提高；2012 年、2016 年城市防灾减灾综合能力较强，为后来的城市防灾减灾综合能力建设提供参考；在人为灾害方面，天津市近年来人为因素导致安全事故呈现下降的趋势，主要得益于最近几年天津市政府部门加大安全生产检查力度，不断出台相关政策法规，规范安全生产流程。同时，通过各种宣传方式提高了公众的安全意识，降低了人为因素造成的灾害风险。

最后，针对天津市城市公共安全与突发重大环境灾害风险现状，本书建构了较为完备的城市灾害风险管理体系及配套的巨灾保险制度方案。关于灾害风险管理体系，本书提出了基于城市公共安全的城市灾害风险管理体系，需要进行全面梳理和优化设计，使城市公共安全风险管理体系成为一个能够体现事前科学地"防"，事中有效地"控"，事后把影响降到最低、损失降到最少地"救"。为此，应切实做到以下四个"转变"。

城市公共安全与保险

一是转变管理观念，从以事件为中心，转向以风险为中心。我们知道，具体事件不能预测，风险则可以辨识。为使风险降到最低，就必须克服围绕具体事件制定管理措施的局限，要从更为系统的角度审视城市风险，以风险分析作为政策和管理的依据。当前，尤其需要通过各种形式，加强对社会各界尤其是各级领导干部的城市风险意识教育。

二是转变应对原则，从习惯"亡羊补牢"转向自觉"未雨绸缪"。所谓"人无远虑必有近忧"，在当下的复杂环境下，我们不能存有任何侥幸心理，凡事都需重视潜在的问题，预估可能的后果、做好最坏的打算、争取最好的结果。政府财政投入应更多考虑"未雨绸缪"的工作，并作出制度性安排。

三是转变工作重心，从单纯事后应急转向事前、事中防控。当城市进入风险管理阶段，除了日常安全管理、应急管理工作，更需要关注事前和事中阶段。在市级层面应尽快设立城市运行风险预警指数分析和发布机制，运用大数据手段，对城市风险进行集成分析，实时预警可能发生的风险，及时采取应对措施。

四是转变工作主体，从行政单方主导转向发挥市场作用、鼓励社会参与，引入保险机制。城市风险管理，需要政府部门统一规划、引导支持，但绝不能由政府一家唱"独角戏"。面对纷繁复杂的风险应对压力，仅凭政府单方的人力、物力、财力也难以支撑，必须充分发挥市场在资源配置中的决定性作用。保险是风险分散的有效工具，利用好这一工具，对于天津市城市公共安全风险管理建设具有重要的意义。

此外，政府需积极推动商业保险在城市安全风险管理中发挥作用，在总体规划、风险研究、政策支持及保险宣传教育上都要作出努力，并且要加强科技在城市安全风险管理中的应用，充分发挥信息化的支撑作用，依靠智慧城市建设过程中的物联网、云计算、大数据计算等技术，实现城市公共安全体系的数字化、网络化和智能化，构建一个可感知的、可自动度量的、富有生命力的城市安全管理体系；综合运用射频识别、红外感应、卫星定位、激光扫描、视频监控等技术，建设具有强大信息感知和通信能力的应急网络和平台，以满足日益增长的应急体系中对设备设施和业务环境的动态监控、风险管理、突发事件预警，以及统一指挥调度和应对的需求，提升城市安全运行水平和风险管理能力。

在巨灾保险制度设计方面，本书提出要同时完善现有的保障个人和企业巨灾财务损失的商业保险。针对天津市地震和洪水灾害风险及可能的人为诱因引发的突发重大环境灾害风险，本书提出了商业灾害保险与政府主导、市场化运作、广泛的社会参与的基础性、社会性、地震巨灾保险机制有机衔接的创新观点和巨灾保险建设方案，并进一步指出巨灾保险制度建设与发展需要科学立法和建构各相关领域部门政策配套及协同支持体系，最终形成巨灾保险长效实施与综合管理体系。

关于应对突发重大环境灾害风险，本书重点考察和研究了天津市现阶段已有的突发重大环境灾害相关保障制度及其存在的不足，创新设计了较为全面的巨灾保险保障机制。首先，在受灾最前端也是最脆弱的个人和家庭层面，需要通过投保意外伤害保险和家庭财产保险来有效补偿群众遭受的人身伤害和家庭财产损失；其次，鉴于突发重大环境灾害保险的人为诱因大部分是由于企业的安全生产出现问题或是污染控制不达标造成，可以创新发展商业性环境污染责任保险制度，从事前预防、事中补偿、事后评估三个阶段入手，对潜在污染企业的突发重大环境灾害进行风险管理；依靠不断完备的天津市安全生产监管体系和安全生产责任保险制度，实现对可能发生事故的企业的危险源的实时监控、事故发生后的第一时间抢险和施救及时止损，以及通过在重点行业强制推行安全生产责任保险构建事后的经济补偿和社会维稳体系。以环境污染责任保险及安全生产责任保险为载体，充分应用商业保险机制对存在突发重大环境灾害风险的企业进行风险管理。在此基础上，重点发展针对天津市突发重大环境灾害特定领域风险救灾与恢复重建机制的政府财政指数保险，体现了巨灾保险制度对个人、企业等社会层面的巨灾损失（人身伤亡、疾病健康风险和财产损失、利益及责任风险）和政府层面的巨灾损失（应对救灾与恢复重建公共财政资金缺口）的多维度覆盖。

参考文献

［1］本刊编辑部．天津港"8·12"瑞海公司危险品仓库特别重大火灾爆炸事故原因调查及防范措施［J］．中国应急管理，2016（2）：44－57.

［2］陈洪富．HAZ－China 地震灾害损失评估系统设计及初步实现［J］．国际地震动态，2013（3）：45－47.

［3］陈婧，刘婧，等．中国城市综合灾害风险管理现状与对策［J］．自然灾害学报，2006，15（6）：17－22.

［4］陈巍，曾获．城乡居民住宅地震巨灾保险发展现状及未来方向［J］．中国保险，2018，11：48－51.

［5］陈亚男，薄涛，熊政辉，姜海峰．超大城市推进地震巨灾保险工作的若干建议——以首都北京为例［J］．地震科学进展，2021，51（5）：206－214.

［6］陈宇坤．天津海河隐伏断裂构造活动特征与地震危险区段划分［D］．北京：中国地震局地质研究所，2007.

［7］程家喻，杨哲．评估地震人员伤亡的软件系统［J］．地震地质，1996，18（4）：462－470.

［8］成德宁．大城市安全风险的性质、特征及治理思路［J］．国家治理，2021（18）：34－39.

［9］邓仕仑．美国应急管理体系及其启示［J］．国家行政学院学报，2008（3）.

［10］丁元昊，马腾飞．地震指数：保险创新与实践［J］．金融博览，

2016（9）：15 - 16.

[11] 董劭忱，刘茂. 城市公共安全预警系统的初步探讨 [J]. 中国公共安全，2005（7）：78 - 81.

[12] 董晓峰，王莉，游志远，高峰. 城市公共安全研究综述 [J]. 城市问题，2007（11）：71 - 75.

[13] 樊运晓，高朋会，等. 模糊综合评判区域承灾体脆弱性的理论模型 [J]. 灾害学，2003，18（3）：20 - 23.

[14] 樊运晓，罗云，等. 承灾体脆弱性评价指标中的量化方法探讨 [J]. 灾害学，2000，15（2）：78 - 81.

[15] 樊运晓，罗云，等. 区域承灾体脆弱性评价指标体系研究 [J]. 现代地质，2001，15（1）：113 - 116.

[16] 费欢. 特大城市公共安全风险管理比较与借鉴 [J]. 中国公共安全（学术版），2018（1）：33 - 40.

[17] 高庆华，刘惠敏. 自然灾害综合研究的回顾与展望 [J]. 防灾减灾工程学报，2003，23（1）：97 - 101.

[18] 葛辉. 基于 PKPM 软件对混合结构的安全及抗震检测鉴定 [J]. 中国建材科技，2021，30（5）：29 - 32.

[19] 谷明淑. 英美两国洪水保险制度对我国的启示 [J]. 辽宁大学学报，2012（5）：87 - 92.

[20] 国务院. 国务院关于调整城市规模划分标准的通知 [EB/OL]. http://www.gov.cn/zhengce/content/2014 - 11/20/content _ 9225. htm.

[21] 何江. 城市风险与治理研究 [D]. 北京：中央民族大学，2010.

[22] 何彤. 风险社会下城市公共安全体制创新研究 [D]. 杭州：浙江财经大学，2017.

[23] 胡少卿. 建筑物的群体震害预测方法研究及基础设施经济损失预测方法探讨 [D]. 哈尔滨：中国地震局工程力学研究所，2007.

[24] 黄民生，黄呈橙. 洪灾风险评价等级模型探讨 [J]. 灾害学，2007，22（1）：1 - 5.

［25］黄英君，江先学．我国洪水保险制度的框架设计与制度创新——兼论国内外洪水保险的发展与启示［J］．江西财经大学学报，2009（2）：35－41.

［26］姜玉琴，于晓非．关于黑龙江省农业财政巨灾指数保险试点工作的调研报告［J］．当代农村财经，2017（5）：52－56.

［27］孔锋，韩淑云，王一飞．透视我国城市综合灾害防御能力建设及其提升方略［J/OL］．灾害学：1－8［2021－09－27］．http：//kns. cnki. net/kcms/detail/61. 1097. P. 20210827. 1756. 010. html.

［28］李树利，宗胜旺，锁罗曼．保险型城市内涵解读与实践路径［J］．时代金融，2020（18）：111－113.

［29］李树桢，贾相玉，朱玉莲．震害评估软件 EDEP－93 及其在普洱地震中的应用［J］．自然灾害学报，1995（1）：39－46.

［30］李树桢，尹之潜．地震损失评估与数据库系统［J］．中国地震，1993（3）：264－275.

［31］李姜，张合，刘志辉．张家口地区精细化地震灾害风险评估［J］．震灾防御技术，2021，16（1）：134－145.

［32］李赫，董一兵，王熠熙，等．唐山地区地震成因初探——以丰南2010 年 M4.1 和 2019 年 M4.5 地震序列为例［J］．地球物理学进展，2020，35（4）：1276－1283.

［33］林捷．美日防震减灾研究动态［J］．防灾博览，2011（1）：32－35.

［34］林雄弟．公共安全问题界定、影响发展趋势和应对策略［J］．中国公共安全（学术版），2008（1）：18－22.

［35］刘国熠．我国城市危机管理体系若干问题的探讨与反思［J］．中国公共安全（学术版），2012（4）.

［36］刘浪，何寿奎．城市建设中的公共安全规划问题探讨［J］．生态经济，2008（8）：136－139.

［37］刘茂，张青松．城市公共安全：理论方法及应用［M］．北京：中国石化出版社，2014.

［38］刘玮，郭静．保险平滑政府自然灾害涉灾支出波动风险研究——以地震巨灾财政指数保险为例［J］．保险研究，2021（1）：22－39.

［39］刘玮．多灾种重大灾害风险与城市韧性研究——保险机制的嵌入［N］．中国保险报，2019－02－15（004）．

［40］刘玮，刘金松．城市洪水灾害风险最新研究进展［N］．中国保险报，2019－01－04（004）．

［41］刘晓亮．特大城市安全风险管理的国际经验和对上海的启示［J］．科学发展，2017（9）：47－56.

［42］刘艳，康仲远，等．我国城市减灾管理综合评价指标体系的研究［J］．自然灾害学报，1999，8（2）：61－66.

［43］刘忠亚．渤海海峡跨海通道工程区区域地壳稳定性评价［D］．北京：中国地质科学院，2016.

［44］刘恢先．地震工程学科在中国的发展——回顾与前瞻［J］．地震工程与工程振动，1988（2）：1－7.

［45］刘振辉．天津市蓟县山区突发性地质灾害特征及其形成机理研究［D］．北京：中国地质大学，2014.

［46］刘静伟，王振明，谢富仁，等．大华北地区地震灾害与风险评估［J］．地震工程学报，2014，36（1）：134－143.

［47］刘锡荟，陈一平．国外城市地震防灾技术述评［J］．世界地震工程，1985.

［48］刘炳辰．渤海中南部碎屑矿物特征与沉积环境［D］．烟台：鲁东大学，2013.

［49］吕国军，张合，孙丽娜，刘志辉．廊坊市重要建筑物易损性分析［J］．地震研究，2017，40（4）：638－645＋678.

［50］吕锋，崔晓辉．多目标决策灰色关联投影法及其应用［J］．系统工程理论与实践，2002（1）：103－107.

［51］马德峰．安全城市：基于多维视野的考察［J］．城市规划学刊，2005（1）：95－98.

［52］潘加军，张晓丹．转型期我国城市公共安全体系的缺陷与重构
［J］．社会科学家，2004（6）：44－47.

［53］裴玮来，周仕勇，庄建仓，熊子瑶，朴健．统计地震学在地震危险
性概率预测方法研究中的应用与讨论［J］．中国科学：地球科学，2021，51
（12）：2035－2047.

［54］亓岩．公众参与视角下的城市风险治理研究［J］．中国管理信息
化，2018（10）.

［55］任国玉，初子莹，等．中国气温变化研究最新进展［J］．气候与环
境研究，2005，10（4）：701－713.

［56］任国玉，郭军，等．近五十年中国地面气候变化基本特征［J］．气
象学报，2005，63（6）：942－956.

［57］孙蕾．沿海城市自然灾害脆弱性评价研究——以上海市沿海六区县
为例［D］．上海：华东师范大学，2007.

［58］孙永祺，龚会莲．大数据驱动下破解跨域公共危机治理碎片化难题
的理路探析［J］．领导科学，2019（18）.

［59］唐代兴．为抑制环境灾害而恢复气候的根本思路［J］．贵州师范大
学学报（社会科学版），2015（2）.

［60］田国珍，刘新立，等．中国洪水灾害风险区划及其成因分析［J］．
灾害学，2006，21（2）：1－6.

［61］天津市地方志编修委员会办公室．天津通志［M］．天津：天津市地
方志编修委员会办公室，2008.

［62］天津市档案馆．天津地区重大自然灾害实录［M］．天津：天津人民
出版社，2005.

［63］铁永波，唐川．城市灾害应急能力评价指标体系构建［J］．城市问
题，2006，8（6）：76－79.

［64］万君，周月华，等．基于GIS的湖北省区域洪涝灾害风险评估方法
研究［J］．暴雨灾害，2007，26（4）：328－333.

［65］王雪臣，冷春香，等．长江中游地区洪涝灾害风险分析［J］．科技

导报，2008，26（2）：61－66.

　[66] 王以彭，李结松等. 层次分析法在确定评价指标权重数中的应用 [J]. 第一军医大学学报，1999，19（4）：377－379.

　[67] 王莹. 城市公共安全协同治理的模式构建与路径探索 [D]. 徐州：中国矿业大学，2017.

　[68] 王宏伟. 总体国家安全观视角下公共危机管理模式的变革 [J]. 行政论坛，2018（4）.

　[69] 王威. 科学运用城市风险评估方法　提升城市应急管理能力 [N]. 中国应急管理报，2020－09－18（007）.

　[70] 王勇. 海相（沉积）软土地区高速公路路基合理结构形式研究 [D]. 天津：河北工业大学，2011.

　[71] 危险化学品安全监督管理司. 应急管理部办公厅关于河南省三门峡市河南煤气集团义马气化厂"7·19"重大爆炸事故的通报 [EB/OL]. https：//www. mem. gov. cn/gk/tzgg/tb/201907/t20190726 _ 325359. shtml.

　[72] 温家洪，颜建平，王慧敏，王军，董强，高孟潭，程晓陶，吕亚敏. 韧弹性视角下的城市综合巨灾风险管理 [J]. 城市问题，2019（10）：76－82.

　[73] 温瑞智. 基于 GIS 的城市抗震防灾系统的设计 [J]. 世界地震工程，1997（4）：28－33.

　[74] 温克刚，丁一汇. 中国气象灾害大典·综合卷 [M]. 北京：气象出版社，2008.

　[75] 魏钢，焦洁. 中国巨灾保险及制度建设探索 [J]. 金融博览，2017（4）：58－59.

　[76] 魏华林，万暄. 中国城市风险治理：形成背景与产生原因 [J]. 保险研究，2015（6）：2－8.

　[77] 肖艳. 城市安全评价体系及其应用研究 [D]. 湘潭：湖南科技大学，2014.

　[78] 新华社. 江苏响水天嘉宜化工有限公司"3·21"特别重大爆炸事

故调查报告公布［EB/OL］. http：//www. gov. cn/xinwen/2019 – 11/15/content _ 5452468. htm.

［79］邢梓琳. 风险治理中的社会参与——以国外经验为镜鉴［J］. 中国减灾，2017（1）.

［80］邢大韦，张玉芳，等. 陕西关中城市防灾抗灾能力评估［J］. 西北水资源与水工程，1999，8（3）：9 – 17.

［81］肖文涛，王鹭. 韧性视角下现代城市整体性风险防控问题研究［J］. 中国行政管理，2020（2）：123 – 128.

［82］许飞琼. 灾害损失评估及其系统结构［J］. 灾害学，1998，13（3）：80 – 83.

［83］许厚德. 日内瓦战略使21世纪成为一个更安全的世界：减轻灾害和危险［J］. 劳动安全与健康，1999（11）：12 – 13.

［84］许婷. 社区公共安全风险治理的思考——以重庆市 D 县为例［J］. 新经济，2020（Z1）.

［85］许闲. 建立多元化的中国巨灾保险制度［J］. 金融博览，2016（9）：13 – 14.

［86］薛澜，周玲，朱琴. 风险治理：完善与提升国家公共安全管理的基石［J］. 江苏社会科学，2008（6）.

［87］姚新强. 天津农居易损性与抗震能力分布研究［D］. 哈尔滨：中国地震局工程力学研究所，2016.

［88］闫成国，王志胜，陈宇坤，任峰，高武平. 天津汉沽断裂准确位置及活动性的综合探测研究［J］. 中国地震，2014，30（4）：501 – 513.

［89］杨文明，庞西磊，陈功，陈诗逸. 基于市场机制的城市安全风险公共治理模式探究［J］. 保险理论与实践，2016（12）：69 – 81.

［90］杨冬梅. "互联网＋"时代公众参与城市风险治理探析［J］. 行政论坛，2016（6）.

［91］尹小贝，张琪诚. 超大城市多元共治应急管理体系内涵及运行关键［J］. 中国应急管理科学，2020（8）：34 – 41.

［92］殷杰，尹占娥，等．上海市灾害综合风险定量评估研究［J］．地理科学，2009，29（3）：450－458.

［93］游志斌．英国政府应急管理体制改革的重点及启示［J］．行政管理改革，2010（11）：59－63.

［94］于磊．渤海海峡地区微震监测与活动断层研究［D］．北京：中国地质大学，2017.

［95］原珂，陈醉，王雨．中国城市风险治理研究述评（1998—2018）——基于CSSCI期刊文献的可视化分析［J］．兰州学刊，2020（12）：101－115.

［96］臧建升，张显涛，等．中国气象灾害大典［M］．北京：北京气象出版社，2007.

［97］张风华，谢礼立，等．城市防震减灾能力评估研究［J］．地震学报，2004，26（3）：318－330.

［98］张翰卿，戴慎志．城市安全规划研究综述［J］．城市规划学刊，2005（2）：38－44.

［99］张会，张继全，等．基于GIS技术的洪涝灾害风险评估与区划研究——以辽河中下游地区为例［J］．自然灾害学报，2005，14（6）：141－146.

［100］张路，申霞．城市公共安全研究述评与展望［J］．中国管理信息化，2017，20（5）：208－209.

［101］张越．我国城市公共安全治理问题研究［D］．哈尔滨：中共黑龙江省委党校，2015.

［102］赵发珍，王超，曲宗希．大数据驱动的城市公共安全治理模式研究：一个整合性分析框架［J］．情报杂志，2020（6）.

［103］赵汗青．中国现代城市公共安全管理研究［D］．长春：东北师范大学，2012.

［104］郑远长．防灾减灾的基础研究及应用研究进展概况［J］．自然灾害学报，1996，5（4）：1－5.

［105］中国银行保险监督管理委员会．2018 中国保险年鉴［M］．北京：中国保险年鉴社，2018.

［106］中华人民共和国应急管理部．应急管理部发布 2021 年全国自然灾害基本情况［EB/OL］．https：//www. mem. gov. cn/xw/yjglbgzdt/202201/t20220123 _ 407204. shtml.

［107］钟开斌．伦敦城市风险管理的主要做法与经验［J］．国家行政学院学报，2011（5）：113 – 117.

［108］钟开斌，林炜炜，翟慧杰．中国城市风险治理研究述评（1979—2018 年）——基于 CiteSpace V 的可视化分析［J］．贵州社会科学，2020（3）：41 – 49.

［109］周芳检，何振．大数据时代城市公共危机治理的新态势［J］．吉首大学学报（社会科学版），2018（4）.

［110］周寒，何艳玲．嵌套结构中的治理偏差：中国城市风险的危机转化［J］．南京社会科学，2021（2）：83 – 92.

［111］周云，李伍平，等．防灾减灾工程学［M］．北京：中国建筑工业出版社，2007.

［112］竺乾威．从新公共管理到整体性治理［J］．中国行政管理，2008（10）.

［113］祝光耀．我国的环境灾害及其减灾对策［C］．灾害防御建设专家研讨会，北京，2005.

［114］ALEXANDER D E . Resilience and Disaster Risk Reduction：An Etymological Journey［J］. Natural Hazards and Earth System Sciences，2013，13（11）.

［115］AINUDDIN S，ROUTRAY J K . Community Resilience Framework for an Earthquake Prone Area in Baluchistan［J］. International Journal of Disaster Risk Reduction，2012，2：25 – 36.

［116］ANDERSON，Holly Lynn. Defining the Role of Citizens in Dialogic Environmental Risk Communication［J］. Dissertations & Theses – Gradworks，2009.

［117］BAKKENSEN L A, FOX – LENT C, READ L K, et al. Validating Resilience and Vulnerability Indices in the Context of Natural Disasters ［J］. Risk Analysis, 2016, 37（5）: 982 – 1004.

［118］BANK T W. Building Urban Resilience: Principles, Tools, and Practice ［J］. 2013.

［119］BARRY, J, BARNETT. US Government Natural Disaster Assistance: Historical Analysis and a Proposal for the Future ［J］. Disasters, 1999.

［120］BOZORGY B, YAZDANDOOST F. Assessment of Flood Risk Management Strategies in Mixed – Use Urban and Rural River Basins, Case Study: Gorgan River Basin, North – Eastern Iran ［C］// Iahr World Congress, 2011.

［121］CAROLYN WHITZMAN, 严宁. 为多伦多创造更安全的空间 ［J］. 国外城市规划, 2005（2）: 58 – 61 + 1.

［122］CHONG J, RUIYING L, RUI K, et al. Maximum Flow – Based Resilience Analysis: From Component to System ［J］. Plos One, 2017, 12（5）: e0177668.

［123］CURTIS A. Putting Fear of Crime on the Map: Investigating Perceptions of Crime Using Geographic Information Systems ［J］. American Cartographer, 2015, 42（2）: 205 – 207.

［124］DA SILVA J. City Resilience Index: Understanding and measuring city resilience ［J］. New York City: Rockefeller Foundation（Arup International Development）, 2013.

［125］DESOUZA K C, FLANERY T H. Designing, Planning, and Managing Resilient Cities: A Conceptual Framework ［J］. Cities, 2013, 35（dec.）: 89 – 99.

［126］DING X H, ZHONG W Z, LIAO Y L, et al. Evaluating the Impacts of Rapid Urbanization on the Ecosystem Services of Cities in Circum – Bohai Sea Region – A Case Study of Yantai City ［J］. Advanced Materials Research, 2014, 1073 – 1076: 1188 – 1195.

［127］ERAYDIN A, TAAN – KOK T. The Evaluation of Findings and Future of Resilience Thinking in Planning [J]. 2013.

[128] FRANZKE C L E. Impacts of a Changing Climate on Economic Damages and Insurance [J]. Economics of Disasters and Climate Change, 2017, 1 (1): 95 – 110.

[129] Federal Emergency Management Agency (FEMA) – National Institute of Building Sciences (NIBS). Earthquake Loss Estimation Methodology – HAZUS97, Technical Manual [R]. Washington, D. C: Federal Emergency Management Agency, 1997.

[130] GHARAKHANI M, NASIRI F, ALIZADEH M. A Utility Theory Approach for Insurance Pricing [J]. Accounting, 2016, 2 (4): 151 – 160.

[131] GODSCHALK D R. Urban Hazard Mitigation: Creating Resilient Cities [J]. Natural Hazards Review, 2003, 4 (3): 136 – 143.

[132] KLEIN R J T, NICHOLLS R J, THOMALLA F. Resilience to Natural Hazards: How Useful is This Concept? [J]. Global Environmental Change Part B Environmental Hazards, 2003, 5 (1 – 2): 35 – 45.

[133] KIRCHER CA, WHITMAN RV, HOLMES WT. HAZUS Earthquake Loss Estimation Methods [J]. Nat Hazard Rev 2006, 7 (2): 45 – 59.

[134] KRISHNAMURTHY T R. Assessing Community Resilience to Climate – Related Disasters in Chennai, India [J]. International Journal of Disaster Risk Reduction, 2012.

[135] KUNREUTHER H. Mitigating Disaster Losses Through Insurance [J]. Journal of Risk and Uncertainty, 1996, 12 (2): 171 – 187.

[136] KUNREUTHER H. The Role of Insurance in Reducing Losses from Extreme Events: The Need for Public – Private Partnerships [J]. The Geneva Papers on Risk and Insurance – Issues and Practice, 2015, 40 (4): 741 – 762.

[137] MARINA A, MARZLUFF J M, ERIC S, et al. Integrating Humans into Ecology: Opportunities and Challenges for Studying Urban Ecosystems [J]. Bioence, 2003 (12): 1169 – 1179.

[138] MERZ B, AERTS J, Arnbjerg – Nielsen K, et al. Floods and Climate: Emerging Perspectives for Flood Risk Assessment and Management [J]. Natural Hazards and Earth System Science, 2014, 2 (2).

[139] NGUYEN C, Noy I. Insuring Earthquakes: How Would the Californian and Japanese Insurance Programs have Fared after the 2011 New Zealand Earthquake? [J]. Disasters, 2019.

[140] NOY I, NUALSRI A. Fiscal Storms: Public Spending and Revenues in the Aftermath of Natural Disasters [J]. Environment and Development Economics, 2011, 16 (1): 113 – 128.

[141] NOY I. The Long – term Consequences of Disasters: What Do We Know, and What We Still Don't [J]. International Review of Environmental and Resource Economics, 2018, 12 (4): 325 – 354.

[142] PALM R, HODGSON M. Earthquake Insurance: Mandated Disclosure and Homeowner Response in California [J]. Annals of the Association of American Geographers, 1992, 82 (2): 207 – 222.

[143] PALM R. The Roepke Lecture in Economic Geography Catastrophic Earthquake Insurance: Patterns of Adoption [J]. Economic Geography, 1995, 71 (2): 119 – 131.

[144] PERMEZEL, MELISSA, EBALU. City Resilience in Africa: A Ten Essentials Pilot [J]. International Strategy for Disaster Reduction, 2012.

[145] PETER CHESSMEN. Regional Initiatives in Asia to Cope with the CAT Challenges [J/OL]. Taipei: Guy Carpenter and Company 2009 (77): 243 – 251. http://www.guycarp.com/.

[146] PORRINI D, SCHWARZE R. Insurance Models and European Climate Change Policies: An Assessment [J]. European Journal of Law and Economics, 2014, 38 (1): 7 – 28.

[147] SAATY T L. A Scaling Method for Priorities in Hierarchical Structures [J]. Journal of Mathematical Psychology, 1977, 15 (3): 234 – 281.

［148］SHI P . On the Role of Government in Integrated Disaster Risk Govern-ance－Based on Practices in China ［J］. International Journal of Disaster Risk Sci-ence, 2012, 3（3）: 139－146.

［149］TAKEWAKI I . Toward Greater Building Earthquake Resilience Using Concept of Critical Excitation: A Review ［J］. Sustainable Cities & Society, 2013, 9（9）: 39－53.

［150］THOMAS J. CAMPANELLA. Urban Resilience and the Recovery of New Orleans ［J］. Journal of the American Planning Association, 2006.

［151］TIMMERMANN P. Vulnerability, Resilience and the Collapse of Society ［J］. Environmental Monograph, 1981, 1: 1－42.

［152］UNISDR. From Shared Risk to Shared Value: The Business Case for Disaster Risk Reduction ［J］. Global Assessment Report on Disaster Risk Reduc-tion, 2013.

［153］US National Governors' Association. Comprehensive Emergency Manage-ment: A Governor's Guide ［M］. Defense Civil Preparedness Agency, 1979.

［154］WANG S H, HUANG S L, BUDD W W . Resilience Analysis of the In-teraction of Between Typhoons and Land Use Change ［J］. Landscape & Urban Planning, 2012, 106（4）: 303－315.

［155］WHITMAN RV, et al. Development of a National Earthquake Loss Esti-mation Methodology ［J］. Earthquake Spectra 1997, 13（4）: 643－661.

［156］XUN X, YUAN Y . Research on the Urban Resilience Evaluation with Hybrid Multiple Attribute TOPSIS Method: An Example in China ［J］. Natural Haz-ards: Journal of the International Society for the Prevention and Mitigation of Natural Hazards, 2020, 103.

［157］ZHAN J, HUANG J, ZHAO T, et al. Modeling the Impacts of Urbani-zation on Regional Climate Change: A Case Study in the Beijing－Tianjin－Tangs-han Metropolitan Area ［J］. Advances in Meteorology, 2013, （2013－11－21）, 2013（7）: 1－8.